KB139696

통계의 아름다움

통계의 아름다움
인공지능 시대에 필요한 과학적 사고

1쇄 발행 2020년 11월 9일
2쇄 발행 2021년 7월 11일

지은이 리찌엔, 하이언
옮긴이 김슬기
감수자 김재광
펴낸이 장성두
펴낸곳 주식회사 제이펍

출판신고 2009년 11월 10일 제406-2009-000087호
주소 경기도 파주시 회동길 159 3층 3-B호 / **전화** 070-8201-9010 / **팩스** 02-6280-0405
홈페이지 www.jpub.kr / **원고투고** submit@jpub.kr / **독자문의** help@jpub.kr / **교재문의** textbook@jpub.kr

편집부 김정준, 이민숙, 최병찬, 이주원 / **소통기획부** 송찬수, 강민철 / **소통지원부** 민지환, 김유미, 김수연
진행 및 교정·교열 장성두 / **내지디자인 및 편집** 이민숙 / **표지디자인** 미디어픽스
용지 신승지류유통 / **인쇄** 해외정판사 / **제본** 장항피엔비

ISBN 979-11-90665-43-8 (03000)
값 19,800원

The Beauty of Statistics

통계의 아름다움

인공지능 시대에 필요한 과학적 사고

김재광 감수
리찌엔, 하이언 지음 / **김슬기** 옮김

※ 드리는 말씀

- 이 책에 기재된 내용을 기반으로 한 운용 결과에 대해 저/역자, 소프트웨어 개발자 및 제공자, 제이펍 출판사는 일체의 책임을 지지 않으므로 양해 바랍니다.
- 이 책에 기재한 회사명 및 제품명은 각 회사의 상표 및 등록명입니다.
- 이 책에서는 ™, ©, ® 등의 기호를 생략하고 있습니다.
- 이 책에서 소개한 URL 등은 시간이 지나면 변경될 수 있습니다.
- 용어는 바이두백과사전(百度百科)의 영문 표기, 《기계학습》(오일석 저), 대학수학회와 한국통계학회의 용어집을 참고하였습니다.
- 책의 내용과 관련된 문의사항은 옮긴이나 출판사로 연락주시기 바랍니다.
  - 옮긴이: ezechiel.kim@gmail.com
  - 출판사: help@jpub.kr

차례

추천사 xi
머리말 xiv
감수자의 글 xx
옮긴이 머리말 xxii
베타리더 후기 xxiv

제 1 장 통계와 과학 1

1.1 스토캐스틱 세상 4
1.1.1 포켓볼 치는 물리학자 4
1.1.2 신은 주사위를 던지는가? 7
1.1.3 연쇄살인범의 체포 11
1.1.4 동전을 던지는 수학자들 14

1.2 확률의 이해 18
1.2.1 게임 상금의 배분 18
1.2.2 6연속 숫자와 14연속 숫자 22
1.2.3 사회자 뒤의 염소 25
1.2.4 실종된 잠수함을 찾아라 29

1.3 통계적 사고와 모델 32
1.3.1 차를 맛보는 여인 32
1.3.2 '쓰레기 같은 남자' 꺼져 37
1.3.3 식스시그마의 기적 40
1.3.4 뉴턴의 사과 43

1.4 통계와 과학 45
1.4.1 지다성과 신기군사 45
1.4.2 딥블루와 알파고 48
1.4.3 중약과 양약 51
1.4.4 모든 모델은 잘못되었다 55

제 2 장 데이터와 수학 59

2.1 데이터와 공간 62

2.1.1 다차원 세계의 벌레 62
2.1.2 매트릭스와 트랜스포머 66
2.1.3 구장산술과 선형방정식 71
2.1.4 이십팔수와 황도십이궁 74

2.2 확률변수와 분포 79

2.2.1 베르누이의 동전 79
2.2.2 몇 번의 만남과 신기한 37 83
2.2.3 드무아브르의 정규분포 86
2.2.4 술고래의 걸음걸이 89

2.3 데이터 알아가기 91

2.3.1 테세우스의 배 91
2.3.2 성별부터 체중까지 93
2.3.3 만 나이와 일반 나이 96
2.3.4 신체검사 기록표 100

2.4 수리통계의 기초 102

2.4.1 관중규표와 일엽지추 102
2.4.2 악질 도박꾼의 계략 105
2.4.3 평균화된 급여 108
2.4.4 소이비도와 공작 깃 112

제 3 장 데이터 시각화 117

3.1 역사 속 통계 그래프 120

3.1.1 하도와 낙서 120
3.1.2 런던 콜레라 방역 121
3.1.3 나이팅게일의 장미 123
3.1.4 나폴레옹 원정 126

3.2 데이터와 시각화 129

3.2.1 여왕의 드레스 129
3.2.2 캔버스와 화선지 131
3.2.3 심수 왕자와 다래끼 화가 134
3.2.4 우주왕복선 '챌린저호' 137

3.3 기초 통계 그래프 140

3.3.1 올드 페이스풀 간헐천의 비밀 140
3.3.2 통계 그래프의 창시자 142
3.3.3 오래된 국가의 시운 145
3.3.4 비상하는 모션 차트 148

3.4 데이터 간의 관계 150

3.4.1 포리마의 궤도 150
3.4.2 50개 주의 최고봉 153
3.4.3 타이타닉호의 생존자 156
3.4.4 체르노프의 얼굴 158

제 4 장 모델과 방법 161

4.1 자주 쓰는 통계 모델 164

4.1.1 천양과 사조 164
4.1.2 차원축소 공격 168
4.1.3 고객은 왕 173
4.1.4 주식의 동향 177

4.2 머신러닝 181

4.2.1 맥주와 기저귀의 전설 181
4.2.2 '엄친딸' 찾기 185
4.2.3 차라리 잘못 죽이는 것과 절대 놓치지 않는 것 188
4.2.4 나무와 숲 194

4.3 인공지능 201

4.3.1 인공지능의 2전 3기 201
4.3.2 딥러닝의 전생과 현재 204
4.3.3 신비로운 신경 207
4.3.4 아름다운 필터 212

4.4 그 외의 분석 방법 217

4.4.1 차, 술, 펩시콜라 217
4.4.2 몬테카를로와 원자폭탄 222
4.4.3 의사의 필적 224
4.4.4 사막의 나비 229

제 5 장 빅데이터 시대 233

5.1 기술의 변천사 236

5.1.1 통계학의 기원 236
5.1.2 정보 시대의 도래 238
5.1.3 데이터 마이닝과 비즈니스 인텔리전스 241
5.1.4 빅데이터 시대의 신기원 243

5.2 분석 도구 247

5.2.1 누가 풋내기는 데이터 분석을 할 줄 모른다고 했는가? 247
5.2.2 자웅을 겨루는 분석 소프트웨어 250
5.2.3 풀스택 개발자의 최애 254
5.2.4 필자가 가장 사랑하는 R 256

5.3 컴퓨팅 프레임워크 260

5.3.1 냉장고 속 코끼리 260
5.3.2 병사 지휘와 장수 지휘 263
5.3.3 전기 호랑이와 전기 개미 266
5.3.4 무어의 법칙의 미래 270

5.4 빅데이터 업계의 응용 274

5.4.1 인터넷의 부흥 274
5.4.2 트래픽의 시작점 276
5.4.3 소득의 출처 278
5.4.4 좋아할 만한 상품과 비위 맞추기 282

제 6 장 데이터의 함정 287

6.1 나뭇잎에 가려 숲을 보지 못하다 290

6.1.1 신기한 전갈자리 290
6.1.2 승자의 저주 292
6.1.3 비행기를 격추하는 유가 295
6.1.4 여신과의 인연 297

6.2 상관과 인과 300

6.2.1 방화와 뜨거운 음료 300
6.2.2 인기 게시물의 비밀 302
6.2.3 눈과 불의 도시 303
6.2.4 이름이 그렇게 중요한가? 305

6.3 표본과 조사 308

6.3.1 예측할 수 없는 미국 대선 308
6.3.2 비대칭 듀렉스 데이터 311
6.3.3 행운아의 전설 313
6.3.4 하버드 총장의 해고 316

6.4 도형의 오도 318

6.4.1 소득의 변화 318
6.4.2 톨게이트와 정류장 320
6.4.3 동관의 도주 322
6.4.4 독이 있는 피팅 326

참고문헌 331
찾아보기 335

추천사

통계학은 매우 다가가기 힘들 뿐만 아니라 자주 경멸 대상에 오르는 존재였다. 수학적 관점에서 봤을 때 통계학의 수학 원리는 수준 이하이며, 기껏해야 큰수의 법칙(대수법칙)과 중심 극한 정리밖에 없다. 이걸 수학이라 할 수 있는가? 반면, 응용과학에서의 통계학은 오히려 너무 수학적이라 전혀 응용과학적이지 않다. 데이터 분석에서는 분석만 하면 되기에 큰수의 법칙이나 중심 극한 정리는 필요 없다. 이것도 응용과학이라 할 수 있는가? 통계학 관련 업계에서 일하는 사람으로서 이러한 관점에 대해 완전히 동의하지 않지만, 확실히 부끄럽긴 하다. 이 때문에 혼자 자주 반성하고 자신에게 되묻곤 한다. 도대체 어디서부터 잘못된 것일까?

필자에게는 작은 신념이 하나 있다. 어떤 물건이라도 아름답기만 하면 분명히 사람들에게 받아들여질 것이며, 더 나아가 환영까지 받을 수 있다고 생각한다. 하지만 이러한 신념을 적용하기에 통계학에는 두 가지의 도전적인 문제와 직면한다. 첫째, 통계의 아름다움은 도대체 무엇인가? 둘째, 사람들은 통계학의 독특한 아름다움을 과연 어떻게 받아들일 것인가? 이 두 문제는 매우 소박한 문제다. 통계학 교수로서 이 두 문제로 자신을 자주 비판하곤 한다.

통계학은 역사가 매우 짧은 학문이다. 그럼에도 통계학의 발전사를 보면 걸출한 학자들이 이미 탁월한 성과를 이뤘음을 알 수 있다. 그들의 노력으로 통계학은 견고한 이론적 기초를 확립했으며, 통계학 응용을 위한 기반을 다졌다. 이 과정에서 많은 통계학적 사고가 탄생하면서 통계학은 비로소 빛을 발하며 많은 실제 문제를 해결해 주었다. 의심할 필요도 없이 통계학은 아름다운 것이다. 도대체 왜 사람들은 이 사실을 알아차리지 못하는 것일까? 이에 대해 통계학 교수로서 사람들을 원망할 수 없다. 오히려 그 반대로 자신을 비판하고 검토할 수밖에 없었다. 만약 우리가 가장 빛나는 통계학 지식을 가장 받아들이기 쉬운 언어로 생동감 넘치고 재밌게 표현했다면 세상은 어떻게 되어 있을까? 만약 그렇게 한다면 사람들은 통계의 아름다움을 알아차릴 수 있을 것이다. 그때가 오면 통계학이 수학인지 아닌지가 중요할까? 통계학이 응용과학인지 아닌지가 중요할까? 통계학은 이론도 있고 응용과학도 있는 통계학일 뿐이다. 가장 중요한 점은 통계학은 아름답다는 것이다. 숨 막힐 정도로 아름다우며, 정신을 잃을 정도로 아름다울 뿐이다. 우리는 이 독특한 아름다움에 취해 허우적댈 뿐이다. 어디에 가야지 통계의 아름다움에 관해 전문적으로 쓴 책을 찾을 수 있을까?

이런 책의 집필 난이도는 상상도 할 수 없을 것이다. 첫째, 통계학의 고전부터 최신까지 거시적 이론 프레임에 대한 이해도가 높아야 한다. 앞서 부끄럽다고 한 이유는 필자에게는 이런 이해도가 부족하기 때문이다. 둘째, 통계학 이론 발전의 주요 이야기, 사례, 역사적 사건에 대해 해박해야 한다. 더 부끄럽게도 필자는 이조차도 부족하다. 셋째, 매우 유창한 언어와 문자 능력이 뒷받침되어야 한다. 문자와 수학 공식이 자유롭게 어울리고 유창하고 아름답게 조화를 이루게 하는 것은 필자에게 있어 매우 어려운 일이다. 이런 책은 분명 과학의 범주를 벗어나는 책일 것이다. 데이터 과학 관련 분야는 통계학뿐만 아니라 컴퓨터 사이언스, 경제학, 관리학 등을 포함한다. 서로 다른 학문의 융합으로 통계학은 큰 발전을 이뤄 왔다. 이렇게 많은 학문 분야를 섭렵하는 것도 여간 어려운 일이 아닐 것이다.

필자가 이렇게 속수무책일 때 갑자기 하늘이 도왔는지 통계학의 대가인 찌엔 형님(저자)이 이 책을 내게 선물해 줬다. 책을 받고 차례를 보자마자 필자는 첫눈에 반해 버렸다. 이 책은 통계학부터 시작하여 데이터와 수학, 그리고 데이터 시각화까지

논의한다. 당연히 통계 모델과 방법뿐만 아니라 빅데이터 기술과 데이터의 함정에 관해 기술하는 것도 잊지 않았다. 각 장마다 포함하고 있는 의미는 매우 독특했으며, 현존하는 그 어떤 전문 서적이나 교재와는 차원이 달랐다. 책의 구조 설계는 휘황찬란했고, 토론하는 문제는 심오하고도 소박했으며, 내용은 과거부터 미래까지 모두 아울렀다. 이런 구조 설계에서 강렬한 대가의 냄새가 풍겼다. 각 장 말미에는 짧고 간결하며 고전적이면서도 심오한 이야기와 사례가 적혀 있었다. 이야기에는 통계학의 지혜와 지식이 넘쳐났다. 이런 간결하고 고전적인 이야기를 통해 사람들은 통계의 아름다움을 느낄 수 있을 것이다. 통계의 아름다움은 무엇인가? 통계학은 그 지혜가 아름다운 것이다. 이런 지혜는 통계학적 사고로 발전했고, 통계학적 사고는 통계학 이론으로 발전했으며, 최종적으로는 통계학 모델 알고리즘으로 발전하였다. 아, 이 얼마나 긴 여정인가! 사람들이 통계학 모델 알고리즘을 볼 때 통계학 고유의 아름다움을 발견하지 못하는 것이 어쩌면 당연한 일일지도 모른다.

모르는 것이 있다고 해도 조급해하지 말자. 왜냐하면 《통계의 아름다움》이 그대 눈앞에 있는 장막을 걷어내 줄 것이기 때문이다. 그대에게 통계학의 독특한 아름다움을 새로이 선사할 것이다! 저자에게는 박수를, 《통계의 아름다움》에는 찬사를 보낸다. 우리 세대 화이팅!

왕한생(王汉生)
북경대학교 광화관리학원 교수

머리말

영국학자 조지프 니덤Joseph Needham은 중국 과학사를 연구할 때 다음과 같은 문제를 냈었다. '고대 중국이 인류 과학 발전을 위해 중요한 공헌을 많이 했는데, 왜 과학과 산업혁명이 근대 중국에서 발생하지 않았는가?' 이게 바로 유명한 니덤의 문제Needham's grand question다. 구체적으로 말해, '왜 근대 과학이 중국에서부터 시작되지 않고 17세기의 서양, 특히 르네상스 이후의 유럽에서 시작되었는가?'라고 묻는 것이다. 니덤은 중국 과학기술의 역사에 대한 연구[1]를 통해 사회제도와 지리적 환경에서 답을 찾았다. 그러나 이 문제는 중국인들이 자주 자신의 문화와 전통에 대해 반성하는 데 사용되었다. 대다수의 사람은 중국의 전통문화에 과학 정신이 부족했고, 심지어 현대과학을 배출하는 유전자는 아예 없다고 생각했다. 여기에 실생활에서의 각종 추태까지 더해져 이를 보는 고통은 이루 말할 수 없었다. 발 벗고 나서 그들을 구원하고 싶을 정도다.

100년 전의 중국으로 돌아가 보자. 기세등등한 신문화 운동은 이미 시작되었고, '민주주의'와 '과학'은 중국으로 흘러들어 왔다. 중국인은 과학의 위력을 절실히 느꼈고, 많은 뜻있는 인사들은 이를 배우려고 노력했다. 1923년의 '과현科玄 논쟁' 덕분에 과학은 국민 사이에서 더욱더 빠르게 뿌리를 내릴 수 있게 되었다. 당시 '과학파'의 관점은 과학이 실제 업무에서 가치를 지닐 뿐만 아니라 사람들의 생활에 완전히 녹아들어야 한다는 것이었다. 당연히 당시의 '현학'은 위진 시대의 낡아빠진 현학이나 오늘날 사람들이 알고 있는 구시대의 중국 현학을 가리키는 것이 아니라, '유럽에서 2천 년 동안 야단법석을 떨었던 무뢰한'[2]인 형이상학을 가리키는 것이다. 이번 과현 논쟁은 영향력이 엄청 강했다고 할 수 있다. 당시 과학에 대한 국민들의 신뢰 정도가 오늘날 사람들의 상상을 뛰어넘는다. 중화인민공화국이 설립된 후 전 국민을 대상으로 진행한 과학 교육의 성과는 더욱 도드라진다. 중국의 과학 수준 역시 빠르게 발전하였다. 그러나 오늘날 국민의 과학적 소질은 긍정적으로만 보기는 어렵다. 과학을 널리 알리려는 작가들은 날이 갈수록 마음만 급해졌다. 중국 과학 정신에 의문을 제기하는 언론은 아직도 한창 떠들썩거렸다.

중국인의 과학 소양이 진짜 그렇게 안 좋은가? 과학 소양의 부족은 진짜로 전통문화 때문인가? 필자가 봤을 때는 꼭 그런 것만은 아닌 것 같다. 량치차오梁启超는 동남대학에 있을 때 학생이었던 뤄스스罗时实가 경经을 읽는 사람이 너무 적어 나라가 곧 망할 것이라고 하는 말을 들었다. 이에 그는 책상을 내리치면서 '옛날부터 이렇게 적었다'[3]라며 크게 화를 냈다. 당연히 과학이 경보다 좀 더 널리 알릴 가치가 있다. 그러나 전문적인 과학 지식이 부족한 일반인을 책망할 수는 없는 노릇이다. 왜냐하면 이는 매우 자연적인 현상이기 때문이다. 다른 과학 분야와 다른 지식의 보편화는 하나의 길고도 의미 있는 일이다. 좀 더 널리 알려야 할 내용은 과학적 사고방식일 것이다. 과학적 사고방식은 비록 그 어떠한 비과학적인 내용과도 융합되지 못하지만, 그렇다고 해서 완전히 틀에 박히기만 한 '이성파'이거나 '기계론자'는 아니다. 연역법이 과학적이라고 해서 귀납법이 비과학적이라고 할 수 없고, 이성주의가 과학적이라고 해서 경험주의가 비과학적이라고 할 수도 없다. 역사적 문화의 다름에 따라 치중하는 방향이 다르다.

루즈벨트Franklin Roosevelt는 '만약 당신의 실험에 통계학이 필요하다면 좀 더 좋은 실험을 찾아야 할 것이다'라고 얘기한 적이 있다. 포퍼Karl Raimund Popper는 강하게 귀납적 로직[4]을 배척했고 거짓 증명을 경계를 긋는 기준으로 삼으려 했다. 촘스키Noam Chomsky는 이성주의를 외치며 '데카르트 언어학'[5]을 만들었다. 이러한 관점들은 이전에 주류 사상으로 자리 잡았으며 많은 사람에게 영향을 끼쳤다. 그러나 여기서 짚고 가야 할 점은 오늘날과 같은 빅데이터 시대에 이미 경험주의와 귀납적 추리의 강력함을 충분히 증명해 냈다는 것이다. 현재 가장 뜨거운 인공지능은 사실 빅데이터에 딥러닝의 귀납적 방법을 도입하여 성공한 것이다. 대가들에 대적하여 비판할 마음은 추호도 없을뿐더러 구체적인 노선에 대한 논쟁에 참여하고 싶지도 않다. 사실, 경험주의나 이성주의 또는 귀납주의나 연역주의 중 어느 쪽을 선호하든지 간에 모두 과학의 근간까지 통째로 흔들 수는 없다. 쿤Richard Kuhn은 과학의 가장 중요한 특징은 그 독특한 패러다임에 있다고 생각했다. 과학 분야는 경쟁하는 학파의 목적과 기준을 파악하는 데 시간을 허비하지 않는다. 따라서 기타 분야보다 확실한 발전을 이룰 수 있었다[6]. 분야마다 모두 공인된 과학적 패러다임을 지키며 연구를 진행하고 있다. 인식론과 추리 논리에 다른 부분이 있더라도 모두 과학적인 것이다. 그러나 유클리드, 데카르트 등과 같은 완벽한 체계는 너무나도 매력적이어서 많은 사람이 중요한 과학적 사고방식인 통계적 사고를 쉽게 무시하게끔 만든다.

우연히도 당시 과현(과학과 현학) 논쟁에서 '과학파'의 주요 이론적 기초는 통계학의 대가 칼 피어슨Karl Pearson의 초기 대표작인 《과학의 문법The Grammar of Science》[7]이었다. 당시의 피어슨은 나중에 사용하게 될 많은 통계학의 전형적인 이론에까지 도달하지는 못했다. 해당 서적은 과학철학의 대표작이며, 과학에 대한 신앙심을 꿋꿋하게 표현하였다. 그는 과학 분야는 무한하며, 과학 방법은 모든 지식 분야로 통하는 유일한 길이라고 생각했다. 하지만 그 역시 어떤 상황에서든 과학이 고유의 필연성에 대해 증명할 수 없으며, 고유의 필연성이 무조건 중복된다는 것을 절대적인 확실성으로 증명할 수 없다고 생각했다. 그는 또한 과학은 과거에서는 하나의 묘사이며, 미래에서는 하나의 신앙이라고 생각했다. 일부 정밀과학은 명확한 정의와 논리로 발전할 수 있고 일부 문제를 해결하기 위해서는 측정 근삿값이 필요한데, 모두 측정 이론, 오차 이론, 확률론, 통계 이론으로 실현시킬 수 있다. 통계학이 발전하여 성숙해지고 오늘날 빅데이터와 인공지능이 대세를 이루면서 피어슨의 관점은 검증되었다.

과학이라는 단어 자체가 주는 인상이 너무 고차원적이거나 과학이 비교적 진리에 가깝기 때문인지 몰라도 현재 널리 알려진 과학이 정밀과학이나 '하드한' 과학에 초점이 맞춰져 있다. 어떨 때 보면 과학이 일반인의 직감이나 경험의 반대편에 위치해 이성주의와 연역적 추리에 초점이 맞춰져 있는 것 같다. 이러한 정신은 100년 전의 몽매했던 시기에나 적합하지 교육 수준이 높아진 현재 상황에는 살짝 지나친 감이 없지 않아 있다. 좀 더 적당한 선을 지킬 필요가 있다. 개념 세계와 직감 세계[7]가 화합에 도달하고 연역법과 귀납법이 평형을 이루는 데 있어 통계학은 아주 좋은 교량 역할이 될 수 있다. 오늘날 자연과학이나 사회과학은 모두 통계학을 떼어 놓고 생각할 수 없다. 특히, 통계학은 응용 분야에서 직접적으로 빅데이터 열풍을 일으켰고 기술적 측면의 위력은 이미 사람들의 가슴에 깊게 박혔다. 그러나 사고적 측면의 보편화는 아직 부족하다.

많은 사람이 잘못된 인식 때문에 중국 문화에 대해 자신감을 가지지 못하고 외국을 동경하는 극단적인 상황에 놓이게 된다. 이는 절대로 잘못된 것이다. 많은 과학의 기초가 됐던 수학만 봐도 여러 사고방식이 존재한다. 수학자 우원쥔吴文俊 원사院士는 '중국 고대 수학은 연역적 추리 형태의 시스템을 도출하지는 못했지만 좀 더 생명력 있는 시스템을 만들어 냈다'고 했었다. 여기서 말하는 생명력이란 '실제 상황에서 문제를 발견하고 도출한 다음 분석하고 해결하는 것'[8]이다. 고대 그리스 기하학의 순수 논리적 추리의 형식주의와는 전혀 다르다. 중국 수학의 전형적인 대표작들은 대부분 문제집의 형식으로 출간되었는데, 결과에 대해서는 정리로 표현하지 않고 '술术'로 표현하였다. '술'은 오늘날 사용하는 단어로 치자면 프로그램이다. 즉, 컴퓨터를 사용하는 것과 다를 바 없는 것이다[9]. 중국 전통의 수학적 사고방식은 현재의 알고리즘 시대에 매우 적합하다는 것을 알 수 있다. 알고리즘과 통계의 융합은 머신러닝, 인공지능의 큰 발전을 일으켰다. 심지어 현대 과학기술의 응용 방향을 제시했다고 해도 과언이 아니다. 통계학자 존 투키John Wilder Tukey가 1962년에 발표한 논문[10]에 따르면, 수리통계학 작업을 하려면 순수 수학과 데이터 분석의 이행 중 하나를

택해야 하며, 두 기준에 부합하지 않는 작업은 그저 스쳐 지나가는 작업일 뿐이라고 한다. 천시루陈希孺 원사 역시 '새로운 사이클의 폭발적 발전은 이미 시작되었는데 그건 아마 데이터 분석일지도?'[11]라고 예측했었다. 여러 대가의 논단이 다 맞아떨어지고 있다. 통계학과 알고리즘의 융합은 현실 문제를 해결하고 있고 이미 주류가 되었다. 심지어 하나의 새로운 학과인 데이터 사이언스를 만들어 냈다.

카발리에리 원리Cavalieri principle는 서양 수학의 역사에서 미적분 발명 전의 중요한 기초로 알려져 있는데, 중국에서는 조긍원리祖暅原理가 이와 비슷하다고 여겨진다[12]. 라이프니츠Gottfried Wilhelm von Leibniz는 이진법을 제시했던 그의 유명한 논문[13]에서 직접적으로 복희팔괘伏羲八卦를 인용하였다. 그는 '유럽인은 세공 기술이 중국인과 차이가 없고 이론 과학 방면에서는 그들을 앞섰을지 몰라도 실천 철학 방면에서는 어쩔 수 없이 그들이 우리보다 훨씬 앞섰다는 것을 인정할 수밖에 없다[14]'라고 생각했다. 필자는 중국과 서양의 우열을 가리려는 것은 아니며, 더욱이 중국이 얼마나 강한지 과시하려는 것이 아니다(만약 과시가 목적이었다면 더 많은 사례를 제시하거나 따로 책을 썼을 것이다). 그저 일부 오해를 해소하려는 것이며, 이러한 오해는 중국 전통에 대한 잘못된 이해와 동시에 과학적 사고방식의 잘못된 부분이기도 하다. 우리는 이성적이며 완벽한 체계를 추구하고 최고의 경지에 도달하기를 희망한다. 그러나 경험주의와 관찰, 실험, 귀납, 계산의 힘을 무시해서는 안 된다. 이는 모두 과학이기에 편파적이지 말아야 한다. 특히, 일반인들은 주위의 작은 사건을 관찰하고 실제 문제를 해결하는 방식 등을 통해 과학적 사고방식을 단련하면 효과가 더 좋을 것이다. 너무 높은 곳을 바라보다가 이도 저도 아니게 되는 것보다는 낫지 않은가!

오늘날과 같이 이성과 경험, 이론과 실천, 연역과 귀납, 공리체계와 알고리즘 프로그램이 조화롭게 융합된 이 좋은 시기에 통계학에 대해 좀 더 이해하고 데이터 사이언스가 새로운 시대에서 어떻게 발전하는지 예의주시하여 선조의 사고방식과 비교하는 것은 꼭 필요한 일이다. 필자는 전면적으로 과학의 맹목적인 전파를 할 수 없다. 그저 평소에 읽은 책, 하던 작업, 신문에서 보았던 예제들을 발췌해 적고, 통계학의 발전 과정, 이론 방법, 응용 실무를 소개할 것이다. 필자의 경험과 지식에 한계가 있기에 예제들이 다 가장 좋은 것은 아니며 분명히 누락된 부분이 많이 있을 것이다. 그러나 좀 더 많은 사람과 함께 통계의 아름다움과 과학적 사고방식의 친인류적인 면을 알아가는 시간이 될 수 있었으면 하는 바람이다.

이 책은 독자가 중학교 수학 정도의 기초를 가지고 있다는 가정하에 작성되었다. 만약 책에서 소개하는 확률의 각도에서 통계의 기본 방법에 대해 이해하려 한다면 본 책은 통계학의 입문 참고서 역할을 할 수 있을 것이다. 그 외에도 필자가 업계에서 얻은 경험과 융합하여 통계적 사고방식과 빅데이터 응용 실무의 소개에 좀 더 초점을 두었다. 책에서 소개된 모든 공식을 배제한다고 하더라도 책을 읽는 데 큰 영향은 없으며, 빅데이터나 인공지능 시대의 통계학 자료로 사용해도 손색이 없을 것이다. 그리고 최대한 가장 간단한 공식으로 기초가 되는 수학을 묘사하려고 했으며, 좀 더 깊은 지식은 참고자료를 제공했다. 본문에서 '[1]'처럼 위첨자로 된 숫자는 책의 마지막에 있는 '참고문헌'에서 찾으면 된다. 책에서 중요한 개념과 이름은 책의 마지막에 있는 '찾아보기'에서 해당 단어가 있는 페이지를 찾으면 된다.

이 책을 쓰기까지 오랫동안 계획하고 천천히 작업했다. 이 책의 문장 구성을 고려하고, 시간 안배를 하며 각종 잡일을 도맡아 준 청두따오란과학기술 유한책임공사의 기획자 야오신쥔姚新军 님에게 감사드린다. 그리고 온/오프라인의 교류와 토론에서 본 책의 많은 예제를 제공해 준 '통계의 도시'와 '구웅회'의 회원들에게도 감사의 말씀을 드린다. 마지막으로, 처음 글을 쓰기 시작할 때부터 필자의 동반자가 되어 준 귀여운 딸에게도 감사의 인사를 전한다. 또한, 관대한 마음씨를 가진 독자들에게도 미리 감사를 표한다. 필자가 재능이 모자라고 학문이 얕아 누락되거나 편파적인 부분이 있을 것이다. 넓은 아량으로 이해하고 바로 잡아주길 바란다.

지은이 **리찌엔**(李舰)

감수자의 글

통계학에 대한 관심이 높아짐에도 통계학에 관한 교양서적은 상대적으로 부족했던 현실에서 이번에 제이펍 출판사를 통해 번역 출간된 《통계의 아름다움》은 매우 시의적절할 뿐만 아니라 많은 이들의 지적 갈증을 해소하는 데 큰 도움이 될 것 같습니다. 이 책의 저자들은 상당히 해박한 지식을 바탕으로 통계학과 연관된 과학사적 맥락을 흥미롭게 설명하고 있으며, 풍부한 사례와 재미있는 주제는 관련 주제에 대한 통계와 인공지능 종사자들의 이해도를 높이는 데 도움이 될 것으로 보입니다. 그리고 수학적 또는 통계학적으로 심오한 깊이를 추구한 책이라기보다는 통계학의 주요 개념과 사건을 더욱 넓은 시야로 보여주고 있어서 배경지식이 깊지 않은 일반인들을 위한 교양서적에도 가깝습니다. 중국의 고전과 관련된 에피소드를 연결하는 부분이나 시각화 부분 그리고 최근 인공지능까지의 연관성을 포함해 다루는 부분은 다른 통계 교양서적과는 상당히 차별화되는 포인트입니다.

그간의 통계 관련 교양서적에 담긴 사례들은 대부분 서양의 역사와 관련된 것들이 많은데, 이 책은 서양의 사례뿐만 아니라 중국의 문화와 역사에서 통계학 및 수학적 사례를 추가로 소개한 것이 인상적이었습니다. 이는 지역과 문화를 떠나 통계학이나 수학이 실생활과 결코 분리될 수 없음을 보여주는 것으로 생각합니다. 특히, 6장에서 다룬 '데이터의 함정'에서는 우리가 데이터를 분석할 때 흔히 저지르기 쉬운 실수를 몇 가지 유형으로 나누어 다루었는데, 이는 저자들이 단순히 통계학적

지식만 풍부한 것이 아니라 관련 분야에 대한 경험과 지식 역시 풍부함을 보여주는 좋은 사례인 듯해 더 신뢰가 갔습니다. 부디 많은 분들이 이 책을 읽고 통계학에 대한 균형 잡힌 이해와 넓은 시야를 가질 수 있게 되기를 바랍니다.

감수자 **김재광**

서울대학교 계산통계학과 학사 및 석사, 미국 아이오와 주립대학교 통계학 박사(2000) /
미국 통계청 근무, Westat 선임 연구원 /
한국외국어대학교 정보통계학과 조교수(2002~2003),
연세대학교 응용통계학과 조교수 및 부교수(2004~2008),
카이스트 수리과학과 정교수(2016~2019) /
미국 통계학회(ASA) 및 세계 수리통계학회(IMS) 석학회원(fellow) /
현, 미국 아이오와 주립대학교 통계학과 정교수(endowed professor)

옮긴이 머리말

리터러시literacy란 읽고 쓰는 능력을 말한다. 그런 의미에서 '통계 리터러시' 혹은 '데이터 리터러시'란 통계나 데이터를 해석하고 활용할 줄 아는 능력을 일컫는다. 빅데이터 활용에 대한 관심과 더불어 데이터의 중요성을 인지하는 사회의 분위기가 확대되고 있어 통계 리터러시는 새로운 인류에게 선택이 아닌 기본 역량이 되었다. 현재 가장 큰 관심을 받고 있는 디지털 전환digital transformation, 빅데이터, AI가 모두 통계학을 기반으로 하고 있기에 통계 리터러시를 발전시키기 위해서는 통계학을 배워야 한다.

이 책은 중국에서 가장 많이 팔린 통계학 교양서적이다. 96개의 재미있는 이야기와 사례를 통해 통계학 지식은 물론 일상생활에서 통계학을 활용하는 방법에 관해 자세히 다룬다. 통계학 관련 업계 종사자뿐만 아니라 통계학을 처음 접하는 사람까지 재미있게 읽을 수 있을 것이다. 다시 말해, 통계 리터러시를 발전시키기 위해 더할 나위 없이 좋은 책이다. 쉽고 재미있게 통계학을 접할 수 있다는 점이 바로 이 책의 가장 큰 매력이자 중국에서 가장 많이 팔린 이유라고 생각한다.

역자 역시 평소에 빅데이터와 AI에 관심이 있어 관련 책을 다양한 경로로 찾아보았지만 가벼운 마음으로 재미있게 읽을 만한 책은 없었다. 역자에게 통계학 관련 책은 항상 지루하고 따분하고 너무나도 수학적인 책이었다. 하지만 이 책은 달랐다. 가벼운 마음으로 읽으면서도 많은 통계학 지식을 접할 수 있었다.

재미있게 읽었기에 지금까지 했던 번역 작업 중 가장 즐겁게 번역할 수 있었다. 하지만 이 책은 통계학의 보편화를 위해 작성된 책이기 때문에 이해하기 쉬운 문장으로 번역할 수 있도록 신중하게 처리해야 했다. 게다가, 중국 문화와 관련된 내용을 어떻게 한국 정서에 맞게 번역할지를 고민해야 했다. 다행인지 모르겠지만 역자는 통계학 기초만 가지고 있는 IT 업계 종사자이자 통계학 비전공자다. 어떻게 보면 가장 기초적인 눈높이로 이 책을 접하고 공부할 수 있었다. 따라서 처음 통계학을 접하는 사람도 충분히 이해할 수 있도록 번역의 내용을 최대한 쉽게 풀어가려 노력했다. 하지만 쉽게 풀어가면서도 통계학 전문 용어에 대한 혼돈을 주지 않기 위해 엄청나게 검색했다. 영어로만 사용되는 단어는 영문을 병기하였고, 중국에서만 사용되는 단어는 최대한 한국에서 이해하기 쉽게 풀어서 적었다. 평소에도 번역된 게임이나 번역서를 보면서 단어 오역에 대해 민감하게 반응했던 터라 최대한 오역이 없도록 심혈을 기울였다.

즐거운 작업이었지만 또한 까다로운 작업이었기에 불가피하게 여러 사람의 도움을 받게 되었다. 우선, 필요할 때마다 수시로 귀찮게 했는데도 흔쾌히 시간을 내주어 번역에 큰 도움을 준 김태헌 번역가와 김혜령 PD에게 감사의 말을 전한다. 그리고 번역을 하는 동안 응원해 주신 부모님과 많은 지인들에게도 감사의 말을 전한다. 마지막으로, 이렇게 좋은 책을 접할 수 있게 해주고 번역이 늦어져도 넓은 마음으로 이해해 주며 끝까지 출판에 힘써 주신 제이펍 관계자 여러분에게 감사의 말을 전하고 싶다.

옮긴이 **김슬기**

베타리더 후기

공민서(이글루시큐리티)

중국 작가가 집필해서 그런지 이야기와 통계 이론을 함께 연관 지어 설명하는 부분에서 중국 지명이나 이름들이 자주 나옵니다. 저에게는 개인적으로 어색한 부분이 었지만, 책의 전반적인 내용은 이를 충분히 상쇄하고도 남을 만한 내용이었습니다. 이번 책을 베타리딩하면서는 다행인지 불행인지 책의 오류를 찾아내지 못했을 만큼 완성도 높은 책이었던 것 같습니다.

김용현(Microsoft MVP)

자칫 내용이 딱딱해지거나 한 페이지를 넘기는 것이 힘든 통계라는 주제를 다루고 있지만, 이과의 본문과 융합되는 문과 이야기를 통하여 독자에게 동기부여를 하고 다양한 비유를 들어 수필처럼 읽을 수 있는 책입니다. 머신러닝에 관심 있는 독자라면 누구나 흥미를 느낄 만한 역사적인 사건, 명언, 인용들을 만날 수 있었고, 페이지를 넘길 때마다 멋진 차트와 통계 관련 사진을 접할 수 있습니다. 개인적으로 세미나 때 모티베이션으로 사용할 만한 다양한 통계 및 머신러닝의 주변 지식과 연계된 재밌는 이야기를 접할 수 있었던 좋은 기회였습니다. 딱딱한 주제를 이렇게 쫀쫀하게 만들 수도 있다는 게 놀라웠습니다.

김태헌(《단단한 머신러닝》 역자)

이 책은 현재까지도 중국에서 가장 많이 팔리고 있는 머신러닝/통계 관련 서적 중 하나입니다. 저자의 스토리텔링 능력이 탁월해 어려운 통계 개념을 쉽게 설명한 것이 독자들로부터 호응을 받는 것 같습니다. 학생부터 직장인까지 '통계 리터러시'가 필수인 시대에 한 번쯤 읽어 봐야 할 책이 아닐까 합니다. 중국 관련 이야기나 비유가 많이 나와서 번역이 쉽지 않았을 텐데, 역자의 고생이 많았을 것으로 짐작합니다. 전반적으로 책 내용이 좋아 재미있게 읽었습니다. 좋은 책을 리뷰할 기회를 주셔서 감사합니다.

윤주환(카카오페이)

장마다 짤막한 이야기를 제시하고 그 안에 담긴 통계 관련 내용을 해설해 주는 형식이 꽤 흥미롭습니다. 저의 통계 지식이 아직 짧아 수학 기호만 나왔다 하면 이해가 쉽지 않았습니다만, 통계의 개념을 알아가는 데에는 큰 무리가 없었습니다. 문화 차이로 인해 이해가 어려웠던 부분이 있었는데, 이 점을 제외하면 전체적으로 통계의 개념을 이해하기에 좋은 책이었습니다.

이창화(울산과학기술원)

인공지능의 시작은 수학과 통계입니다. 그중 통계적 기본 지식이 많이 좌우되는데, 우리가 일상적으로 보는 인공지능의 배경에는 통계적 확률과 정의가 자리 잡고 있기 때문입니다. 이 책은 통계의 기본을 이야기로 풀어내고 있습니다. 통계를 처음 개념적으로 접하는 사람부터 다시 한번 그 내용을 복습하려는 독자에게까지 알맞은 책입니다. 데이터와 통계는 절대 멀지 않음을 깨달을 수 있을 것입니다.

 **이현수**(무스마 기술연구소)

머신러닝/딥러닝에 사용되는 확률과 통계 분석 방법의 의미와 역사를 설명해 주고, 다양한 미디어와 옛이야기를 인용한 비유가 가득하여 흥미로웠습니다. 기술을 겸한 한 권의 교양서처럼 편하고 재미있게 읽을 수 있었습니다.

 **정욱재**(스캐터랩)

지루하고 어렵다는 생각이 들 수 있는 통계를 너무나도 재밌게 설명해 주는 책입니다. 수많은 현상을 이해하도록 도와주는 가장 중요한 도구 중 하나인 통계를 생동감 있게 설명합니다. 무엇보다 그러한 지식을 토대로 어떻게 사고하는지를 배울 수 있는 것이 이 책으로부터 얻을 수 있는 가장 큰 소득입니다. 그리고 이 책은 저에게 정말 완벽한 책이었습니다. 내용 자체도 훌륭할뿐더러 번역 또한 정말 좋았습니다. 베타리딩을 하다 보면 이해하기 어려운 문장이나 비문도 만나고 약간의 오탈자도 보이는데, 이 책을 베타리딩하면서는 그러한 점을 한 번도 느끼지 못했습니다. 좋은 책을 추천받아 읽은 느낌이었습니다.

제 1 장

통계와 과학

The Beauty of Statistics

대영 백과사전에서 통계학에 대한 사전적 정의는 '데이터를 수집 및 분석하고, 이러한 데이터를 근거로 추측하여 판단하는 예술이자 과학'이다. 통계의 과학성에 대한 이론 서적은 이미 시장에 넘치고 있다. 통계의 예술성에 대해서는 초나라의 가곡 '양춘백설陽春白雪'처럼 고상하다 못해 너무 고귀해 사람들이 감히 올려다볼 수 없을 정도다. 하지만 과학이건 예술이건 공통점은 모두 우리의 생활에서 비롯됐다는 것이다. 주변의 여러 사건·사고나 선조들의 지혜, 그리고 처세술 등에는 모두 풍부한 통계학 원리가 내포되어 있다.

통계학은 응용과학이며, 과학의 기초는 무미건조한 정리와 눈을 의심할 정도로 어려운 공식으로 이루어져 있다. 그러나 많은 응용의 원리와 맥락은 그렇게 복잡하지 않다. 이번 장에서는 주변의 작은 사례들을 통해 통계학의 기초 개념을 설명한다. 수학과 통계학 기초가 없어도 구체적인 사례를 통해 유추하여 통계학의 중요한 개념을 이해할 수 있을 것이다.

■■■

제1절 '스토캐스틱 세상' 에서는 자연계에 존재하는 불확정성과 확률성 문제에 대해 토론한다. 이는 통계학이 다양한 자연과학과 사회과학 분야에서 광범위하게 응용될 수 있었던 키포인트다. 물리학 황금시대 이전부터 과학자들은 세상에 확정성이 존재한다고 믿어 왔다. 그러나 최근 100년에 이르러서야 사람들은 확률성에 대해 깊게 파고들면서 다양한 응용 분야와 철학 인식론 분야에서 큰 충격을 받게 되었다. 이렇게 변화하게 된 배경과 과정은 우리가 이 시대의 기술 맥락을 이해하는 데 도움을 줄 것이다.

제2절 '확률의 이해' 에서는 기초적인 확률론에 대해 소개한다. 배열 조합과 고전 확률론을 통해 확률을 이해하고 생활 전반에 있는 문제를 해결해 나간다. 중학교 수학 지식만 있다면 누구나 쉽게 이해할 수 있다. 이 내용을 통해 확률론의 발전 과정에 대해 이해하고 확률적 사고방식을 배우고자 한다.

제3절 '통계적 사고와 모델' 에서는 자주 사용되는 통계적 사고에 대해 소개한다. 이런 사고는 이미 우리의 일상생활에 깊이 스며들어 있다. 그러나 대부분의 사람은 그 안에 포함된 과학적 의미까지 이해하지 못했을 것이다. 이번 내용에서 구체적인 사례를 통해 통계적 사고 안에 포함된 과학 이치와 수학 원리에 대해 탐구할 것이다.

제4절 '통계와 과학' 에서는 과학 상식과 오해에 대해 탐구한다. 현대 과학은 정치적으로 올바르며, 심지어 많은 사람은 유일한 진리라고 생각한다. 그러나 과학의 경계선은 그렇게 호락호락하지 않다. 조금만 잘못하면 쉽게 기계론이나 유사과학에 빠져들 수 있기 때문이다. 어떻게 하면 과학을 잘 이해하고 응용할 수 있는지에 대해서는 통계학을 통해 해결할 수 있을 것이다.

1.1 스토캐스틱 세상

1.1.1 포켓볼 치는 물리학자

《삼체三體》[15]는 류츠신刘慈欣의 휴고문학상 수상작이자 유명한 SF 소설이다. 남자 주인공(혹은 단서가 되는 인물)인 응용물리학자 왕먀오王淼는 시작하자마자 저명한 과학자의 자살 사건에 휘말리게 된다. 그는 단서를 쫓는 과정에서 이론 물리학자 띵이丁仪를 만나게 된다. 띵이는 그를 초대해 포켓볼을 치기 시작하는데, 검정 공을 구멍 앞에 두어 왕먀오가 언제든 넣을 수 있게 하였다. 띵이가 포켓볼 대의 위치를 옮겼지만 포켓볼을 치는 데 영향을 주진 못했다. 두 명의 물리학자에게 포켓볼의 물리학 원리는 간단하기 그지없었다(그림 1.1 참고). 그러나 띵이는 왕먀오가 몇 가지 다른 상황을 상상하게 만들었다. '첫 번째는 흰 공으로 검은 공을 쳐서 넣는 상황, 두 번째는 검은 공이 옆으로 치우치는 상황, 세 번째는 검은 공이 천장으로 날아가는 상황, 네 번째는 검은 공이 놀란 참새처럼 방안을 이리저리 날아다니는 상황, 다섯 번째는 검은 공이 광속에 가까운 속도로 태양계를 벗어나는 상황'이다. 당연히 첫 번째 상황은 정상적인 상황이다. 두 번째 상황도 타구 시 손이 떨리거나 조준을 잘못해서 넣지 못할 가능성이 있는 상황이다. 나머지 세 가지 상황은 절대 발생할 수 없는 상황이지만, SF 소설에서는 이 기술을 통해 다음 내용을 이끌어 냈다. 그러나 이 세 가지 상황은 일상생활에서 절대 발생하지 않을 것이다.

그림 1.1 **포켓볼**

포켓볼 이야기에서 알 수 있듯이, 조준, 타구, 홀인은 매우 정상적인 상황이다. 자, 중학교 물리 지식을 한번 더듬어 보자. 뉴턴의 제2법칙은 매우 분명하게 힘과 가속도의 관계를 나타냈다. $F = ma$. F는 한 방향으로 물체에 가한 힘을 의미하며, m은 물체의 질량을 의미하고, a는 해당 방향의 가속도를 의미한다. 힘과 가속도는 서로 인과관계이며, 흰 공이 힘을 받을 때 조준 방향으로 가속도가 생겨 검은 공에 부딪히게 된다. 이 과정을 통해 운동 방향으로 검은 공에게 힘을 전달하여 검은 공이 홀에 들어갈 수 있게 되는 것이다.

포켓볼 고수들은 타구를 할 때 힘과 각도를 잘 계산하여 흰 공의 속도와 방향을 조절한다. 검은 공은 흰 공에 부딪힌 후 고수들이 원했던 속도와 방향으로 나아가게 된다. 뉴턴의 역학 법칙이 완벽하게 실현된 것이다. 만약 예상대로 공을 넣지 못했다면 사람들은 누구나 힘이나 각도 조절을 잘못했다고 생각한다. 경험이 많은 사람들은 타구 즉시 바로 알아차린다. 손의 안정성이나 각도 계산 능력을 계속 훈련하다 보면 타구의 정확도를 높일 수 있다. 우리가 사는 세상 역시 포켓볼과 비슷하다. 간단하고 강력한 물리 규칙들이 얽히고 설켜 인과관계가 발생하고 결과가 정해지는 것이다.

모두가 알다시피, 자신의 손 근육과 예측 각도를 완벽하게 조절할 수 있는 포켓볼 고수는 없기에 절대적인 포켓볼 강자는 없다. 한 사람이 완벽하게 타구를 할 수 있거나 기계로 타구를 한다고 가정했을 때 포켓볼은 정해진 경로로만 움직일 수 있을까? 당연히 그렇지 않을 것이다. 포켓볼 대에 마찰력이 존재하고, 공과 포켓볼 대의 표면이 균일하지 않으며, 공기 저항력과 바람도 무시할 수 없다. 이 모든 요소는 포켓볼의 이동 경로에 영향을 줄 수 있다. 일일이 나열하지 않았을 뿐 물리 세계에는 운동에 영향을 주는 여러 힘이 존재한다.

과연 우리는 영향을 끼치는 모든 요소를 나열할 수 있을까? 대답은 '예스'다. 최소한 현재 물리 체계 내에서는 가능하다. 과연 우리는 영향을 끼치는 모든 요소를 계산해 낼 수 있을까? 최소한 포켓볼 이야기만 놓고 보면 거시적 측면에서 계산이 가능하다. 그렇다면 우리는 영향을 끼치는 모든 요소를 계산해야 할 필요가 있을까? 통계학은 굳이 영향을 끼치는 요소를 전부 나열할 필요가 없다고 말해 준다. 왜냐하면 표준 사양의 포켓볼과 포켓볼 대를 사용했다는 전제하에 기타 요소의 영향은 너무 적다 못해 계산할 필요가 없거나(예 공기 저항) 발생할 가능성이 극히 드물기 때문이다(예 극단적인 바람이나 지진). 만약 힘과 각도 외에 영향을 끼치는 모든 요소를 합쳐 하나로 보고 수많은 측량을 진행한다면 이 수치는 매우 작고 일정한 범위 내에서 변한다는 것을 알 수 있다. 심지어 이 요소들은 서로 상쇄되기도 한다. 전문적인 수학 도구를 사용할 필요 없이 최소한 직관적으로 처리할 수 있다고 판단할 수 있을 때 우리는 이를 스토캐스틱stochastic 방법이라고 한다.

당연히 이 예제에서 언급한 스토캐스틱은 진정한 스토캐스틱이 아닐 수도 있다. 그저 측량하기 힘든 수많은 확정 요소들을 종합한 후 처리하는 방식일 가능성이 높다. 이렇게 되면 확정성 규칙을 가진 물리 세계에서 벗어나지 못하게 된다. 복잡한 시스템에서 초기 조건의 작은 변화도 큰 차이가 나는 결과를 낳게 되어 결과를 예측하기 어려워지는데, 이를 카오스 시스템chaotic system[16]이라고 한다. 앞선 이야기 중 언급한 '삼체문제' 역시 카오스 시스템이다. 그렇다면 진정한 불확정성이란 무엇일까? 《삼체》 중 띵이는 검은 공이 참새처럼 여기저기 날아다니거나, 심지어 태양계를 벗어나는 상황을 얘기했다. 아무 규칙도 없을뿐더러 혼란스럽기까지 하다. 다행히 우리가 사는 실제 세상에서는 이런 상황이 발생할 수 없다. 만약 언젠가 앞서 얘기한 상황이 발생한다면 그건 분명 외계인이 장난을 치고 있는 것이다. 그때가 되면 물리학자뿐만 아니라 통계학자까지 멘탈이 붕괴될 것이다.

세상이 예측하기 힘든 확정성 시스템이든, 아니면 진정한 불확정성을 가지고 있든, 혹은 완벽한 확률 규칙을 가지고 있든 우리는 '확률'이라는 도구를 활용해 세상을 연구하고 문제를 해결할 수 있다. 확률은 불확정성을 내포하고 있지만, 결과가 명확하지 않을 뿐이지 그 가능성에는 실제로 통계 규칙이 존재한다. 그렇기에 진정한 불확정성이나 확정성은 아니다. 확률론과 통계학의 발전과 함께 스토캐스틱 방법

또한 과학자들에게 매우 강력한 무기가 되었다. 이 방법으로 복잡한 세계 현상을 설명할 수 있게 된 것이다. 특히, 사회과학 분야에서 모든 문제의 영향 요소는 서로 뒤엉켜 있고 복잡하기 때문에 통계 도구를 활용해 처리해야 한다. 이런 점에서 알 수 있듯이, 스토캐스틱 세상은 이미 많은 사람에게 받아들여지고 있다. 우리가 세상을 이해하는 방식 역시 확정성에서 확률성으로 변화하는 과정을 거쳤다.

우리가 사는 세상에서 확률은 진정한 의미의 확률이 아닐 수 있다. 그러나 대다수 불확정성은 확률성으로 설명할 수 있다. 많은 지역, 다양한 분야에서 예측하지 못한 일들이 계속 일어나기도 하지만, 자주 발생하지 않을뿐더러 인간의 상식을 벗어나지도 않는다. 따라서 실제 세상은 불확정적이지만, 확률성으로 이런 불확정성을 설명하고 과학적인 방법과 통계학으로 문제를 효과적으로 해결할 수 있는 것이다. 이 또한 우리가 찬란한 인간 문명을 누릴 수 있는 이유 중 하나일 것이다.

확정성certainty 확실성이라고도 한다. 오류로부터 완전한 보증을 가지고 있거나, 의심의 여지 없이 존재하는 정신 상태를 가진 완전한 지식을 말한다.

불확정성uncertainty 불확실성이라고도 한다. 미래에 전개될 상황에 대해 정확한 정보를 얻을 수 없거나, 어떤 상황이 발생할 가능성을 명확히 측정할 수 없는 상태를 말한다.

확률성stochasticity 사건이 확률적 우연성을 갖는 것. 통상적으로 일정한 확률분포를 따른다.

1.1.2 신은 주사위를 던지는가?

1927년 10월, 벨기에 브뤼셀에서 개최한 제5회 솔베이 회의Conseil Solvay 중 인류 역사상 기념비적인 사건이 발생했다. 그림 1.2는 '세계에서 제일 지혜로운 두뇌'라는 제목으로 인터넷에서 종종 볼 수 있는데, 아마 솔베이 회의보다 유명할 것이다. 솔베이 회의는 아인슈타인Albert Einstein과 보어N. Bohr의 양자론 관점에서의 갑론을박으로 유명한데, '신은 주사위를 던지지 않는다'라는 관점 역시 이 회의에서 유래되었다. 사실, 아인슈타인이 이 관점을 언급한 것은 처음이 아니다. 1926년에 그는 보른Max Born에게 쓴 편지에서 이미 이 관점에 대해 언급했었다[17]. '신은 주사위를 던지지 않는다'는 아인슈타인의 신념이자 수많은 결정론 관점을 지지하는 물리학자의 신념이었다. 그렇다고 그들이 전통 물리 시대의 수호자라는 의미는 아니다. 오늘에 와서도 신이 주사위를 던지는지 던지지 않는지에 대해서는 완전히 합의되지 않았다. 그저 솔베이 회의에서 아인슈타인은 끊임없이 보어의 관점이 잘못된 것이라고 주장했지만, 모두 받아들여지지 않으면서 사람들이 신은 주사위를 던진다고 믿게 했을 뿐이다.

그림 1.2 **제5회 솔베이 회의**

신은 주사위를 던지는가에 대한 토론 배경은 양자역학의 발전 초기로 거슬러 올라간다. 1925년 하이젠베르크는 보어의 모델을 기초로 입자 행렬역학의 표현 방식을 제시하였고, 보른Max Born과 요르단Pascual Jordan 등의 노력으로 점차 완성되었다. 같은 해 슈뢰딩거Erwin Schrödinger는 드브로이Louis de Broglie에게서 영감을 받아 전통 파동방정식을 발표했다. 비록 파울리Wolfgang Pauli와 요르단이 두 방식 모두 수학적으로 같다고 증명했지만, 물리학적 표현과 이해에서는 명백한 차이를 보였다.

특히 슈뢰딩거의 방정식에서 가장 중요한 파동함수 ψ에 대해 슈뢰딩거는 파동의 공간분포로 해석했다. 그러나 보른이 1926년 7월에 제시한 해석은 판도라의 상자를 열기에 충분했다. 그는 ψ는 확률성을 지녔으며, ψ^2은 전자가 한 위치에 출현할 확률이라고 생각했다. 이는 결정론을 뒤집는 해석이었다.

하이젠베르크는 그의 행렬론을 기반으로 1927년 3월에 그 유명한 '불확실성 원리uncertainty principle'를 제시한다. 전자의 위치와 운동량은 동시에 정확하게 관측할 수 없으며, 하나라도 정확하게 측정한다면 다른 하나의 불확정성은 늘어난다는 것이다. 만약 확률의 가능성부터 관측한 정확한 결과를 관측하기까지를 '중력 붕괴'로 해석한다면, '관찰자'의 의식은 의외로 물리 과정에 빠지게 되며 세상을 더욱 놀라게 할 것이다.

하이젠베르크, 보어, 보른, 파울리, 요르단 등 대부분의 물리학자는 코펜하겐에서 함께 했기에 '코펜하겐 학파Copenhagen school'로 불렸다. 그리고 그들의 해석은 양자론의 '코펜하겐 해석Copenhagen interpretation'이라 불리며 현재까지도 주류 관점으로 자리 잡고 있다. 이해하기 어려운 부분이 많지만, 실험 결과와 미시 양자 세계의 각종 기이한 현상을 생각하면 해당 이론으로 좋은 해석이 가능하다는 점을 인정해야 할 것이다. 심지어 일부 '사고적 실험'에 대한 의문(예 슈뢰딩거의 고양이) 역시 그럴듯하게 꾸밀 수 있다.

양자론과 실제 물리 세계가 도대체 어떤지에 대해서는 이 책에서 토론하기 힘들뿐더러 필자의 학식 범위도 벗어난다. 어쨌든, 1927년의 솔베이 회의 이후 '신은 주사위를 던진다'라는 비유는 여러 분야에서 유행하기 시작했다. 현재까지 인류는 양자 세계를 완전히 이해했다고 하기 힘들고 신이 정말 주사위를 던지는지도 증명해 내지 못했지만, 많은 분야에서 결정론의 주장은 모두 깨졌다. 예를 들어, 역학자 라이트힐Michael James Lighthill은 1986년 뉴턴의 《자연철학의 수학적 원리Philosophiæ Naturalis Principia Mathematica》[18] 발표 300주년을 기념하기 위한 집회에서 유명한 사과 성명을 발표했다.

"모두가 알다시피 선배 과학자들은 뉴턴 역학의 괄목할 만한 성과에 대해 많은 찬양을 했으며, 이를 예언할 수 있는 시스템으로 여겼습니다. 실제로 우리는 1960년 이전부터 이 의견을 믿어 왔지만, 이제는 틀렸다는 것을 알게 되었습니다. 우리는 대중들을 잘못된 길로 인도하였고, 그들에게 뉴턴 운동 법칙을 만족하는 시스템은 결정론적이라고 홍보해 왔습니다. 하지만 1960년 이후 이는 잘못됐다는 것을 증명해 냈습니다. 따라서 우리는 여기에서 대중들에게 머리 숙여 사과의 말씀을 드립니다."

앞서 언급했듯이 우리는 많은 일을 확률 방식으로 처리한다고 했는데, 이는 그저 편하게 컨트롤하기 위해서지 물리 법칙이 완전히 확률적이라는 의미는 아니다. 예를 들자면, 공기가 포켓볼 운동 궤적에 주는 영향이 바로 그것이다. 양자역학처럼 물리 법칙 측면에서 직접적으로 발생하는 확률성은 매우 보기 드물다. 특히, 우리가 직접 느낄 수 있는 거시적 세계에서 물리 법칙은 여전히 확정적이라 볼 수 있다. 그러나 우리가 몸담고 있는 사회 법칙은 확률성의 가설을 점점 더 많이 받아들이고 있는데, 이 역시 많은 사회과학의 초석이 되었다. 주류 사회과학과 물리학은 완전히 다른 두 체계이지만, 통계학으로 확률성을 연구하는 방법은 두 분야에서 모두 응용할 수 있다.

보어와 아인슈타인 세대의 과학자들이 기존의 체계를 깨뜨리기 전에는 물리 법칙의 확률성을 믿지 않는 것은 물론 통계 방법을 사용하는 횟수도 적었다. 보어의 스승인 러더퍼드Ernest Rutherford는 "만약 당신의 실험에 통계학이 필요하다면 다른 더 좋은 실험을 찾아봐야 한다"라고 말했었다. 그러나 100년이라는 시간이 흐르는 동안 현대 통계학의 발전과 함께 물리 분야뿐만 아니라 각종 분야에서 점차 확률성 관점을 받아들이기 시작했다. 통계학이라는 강력한 무기로 해결해 나가는 문제도 점점 많아졌다. 이 세계의 본질이 무엇이든지에 상관없이 '신은 주사위를 던지는가?'라는 문제는 사람들을 더는 곤란하게 만들지 못했다. '살아있는 전설'로 불리는 통계학자 라오C. R. Rao[19]의 명언을 빌려 제2절을 마치겠다.

"궁극적으로 분석해 보면, 모든 지식은 역사학이다. 추상적으로 보면, 모든 과학은 수학이다. 근본 원리로 따져보면, 모든 판단은 통계학이다."

결정론determinism '라플라스 주의'라고도 불리며, 철학의 입장에서 봤을 때 인류의 의식, 거동, 결정과 행동 등 모든 사건의 발생을 결정하는 조건은 다른 사건을 발생시키지 않는다는 이론이다.

양자역학quantum mechanics 물리학의 한 분야이며, 주로 미시적 사물을 기술한다. 상대성 이론과 함께 현대물리학의 양대 산맥으로 칭송된다.

1.1.3 연쇄살인범의 체포

미국 드라마 〈Numb3rs넘버스〉 시즌 1의 제1화에서는 연쇄살인범 체포에 대한 이야기를 다룬다. FBI 요원인 주인공 돈Don은 단서가 하나도 없는 연쇄살인 사건 때문에 골머리를 앓고 있었다. 그의 수학 천재 남동생 찰리Charlie는 범죄 발생 지점을 분석해 핫스팟 분포도를 작성해서 형이 포위망을 좁힐 수 있게 도와줬다. 첫 번째는 범죄자를 잡는 데 실패했지만, 찰리는 금세 범죄자의 직장을 고려하지 않았다는 것을 깨달았다. 이윽고 두 번째 핫스팟 분포도를 작성했고, 2개의 핫스팟이 겹치는 부분을 중점적으로 수사하여 끝내 범죄자를 잡아냈다. 많은 사람이 이 드라마로 인해 통계학에 관심을 가지기 시작했다. 비록 1화에서는 핫스팟 분포도를 추측해 낸 구체적인 알고리즘에 대해 상세하게 소개하지 않았지만, 한 장면이 사람들에게 깊은 인상을 남겼다. 찰리는 FBI 요원에게 확률성에 대해 설명했고, 5명의 요원에게 아무 지점에 서 있어 달라고 부탁했다. 5명의 요원은 무의식적으로 떨어지게 됐고, 그들이 떨어진 거리는 모두 비슷했다. 찰리는 진정한 확률은 여러 사람이 모이게 만들며, 보통 사람들은 직관적으로 확률 순서를 선택하기 힘들다고 했다. 따라서 범죄 역시 일부러 평소 행동을 피해 '확률'로 범행을 저지르는 것 같은 느낌을 주지만, 실제로는 확률성의 함정에 빠진 것이라고 했다.

무협 소설에서는 자주 '제일 위험한 곳이 제일 안전한 곳'이라고 자주 얘기한다. 하지만 대부분의 사람은 이런 담력과 운이 없어 종종 쉽게 사고의 오류에 빠지게 된다. 범죄자 역시 거주지나 직장 주위에서 범죄를 저지르면 쉽게 발각되거나 단서를 남기게 되어 위험하리라 생각해서 무의식적으로 먼 곳에서 범행을 저지르게 된다. 그리고 연속으로 범행을 저지를 때 두 지점이 너무 가까우면 범행의 규칙이 발견될까 봐 인위적으로 확률성을 부여하다 보니 무의식적으로 '균등'을 확률로 인식하게 된다. 예를 들어, 그림 1.3은 랜덤으로 생성한 점을 보여주는데, 왼쪽 그림은 **정규분포** normal distribution*를, 오른쪽 그림은 **균등분포** uniform distribution를 나타낸다. 두 분포 모두 **확률분포**이지만, 자연계에는 정규분포가 확실히 더 많이 나타나기 때문에 '정규 normal'로 불리며, 이는 '정상'을 의미한다. 그림에서 알 수 있듯이 정규분포는 여러 점이 모이는 현상이 나타난다. 하지만 균등분포는 점들이 비교적 흩어져 있는 것을 알 수 있는데, 이는 사람들이 생각하는 '확률성'에 가깝다. 비슷한 사례로 복권 구매가 있는데, 많은 사람은 복권 번호를 고를 때 어떤 숫자들이 한동안 뽑히지 않았다면 곧 뽑힐 것이라 믿는다. 하지만 이는 실제로 균등을 확률로 착각하는 사고방식이다.

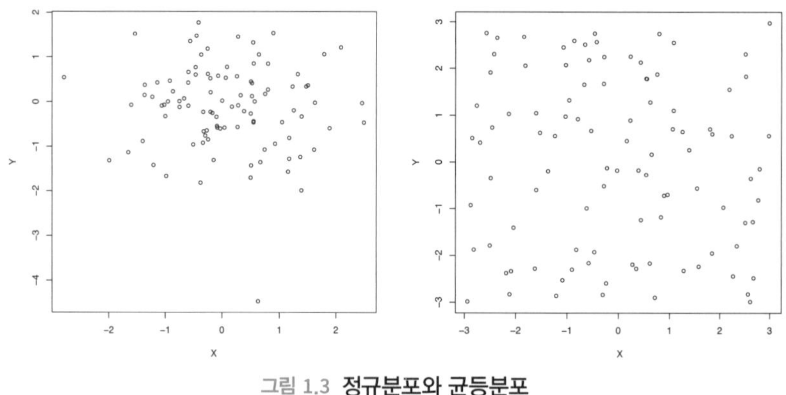

그림 1.3 **정규분포와 균등분포**

유전학자 홀데인 J. B. S. Haldane은 '인류는 규칙적인 동물이며, 자연계의 무질서를 모방할 수 없다'라고 했었다. 〈Numb3rs〉에서 보여준 실험을 실행하기란 쉬운 일이

* 분포와 관련한 자세한 내용은 2.2.3절 '드무아브르의 정규분포'에서 소개한다.

아니며, 계량화하기도 힘들다. 라오가 쓴 《혼돈과 질서의 만남Statistic and Truth》[19]에서 예를 하나 보여준다. 그는 학생에게 세 가지 실험을 진행하게 했다.

- 병원에 가서 1,000개의 출생 데이터를 수집하여 성별을 기록하기
- 동전을 1,000번 던져서 윗면이 앞면인지 뒷면인지 결과를 일일이 기록하기
- 동전을 1,000번 던지는 상상을 해서 윗면이 앞면인지 뒷면인지 상상 속 결과를 일일이 기록하기

각 실험의 1,000개 데이터를 순서대로 5개씩 묶어 세트를 나누면 각각 200세트의 데이터가 생성된다. 그리고 각 세트에서 '앞면' 혹은 '남자'를 포함한 데이터 개수를 합산한다. 각 세트는 5개의 데이터를 포함하고 있기 때문에 '앞면' 혹은 '남자'를 포함한 데이터 개수는 0부터 5 사이의 6개 정수 중 하나일 것이다. 그리고 각 실험에서 데이터 개수가 0부터 5까지인 세트 수 합을 표 1.1과 같이 나타낸다.

표 1.1 C.R. 라오의 실험

'앞면' 혹은 '남자'를 포함한 데이터 개수	병원 데이터	실제 동전 던지기	상상 속 동전 던지기
0	2	5	2
1	26	27	20
2	65	64	78
3	67	68	80
4	31	32	17
5	9	4	3
총계	200	200	200

표 1.1의 첫 행을 보면 200세트의 병원 데이터에서 '남자'를 포함한 데이터 개수가 0인 세트 수는 2세트이고, 200세트 실제 동전 던지기 데이터에서 '앞면'을 포함하지 않은 세트 수는 5세트이며, 200세트 상상 속 동전 던지기 데이터 중 '앞면'을 포함하지 않은 세트 수는 2세트다.

우리는 3개 실험의 결과를 비교하여 실제 동전 던지기의 결과와 병원 데이터의 결과가 비슷하다는 것을 직관적으로 알 수 있다. 이와 다르게, 상상 속 동전 던지기의 결과와 앞선 두 실험의 결과는 차이가 크게 난다. 데이터 개수가 2개, 3개, 4개인 세트 수만 봐도 알 수 있다. 우리는 카이제곱 검정과 같은 더 정교한 통계 방법을 활용해 세 실험의 차이를 검증할 수 있다. 이는 1.3.1절 '차를 맛보는 여인'에서 가설검증을 소개하며 상세하게 다룰 예정이다. 여기에서는 직관적으로 3개의 데이터를 비교하는 것만으로도 이해하는 데 문제는 없다.

이 실험에서 알 수 있듯이 병원에서 태어난 아기의 성별은 자연계의 확률 현상이다. 우리는 남녀 출생 비율이 1 : 1에 가깝다는 것을 알지만, 다음에 태어날 아기가 남자인지 여자인지 판단할 수 없다. 이와 마찬가지로, 실제로 동전을 던져보면 앞면과 뒷면이 나올 확률은 비슷하지만 다음에 나올 면이 앞면일지 뒷면일지는 알 수가 없다. 그러나 우리가 상상 속에서 동전을 던질 때는 확률에 대한 집착을 완전히 버릴 수 없다. 그래서 앞면과 뒷면 비율이 균형을 잃을까 무서워 앞면을 여러 번 상상하고 나서 무의식적으로 뒷면이 나오는 상황을 상상하게 된다. 여러분도 똑같은 실험을 진행해서 상상 속 확률과 실제 확률이 일치하는지 확인해 본다면 아마 확률성에 대한 이해가 한층 더 수월해질 것이다.

정상 일반 규칙이나 상황에 부합하다.
균등 분포나 분배가 각 부분에서 수량이 같다.

1.1.4 동전을 던지는 수학자들

1707년에 프랑스에서 태어난 뷔퐁Georges-Louis Leclerc, Comte de Buffon은 박물학자, 수학자, 생물학자이자 유명한 계몽시대 작가다. 확률론 중 유명한 '뷔퐁의 바늘 실험'이 바로 그의 이름을 따서 만든 것이다. 그리고 1806년에 인도에서 태어나 생후 7개월 때 가족을 따라 영국으로 이민을 가게 된 드 모르간Augustus De Morgan은 유명한 수학자이자 논리학자다. 그는 드 모르간의 법칙을 제시하여 수학적 귀납법의 개념을 정교화시켰다. 1857년에 영국에서 태어난 칼 피어슨Karl Pearson은 현대 수학통계학의 창시자이자 생물통계학의 선구자이며, 로마노프스키Vcevolod Evanovich Romanovsky는 소련의 수학자다. 1906년에 피터버러 대학교를 졸업한 그는 유명한 로마노프스키 규범(T 검정 규범)을 제시했다. 앞서 말한 수학자들의 공통점은 모두 '동전 던지기'라는 '무의미한' 일을 했었다는 것이다. 표 1.2는 그들의 동전 던지기 횟수와 앞면이 나온 결과를 나타낸다.

표 1.2 동전 던지기 실험

실험자	실험 횟수	앞면 횟수	앞면 출현 확률
드 모르간	2,048	1,061	0.5181
뷔퐁	4,040	2,048	0.5069
피어슨	12,000	6,019	0.5016
피어슨	24,000	12,012	0.5005
로마노프스키	80,646	39,699	0.4922

아주 오래전부터 인류는 확률성 사고를 이미 가지고 있었다. 심지어 《역경易經》의 점치기도 확률 숫자 시드seed를 설정해야 했다. 과학적 관점에서 본다면 과거 사람들이 도박에 대해 연구를 했던 시절까지 거슬러 올라간다. 학계에서는 통상적으로 1654년[20]부터 확률이라는 개념이 시작되었고, 파스칼Blaise Pascal*이 그해 확률론을 창시했다고 한다. 그 증거로 그와 페르마Pierre de Fermat**가 주고받은 편지가 있는데, 페르마 역시 이로 인해 확률론의 창시자 중 한 명으로 알려져 있다. 당시에 '확률probability'이라는 용어가 없어서 '기회chance'와 같은 용어로 확률을 표현했다. 그리고 앙투안 아르노Antoine Arnauld와 피에르 니콜Pierre Nicole이 1662년에 출간한 《포르 루아얄의 논리Logique de Port-Royal》에서 처음으로 '확률'이라는 단어에 수학적 의미를 부여한 것으로 알려져 있다.

* 블레즈 파스칼(1623.6.19~1662.8.19)은 프랑스의 신학자, 철학자, 수학자, 물리학자, 화학자, 음악가, 교육가, 기상학자다. 단위 면적당 받는 압력의 단위를 그의 이름으로 명명하였다.

** 피에르 드 페르마(1601.8.17~1665.1.12)는 프랑스의 검사이자 아마추어 수학자다. 유명한 '페르마의 마지막 정리'가 바로 그의 이름으로 명명한 것이다.

확률론의 정교한 수학 체계는 20세기에 이르러서야 완벽해졌으며, 평소에 우리가 알고 있는 확률의 정의는 1774년에 라플라스Pierre Simon Laplace*가 제시한 것이다.

> 확률, 한 사건이 일어날 수 있는 상황의 수와 가능한 모든 상황의 수의 비율이다.

그러나 확률이라는 개념이 생기기 전에도 학자들이 확률 문제를 해결하는 데 문제가 되지는 않았다. 앞에서 예로 들었던 동전 던지기 실험이 실제로 매우 중요한 역할을 했다. 동전 던지기 실험은 사실 정식 명칭이 있는데, 바로 **베르누이 시행**Bernoulli trial이다. 이 명칭은 자코브 베르누이Jakob Bernoulli**에 의해 제시되었는데, 그의 저서 《추측술Ars Conjectandi》[11]에 기재되어 있다. 하나의 확률 실험에서 두 가지의 결과만 존재한다고 가정했을 때, 첫 번째 결과가 발생할 확률은 p이며 또 하나의 결과가 발생할 확률은 $1-p$라면, 그 실험은 베르누이 시행***이라고 부른다. 베르누이는 이 시행을 토대로 많은 수학 연구를 진행하여 여러 유용한 정리를 도출해 내고 확률론의 발전에 지대한 공헌을 했다.

동전 던지기 실험은 명백한 베르누이 시행이다. 정상 상황에서 동전을 던지면 앞면 혹은 뒷면이라는 두 가지 결과(사건****)만 발생하게 된다. 만약 동전이 균일하다면 경험에 따라 앞면이 나올 가능성과 뒷면이 나올 가능성은 똑같아 확률은 똑같이 0.5일 것이다. 그러나 확률은 그저 가능성을 나타내는 것이며, 결과가 어떻게 나올지는 동전을 실제로 던져봐야만 알 수 있다. 일반 사람들에게 동전 던지기와 같은 실험은 너무 무의미하다 못해 하는 것조차 싫어하지만, 수학자들은 그런 실험을 진행했다. 몇몇 수학자는 동전을 수없이 던져 앞면이 나오는 횟수를 기록하고 비율을 계산했다.

---

* 피에르 시몽 라플라스(1749.3.23~1827.3.5)는 프랑스의 유명한 천문학자이자 수학자다. 그의 저서 《천체역학(Mécanique céleste)》은 전형적인 천체역학의 대표작이다.

** 자코브 베르누이(1654.12.27~1705.8.16)는 스위스의 수학자이자 베르누이 가족의 대표인물 중 한 명이다. 그의 저서 《추측술》은 그가 죽은 후 8년이 지나서야(1713년) 발간되었다.

*** 베르누이 시행에 관한 자세한 내용은 2.2.1절 '베르누이의 동전'을 참고하기 바란다.

**** 사건은 일정 확률로 발생하는 결과로 이해하면 된다. 확률시행에 대한 상세한 소개는 2.2.1절 '베르누이의 동전'을 참고하기 바란다.

이 실험에서 알 수 있듯이 동전 던지기의 결과 확률은 0.5보다 조금 작거나 클 수 있지만, 모두 0.5에 근접한다.

실험 결과가 우리의 직감과 매우 흡사하다는 것을 알 수 있다. 직접 동전을 많이 던져 본다면 아마 비슷한 결과가 나올 것이다. 그러나 만약 두 번만 던진다면? 과연 앞면과 뒷면이 각각 한 번씩 나올까? 당연히 아닐 것이다. 앞서 말했듯이 자연계의 확률은 항상 균등하지 않다. 그럼, 합리적으로 추측해 보면 많이 던질수록 앞면이 나올 확률이 0.5에 가까워지는 것은 아닐까? 이 추측은 하나의 규칙과도 같으며, 표 1.2를 보면 데이터가 추측에 부합한다는 것을 알 수 있다. 실제로 오래전부터 사람들은 이 추측이 옳다는 것을 알고 있었다. 이는 바로 그 유명한 **대수의 법칙**law of large numbers(혹은 큰수의 법칙)이다. 일반 법칙은 실험을 통해 검증 가능한 법칙을 가리키며, 수학으로 증명할 수 있는 정리를 의미하지 않는다. 대수의 법칙 또한 베르누이가 최초로 제시했으며, 《추측술》에 이미 증명 과정을 기술했다. 따라서 대수의 법칙은 **베르누이의 정리**Bernoulli's theorem 또는 **베르누이의 대수법칙**Bernoulli's law of large numbers이라고도 불린다. 콜모고로프Andrei Kolmogorov가 증명한 **강 대수의 법칙**strong law of large numbers과 구분하기 위해 베르누이의 정리는 **약 대수의 법칙**weak law of large numbers으로 부른다. 그 외에도 위너-킨친 정리Wiener-Khinchin theorem와 체비셰프 정리Chebyshev's theroem의 특수상황 역시 약 대수의 법칙으로 불린다.

베르누이의 대수법칙의 수학적 기술은 매우 간단하다. 베르누이 시행을 n번 중복해서 매번 성공할 확률(앞면이 나올 확률)은 p이고 총 성공 횟수는 S_n이라고 가정했을 때 수식은 다음과 같다.

$$\lim_{n\to\infty} P(|\frac{S_n}{n} - p| < \epsilon) = 1 \tag{1.1.1}$$

수식 중 ϵ는 임의의 작은 정수를 의미하며, 중학교 수학의 순열의 극한을 활용하면 이해할 수 있다. S_n을 하나의 확률변수로 간주하면 어렵지 않게 이 극한 방정식을 풀어낼 수 있기 때문에 상세한 설명은 생략하겠다. 하나만 짚고 넘어가자면, 이 정리는 증명이 가능한 정리이지만 사람들은 습관적으로 '대수의 법칙'이라고 부른다. 한 예로, 많은 사람이 보험회사의 경영에서 대수의 법칙을 사용한다고 알고 있다. 왜냐하면 진짜 세상에서는 그 누구도 발생한 사건이 분명 확률변수라고 확신할 수 없기 때문이다. 그저 실험과 상식의 측면에서 봤을 때 '데이터가 많을수록 안정적'이고 '실험 횟수가 많을수록 진실에 가깝다'고 보편적으로 이해하고 있을 뿐이다. 비록 완벽하지 않지만 말은 된다. 통계 분야에 종사하고 있지 않더라도 대수의 법칙 사고방식을 지니고 있다면 일상생활에서 아주 유용하게 활용할 수 있을 것이다.

확률probability 가능성으로도 불리며, 수학 확률론의 기본 개념이다. 0에서 1 사이의 실수이며, 확률사건 발생 가능성의 크기를 의미한다.

대수의 법칙law of large numbers LLN. 표본 수량이 많을수록 평균값은 기대치에 확률적으로 근접해진다.

1.2 확률의 이해

1.2.1 게임 상금의 배분

1494년, 현대 회계학의 아버지라 칭송받는 루카 파치올리Luca Pacioli는 그의 저서 《대수, 기하, 비 및 비례 총람Summa de arithmetica, geometria, Proportioni et proportionalita》에서 상금 배분에 대한 의문을 제기한다[20]. A와 B라는 두 사람이 라운드마다 승패 결과만 있는 게임에서 이긴 사람에게 10점, 진 사람에게 0점을 부여해서 먼저 60점을 획득한 사람이 최종 승리하는 게임을 한다고 가정해 보자. 만약 A와 B가 어쩔 수 없는 사유로 게임을 중단해야 하는데, A가 획득한 점수는 50점이고 B가 획득한 점수가 30점이라면 과연 A와 B에게 어떻게 상금을 배분해야 공평할까?

이 문제는 지금 시점에서 본다면 그저 중학생 수준의 수학 문제일 것이다. 그러나 500년 전에는 확률론이 존재하지 않았고 심지어 확률의 개념조차 없었기에 사람들의 흥미를 불러일으키기 충분했다. 르네상스 시대의 유명한 학자인 카르다노Girolamo Cardano는 약 1539년에 이 문제에 대한 해답을 제시했다. 그는 A가 1라운드만 이기면 최종 승리하고, B는 3라운드나 이겨야 최종 승리한다고 생각했다. 카르다노는 B가 세 번 이길 수 있는 전제 조건은 앞선 두 번을 연속으로 이겨야 한다는 것을 알고 있었기에 다음과 같이 제시했다. $(1 + 2 + 3) : 1 = 6 : 1$이라는 공식을 제시하며, A와 B는 $6 : 1$의 비율로 상금을 분배해야 한다고 주장했다. 이 아이디어는 이해하기 매우 힘들었는데, 심지어 카르다노는 자신의 아이디어에 대해 상세하게 설명해 주지 않았다. 아무튼 지금에 와서 봤을 때 이 사고방식은 틀렸다는 것을 알 수 있다.

1654년, 35세의 파스칼은 이 문제에 도전하고 싶었다. 그의 아이디어는 매우 직관적이었다. 게임이 중단되는 시점부터 첫 번째 라운드를 A가 승리한다면 모든 상금을 받게 되고, B가 승리한다면 B가 40점을 만들고 게임을 계속 진행하게 되는데, 파스칼은 두 상황이 발생할 가능성이 같다고 생각했다. 만약 첫 번째 라운드에서 B가 승리하여 게임을 계속 진행하게 된다면 똑같이 두 가지 상황이 발생하게 된다. A가 한 번 이겨서 최종 승리를 하거나 B가 한 번 더 이겨서 50점을 획득하는 상황이다. 만약 B가 또 승리한다면 A와 B는 동률을 이루게 되어 다음 라운드에서 승리하는 사람이 상금을 가져가게 된다. 따라서 상금 배분 비율은 가능성으로 계산해야 하며, A는 상금의 $\frac{1}{2} \times 1 + \frac{1}{2} \times \frac{1}{2} \times 1 + \frac{1}{2} \times \frac{1}{2} \times \frac{1}{2} \times 1 = \frac{7}{8}$을 가져가야 하고, B는 상금의 $\frac{1}{2} \times \frac{1}{2} \times \frac{1}{2} \times 1 = \frac{1}{8}$을 가져가야 한다. A와 B의 상금 배분 비율은 $7 : 1$이 되어야 하며, 해답 풀이는 그림 1.4와 같이 트리 구조로 기술할 수 있다.

이런 사고방식과 현재 확률 문제를 계산하는 방법은 비슷하다. 하지만 당시에 파스칼은 자신의 계산 방법이 맞는지 확신할 수 없었기에 그의 친구인 페르마에게 편지를 보냈다. 페르마는 심사숙고한 후 또 하나의 아이디어를 제시했다. 그의 말에 따르면, 최대 3라운드 안에 게임이 끝난다는 것이다. 만약 게임을 반드시 3라운드 동안 진행해야 한다고 가정하면, AAA, AAB, ABA, ABB, BAA, BAB, BBA, BBB 이렇게 총 8가지의 상황이 발생하게 된다. 이 8가지 가능성 중 BBB가 발생해야지만 B가 상금을 가져갈 수 있고, 나머지 7가지 가능성은 규칙에 따라 A가 상금을 가져가게 되기 때문에 A와 B의 상금 배분 비율은 7 : 1이 되어야 한다는 것이다. 그의 결과는 파스칼의 결과와 일치했지만 사고방식은 좀 더 간단했다. 그의 사고방식은 사실 현재 확률 계산 방식과 같다.

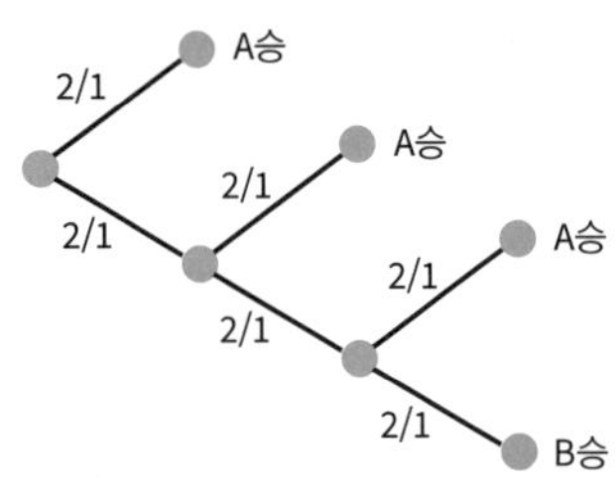

그림 1.4 **파스칼이 계산한 상금 문제 사고방식**

이번 문제의 해답만 보면 마치 페르마가 좀 더 대단한 것처럼 보인다. 하지만 당시에 파스칼과 페르마는 편지를 통해 많은 확률 문제에 관해 토론했고, 파스칼은 매번 명확하고 완벽한 해결 방안을 제시했기에 사람들은 1654년에 파스칼이 공식적으로 **확률론**을 발표했고 페르마는 중요한 도움을 제공한 것으로 알고 있었다. 비록 이 사례는 간단하지만 인류의 과학 발전사에서 매우 중요한 위치에 있다. 현재 우리가 중학교 수학 지식만으로 선조들의 성과를 이해할 수 있고, 특히 역사적으로 봤을 때 무수히 많은 위대한 과학자들이 더 큰 성과를 냈으니 이는 아주 작은 발전처럼 느껴질 것이다. 1654년은 인류 역사상 그저 평범한 1년이었다. 이때 뉴턴은 고작 12살이었으며, 그가 새로운 시대를 열 줄은 몰랐을 것이다. 모든 사건이 이 간단한 사례보다 중요한 것은 아니다. 그저 당시에 사람들은 '확률'이라는 신비한 개념이 얼마나 큰 에너지를 가져올지 상상조차 할 수 없었고, 이때부터 세계를 바꾼 '확률'이라는 대문을 열게 된 것을 몰랐기 때문이다.

확률론은 확립된 후부터 지속해서 발전하기 시작했다. 당시에는 수학적 공리 체계를 수립하지 못했지만, 이미 온전한 수학 기초와 계산 방법을 구축하고 있었다. 특히, 응용과 실제 분야에서 많은 현실 문제를 해결했기에 이 시대의 확률론은 **고전 확률론**으로 불렸다. 사람들은 1812년에 라플라스가 쓴 《확률 분석 이론Théorie Analytique des Probabilités》이 고전 확률론을 완성 단계까지 끌어올렸다고 알고 있다. 그는 명확하게 확률의 고전적 정의를 제시했고, 확률론에 더욱 강력한 수학 분석 도구를 도입하여 많은 중요한 정리를 증명하며 보다 치밀한 체계를 확립했다. 고전 확률론은 전통 확률론으로도 알려져 있는데, 확률 계산과 대수의 법칙을 기초로 실제 문제를 해결하는 데 치중되어 있다.

1900년, 독일의 수학자인 힐베르트David Hilbert는 파리에서 열린 제2회 국제 수학자 회의에서 '수학 문제'라는 강의를 했었다. 그는 23가지의 중요한 수학 문제를 제출했는데, 이때부터 20세기 수학은 비약적인 발전을 이루게 되었다. 그가 제시한 문제 중 6번째 문제는 '공리화 물리'로 잘 알려져 있는데, 온전한 설명은 다음과 같다. '공리를 빌려 수학이 중요한 역할을 하는 물리학 문제를 처리하는 데 있어 가장 중요한 것은 확률론과 역학이다.' 후에 이 문제는 '물리학의 공리화'와 '확률론의 공리화'로 나뉘어졌다. 1933년, 소련의 수학자인 콜모고로프Andrey Nikolaevich Kolmogorov는 마침내 현대 측도론measure theory을 기초로 확률론의 공리화 시스템을 확립했다. 그의 책 《확률론의 기초 개념Grundbegriffe der Wahrscheinlichkeitsrechnung》의 출판 역시 현대 확률론 탄생의 대표적인 사건으로 알려지며, 이때부터 인류는 현대 확률론 시대에 접어들게 된다. 그러나 대부분 응용 배경에 있어 고전 확률론과 현대 확률론은 본질적으로 큰 차이는 없기에 튼튼한 수학적 지식이 없더라도 확률론이라는 강력한 무기를 활용해 실제 작업에서 중요한 힘을 발휘할 수 있다.

확률론probability theory 대량 확률 현상을 연구하는 통계 법칙성의 수학 학문이다. 주요 대상으로는 확률 실험, 확률사건과 확률, 확률변수와 확률분포, 숫자의 특징이 있다.

1.2.2 6연속 숫자와 14연속 숫자

2009년 6월 12일, 5,141명의 우한 시민이 서민 아파트 공개 추첨에 참여했다. 추첨 결과, 당첨된 124명의 시민 중 6명의 아파트 구매 자격 증명 번호가 연속된 숫자로 드러났다. 조사를 통해 6명이 신청 자료를 조작한 사실이 발각되어 아파트 구매 자격이 박탈되었다. 우연히도 2009년 7월 29일, 라오허코우시의 제2기 서민 아파트 추첨 결과도 인터넷에 발표됐는데, 1,138명의 신청자 중 514명이 당첨됐으며, 이 중 14명의 자격증 번호가 연속된 숫자라는 것을 네티즌이 발견하였다. 다방면으로 조사를 진행했지만, 이번에는 추첨 과정에서 수상한 점을 발견하지 못했다. 이 두 사건은 확률 계산에 대한 네티즌의 열정을 불러일으켰고, 뉴스 또한 끊임없이 이 사건에 대해 보도했지만 계산 결과는 매번 달랐다. 한순간에 두 사건의 확률 계산은 많은 사람을 괴롭혔고, 뉴스에서 보도 열기가 사라질 때까지 인정받을 만한 정확한 해답이 나오지 않았다.

6연속 숫자 사건과 14연속 숫자 사건의 수학 문제는 같다. N개의 연속된 숫자(1부터 N까지의 숫자로 가정) 중 같은 확률로 m개의 숫자를 뽑았을 때* k연속 번호가 발생할 확률 $P(N, m, k)$를 구하는 것이다. k연속 번호는 k개보다 같거나 큰 연속적인 숫자를 의미한다.

이는 전형적인 확률 계산 문제이자 고전 확률에서 자주 볼 수 있는 표현 방식이다. 우리는 이미 N개의 숫자에서 m개의 숫자를 뽑았을 때 발생할 수 있는 조합 수는 ${}_NC_m$개의 조합라는 것을 알고 있다. 이 중 k연속 번호가 발생할 조합 수만 계산하면 된다. 두 개의 결과를 나누면 이 문제에서 계산해야 할 확률이 나온다. 이 사건의 확률 계산에서 관건은 **배열 조합**을 구하는 방법이며, 이 역시 고전 확률 계산에서 자주 볼 수 있는 사고방식이다.

일반성을 잃지 않는 전제하에 우리는 8개의 숫자에서 5개의 숫자를 뽑는다고 가정하고, 3연속 숫자가 발생할 조합 수를 계산해 보자. 일일이 모든 결과의 배열 조합을

* 단순무작위추출(simple random sampling)이라고도 한다.

나열해 보면 총 C_8^5가지의 결과를 확인할 수 있다. 이 중 3개 이상 연속된 숫자를 선별해 내면 결과는 표 1.3과 같다.

표 1.3 **8개의 숫자 중 5개의 숫자를 추출해 3연속 숫자가 발생할 결과**

추첨 결과	연속 여부	추첨 결과	연속 여부	추첨 결과	연속 여부	추첨 결과	연속 여부
1 2 3 4 5	Y	1 2 3 4 6	Y	1 2 3 4 7	Y	1 2 3 4 8	Y
1 2 3 5 6	Y	1 2 3 5 7	Y	1 2 3 5 8	Y	1 2 3 6 7	Y
1 2 3 6 8	Y	1 2 3 7 8	Y	1 2 4 5 6	Y	1 2 4 5 7	N
1 2 4 5 8	N	1 2 4 6 7	N	1 2 4 6 8	N	1 2 4 7 8	N
1 2 5 6 7	Y	1 2 5 6 8	N	1 2 5 7 8	N	1 2 6 7 8	Y
1 3 4 5 6	Y	1 3 4 5 7	Y	1 3 4 5 8	Y	1 3 4 6 7	N
1 3 4 6 8	N	1 3 4 7 8	N	1 3 5 6 7	Y	1 3 5 6 8	N
1 3 5 7 8	N	1 3 6 7 8	Y	1 4 5 6 7	Y	1 4 5 6 8	Y
1 4 5 7 8	N	1 4 6 7 8	Y	1 5 6 7 8	Y	2 3 4 5 6	Y
2 3 4 5 7	Y	2 3 4 5 8	Y	2 3 4 6 7	Y	2 3 4 6 8	Y
2 3 4 7 8	Y	2 3 5 6 7	Y	2 3 5 6 8	N	2 3 5 7 8	N
2 3 6 7 8	Y	2 4 5 6 7	Y	2 4 5 6 8	Y	2 4 5 7 8	N
2 4 6 7 8	Y	2 5 6 7 8	Y	3 4 5 6 7	Y	3 4 5 6 8	Y
3 4 5 7 8	Y	3 4 6 7 8	Y	3 5 6 7 8	Y	4 5 6 7 8	Y

표 1.3에서 알 수 있듯이 56가지 결과에서 40개의 조합이 3연속 숫자를 포함하고 있다. 그렇다면 확률은 40/56 = 0.7143이 된다. 만약 데이터 개수가 방대하다면 이렇게 모든 조합을 나열한 후 조건에 부합하는 결과 조합을 구할 수 없을 것이다. 따라서 이런 종류의 문제를 계산할 수 있는 수학 공식이 필요하다. 8개의 상자에 1부터 8까지의 숫자를 표시해 놨다고 가정하고, 5개의 공을 랜덤으로 상자에 넣었을 때(한 상자당 최대 1개) 3개 이상의 공이 붙어 있는 상황을 구하는 문제가 앞선 예시 문제와 같다. '1 4 5 6 8' 조합의 결과를 표시하자면 그림 1.5와 같은 형식이 되며, 흰색은 빈 상자를 의미하고 검은색은 공이 들어간 상자를 의미한다. 그림을 보면 알 수 있듯이 3연속 숫자를 포함하고 있다.

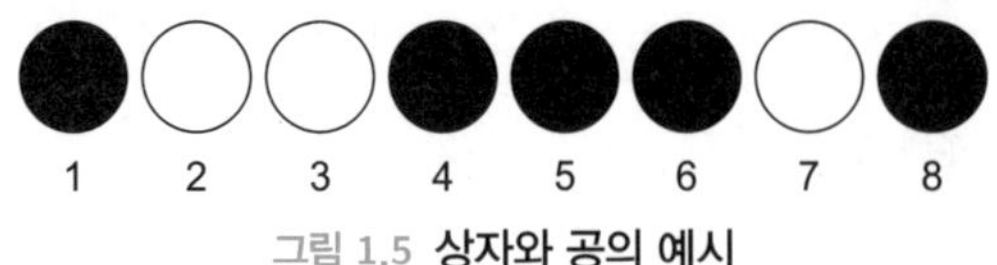

그림 1.5 **상자와 공의 예시**

이 문제에 대하여 우리는 단 하나만의 공식으로 3연속 숫자를 포함한 모든 조합을 표시하기 어렵다는 것을 알 수 있다. 조합 수를 구하는 함수를 $f(N, m, k)$라고 했을 때 이 예시에서의 조합 수는 $f(8, 5, 3)$이 된다. 다음과 같이 나눠서 계산해 보자.

1. 만약 1번 상자에 공이 없다면, 나머지 7개의 상자 중 5개를 뽑았을 때 3연속 숫자가 발생할 조합 수는 $f(7, 5, 3)$이다.
2. 만약 1번 상자에 공이 있고 2번 상자에 공이 없다면, 나머지 6개의 상자 중 4개를 뽑았을 때 3연속 숫자가 발생할 조합 수는 $f(6, 4, 3)$이다.
3. 만약 1번과 2번 상자에 모두 공이 있고 3번 상자에 공이 없다면, 나머지 5개 상자 중 3개를 뽑았을 때 3연속 숫자가 발생할 조합 수는 $f(5, 3, 3)$이다.
4. 만약 1번, 2번, 3번 상자에 모두 공이 있다면, 나머지 5개 상자에 공이 어떻게 있든지 모두 3연속 숫자가 발생하게 되기에 총 조합 수는 ${}_5C_2$이다.

이상 4가지 상황은 모든 가능성을 포함하고 있으며, 상호 배척 관계다. 따라서 $f(8, 5, 3) = f(7, 4, 3) + f(6, 3, 3) + f(5, 3, 3) + {}_5C_2$라는 것을 알 수 있다. 이 공식은 순환 공식이며, $f(6, 4, 3)$ 등 항목 역시 이런 사고방식으로 귀납법 계산을 할 수 있다.

$$f(N, m, k) = \sum_{i=1}^{k} f(N-i, m-i+1, k) + {}_{N-k}C_{m-k}$$

$$\text{만약 } N = m \text{ 이라면} \qquad f(N, m, k) = 1$$

$$\text{만약 } N < k \text{ 또는 } m < k \text{ 또는 } N < m \text{ 이라면} \qquad f(N, m, k) = 0$$

이로써 우리는 연속 숫자 문제를 해결할 수 있는 계산 공식을 얻었다. 그러나 이 공식은 순환 공식이기에 직접 계산하기 어렵다. 만약 프로그래밍으로 계산하려 한다면 귀납법으로 계산해야 정확한 해답을 얻을 수 있다. 4.4.2절 '몬테카를로와 원자폭탄'에서 이런 문제를 해결할 수 있는 **몬테카를로 방법**에 대해 소개할 텐데, 비교적 간단한 방식으로 근사해를 얻을 수 있다. 다시 6연속 숫자와 14연속 숫자 사례로 돌아와서 컴퓨터 프로그래밍을 활용하여 다음과 같은 결과를 얻을 수 있다.

$$f(5141, 124, 6) = 0.0000008$$
$$f(1138, 514, 14) = 0.0083026$$

결과에서 볼 수 있듯이 우한시의 6연속 숫자 사건에서 6개 연속 숫자가 발생할 확률은 100만 분의 1도 채 안 되며, 라오허코우시 사건의 확률은 100분의 1에 근접한 것을 알 수 있다. 100분의 1이라면 전혀 불가능한 상황은 아니다. 이런 확률 계산을 통해 판단하는 사례는 1.3.3절 '식스시그마의 기적'에서 상세하게 소개할 예정이다.

> **순열**permutation n개의 원소 중 k개의 원소를 뽑았을 때 만약 k개 원소에 순서가 있고 중복되지 않다면 이를 순열이라고 한다. 계산식은 ${}_nP_k = \frac{n!}{(n-k)!}$이다.
>
> **조합**combination n개의 원소 중 순서를 고려하지 않고 k개 원소를 뽑았을 때 이를 조합이라고 한다. 계산식은 ${}_nC_k = \frac{P_n^k}{k!} = \frac{n!}{k!(n-k)!}$이다.

1.2.3 사회자 뒤의 염소

'3개의 문' 문제로 알려진 몬티 홀 문제Monty Hall problem는 미국의 TV 프로그램 《Let's Make a Deal》의 사회자인 몬티 홀의 이름에서 비롯됐다. 이 프로그램은 1975년부터 사람들의 주목을 받기 시작했다. 프로그램의 참가자는 3개의 닫힌 문을 마주했는데, 이 중 1개의 문 뒤에는 차가 1대 있었고 나머지 문 뒤에는 염소가 있었다. 참가자가 차가 있는 문을 선택하면 상품으로 차를 획득할 수 있다. 참가자가 문을 하나 고르면 문 뒤 상황을 알고 있는 사회자는 나머지 2개의 문 중 하나를 열어 염소를 보여준다. 그리고 그는 참가자에게 선택을 유지할 것인지, 아니면 남은 다른 하나의 문을 선택할 것인지를 물어본다. 여기서 문제, 다른 문을 선택하면 참가자가 차를 획득할 확률이 높아지는가?

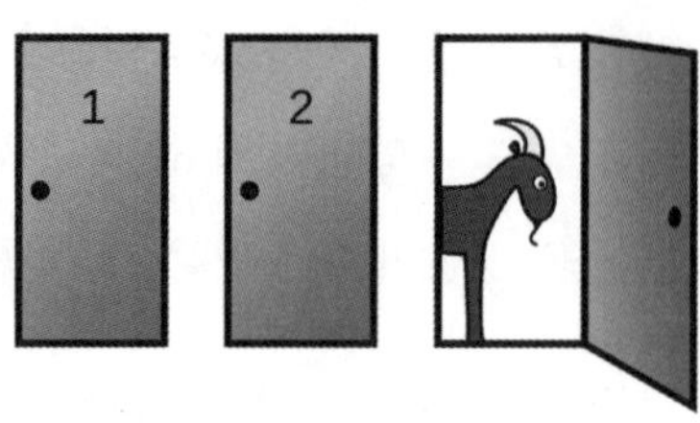

그림 1.6 **몬티 홀 문제**

그저 매우 간단한 확률 문제로 생각할 수 있지만, 이 문제는 엄청난 영향력을 가져왔다. 왜냐하면 1991년에 메릴린Marilyn vos Savant이 참여했기 때문이다. 그녀는 기네스 기록에 등재된 세상에서 가장 높은 지능을 가진 사람으로 알려져 있다. 1956년 9월, 메릴린은 10살이 되던 해에 스탠퍼드-비넷 검사Stanford-Binet intelligence scale에 응시했는데, IQ가 228에 달했다. 그 외에도 그녀는 수많은 검사를 진행했고, 1985년에 응시한 Hoeflin's Mega Test에서 받은 186점으로 기네스 기록에 공식적으로 이름을 올렸다. 그러나 후에 지능의 판단과 비교 방식에 대해 형평성 논란이 일었고, 기네스 기록은 1990년에 '지능이 제일 높은 사람'이라는 항목을 제외하였다. 따라서 메릴린의 기록이 마지막 세계기록이 된 것이다. 훗날 한국인 김은영 씨가 스탠퍼드-비넷 검사에서 210점을 받아 성인 최고 기록을 달성했지만, 이미 기네스 기록에서 이 항목이 없어진 지 오래였다. 사실, '정식'으로 최고의 지능을 가진 사람으로서 기네스에 등재된 사람은 어떤 큰일을 해냈던 여성이다.

여기에서 말한 큰일이란 바로 그녀가 몬티 홀 문제를 푼 사건을 얘기한다. 1980년대부터 메릴린은 《Parade Magazine》에서 '메릴린에게 물어 보세요'란 칼럼을 맡았는데, 세계에서 제일 지능이 높은 사람으로서 각종 문제를 풀어나갔다. 1991년에 한 사람이 몬티 홀 문제에 관해 물었고, 메릴린은 '당연히 선택을 바꿔야 한다. 바꾸고 나서는 2/3의 확률로 차를 얻을 수 있기 때문이다'라고 답했다. 이 대답은 유명한 수학자 폴 에르되시Paul Erdős를 포함해 많은 전문가의 의문을 샀다. 그들의 상식에 어긋나는 결과를 믿고 싶지 않았던 건지, 아니면 '지능이 가장 높은' 사람에 대해 의구심이 있었던 건지 알 수 없지만, 그들은 그녀의 대답을 듣고 분노를 터뜨렸다. 심지어 어떤 사람은

'남자와 여자가 수학 문제를 보는 관점이 다른가 보다'[21]라고 비아냥거리기까지 했다.

총 3개의 문이 있고, 첫 번째 문 뒤에는 염소가 있다는 것을 알고 있기에 나머지 두 개의 문 중 염소와 차는 각각 하나씩 있다. 확률의 직감으로 봤을 때 어떤 선택을 하든 둘 중 하나를 고르는 것이었기에 이 상황은 종전에 하고 있던 게임과는 무관한 것이며, 선택을 번복하든 하지 않든 간에 확률은 1/2로 변하지 않는다. 더욱 과학적으로 얘기하자면, 이는 **조건부확률**conditional probability이다. 앞서 한 차례 지나간 선택 상황인 사건 A의 확률은 $P(A)$이며, 두 개의 문 중 하나를 고르는 상황인 사건 B에 대한 확률은 $P(B)$라고 가정했을 때, 우리가 계산해야 하는 확률은 $P(B|A)$이다. 조건부확률 공식에 따르면, $P(B|A) = \frac{P(A \cap B)}{P(A)}$가 된다. 만약 사건 A와 사건 B가 독립적으로 발생했다면, $P(A \cap B) = P(A)P(B)$가 된다. 참가자가 선택을 번복해야 하는 상황이 오게 되면 앞에서 선택한 문이 생각나지 않더라도 아무 영향도 끼치지 않게 된다. 왜냐하면 남은 2개의 문 중 염소와 차의 위치는 이미 정해졌기 때문이다. 그렇다면 앞선 선택과 사회자가 문을 여는 행동은 다음 선택과는 상관관계가 없다는 의미가 되며, 사건 A와 사건 B는 독립적인 두 사건이 된다. 따라서 $P(B|A) = \frac{P(A)P(B)}{P(A)} = P(B)$가 되며, 결과는 둘 중 하나를 선택하는 확률인 1/2이 된다.

하지만 메릴린의 사고는 이랬다. 참가자가 처음 선택을 시작한 지점부터 봤을 때 두 가지의 가능성이 있는데, 각각의 결과는 다음과 같다.

- **상황 A**: 참가자가 차를 선택했는데(1/3의 확률) 사회자가 아무 문이나 열어 염소를 보여줬을 때 선택을 번복하여 승리(사건 W)할 확률 $P(W|A) = 0$.
- **상황 B**: 참가자가 염소를 선택했는데(2/3의 확률) 사회자가 남은 문을 열어 염소를 보여줬을 때 선택을 번복하여 승리(사건 W)할 확률 $P(W|A) = 1$.

상황 A와 상황 B만 존재하기 때문에 선택을 번복하여 승리할 확률 $P(W) = P(W \cap A) + P(W \cap B)$가 된다. 조건부확률의 공식에 의해 $P(W) = P(W \cap A) + P(W \cap B) = P(W|A) \times P(A) + P(W|B) \times P(B) = 0 \times 1/3 + 1 \times 2/3 = 2/3$이

된다. 따라서 선택을 번복하여 승리할 수 있는 확률은 2/3가 되기 때문에 다른 문을 선택해야 하는 것이다.

두 가지 해법 모두 얼핏 봐서는 말이 되기 때문에 사람들이 갑론을박하게 만들기 충분했다. 사실 이 문제는 문자적 표현이 관건인데, 앞서 '문 뒤의 상황을 알고 있는 사회자는 나머지 2개의 문 중 하나를 열어 염소를 보여줬다'고 표현했다. 합리적으로 봤을 때 사회자는 분명 고의로 염소가 있는 문을 열었을 것이다. 따라서 메릴린의 계산이 정확하다. 선택을 번복했을 때 자동차를 획득할 확률은 2/3가 된다. 만약 사회자가 일부러 염소가 있는 문을 열지 않고 랜덤으로 열어 염소를 만난 것이라면 결과는 다음과 같다.

- **상황 A**: 참가자가 차를 선택했는데(1/3의 확률) 사회자가 아무 문이나 열어 염소를 보여줬을 때 선택을 번복하여 승리(사건 W)할 확률 $P(W|A) = 0$.
- **상황 B**: 참가자가 염소를 선택했는데(2/3의 확률) 사회자가 차가 있는 문을 여는(1/2의 확률) 상황은 고려하지 말아야 한다.
- **상황 C**: 참가자가 염소를 선택했는데(2/3의 확률) 사회자가 염소가 있는 문을 열었을 때(1/2의 확률) 선택을 번복하여 승리(사건 W)할 확률 $P(W|C) = 1$.

따라서 선택을 번복하여 승리할 확률은 다음 식과 같다.

$$
\begin{aligned}
P(W|A \cup C) &= \frac{W \cap (A \cup C)}{P(A \cup C)} \\
&= \frac{P(W \cap A) + P(W \cap C)}{P(A \cup C)} \\
&= \frac{P(W|A) * P(A) + P(W|C) * P(C)}{P(A) + P(C)}
\end{aligned}
$$

계산을 통해 $P = (0 \times 1/3 + 1 \times 2/3 \times 1/2) \ / \ (1/3 + 2/3 \times 1/2) = (1/3) \ / \ (2/3) = 1/2$이라는 것을 알 수 있다. 직감적으로 얻은 1/2이라는 확률은 이렇게 나온 것이다. 이번 예제에서 우리는 확률 공식으로 정확한 결과를 얻을 수 있었고, 분석을

통해 다른 사고방식으로 인해 발생하는 차이에 대해 알 수 있었다. 근본적인 원인은 언어의 이해 혹은 문제의 가설 차이에 있다는 것도 알았다. 즉, 작은 차이가 큰 차이의 결과를 가져온다는 것이다. 이는 확률을 계산할 때 특히 주의해야 할 점이다.

대립적 사건 사건 A에 대해 '사건 A 미발생'을 하나의 사건으로 간주할 때 A의 대립적 사건이라고 한다. 상호보완적 사건이라고도 불리며, $\bar{A}$로 표기한다. $P(\bar{A}) = 1 - P(A)$이다.

확률사건의 더하기 법칙 랜덤으로 발생한 사건 A와 사건 B의 관계는 $P(A \cup B) = P(A) + P(B) - P(A \cap B)$이다.

배반사건exclusive events 사건 A와 사건 B가 교집합 점이 없다면 사건 A와 사건 B는 배반사건이 된다. 배반사건의 확률 계산은 다음 더하기 규칙을 따른다. $P(A \cup B) = P(A) + P(B)$.

조건부확률conditional probability 사건 B가 발생한 후에 사건 A가 발생할 확률. 조건부확률은 $P(A|B)$로 표시하며, 'B 조건하 A의 확률'이라 읽는다. 계산식은 $P(A|B) = \frac{P(A \cap B)}{P(B)}$이다.

1.2.4 실종된 잠수함을 찾아라

1968년 5월 22일, 미국 '스콜피온' 핵잠수함(그림 1.7)은 대서양 아조프해 해역에서 돌연 침몰하여 99명의 선원이 조난했다. 조사 보고서에 따르면, 잠수함이 본체로부터 발사된 어뢰에 맞아 침몰한 것으로 알려졌다. 다른 나라나 외계인의 습격을 받았다는 소문도 있었다. 여기서는 사고의 원인에 대해서 깊게 파헤치지 않겠다. 대신, 사고 직후 잠수함의 잔해를 찾을 때 사용한 방법이야말로 우리가 주목해야 할 점이다. 당시 스콜피온을 찾기 위해 미국 해군은 반경 32km, 수심 몇천 피트를 수색 지역으로 정했다. 수색 지역을 전부 조사해서는 절대로 임무를 완수할 수 없는 상황이었다. 당시 사람들이 생각했던 가장 가능성이 높은 방법은 3~4개의 잠수함과 정상급 해양 환류 전문가를 활용해 스콜피온의 위치를 추측하는 것이었다. 그러나 미국 해군 특별계획부의 수석 과학자인 존 크레이븐John P. Craven은 전혀 다른 방안을 제시했다. 그는 수색 지역을 하나하나의 작은 칸으로 나누고, 각 분야의 전문가를 초빙해 칸마다 잔해가 있을 확률을 계산하여 확률이 비교적 높은 지역을 탐사하기로 했다. 베이즈 확률론을 활용해 수색 결과를 근거로 각 칸의 확률을 업데이트한 것이 주효했다. 결과적으로 매우 짧은 시간 안에 스콜피온의 잔해를 찾아내 거의 불가능에 가까웠던 임무를 완성할 수 있었다.

그림 1.7 **'스콜피온' 핵잠수함**

존 크레이븐은 베이즈 확률론 분야의 전문가다. 일전에 미국 공군을 도와 잃어버린 수소탄을 찾아내기도 했는데, 이 방법은 각종 바다와 하늘에서 실행되는 재난구조의 표준 방식이 되었다. 이 사례는 **베이즈 통계론**Bayesian statistics을 이론 배경으로 진행되었기에 간단한 베이즈 공식만으로 쉽게 이해할 수 있다. 베이즈 공식은 **베이즈 정리**Bayes theorem로도 알려져 있는데, 공식은 다음과 같다.

$$P(A|B) = \frac{P(B|A) \cdot P(A)}{P(B)} \tag{1.2.1}$$

베이즈 정리에서 확률의 명칭은 보통 다음과 같이 정해져 있다.

- $P(A|B)$는 B가 발생한 후 A가 발생할 **조건부확률**이며, B로 인해 값이 달라지기에 A의 **사후확률**posterior probability로 불린다.
- $P(B|A)$는 A가 발생한 후 B가 발생할 조건부확률이며, A로 인해 값이 달라지기에 B의 사후확률로 불린다.

- $P(A)$는 A의 **사전확률**prior probability 혹은 **주변확률**marginal probability이다. '사전'이라고 불리는 이유는 B와 관련된 어떠한 요소도 고려하지 않기 때문이다.
- $P(B)$는 B의 사전확률(혹은 주변확률)이다.

'스콜피온'을 찾는 사례로 예를 들어 보자. 해역에서 하나의 칸을 수색하는 데 있어서 '잠수함이 칸에 있다'를 사건 A로 정의하고, '잠수함을 찾았다'를 사건 B로 정의한다. 그리고 '잠수함이 칸에 있다'는 확률을 p로 정의하고, '잠수함을 이 칸에서 찾았다'는 확률을 q로 정의한다. 그렇다면 $p = P(A)$가 되고, $q = P(B|A)$가 된다. 여기서 주목해야 할 점은 확률 p인데, 이 값이 커질수록 이 범위 내에 잠수함 잔해가 있을 확률이 올라가기에 더욱 신중히 수색해야 한다. 수색을 시작하기에 앞서 각 분야 전문가의 경험을 통해 칸마다 확률 초깃값을 부여해 사전확률 p로 정의했다. 보통은 확률이 제일 높은 곳부터 수색하지만, 만약 이 칸에서 잠수함을 발견하지 못한다면 이는 해당 칸의 확률이 앞서 생각했던 것보다 높지 않다는 것을 의미한다. 따라서 베이즈 공식으로 다시 계산해 보면 이 확률은 $P(A|\bar{B})$라는 사후확률 p'가 된다.

$$p' = P(A|\bar{B}) = \frac{P(\bar{B}|A) \cdot P(A)}{P(\bar{B})} \tag{1.2.2}$$

조건부확률과 상호보완적 사건의 정의를 통해 알 수 있듯이, $P(\bar{B}) = P(\bar{B}|A) \cdot P(A) + P(\bar{B}|\bar{A}) \cdot P(\bar{A})$를 얻을 수 있다. 만약 '잠수함이 칸에 없다'면 분명히 '찾을 수 없다'가 될 것이고 $P(B|\bar{A}) = 0$이 된다. 앞서 말한 각 확률을 식 1.2.2에 대입하면 다음과 같은 결과가 나온다.

$$p' = P(A|\bar{B}) = \frac{p(1-q)}{p(1-q)+1-p} = p\frac{1-q}{1-pq} \tag{1.2.3}$$

식 1.2.3의 결과에서 알 수 있듯이, 해당 칸의 사후확률은 줄어든다. 같은 이치로 모든 칸의 확률 합이 1이기 때문에 감소한 확률을 다른 칸에 균등 배분하면 다른 칸의 사전확률은 증가하게 된다. 수색의 진행에 따라 잔해를 찾을 때까지 컴퓨터를 활용해 각 칸의 확률을 업데이트한다. 이러한 방법은 매우 간단한 사고방식이지만, 실제로 사용해 보면 종종 엄청난 효과를 가져온다. 특히, 사전확률은 주관적이어도 무방하다. 여기서 체계적인 통계적 추측 방법을 도출해 냈는데, 이는 바로 베이즈 방법이다. 이 방법으로 인해 심지어 베이즈 학파도 생겨났는데, 컴퓨터의 계산 능력이 발전함에 따라 베이즈 학파의 영향력은 점점 커졌다.

베이즈 방법 Bayesian method 추론 통계inferential statistics의 한 종류다. 이 방법은 베이즈 정리를 활용하여 더 많은 증거와 정보를 근거로 특정 가설의 확률을 업데이트한다. 베이즈 방법은 통계학(특히 수리통계학)에서 매우 중요한 기술 중 하나다.

1.3 통계적 사고와 모델

1.3.1 차를 맛보는 여인

1920년대 말의 어느 여름 오후, 영국 케임브리지에서 한 무리의 대학 교직원과 그들의 아내, 그리고 고객들이 앉아서 야외에 준비된 탁자에 둘러앉아 애프터눈 티를 마시고 있었다. 이들 중 한 여인은 차를 우유에 따라 마실 때와 우유를 차에 따라 마실 때의 차 맛이 다르다고 주장했다. 앉아 있던 과학자들 모두 이 관점에 대해 비웃기만 하고 어느 누구도 이의를 제기하지 않았다. 과연 무엇이 다른 것인가? 그들은 두 액체 혼합물의 화학 성분만으로 봤을 때 전혀 차이가 없다고 생각했다. 이때 피셔Ronald Aylmer Fisher라는 남자는 깊은 생각에 빠지게 되었다. 그는 각종 실험 방법을 설계하여 이 여인이 두 가지 방법으로 섞은 차의 맛을 구별해 낼 수 있는지 확인하려 했다. 피셔의 설계대로 실험을 진행한 후 사람들은 놀라움을 금치 못했다. 이 여인이 모두 맞힌 것이다[22] (그림 1.8 참고).

이 이야기는 고전 통계학 역사책 《차를 맛보는 여인The Lady Tasting Tea》[22]에서 가져왔다. 이야기 중 피셔라는 인물은 현대 통계학의 창시자다. 당시 그는 40세도 안 됐었다. 이 실험의 상세한 정보는 피셔가 1935년에 쓴 《실험 설계The Design of Experiments》에서 찾아볼 수 있다. 이 여인은 브리스톨Muriel Bristol 박사이며, 피셔보다 2살 많은 조류학자다. 조류가 영양분을 섭취하는 메커니즘 연구에서 큰 성과를 이뤄냈지만, 대중에게는 아마 차를 맛보는 여인으로 더 유명할 것이다.

그림 1.8 **차를 맛보는 여인**

오래전 영국 사람들은 차를 우유에 따라 마셔야 맛있는지, 아니면 우유를 차에 따라 마셔야 맛있는지에 대해 논쟁을 펼쳤었다. 들리는 말로는 귀족은 우유를 차에 따라 마시는 것을 선호했고, 평민은 차를 우유에 따라 마시는 것을 선호했다고 한다. 일각에서는 돈이 많은 사람은 뜨거운 차를 먼저 따라도 금이 가지 않는 중국 찻잔 등 좋은 다기를 사용하기에 차를 먼저 따라도 되지만, 평민들은 일반 찻잔을 사용하기 때문에 어쩔 수 없이 차가운 우유를 먼저 따를 수밖에 없다고 분석했다. 어떤 사람은 두 가지 제조 방법에 따라 차 맛이 확실히 달라진다고 생각했고, 또 어떤 사람은 맛에 차이가 없다고 생각했다. 피셔가 이런 실험 방식을 제시하고 나서야 이런 문제를 해결할 수 있는 좋은 방법이 나타나게 되었다.

다시 본론으로 돌아와서 실험 얘기를 해 보자. 피셔는 당시 8잔의 차를 제조했는데, 4잔은 먼저 차를 따랐고 나머지 4잔은 우유를 먼저 따랐다. 모두 같은 찻잔을 사용했으며, 랜덤으로 여인에게 차를 맛보게 했다. 여인은 8잔의 차를 모두 마신 후 차를 먼저 따른 찻잔을 선별해 냈다. 자연스럽게 나머지 찻잔은 우유를 먼저 따른 찻잔이 되었다. 이 실험 결과를 토대로 여인이 정확하게 선별해 낸 차를 먼저 따른 밀크티의 개수를 연구 대상(우유를 먼저 따른 밀크티를 연구 대상으로 정의해도 무방) X라고 정의해 보자. 그렇다면 실험 종료 후 X의 값은 0, 1, 2, 3, 4 중 하나가 된다. 그냥 직감적으로 알 수 있듯이, X의 수치가 높을수록 여인의 능력이 대단하다는 것을 의미한다. 당연히 피셔는 직감 외에 더 좋은 방법을 가지고 있었다.

다시 한번 확률 계산이라는 무기를 꺼내 생각해 보자. 우선 '여인은 차를 먼저 따른 찻잔과 우유를 먼저 따른 찻잔을 전혀 구분할 수 없다'고 가정한다면, 그녀는 랜덤으로 추측할 수밖에 없기에 찻잔마다 정답을 맞힐 확률은 1/2이 된다. 이 상황은 8개의 공(검은 공 4개와 흰 공 4개)에서 4개의 공을 선별해 내는 문제와 같다. 선별한 4개의 공 중 검은 공의 개수와 X는 규칙이 같다. 배열 조합 공식에 따라 8개 공 중 4개를 선별해 냈을 때 조합 수는 $C_8^4 = 70$이 된다. X의 값에 따라 조합 수를 계산할 수 있는데, 결과는 표 1.4와 같다.

표 1.4 **차를 음미하는 여인의 배열 조합**

X	조합 수 공식	조합 수 결과	확률
0	$C_4^0 * C_4^4$	1	0.0143
1	$C_4^1 * C_4^3$	16	0.2286
2	$C_4^2 * C_4^2$	36	0.5143
3	$C_4^3 * C_4^1$	16	0.2286
4	$C_4^4 * C_4^0$	1	0.0143
합계		70	1

결과만 놓고 봤을 때 앞서 정의했던 '여인은 차를 먼저 따른 찻잔과 우유를 먼저 따른 찻잔을 전혀 구분할 수 없다'는 가정이 맞다면, 이 이야기와 같은 결과($X = 4$)가 발생할 확률은 0.0143%밖에 안 된다. 이 확률은 0.05보다도 매우 작은 숫자이기

때문에 '여인은 차를 먼저 따른 찻잔과 우유를 먼저 따른 찻잔을 구분할 수 있다'고 충분히 결론 지을 수 있는 것이다.

위에서 말한 내용은 매우 돌려서 얘기한 것 같지만, 통계적 추론에서 매우 중요한 방법과 사고인 **가설검증**testing hypothesis을 대표한다. 살짝 전문적인 방식으로 이 문제를 설명해 보겠다.

- H_0: 여인은 차를 먼저 따른 찻잔과 우유를 먼저 따른 찻잔을 전혀 구분할 수 없다.
- H_1: 여인은 차를 먼저 따른 찻잔과 우유를 먼저 따른 찻잔을 구분할 수 있다.

여기에서 H_0을 귀무가설null hypothesis(혹은 영가설)이라고 하고, H_1은 H_0의 부정명제, 즉 대립가설alternative hypothesis(혹은 대안가설)이라고 한다. 귀무가설을 토대로 데이터와 실험 결과에 관해 연구를 깊게 진행하면 '귀무가설을 기각하여 오류를 범할 확률'을 계산할 수 있다. 이 확률이 그 유명한 '*P*값'이다. 비록 요즘 많은 사람이 *P*값을 처참하게 비판하고 있지만, 이는 예전에 *P*값을 남용했던 행위에 대해 비판하는 것이지 *P*값이 통계추측 분야에서 중요한 위치에 있다는 것을 부정하는 것은 아니다. 이번 사례에서 *P*값은 0.0143이 된다. 계속해서 이 값이 0.05보다 작다고 강조하는 이유는 계산 능력이 낮았던 시대의 많은 복잡한 문제에서 정확하게 *P*값을 계산해 내기란 힘든 일이었기 때문이다. 따라서 하나의 **유의수준**significance level을 공식에 대입할 때 보통은 테이블 조사를 통해 유의한지를 판단한다. 각기 다른 방법과 가설 분포의 구체적 방식은 차이가 크기 때문에 여기서 더 상세하게 설명하지 않겠다. 어쨌든 역사적 이유만으로 인해 0.05라는 수치가 유의성을 판단하는 중요한 기준이 되었지만, 실제로 사용하다 보면 이 수치가 맞다는 것을 알 수 있다. 이는 0.05라는 수치가 귀무가설을 기각하여 오류를 범할 확률을 대표하기 때문이다. 만약 확률이 0.05보다 작다면 우리는 충분히 귀무가설을 기각할 수 있다. 즉, 대립가설을 채택하는 것이다.

특별히 주의해야 할 점은 P값이 매우 크더라도 아무 때나 '귀무가설을 채택한다'라는 말을 삼가야 한다는 것이다. 귀무가설을 기각하여 오류를 범할 확률이 아무리 높더라도 귀무가설을 채택하여 오류를 범할 확률이 무조건 낮다고 할 수 없기 때문이다. P값이 크다면 '기각할 수 없다'라고 해야지 '채택한다'라고 하면 안 되는 것이다. 대립가설만 '채택한다'라고 할 수 있다.

차를 맛보는 여인의 사례에서 피셔가 당시 사용했던 방법에는 대립가설이 존재하지 않는다(실제로 피셔는 이 패턴을 좋아하지 않았다). 오히려 다른 비슷한 방법을 사용했는데, 우리가 이런 고전적인 **가설검증**의 사고방식으로 문제의 해결 방법을 소개하는 데에는 전혀 문제가 되지 않는다. 가설검증은 하나의 방법일 뿐만 아니라 하나의 통계적 사고다. 연구가 필요한 문제에 대해 자신이 기대하는 결과를 대립가설의 위치에 놓고 귀무가설을 근거로 현존하는 이론과 틀 안에서 엄격하게 수학적 추리로 P값을 계산한다. 이 사고의 핵심은 '증명'이 아닌 '기각'이다. 흔한 사고방식과 다소 다르다고 느낄 수 있지만, 이는 과학적 사고방식의 한 종류다. 과학이 끊임없는 부정 속에서 발전해 온 것처럼 가설검증 역시 우리를 위해 의혹을 제거하고 끊임없이 정확한 결론을 도출해 냈다.

추론 통계학 통계적 추론statistical inference이라고도 한다. 기술 통계학과는 대응 관계이며, 표본 데이터를 통해 전체 수량 특징을 추측하는 연구 방법이다. 표본 데이터에 대해 기술하는 것을 기초로 통계 모집단의 수량 특징을 확률 형식으로 추측하여 판단한 것이다. 간단하게 말하자면, 일정 시간 내에 하나의 확률과정에 대한 관찰을 통해 추측하는 것이다.

제1종 오류 가설검증에서 H_0이 진실일 때 H_0을 기각하는 오류를 제1종 오류라고 한다. 보통 P값으로 기술한다.

제2종 오류 가설검증에서 H_0이 잘못됐다면(H_1이 참이라면) H_0을 채택하는 오류를 제2종 오류라고 한다.

1.3.2 '쓰레기 같은 남자' 꺼져

'쓰레기 같은 남자'에 대한 주제는 각종 사이트나 커뮤니티에서 쉽게 화제가 된다. 바이두에서 '쓰레기 같은 남자 꺼져'를 검색하면 다양하고 특이한 이야기와 진국인 사람에 대해 찾을 수 있다. 일부는 많은 여성의 피눈물이 담긴 호소이며, 일부는 영화와 드라마, 책 속 인물에 대한 분노와 악플이다. 여기서 중요한 문제! 과연 '쓰레기 같은 남자'는 어떻게 판별해 내는 것일까? '쓰레기 같은 남자'의 특징에 대한 정의는 많다. 예를 들어 바람기, 가정폭력, 책임감 결여, 허세, 구두쇠, 남존여비 등이 바로 그것이다. 그러나 이러한 특징은 보통 첫 만남 때나 단기간에 발견하기 힘들다. 오랫동안 같이 지내본 후에야 느낄 수 있는데, 그때는 이미 늦었다.

'쓰레기 같은 남자'와 일반적인 나쁜 사람은 다르다. 소위 말하는 '쓰레기 같은' 사건들은 모두 잔인무도한 일들이 아니다. 만약 원칙주의를 고수하지 않는다면 비교적 쉽게 넘어갈 수 있는 일들이다. 게다가 '쓰레기 같은 남자'는 보통 쉽게 반성하고 손발이 닳도록 빌기 때문에 많은 여자가 마음이 약해져 쉽게 용서하곤 한다. 특히, 처음 사귀기 시작했을 때 남자친구가 잘못을 저지르면 용서할 것인가? 이게 바로 문제다. 용서하자니 '쓰레기 같은 남자'라서 또 같은 잘못을 저지를까 봐 두렵고, 용서하지 말자니 괜히 착한 사람에게 마음의 상처를 줄까 봐 두렵다. 만약 진짜 실수로 잘못을 저지른 것이고 나중에 또 같은 잘못을 저지르지 않는다면?

당연히 구체적으로 어떻게 판단할지는 사람마다 다르고 자신의 상황은 자신이 제일 잘 알 것이다. 우리는 그저 통계 문제만 연구하면 된다. 만약 한 사람이 사귄 지 1개월 안에 매우 '쓰레기 같은' 일을 저질렀다면 그는 이후 몇 개월 동안 얼마나 많은 비슷한 짓을 저지를까? 어떤 여자들은 한 번의 실수가 나중에는 습관이 될 것이라고 여겨 한 번만 발견되어도 용서할 수 없다고 생각한다. 또 어떤 여자들은 사람이 신은 아니기에 실수도 할 수 있다고 여기며 나중에 같은 실수를 반복하지만 않는다면 한 번 정도는 봐줄 수 있다고 생각한다. 무심코 저지른 실수인지에 대해서는 좀 더 구체적인 상황 분석이 필요하겠지만, 우리는 하나의 통계 문제로 유추해 볼 수 있다. 상자 안에 검은 공과 흰 공으로만 이루어진 N개의 공이 있다고(N은 큰 수) 가정해 보자. 만약 우리가 랜덤으로 1개의 공을 꺼냈다가 넣는 행동을 10번 반복했을 때, 이 중 1개의 공이 검은 공이라면 상자 안의 검은 공 비율 p는 얼마인가?

이 문제에서 p는 고정값이며, 상자 안의 검은 공 빈도를 의미한다. 그러나 우리는 그게 얼마나 되는지는 알 수 없다. 보통, 상자 안에 있는 모든 공의 색깔을 하나의 **모집단**population이라고 하며, 검은 공의 비율 p를 모수population parameter라고 한다. 모수는 모집단을 설명할 때 중요한 특징으로 많이 사용된다. 랜덤으로 꺼낸 공의 색깔을 **표본**sample이라고 하는데, 비록 표본의 수는 크지 않지만 표본이 모집단의 특징을 가지고 있다고 이해하면 된다. 이 예제에서 공을 한 번 꺼낼 때마다 검은 공일 확률은 사실 모수 p다. 같은 행동을 10번 반복하면 수량이 10개인 표본을 얻을 수 있게 되는데, 과연 이 표본을 통해서 모집단의 p 크기를 알 수 있을까?

표본을 통해 모집단을 추측하는 것은 매우 중요한 통계적 사고다. 만약 어떠한 방식으로 뽑은(**표본추출**sampling이라고 한다) 표본이 모집단을 대표한다고 가정한다면, 표본과 모집단은 비슷한 성질을 가지고 있다고 설명할 수 있다. 모집단의 모수가 각종 성질을 표현할 수 있다면 표본으로 모집단의 모수를 추측해 낼 수 있는데, 이를 **모수추정**parameter estimation이라고 부른다. 추정이라는 사고는 통계에서 매우 자주 쓰이는데, 많은 실제 문제도 해결할 수 있다. 특히, 빅데이터 시대 이전에는 인류가 사용할 수 있는 데이터는 매우 극한적이었기에 종종 엄청나게 고생해서 표본 데이터를 얻어 내고 모집단에 대해 추측해야만 했다.

구체적인 추정 방법은 매우 많지만, '쓰레기 같은 남자'를 판단하는 예제에서는 하나만 소개하였다. 어떤 여자들은 한 번의 실수도 용납할 수 없다고 생각한다. 이는 사실 **최대우도**maximum likelihood(혹은 최대가능도)적 사고방식이다. 또 하나의 극단적인 예를 들자면, 일반인과 올림픽 사격 금메달리스트가 사격 연습을 한다고 하자. 총성이 한 번만 울리고 10점을 받았다고 가정했을 때 사람들은 대부분 사격 금메달리스트가 사격한 것으로 생각할 것이다. 이게 바로 최대우도적 사고방식이 우리의 생활에 녹아든 예다.

이런 사고는 모수추정에도 응용할 수 있다. 예를 들어, 앞서 제시한 공을 꺼내는 예제에서 우리는 계산을 통해 공을 꺼낸 결과(10번 꺼내서 1개가 검은 공)에 대한 확률 P를 얻을 수 있다.

$$P = p^1 \cdot (1-p)^9 \tag{1.3.1}$$

최대우도란, P의 확률이 더욱 커지게 만드는 p를 찾는 것이다. 즉, 지금 발생한 결과가 확률이 제일 큰 상황이라고 여기는 것이다. 따라서 이 문제는 $p^1 * (1-p)^9$의 극값extremum value을 구하는 문제가 되며, 이에 대해 일차 도함수를 구하고 방정식을 풀면 된다.

$$P' = 1 \cdot (1-p)^9 - p \cdot 9(1-p)^8 = 0 \tag{1.3.2}$$

$p = 0.1$이라는 결과를 얻었을 때 P는 최대치가 된다. 이때 $\hat{p} = 0.1$은 모수 p의 추정치가 된다. 이는 우리가 직감적으로 추측한 10개의 공을 꺼내면 1개의 검은 공이 나오기 때문에 0.1이라는 결과와 완전히 똑같다. 만약 모델 혹은 모수의 분포가 좀 더 복잡해지면 직감으로 풀 수 없을 것이다. 그러나 이런 최대우도적 사고방식은 일관적이기에 모수추정 시 자주 사용된다.

앞서 제시한 예제에서 알 수 있듯이, 어떤 여자들이 용서받을 기회를 주지 않는 이유는 그들이 지나치게 깐깐해서만은 아닐 것이다. 최대우도와 모수추정의 사고방식을 너무나 잘 알고 있어서일 수도 있다.

모수추정parameter estimation 측량 혹은 경험 데이터를 통해 확률분포 모수의 수치를 추정한다. 모수는 실제 상황 혹은 대상을 기술하며 추정 함수가 제시하는 문제를 해결할 수 있다.

추정 함수estimating function 추정량estimator이라고도 한다. 관측 데이터를 기초로 모수의 추정치를 계산하는 규칙이다.

1.3.3 식스시그마의 기적

식스시그마six sigma는 6표준편차라고도 불리며, 프로세스를 개선하는 도구 또는 프로그램이자 관리 전략과 방법이다. 일반적으로 핵심 사고는 1970년대 모토로라에서 비롯되었다고 알려져 있다. 1986년, 엔지니어인 빌 스미스William B. Smith는 모토로라를 관리하는 일련의 방법을 내놓았고, 이로 인해 그는 '식스시그마의 아버지'로 불렸다. 이후 제너럴 일렉트릭(GE)의 8대 CEO인 잭 웰치Jack Welch가 널리 퍼뜨리면서 1995년에 식스시그마는 제너럴 일렉트릭의 핵심 관리 가치가 되었고 현재 여러 분야에서 널리 사용되고 있다.

식스시그마는 본질적으로 봤을 때 한 세트의 관리 체계다. 핵심은 생산 프로세스 개선과 품질 결점 제거에 있으며, 품질 제어와 관련된 다수의 통계 방법을 포함하고 있다. 여기서 우리는 식스시그마의 응용 방법과 관리학적 의미를 살펴볼 것이다. '식스시그마'에 내포된 통계적 사고에 초점을 두고 토론할 텐데, 이는 소확률small probability의 개념이라는 것을 염두에 두자.

식스시그마의 표기법은 '6σ'다. 여기서 σ는 표준편차 부호다. 통계 중 표준편차는 분산 정도의 값을 기술한다고 알려져 있고, 정규분포 중 중요한 모수이기도 하다. 정규분포와 모수에 관련해서는 2.2.3절 '드무아브르의 정규분포'에서 상세하게 소개하겠다. 여기서는 그림 1.9의 몇 개 수치만 이해하면 된다.

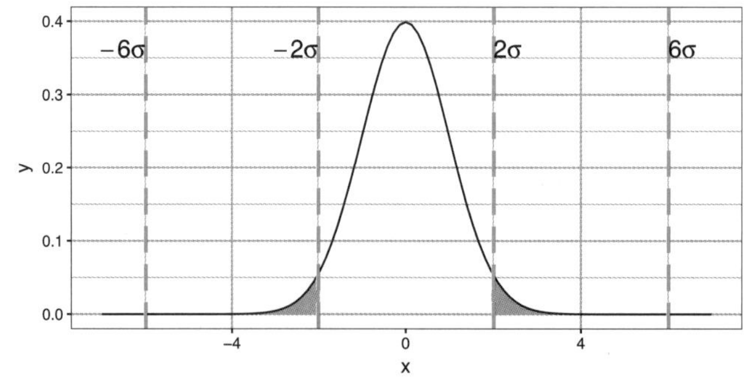

그림 1.9 **6σ 예시**

이 그림은 **표준정규분포**(평균값은 0, 표준편차는 1)를 나타내고 있다. 소위 말하는 6σ는 플러스마이너스 6개 표준편차 이외의 수치다. 그림에서는 2σ와 6σ 이외의 상황을 표현했다. 예를 들어 $x = -2$의 좌변과 $x = 2$의 우변의 음영 면적을 2σ 이외의 면적이라고 한다. 정규분포 중 이 2개 음영 면적의 합과 종형 구역 면적의 비율은 확률이다. 즉, 표준정규분포의 2σ 이외 부분의 확률은 $2 \times 0.02275 = 0.0455$가 된다.

6σ의 관리 방법은 3σ의 결함률에서부터 비롯되었다. 다시 말해, 당시 공업 분야에서는 일반적으로 결함률이 표준정규분포의 3σ 이외 수치인 0.0026에 들어간다면 받아들일 수 있다고 생각했다. 6σ의 관리를 간단하게 설명하자면, 더 높은 목표의 '6σ 이외 결함률'을 향해 나아감으로써 완전한 한 세트의 조작과 관리 방법을 파생시키는 것이다.

우리가 표준정규분포 계산을 통해 얻은 진정한 6σ 이외의 확률은 약 10억 분의 2 정도인 0.00000000197이다. 그러나 식스시그마 관리 방법을 발표하기 전에 모토로라는 장시간의 생산 과정 중 평균값이 1.5σ 정도 벗어날 것이라 생각하여 대량의 실험을 진행했었다. 만약 6σ의 계산 체계에 놓인다면 이는 우리가 평소 얘기하던 6σ가 아닌 약 100만 분의 3.4인 4.5σ라는 0.0000034의 결함률이 된다.

'식스시그마'와 '100만 분의 3.4'는 제조 기업에서 엄청난 성과를 거두었다. 이런 세밀한 관리 방법 외에도 소확률 통계 사고 역시 큰 영향을 끼쳤다. 많은 상황에서 소확률을 통해 결정을 내릴 수 있었다. 예를 들면, 앞서 얘기했던 가설증명 예제에서 확률이 0.05보다 작으면 귀무가설을 기각할 수 있다고 했었다. 그러나 0.05의 확률은 절대 발생하지 않는다는 것을 의미하지 않을뿐더러 확률이 충분히 작은 것도 아니다. 따라서 만약 더 작은 확률로 거의 발생하지 않을 일을 기술하자면, 6σ 이론 중 100만 분의 3.4가 참고할 수 있는 중요한 임곗값이 될 것이다. 이 수치는 사람이 품질 관리를 극한까지 진행했을 때 얻을 수 있는 수치이며, 각종 인위적인 요소가 극한에 다다랐을 때의 확률을 제거할 수도 있다. 현실 세계에서는 100만 분의 3.4 확률의 사건은 발생하지 않는다고 생각해도 무방하다.

재밌는 점은 영국의 수학자 리틀우드John Edensor Littlewood는 '기적'을 다음과 같이 정의한 바 있다.

> 발생할 확률이 100만 분의 1밖에 되지 않는 중대한 의미를 가진 사건

이 수치와 100만 분의 3.4는 거의 차이가 나지 않기 때문에 이 수치를 활용해 결정에 도움을 줄 수 있는 것이다.

다시 1.2.2절 '6연속 숫자와 14연속 숫자'의 예제를 떠올려 보자. 우한의 6연속 숫자 사건 중 계산한 확률은 100만 분의 0.8이었고, 라오허코우 14연속 숫자 사건 중 계산한 확률은 100분의 0.8이었다. 당연히 전자의 확률이 거의 기적에 가깝다고 볼 수 있고, 만약 그런 일이 발생한다면 당연히 무슨 문제가 있다고 봐야 하는데, 조사 결과 역시 위법 행위를 찾아낼 수 있었다. 반대로, 후자의 확률 역시 낮았지만 아예 발생하지 않을 정도의 수치는 아니었다. 살짝 의심할 정도는 되지만, 아예 믿지 못할 만한 정도는 아니었다. 비슷한 예는 생활 속에서도 많이 찾을 수 있다. 우리는 확률을 계산하는 방법과 이런 소확률의 사고를 결합하여 더 좋은 결정과 판단을 내릴 수 있을 것이다.

평균값mean value 통계 대상의 일반 수준을 나타내는 데 자주 사용되며, 데이터가 집중되는 추세를 기술하는 하나의 통계량이다. 표본 평균값의 계산식은 $\bar{x} = \frac{x_1+x_2+\cdots+x_n}{n}$ 이다.

표준편차standard deviation 약자로 SD이며, 일반적으로 수학기호 σ로 표기한다. 수치가 평균값에서 분산되어 있는 정도를 나타내는 측량 개념이다. 비교적 큰 표준편차는 대부분의 수치가 평균값과 차이가 크다는 것을 의미하며, 비교적 작은 표준편차는 대부분의 수치가 평균값이 근접한다는 것을 의미한다. 표본의 표준편차 계산식은 $SD = \sqrt{\frac{(x_1-\bar{x})^2+(x_2-\bar{x})^2+\cdots+(x_n-\bar{x})^2}{n-1}}$ 이다.

1.3.4 뉴턴의 사과

존 콘두이트John Conduit는 뉴턴과 사과의 이야기를 기록할 때 '1666년, 그가 정원에서 깊은 생각에 빠져 산책할 때 돌연 중력(중력의 작용은 사과를 나무에서 지면으로 떨어뜨릴 수 있다)이 지구 주변에만 존재하는 것이 아니라 평소에 생각하는 거리보다 훨씬 더 멀리 뻗어 나갈 수 있다는 생각이 뇌리에 스쳤다'라고 했다. 윌리엄 스터클리William Stukeley는 그의 책 《아이작 뉴턴 경의 삶에 대한 회고록Memoirs of Sir Isaac Newton's Life》에 1726년 4월 15일에 뉴턴과 나눈 대화를 다음과 같이 기록했다. "전에는 중력의 개념이 그에 뇌리에 박혔었다. 그가 깊은 생각에 빠졌을 때 사과가 떨어져 그의 생각을 일깨웠다. 그는 마음속으로 생각했다. 왜 사과는 수직으로 바닥에 떨어지는 것일까?"

윗글은 뉴턴과 사과에 관한 이야기의 출처에서 발췌한 내용이다. 아직도 일각에서는 뉴턴이 사과가 바닥에 떨어지는 것을 보고 만유인력의 영감을 받았다는 것에 대해 반신반의하고 있지만, 뉴턴의 사과가 역사상 아담과 이브가 먹은 사과보다 유명한 사과라는 점에 대해 큰 이견이 없었다. 사람들이 반신반의하는 이유는 한편으로 이 이야기가 너무 심오하여 뉴턴이 직접 명확하게 기록하지 않았고, 또 한편으로는 만유인력의 법칙이 사람이 생각했다고 하기에는 너무 대단한 업적이라 사람들은 사과 하나로 이런 천재적 영감을 얻었다고 믿기 힘들었기 때문이다. 그러나 아무리 이 사과가 존재하는지에 대해 의문을 제기한다고 한들 사람들이 관심을 갖는 의문은 '도대체 얼마나 천재적인 두뇌를 가졌길래 무에서 만유인력 공식을 생각해 내는가?'였다.

만유인력의 법칙Newton's law of universal gravitation은 뉴턴이 1687년 《자연철학의 수학적 원리Philosophiæ Naturalis Principia Mathematica》[18]에서 발표한 법칙이다. 만유인력의 공식을 한번 보자.

$$F = G\frac{m_1 m_2}{r^2} \tag{1.3.3}$$

F는 만유인력이며, G는 상수이고, 정확한 측정 후 얻은 수치는 약 $6.67 \times 10^{11}Nm^2kg^2$이다. m_1과 m_2는 각각 2개 물체의 질량을 의미하며, r은 두 물체 간의 거리를 의미한다. 이 공식이 세상에 알려지고 나서부터 인류에게 엄청난 변화를 가져왔다. 크게는 천체 이동부터 작게는 꽃과 잎사귀까지 모든 곳에서 정확한 계산을 할 수 있었다. 인류가 예전에 신이 창조했다고 여겼던 법칙을 손에 넣은 것이다.

이 공식은 도대체 왜 이렇게 세상을 발칵 뒤집어 놓은 것일까? 포인트는 공식의 '등호'에 있다. 등호는 이 공식이 절대적인 물리 법칙이며 그 어떠한 편차도 존재하지 않는다는 것을 의미한다. 만약 편차가 있다 해도 이는 측정에서 나온 오차일 것이다. 100여 년이 지난 후 캐번디시Henry Cavendish는 1797년부터 1798년 사이에 유명한 '캐번디시 비틀림 저울 실험'을 완성했다. 이때부터 사람들은 만유인력으로 정밀한 측량을 할 수 있었고, 후에 더 많은 실험을 통해 만유인력 법칙의 정확성을 입증시켰다.

이 기간의 역사를 되돌아보면 이는 전형적인 과학 발전 과정인 것을 알 수 있다. 먼저, 천재적인 인물이 영감을 통해 가설을 제시하고 난 뒤 사람들이 실험 혹은 실존 데이터를 통해 검증한다. 만약 이 과정을 반대로 보면 어떨까? 만약 캐번디시가 뒤틀림 저울 실험을 먼저 한다면 어떻게 될까? 여기서 합리적인 가설을 세워 역사의 시간을 거꾸로 돌려 보자. 사람들이 캐번디시 실험을 통해 대량 물체 사이의 만유인력을 측정해 내고, 물체의 질량과 거리의 데이터를 측정해서 이 둘이 만유인력의 중요한 영향 요소라는 것을 천천히 알아낸다면 다음과 같은 모델의 공식을 얻게 된다.

$$F = f(m_1, m_2, r) + \epsilon \tag{1.3.4}$$

만약 인력과 질량, 거리 사이에 진짜 법칙이 존재한다면, ϵ는 당연히 확률 오차가 될 것이다. 대량의 데이터와 확률 오차 가설을 기초로 분명 명확한 수학 공식을 찾을 수 있을 것이다. 게다가, 공식 $f(m_1, m_2, r)$은 분명히 뉴턴의 만유인력 공식과 같을 것이다. 이런 가설 방법은 확실히 뉴턴이 만유인력을 발견하는 과정과 정반대다. 그러나 현실에서 적용할 수 있는 분야는 더 많은데, 이 방법을 바로 적합fitting이라고 한다. ϵ이 존재하기에 우리는 완벽한 등호를 얻을 수 없지만, 충분히 강한 법칙을 나타내어 통계 모델을 얻을 수 있다. 이것이 바로 통계적 사고 중 가장 많이 볼 수 있는 적합적 사고다.

적합fitting 데이터를 수학 방법을 통해 공식에 대입하는 표현 방법. 보통, 데이터를 기반으로 연속적인 함수나 좀 더 밀집되어 있는 이산화 방정식을 활용해 기존 데이터와 맞춘다.

1.4 통계와 과학

1.4.1 지다성과 신기군사

《수호전》에는 뛰어난 선견지명을 가진 2명의 군사軍師가 있다. 한 명은 3위에 랭크되어 있는 천기성 지다성 오용天機星 智多星 吳用이고, 또 한 명은 37위에 랭크되어 있는 지괴성 신기군사 주무地魁星 神機軍師 朱武다. 두 군사는 모두 적보다 먼저 예측하고 상황을 빠르게 파악할 줄 안다. 하지만 그들의 활약을 보면 확실히 다르다는 것을 느낄 수 있다. 오용은 각종 계략에 능하여 행동하기에 앞서 계책을 정리하곤 한다. 특히, 사람을 철저히 파악하는 능력이 있어 상대방의 반응은 거의 그가 예측한 대로 진행된다. 주무는 오용과 전혀 다른 타입이다. 그는 화려한 진을 짜기로 유명한데, 적군이 포진할 때마다 그는 구름다리에 올라 적의 진영을 자세히 관찰한다. 관찰 후 적진의 규칙을 찾아내 목표를 정해서 돌파하는데, 한 번도 진 적이 없다.

그림 1.10 **지다성과 신기군사**

주무는 비록 낮은 순위에 랭크되어 있지만, 72인의 지살성 중에서는 단연 으뜸이다. 특히, 후에 송강과 노준의의 군대가 대립할 때 오용과 주무는 각 군대의 군사를 맡았는데, 우열을 가릴 수가 없었다. 우리가 소설을 읽을 때 오용이 화려한 전술을 많이 활용하고 상황이 진행되는 추세를 잘 예측하기에 더 대단한 것처럼 보였지만, 실수도 적지 않았던 것으로 보인다. 반대로, 주무는 막상 볼 때 기묘한 책략을 활용하지 않지만 싸우기만 하면 이겨서 사람들이 안심할 수 있도록 만들었다. 사실, 《수호전》에는 예측 능력이 뛰어난 사람이 또 한 명 있다. 아니, 사람이 아닐 수도 있다. 그는 바로 입운룡 공손승의 스승인 나진인이다. 그는 이미 상황 파악이 뛰어난 정도를 넘어 진정한 신이었다. 예측 능력은 모두의 부러움을 살 수밖에 없다. 많은 학문에서 예측에 대해 연구를 진행하고 있는데, 그중 통계학은 단연 가장 과학적이라 할 수 있다. 때마침 《수호전》의 예제를 통해 각기 다른 예측 방법을 소개하려 한다.

주무의 예측 능력은 가장 명확하고 시원시원하다. 그는 적군의 진법을 한 번 훑어보고 포인트를 찾아 적들의 다음 행보를 예측한다. 그리고 아군 군대를 지휘하여 목표대로 포진하여 적군을 무력화시킨다. 주무는 왜 이렇게 대단한 것일까? 이유는 그가 많은 진법을 공부했기 때문이다. 그래서 적진의 일부분을 보기만 해도 이게 무슨 진법인지 예측할 수 있던 것이다. 전문적인 말로 하자면, 주무는 정확한 분류를 한 것이다. 우리는 주무가 가슴 속에 매우 강한 분류 모델을 담고 있고 이 모델을 통해 정밀하게 모든 진법을 분류할 수 있다고 이해하면 된다. 이 모델은 주무가 끊임없이 공부하고 터득해서 얻은 것이다. 이런 분류적 사고는 전형적인 통계적 추측 혹은 머신러닝의 공식이다. 연구 대상의 특징, 학습 규칙을 통해 모델링하고 예측에 활용한다. 우리는 이런 예측을 'prediction'이라고 부른다. 자세한 내용은 4.2.4절 '나무와 숲'을 참고하면 된다.

오용은 앞일을 잘 예측하는 능력으로 더욱 존재감이 있어 보인다. 그는 다양한 문제에서 자신의 직감을 믿었고 주무처럼 가슴에 분류 모델을 숨겨두지 않았다. 그의 전형적인 행동을 자세히 뜯어 보면 자주 사람의 반응과 사태의 변화를 예측하는 것을 볼 수 있다. 그리고 목표를 가지고 책략을 설계하는데, 최종적으로 그가 설계했던 대로 상황이 흘러가는 것을 알 수 있다. 문제를 해결할 때 딱히 구체적인 분류 기법이나 예측 모델이 있는 것처럼 보이지 않는다. 그리고 오용이 사전에 어떠한 특징을 배웠다는 얘기도 없다. 그러나 좀 더 깊이 연구해 보면 오용이 사람의 마음을 잘 꿰뚫어 보고, 그 사람의 과거 행동을 통해 미래에 그 사람이 취할 책략을 추측하는 것을 알 수 있다. 이런 **시간 순서**처럼 순수히 역사 규칙을 통해 미래를 예측하는 방식을 과학적 분석 모델로 설명할 수 있는데, 이런 예측 방법을 **예보**forecasting라고 한다. 자세한 내용은 4.1.4절 '주식의 동향'을 참고하면 된다.

prediction이든 forecasting이든 모두 통계적 추측을 진행한다. 통계학자 에프런Bradley Efron은 '통계는 유일하게 체계적으로 연구하고 추측하는 과학이다'라고 했었다. 과학의 예측은 통계의 정수라고 이해하면 된다. 《수호전》 중 나진인의 예측 방식은 확실히 비과학적이다. 오히려 신기에 가까우며, 이런 예측은 **예언**prophecy이라고 한다.

통계학에서는 연구하고 예측하는 문제를 많이 다루기 때문에 쉽게 다른 비과학적인 예측 방법과 섞일 수 있다. 특히, 오늘날처럼 컴퓨터가 매우 발전했고 각종 모델과 알고리즘을 쉽게 실현시킬 수 있기에 데이터만 입력하면 예측할 수 있다. 만약 그 원리와 배경을 모른다면 도구를 잘못 사용할 수 있어 잘못된 결론을 얻게 된다. 그렇다면 각종 비과학적인 예측과 별반 다를 게 없어지는 것이다.

예측prediction 불확실한 사건의 발생과 결과를 연구하고 예측한다. 통계적 추측의 일부이며, 보통은 기존의 경험과 지식이 필요하다.

예보forecasting 과거의 데이터를 기반으로 미래를 예측한다.

예언prophecy 미래에 발생할 사건을 예보하거나 단언한다. 예언은 과학 규칙을 통해 미래를 계산하여 결론을 얻어내는 것이 아닌, 어떤 사람이 예지 능력을 활용해 영감으로 예보를 얻는 것을 의미한다. 이런 개념은 신기 혹은 비범한 능력을 통해 얻은 현시대의 진리와 사실의 선포를 포함한다.

1.4.2 딥블루와 알파고

1996년 2월 10일, IBM의 슈퍼컴퓨터 딥블루는 처음으로 체스 챔피언인 카스파로프Garry Kasparov에 도전장을 내밀었지만 2:4로 패배하였다. 대결은 2월 17일에 끝났다. 이후 연구팀은 딥블루를 좀 더 개량하여 1997년 5월에 다시 한번 카스파로프에게 도전했다. 대결은 5월 11일에 끝났고, 딥블루가 3.5:2.5로 카스파로프를 꺾고 최초로 정규 시합에서 체스 챔피언을 꺾은 컴퓨터 시스템이 되었다. 2016년 3월 구글 딥마인드가 개발한 인공지능 바둑 프로그램 알파고는 바둑 세계 챔피언인 한국의 프로 기사 이세돌 9단에게 도전장을 내밀었다. 그리고 3월 9일, 10일, 12일, 13일과 15일에 대국을 진행해 알파고가 최종 스코어 4:1로 이세돌 9단을 이겼다(그림 1.11). 2017년 5월 23일, 알파고는 중국 우전에서 세계 제일 바둑 고수인 중국의 커제 구단에게 도전했고, 3:0으로 승리하였다.

그림 1.11 **딥블루와 알파고의 인류를 향한 도전**

두 시대에서 기계가 인류에게 도전하는 과정은 비록 다르지만, 최종 결과는 모두 기계의 승리로 끝났다. 체스는 인류 지혜의 시금석으로 불렸지만, 결과는 인간의 참패로 끝났다. 바둑은 인공지능이 절대 범접할 수 없는 요새로 여겨졌지만, 그 결과 역시 사람들의 예상을 뒤집고 기계의 승리로 끝났다.

세계를 발칵 뒤집은 이 두 차례의 대결은 새로운 인공지능 붐을 일으켰다. 특히, 알파고의 승리는 인류에게 막대한 영향을 끼쳤으며, 아직도 그 여파가 사그라들 기세는 보이지 않는다. 인류는 비록 대결에서 졌지만, 미래를 얻었다. 딥블루와 알파고는 인공지능이지만, 이를 실현하는 원리와 사고방식은 완전히 다르다. 여기서 우리는 재밌는 비교를 할 수 있다.

딥블루Deep Blue는 IBM에서 개발한 전문적으로 체스를 분석하는 슈퍼컴퓨터다. 당시 컴퓨터 계산 능력은 현저히 떨어졌기에 딥블루는 슈퍼컴퓨터로서 주로 하드웨어에 의존한 계산 능력으로 승리를 쟁취했다. 체스는 당시 인류가 즐기던 다른 보드게임들보다 훨씬 복잡했지만, 프로그램의 실현에 본질적인 차이는 없고 모두 기계의 강력한 계산 능력에 의존해 각종 가능성을 탐색한다. 체스의 변화는 상대적으로 적었고, 만에 하나 모든 가능성을 탐색해 내지 못하더라도 많은 부분을 커버할 수 있었다. 여기에 사람들이 전문적으로 체스의 규칙을 기준으로 개발했고, 심지어 여러 체스 고수를 초빙해 엔지니어들에게 카스파로프 공략법을 가르치도록 했다. 따라서 딥블루의 승리는 주로 하드웨어와 알고리즘 최적화를 통해 얻어낸 승리다.

2015년에 알파고가 유럽 챔피언인 판후이Fan Hui를 꺾었다는 소식이 전해졌지만, 사람들은 여전히 알파고의 능력을 믿지 않았다. 왜냐하면 바둑의 복잡한 정도와 탐색 공간은 당시 컴퓨터의 계산 능력이 감히 침범할 수 없는 영역이었기 때문이다. 알파고가 이세돌 9단을 꺾고 난 다음에야 사람들은 비로소 구글이 공개한 논문을 깊게 파헤치기 시작했고 그 원리를 이해하게 되었다.

이번에야말로 알파고는 미리 설계했던 규칙에 의존해 전투적으로 탐색하는 방식을 벗어나 대량의 대국을 통해 학습하고 심도 있는 학습 모델을 만들어 인간처럼 형세를 파악하고 대국 전체를 보는 사고력을 지녔다. 그렇다고 해서 알파고가 바둑의 무궁무진한 변화를 다 파악한 것은 아니다. 따라서 인간은 컴퓨터의 능력에 완전히 패배한 것은 아니며, 이론적으로 역습할 수 있는 가능성은 있다. 하지만 알파고는 잠도 안 자고 쉬지도 않고 죽지 않는 절대 고수와 같기 때문에 끊임없는 학습을 통해(자신의 기보 학습하기 포함) 계속 발전한다.

딥블루와 알파고의 기술적인 부분은 여기서 세세하게 비교하지는 않겠다. 가장 키포인트가 되는 차이점은 두 가지 다른 추리 방법에 있다. **연역법**deductive method은 고대 그리스의 철학자가 최초로 제시한 방법이다. 주로 기본적인 조건 혹은 공리를 기반으로 엄격한 논리적 추리를 한다. 연역법에서는 공리를 벗어나는 새로운 지식을 얻을 수 없지만, 각종 합리적인 결과는 얻을 수 있다. 귀납법inductive method의 사고 방식은 정반대다. 주로 특정 결과를 통해 전제 조건을 연구한다. 특수로부터 일반을 추리하는 과정이자 현상을 통해 가설을 매치시키며 연구 과정에서 새로운 지식을 만들 수 있다. 그러나 이런 추리 과정은 많은 불확실성을 포함하고 있기 때문에 정확한 결과를 보장할 수 없다[19].

다시 딥블루와 알파고의 예제를 돌아보자. 딥블루는 전형적인 연역 추리deductive inference를 활용하며, 미리 설정한 각종 규칙과 최적화 알고리즘을 활용해 장내 형세를 끊임없이 추론하여 가장 적합한 해답을 찾는다. 알파고는 전형적인 귀납 추리inductive inference를 활용하며, 이전에 사람들이 두었던 대국부터 배우고 규칙을 미리 설정하지 않는다. 심지어 알파고팀에는 프로 바둑기사가 없기에 기계가 직접 기보로부터 규칙을 습득한다. 딥러닝 모델 중에는 명확하게 보이는 규칙이 없기에 인간에게 가르칠 수는 없지만 대국에서는 승리를 쟁취할 수 있다.

알파고는 얼핏 보기에도 딥블루보다 많이 강한 것 같지만, 이는 귀납법이 연역법보다 뛰어나다는 의미는 아니다. 두 가지의 추리 방법은 모두 과학 연구에서 많이 사용되는 논리다. 오히려 연역법이 과학 연구에서 가장 많이 사용됐으며, 오랜 기간 동안 귀납법은 불확실성 때문에 소외됐었다. 그러나 시대의 발전에 따라 인류가 얻을 수 있는 데이터는 점점 더 늘어났으며, 데이터에서 규칙을 찾는 것도 점점 중요해졌다. 이 역시 현대 통계학의 발전에 이바지하였다.

통계학이란 학과는 비록 많은 수학 기초가 필요하지만, 주요 추리적 사고는 연역이 아닌 귀납에 있다. 후속 지식인 머신러닝과 현재 가장 핫한 인공지능 역시 귀납법을 주로 활용한다. 데이터에서 지식을 얻는 것을 우리는 데이터 사이언스data science라고 한다. 5.1.4절 '빅데이터 시대의 신기원'에서 데이터 사이언스에 대해 더 자세히 다룰 것이다.

귀납induction 사물의 특별한 대표에 대해 제한적 관찰을 하여 성질 혹은 관계를 한 유형으로 귀결시키거나, 반복 재현하는 현상을 기반으로 하는 모드에 대해 제한적인 관찰을 하여 공식 혹은 법칙을 도출해 낸다.

연역deduction 전제 조건에서 무조건 결론을 얻을 수 있는 추리다. 만약 전제 조건이 사실이라면 결론 역시 사실이 된다.

1.4.3 중약과 양약

2015년 10월 8일, 중국의 과학자 도요요屠呦呦는 노벨 의학상을 받은 최초의 중국인이 되었다. 중국인의 자존심이자 세계를 구할 좋은 약을 만든 도 교수의 성과에 대해 아무도 태클을 걸지 못했다. 그러나 도 교수가 노벨상을 수상한 후 인터넷에서는 작은 불협화음이 일어났는데, 바로 중약中藥과 양약洋藥에 대해 뜨거운 논쟁이 일어난 것이다. 옹호하는 파는 당연히 중국 전통 의학의 승리이자 중약 연구 방법이 세계에 위상을 떨칠 적기라고 생각했고, 반대파는 '사람들이 아르테미시닌artemisinin이 중약인 줄 안다'라는 점을 타깃으로 삼아 중국 전통의학과 중약이 푼돈도 안 된다는 듯이 계속 공격을 퍼부었다. 사실, 두 파는 서로 논쟁을 펼친 지 오래됐다. 인터넷 논쟁에 참여한 두 그룹 사람들은 대부분 중약에 대해서 모르고 양약에 대해서도 모른다. 논쟁의 시작은 아마도 믿음의 차이였을 것이다.

이 문제에 대하여 우리는 믿음에 대한 논쟁은 배제하고 약에만 대해 얘기할 것이다. 이 역시 데이터를 기반으로 할 것이다. 약과 의는 전혀 다르다. 중약과 양약 모두 매우 큰 분야이기 때문에 말하자면 길어진다. 상대적으로 약학이 비교적 기술에 가깝고 데이터 의존적이어서 통계학이 매우 중요한 작용을 한다. 신약을 하나 연구 개발하고 출시하는 데는 매우 복잡한 프로세스를 거친다. 우선, 신약 발견과 임상전 실험 단계가 있는데, 이 단계에서는 주로 실험실에서 화합물을 선별하고 동물에게 실험을 진행하여 기초적인 약동학Pharmacokinetics 규칙을 찾아낸다. 그리고 무독성을 입증하여 인체실험 단계에 들어갈 준비를 한다. 만약 FDA(미국식품의약국)의 표준 프로세스대로 실험한다면 4기에 걸쳐 임상실험을 진행해야 한다. 이런 겹겹의 과정을 거치고 나서야 신약을 좋은 가격에 출시를 해서 연구개발 비용을 회수할 수 있다.

신약 개발은 임상실험 과정에서 대부분의 시간과 자금이 소요되는데, 이 분야는 통계를 하는 사람들이 매우 재밌게 놀 수 있는 분야다. 인터넷에서 양약과 중약에 대한 논쟁은 확실히 이 분야에 집중되어 있지 않다. 아르테미시닌의 예제에서 논쟁의 포인트가 '신약 발견' 단계에 있음을 알 수 있다. 아르테미시닌은 당연히 양약도 아니고 중약도 아니다. 중약 지지자들이 자랑스러워하는 이유는 아르테미시닌이란 '신약 발견'은 중약의 처방전에서 영감을 얻었기 때문이라고 한다. 그 뒤에 진행된 동물실험이나 인체실험은 모두 보편적인 신약 연구개발 프로세스와 다를 바 없다. 중의 반대자들은 연구개발 시 중의의 효과는 완전히 우연의 일치라고 한다.

사실, 제약계에서 신약 선별은 영원한 난제다. 특히, 좋은 화합물은 이제 거의 다 발견했기 때문에 새로운 화합물을 선별하는 것은 점점 어려워졌다. 많은 약물의 특허 보호 기간이 거의 끝나가기 때문에 제약사가 직면한 스트레스의 크기는 이루 말할 수 없을 것이다. 원래 화합물의 선별은 로또와 같아 사람들이 원하는 대로 선별해 낼 수 있는 방법은 없다. 매체 보도에 따르면, 미국이 베트남전쟁 시에 말라리아 예방을 위해 30만 종의 화합물을 선별했지만 좋은 화합물을 발견해 내지 못했다고 한다. 이때 도요요의 연구개발팀은 중의 처방전에 따라 빠르게 아르테미시닌을 발견했다고 한다. 간단하게 우연의 일치라고 치부하는 것은 과학적 태도가 아니다. 화합물의 선별은 비록 매우 어렵지만 신약 개발에 있어서 중요한 부분은 아니다. 그렇다면 중약과 양약의 차이는 도대체 무엇이란 말인가?

역시 아르테미시닌으로 예를 들겠다. 양약의 약리학을 통해 화합물의 인체 작용에 대해 연구할 수 있는데, 일반적으로 표현 방식은 이렇다. '말라리아 원충이 성장하기 위한 대분자 물질을 변형시키거나 말라리아 원충의 생물막 구조를 파괴하여 최종적으로 말라리아 원충이 사망에 이르게 한다.' 그러나 어떤 화합물이 말라리아 원충을 사망에 이르게 하는지를 안다고 해서 끝이 아니다. 아직 혈중 약물 농도 등 수치를 활용하여 약물이 혈액에 투입된 후의 약동학 모델과 약효학 모델을 만들어야지만 계량적으로 규칙을 연구할 수 있다. 통계 모델을 이용해 약과 인체의 관계를 기술하고 각종 실험 데이터를 통해 검증해야 한다. 그리고 대규모 인체실험 데이터만을 의존해 신약이 효과가 있고 해가 적다는 것을 판단해야 한다.

하지만 중약은 다른 표현 방식을 사용하는데, 갈홍葛洪의 말에 따르면 개사철쑥즙을 복용하면 말라리아를 예방할 수 있다고 한다. 여기에는 경락과 음양오행 같은 비과학적인 모델이 존재하는데, 해부해서 볼 수도 없고 수학적 묘사도 없다. 사실, 이런 모델은 유사 과학이 아니다. 왜냐하면 근본적으로 과학이 아니기 때문에 과학적인 방법으로 이론을 증명할 수 없고 가짜라는 것도 증명할 수 없기 때문이다. 그러나 이게 중의와 중약의 전부는 아니다. 신농神農이 백초를 맛보는 것부터 시작된 실험적 사고와 치료 효과를 유일한 목적으로 하는 통계적 사고는 인정해야 한다. 요즘에 많은 사람이 수학 모델이 비과학적인 모델에 비해 좋은 점에 대해 주목하면서 모델의 본질은 실제 세계 연구의 한 종류로서 어쩔 수 없이 이용하는 수단일 뿐이라는 점을 잊곤 한다. 일부러 방법의 '과학성'을 강조하며 대규모 데이터에 대한 검증을 무시하는데, 이로 인해 발생하는 위험은 비과학적 방법만큼이나 위험하다.

모델이라는 단어가 나와서 하는 말인데, 해부해서 볼 수 없다는 점은 포인트가 아니다. 예를 들어, 현대 약동학의 구획 모델compart model을 해부해도 역시 볼 수 없다. 그림 1.12는 양약에서의 구획 모델compartment model과 중약에서의 경략 모델meridian model을 그렸다. 그러나 지금은 과학적 체계 아래에서 수학으로 자연을 묘사하는 것이 정석이다. 결정적인 모델을 얻을 수 없다고 하더라도 데이터만 있다면 통계 모델을 만들어 낼 수 있다. 만약 대량의 데이터 조건에서 효과를 입증할 수 있다면 수학과 자연은 같아진다. 이게 바로 현재 가장 완벽한 해결 방법이자 과학의 힘이다. 과학이 유일한 진리라고 강요하진 않지만, 과학이야말로 현재 세계를 이해할 수 있는 가장 좋은 도구라고 믿는다.

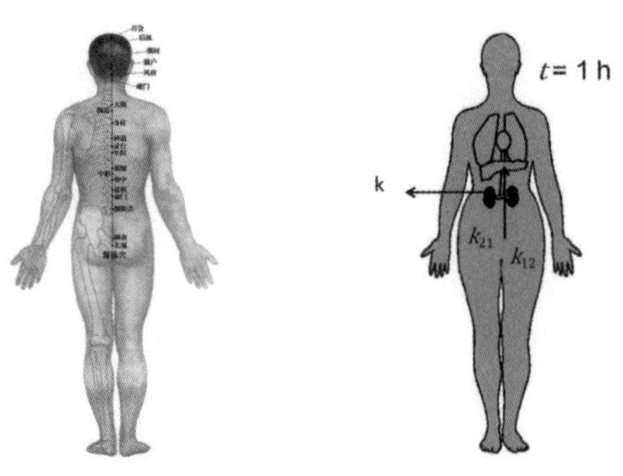

그림 1.12 **중약 모델과 양약 모델**

지금 봤을 때 중약과 양약의 가장 큰 차이점은 약리에 있으며, 고대 중약의 약리학은 확실히 비과학적이었기에 현대인들이 애써 중약 이론을 과학화하려 하지만 효과는 미비하다. 그러나 현대 제약 프로세스에서 가장 진리에 가까운 부분은 약리가 아니고 약효다. 심지어 현대 약학에서 가장 핵심적인 부분은 실험이라고 여겨진다. 모든 사람이 반대하지 않는 FDA(미국식품의약국)를 예로 들자면, FDA의 권위는 엄격한 실험 통제로 얻은 것이며, 당시 '탈리도마이드'를 거절한 사건이 바로 FDA의 대표적 사례다. 현대사회의 양약이 안전한 이유는 대규모 실험 후 데이터를 분석하기 때문이다. 이것이 바로 통계학의 중요한 역할이다.

그렇다면 통계학은 중약을 지지할 수 있는가? 당연히 통계학은 그 어떤 인류에게 도움이 되는 것을 거절하지 않고 데이터와 결론만을 믿는다. 그러나 실제로는 중약이 기본적으로 확률 2중맹검법 실험double blind test에 참여하고 있지 않다. 이는 중약이 고의적으로 회피하고 있는 것이 아니라 다른 복잡한 문제 때문이다. 현재 우리가 이용하는 양약 중 대부분은 단일 화합물로 구성된 약이다. 아주 쉽게 임상실험을 진행하고 통계분석을 진행할 수 있다. 그러나 중약이 임상실험에서 당면한 최대 문제는 바로 혼합물이다. 2개의 화합물만 포함되어 있어도 상승효과만 연구하는 데 있어서 단일 화합물보다 훨씬 복잡해진다. 하물며 전통적인 초약은 2개보다 많은 화합물이 포함되어 있다. 설령, 모델링할 수 있다고 하더라도 생산 시 두 가지 약물의 각 성분 함량을 똑같이 맞히는 것도 힘들다. 정밀도에 대한 요구가 높지 않다고 하더라도 최적화 작업을 통해 해답을 찾아야 하고 엄격한 비율 통제가 가해진다면 제약은 거의 불가능하다고 봐야 한다.

그러나 중약이 전혀 과학 실험을 할 수 없다는 게 아니며, 혼합물이 통계 모델을 만들 수 없다는 것을 의미하는 것도 아니다. 기술의 발전에 따라 많은 문제가 천천히 해결되어 나가고 있다. 그리고 중국의 식품의약국이나 미국의 FDA를 막론하고 인류 역사에서 장시간 검증을 거친 약초 처방전에 대한 실험요구는 단일 화합물과는 다르다. 실험과 효과 입증은 신약이 인정받을 수 있는 가장 중요한 요소이기 때문에 이 역시 과학의 진정한 구현이다. 모든 학문은 자신만의 이론이 있지만, 통계학을 많이 사용하고 데이터는 틀리지 않는다고 믿는다. 중약과 양약을 막론하고 모두 통계학의 보살핌 아래 건강하게 발전하기를 희망한다.

약물대사동력학Pharmacokinetics 줄여서 '약동학'이라고 한다. 주로 약물이 생물 체내에서 활동하는 과정(흡수, 분포, 대사, 배설)을 정량적으로 연구하며, 수학의 원리와 방법을 활용해 약물이 체내에서 활동하는 규칙을 설명하는 학문이다.

2중맹검법 실험double blind test 실험자와 참여자 모두 누가 제어팀이고 실험팀인지 모르는 상태에서 실험자와 참여자의 의식에 잠재된 주관적 편차와 개인 기호를 없애는 데 포커스를 둔다.

1.4.4 모든 모델은 잘못되었다

2013년 3월 28일, 통계학자 조지 박스George Box는 미국 위스콘신주 메디슨시에 있는 집에서 향년 93세의 나이로 생을 마감했다. 그의 별세는 사회 각계의 끊임없는 애도를 불러왔다. 박스 교수는 20세기 후반기 가장 위대한 3명의 통계학자 중 하나로 칭송받았었으며(나머지 2명은 존 투키John Tukey와 데이비드 콕스David Cox), 공업, 경제, 상업, 농업, 환경 등 다양한 분야에서 그의 이름으로 지어진 방법론을 남겼다. 대중에게 제일 인상 깊었던 점은 그가 말했던 '모든 모델은 잘못되었지만 일부는 유용하다'일 것이다.

'모든 모델은 잘못되었다'라는 말을 들었을 때는 약간 극단적이라는 생각이 든다. 일부는 믿음에 상처를 입었을 것이고, 또 일부는 이 말을 빌려 통계 모델을 공격하려 들 것이다. 실제로 우리가 충분히 과학을 이해한다면 그의 주장이 매우 과학적인 논술임을 알 수 있다. 어떤 사람들은 과학을 너무 열정적으로 좇아가다 보니 과학을 잘 모르는 사람은 반대로 극단적인 방향으로 빠지기 쉽다. 그들은 과학이 진리이며, 과학적이지 못한 것들은 사이비 종교이고, 과학적 초심을 가지고 비과학적인 일들을 하면 점점 더 큰 위험을 가져오리라 생각한다.

1.3.4절 '뉴턴의 사과'에서 뉴턴이 만유인력을 발견하는 과정을 소개했었는데, 이게 바로 전형적인 과학 과정이다. 먼저, 많은 선배들이 어떠한 법칙이나 현상을 발견했고(예 티코의 관측, 케플러의 연구), 천재적인 인물들이 거인의 어깨에서 하나의 가설을 세우고(뉴턴의 만유인력 법칙) 후에 많은 실제 데이터와 실험으로 가설을 뒷받침한다(캐번디시 실험). 이에 대한 반례를 발견하기만 하면 이 가설 전체 혹은 일부가 잘못되었다는 것이 증명된다. 그러면 또 다른 새로운 이론으로 보충하거나 대체하게 되고(예 양자역학), 새로운 발전 주기에 접어들게 된다. 과학은 이런 끊임없는 부정에서 발전하는 것이다. 인류사회도 과학의 발전에 따라 함께 나아간다.

포퍼Karl Raimund Popper*는 다음과 같이 '과학' 명제의 범위를 정하는 표준을 제시한 적이 있다. '하나의 명제가 과학적이라면 이는 반증가능해야 한다.' 반증가능해야 한다는 의미는 이 명제가 관측과 실험을 통해 검증할 수 있다는 의미이며, 만약 매번 검증이 성공하더라도 이 명제가 무조건 옳다고 할 수 없다. 그러나 한 번이라도 검증에 실패한다면 이 명제는 잘못된 것이며, 해당 이론은 뒤집어질 것이다. '반증가능해야 한다'는 말은 많은 사람이 과학을 판단하는 절대적인 표준이 되었지만, 오늘날에 들어서는 이미 시기에 적합하지 않게 되었다. 확실한 것은 확률로 묘사한 명제와 같은 일부 명제는 정확하게 반증할 수 없다. 그리고 많은 명제가 잘못되었다고 반증하더라도 '처녀자

* Karl Raimund Popper(1902년 7월 28일 ~ 1994년 9월 17일)는 오스트리아에서 태어나 영국 런던에서 생을 마감한 유태인이다. 20세기 가장 위대한 철학자 중 한 명으로 불렸다.

리 사람은 결벽증이 있다'가 전혀 과학적 명제가 아닌 것처럼 무조건 과학 명제라는 보장도 없다.

포퍼의 이런 관점을 볼 때 그 역사적 배경과 떼어 놓을 수 없다. 포퍼는 연역적 논리 체계를 추구하며 전형적인 경험주의와 귀납적 논리 체계를 반대해 왔다. 귀납적 사고에서는 점점 많은 증거가 한 명제를 뒷받침한다면, 이 명제는 '사실로 증명'되었다고 본다. 포퍼는 이런 방식이 매우 위험하며, 반례를 발견하더라도 원명제를 조금 수정한다면 잘못되었다는 검증을 쉽게 피해갈 수 있기에 전혀 비과학적인 방법이라고 생각했다. 그렇기에 잘못되었다고 증명하는 것부터 시작해야 한다는 것이다. 이런 관점은 모두 일리가 있다. 과학 철학을 연구하지 않는다면 과학의 경계선 문제를 깊게 연구할 필요가 없었을 것이다. 1.4.2절 '딥블루와 알파고'에서 귀납법과 연역법의 차이점에 대해 소개했었는데, 귀납법을 활용하면 확실히 쉽게 잘못을 범할 수 있지만 귀납법은 더 많은 문제를 해결할 수 있다. 귀납과 연역 중 어떤 게 더 과학적인지를 판단할 수는 없는 것이다.

과학의 경계선을 고민하는 것은 철학자들의 몫이다. 우리는 그저 자신의 일과 연구에서 과학적이지 않은 오류만 범하지 않으면 된다. 그렇게만 하면 귀납법을 활용할 때(특히 예전 데이터에 대해 분석할 때) 특별함을 일반화해서는 안 되고, 맹목적으로 데이터와 경험만 믿어서도 안 된다. 연역법을 활용할 때도 극단적인 폐쇄 시스템에 빠져 점점 깊고 좁은 길로 빠져서는 안 된다. 귀납과 연역 또는 실제 증명과 거짓 증명에 상관없이 과학에 몸담은 사람이라면 진리가 아닌 가설만을 인정한다. 가설이 해석할 수 있는 사물이 많아진다고 해서 점점 진리에 가까워지는 것은 아니며, 그저 좀 더 유용해지는 것뿐이다. 과학적 방법으로 얻은 유용한 가설은 모두가 인정한다. 귀납과 연역의 가장 큰 차이점은 사실 '더 좋은' 가설을 얻는 방식이다.

귀납법과 연역법에 상관없이 우리가 얻은 모델은 그저 가설일 뿐이다. 스코틀랜드 철학자인 맥머레이John Macmurray가 말하길, "과학의 관점에서 말하자면 전자가 진짜 존재하는지 신경 쓰지 않는다. 사물이 전자가 존재하는 것처럼 움직이기만 하면 충분하다." 이런 의미에서 보자면 '모든 모델은 잘못되었다.' 사용할 당시 유용하고 문제를 해결할 수만 있다면 좋은 모델이다. 쓸모없어지거나 문제가 발생하는 순간이 오면 또 다른 더 좋은 모델을 찾아 나서야 한다. 이것이 바로 과학적인 태도이자 문제를 해결하는 방법이다.

과학science 경험을 통해 실증을 하는 방법이자 현상(원래는 자연현상을 의미했지만, 현재는 사회현상 등의 현상도 포함한다)에 대해 원인을 찾는 학문이다.

철학philosophy 보편적이거나 기본적이 문제에 대한 연구다. 문제는 보통 존재, 지식, 가치, 이성, 심리, 언어 등과 관련 있다.

제 2 장

데이터와 수학

The Beauty of Statistics

통계학은 데이터와 관련된 과학이지만, 데이터를 분석하는 방법은 통계학뿐만이 아니다. 데이터에서 가치를 얻어내고 반복하는 방식으로 결론을 얻을 수만 있다면 그 방법은 좋은 방법이다. 컴퓨터 기술이 나날이 발전하면서 전통 통계학 방법을 기초로 다양한 분석 기술이 탄생했다. 이러한 기술은 과학적이기 때문에 실현할 수 있고 중복해서 연구할 수 있다. 게다가, 수학 분야에만 국한되지 않기에 더욱 유연한 방법으로 데이터에서 가치를 얻을 수 있다.

그러나 만약 이 방법들에 견고한 수학 기초가 뒷받침되었더라면 원리와 응용의 경계에 대해 더욱 이해하기 쉬웠겠지만, 그게 아니라면 쉽게 오해하게 되거나 자신감이 결여될 것이다. 현재 각종 오픈소스 도구가 속속 개발되고 있어 사람들은 강력한 분석 도구를 아주 손쉽게 얻을 수 있다. 설령, 방법과 원리를 이해하지 못하더라도 사용법만 알면 각종 데이터 분석 업무를 할 수 있다. 하지만 그 위험성에 대해서는 주의해야 한다. 도구를 사용하더라도 분석 방법에 대해 비교적 확실히 이해할 수 있도록 수학 지식을 보유해야 한다.

■ ■ ■

제1절 '데이터와 공간' 에서는 벡터와 행렬의 연산 방법 및 연립일차방정식과 선형변환 등을 포함한 선형대수의 기초에 대해 소개한다. 최대한 2차원 공간의 기하학적 직관으로 선형대수를 소개해서 수학 기초가 없는 독자들도 쉽게 이해할 수 있도록 하였다. 비록 많은 수학 공식이 포함되어 있지만, 중학교 수학 기초만 있어도 충분하다. 만약 좀 더 깊이 파고들고 싶다면 선형대수에 관한 서적[23]을 참고하거나 제1절 내용을 건너뛰어도 뒷부분을 이해하는 데 전혀 문제가 되지 않는다.

제2절 '확률변수와 분포' 에서는 확률분포의 기초에 대해 소개한다. 제1장에서 소개했던 고전 확률론과 다르게 여기에서는 확률변수와 분포함수 등 전문 도구를 활용한다. 그러나 측도론 수준으로 확률을 연구하지 않았기에 엄청난 수학 기초는 필요 없다. 확률론을 배운 적 없는 독자들이 읽기에는 당연히 어려울 것이다. 따라서 확률론에 관한 서적[24]을 참고하거나 제2절 내용을 건너뛰어도 뒷부분을 이해하는데 전혀 문제가 되지 않는다.

제3절 '데이터 알아가기' 에서는 주로 공정의 관점에서 데이터를 소개한다. 만약 데이터 처리 경험(엑셀이나 데이터베이스 등을 사용한 경험)이 있다면 이 내용을 더욱 이해하기 쉬울 것이다. 각 데이터를 공간 안의 한 점으로 봤을 때 선형대수 지식을 결합하면 아주 쉽게 뒤에 소개할 각종 분석 방법을 이해할 수 있다. 만약 아예 기초가 없다면 비교적 간단한 통계학 입문 서적[25]을 읽기 바란다.

제4절 '수리통계의 기초' 에서는 표본, 기대치, 모수 예측 등을 포함한 기초적인 수리통계 지식에 대해 소개한다. 이 지식은 뒤에 소개할 다양한 방법을 이해하는 데 매우 중요한 역할을 한다. 만약 수학 기초가 부족하다면 수리통계에 관한 서적[24]을 읽거나 제3절에 포함된 수학 공식을 건너뛰고 구체적 예제를 결합하여 통계적 사고만 이해해도 된다.

2.1 데이터와 공간

2.1.1 다차원 세계의 벌레

1차원 세계에서는 공간 자체가 하나의 선이다. 안에 벌레 한 마리가 살고 있다고 가정했을 때 벌레는 영원히 앞뒤로만 움직이고 좌우로는 움직일 줄 모를 것이다. 2차원 세계에서 공간은 하나의 면이며, 안에 살고 있는 벌레는 앞뒤뿐만 아니라 좌우로도 움직일 수 있게 된다. 그러나 3차원 세계의 관점에서 봤을 때 벌레는 머리 위에 하늘이 있고 발밑에 땅이 있다는 것을 모르기에 여전히 불쌍할 뿐이다. 3차원 세계는 우리가 살고 있는 세계이며, 이 공간은 앞뒤, 좌우뿐만 아니라 위아래도 있다(그림 2.1 참고). 그렇다면 4차원 공간은 존재할까? 우리는 모를 뿐만 아니라 상상조차 할 수 없다. '여름벌레는 영원히 얼음을 모른다'라는 말처럼 3차원 벌레는 영원히 4차원을 모르는 것이다.

그림 2.1 **다차원 세계의 벌레**

수학에서는 공간을 확실히 정의하고 있으며, 다양한 공간이 존재한다. 그러나 가장 많이 볼 수 있고 우리가 이해하고 있는 실세계의 직관에 가장 부합한 공간은 유클리드 공간Euclidean space이다. 여기서 우리는 수학적 정의에 대해 깊이 파고들지 않겠다. 이 공간의 평형선, 직교 등 기하 요소가 일상생활에 부합하는 직관만 이해하면 된다. 우리가 중학교 시절에 배운 기하가 바로 유클리드 기하다. 2차원 기하는 평면기하이며, 3차원 기하는 입체 기하다. 기하에는 좌표계도 도입했는데, 가장 많이 볼 수 있는 좌표계는 직교좌표계로도 불리는 카테시안 좌표계Cartesian coordinate system다. 그림 2.2에서 화살표가 가리키는 점의 좌표는 (3, 2)다.

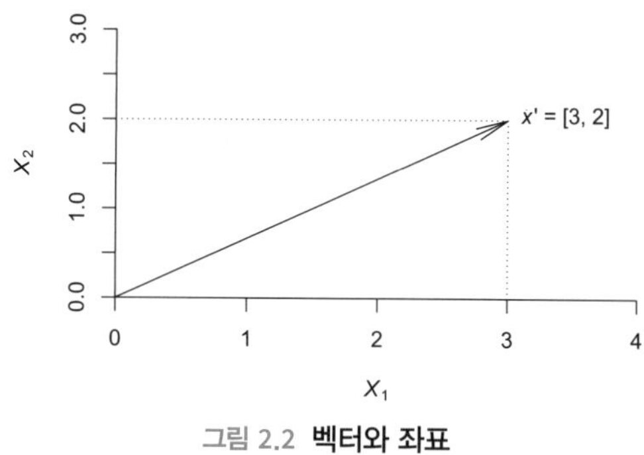

그림 2.2 **벡터와 좌표**

2차원 평면에서 가로축은 보통 X축이라고 하며, 세로축은 보통 Y축이라고 한다. 보편성을 해치지 않기 위해 제1축(X_1)과 제2축(X_2)으로 표기해도 된다. 2차원 평면 점의 좌표에는 2개의 값을 포함하는데, 이는 사실 X_1과 X_2 축의 눈금을 가리킨다. 3차원 공간의 점인 경우 좌표는 자연스럽게 3개의 값을 포함한다. 3차원을 능가하는 n차원 공간은 상상할 수조차 없지만, 유추해 보자면 점의 좌표는 분명 n개의 값을 포함한다는 것을 알 수 있다. 우리는 **벡터**vector를 사용해 이런 상황에 대해 연구할 수 있다.

n개 실수 $x_1, x_2, \cdots, x_n$으로 구성된 1개의 배열 $\boldsymbol{x}$를 벡터라고 하며, 다음과 같이 표기한다.

$$\boldsymbol{x} = \begin{bmatrix} x_1 \\ x_2 \\ \vdots \\ x_n \end{bmatrix} \quad \text{또는} \quad \boldsymbol{x}' = \begin{bmatrix} x_1, & x_2, & \cdots, & x_n \end{bmatrix}$$

n은 벡터의 차원이라고 하며, 벡터의 원소 개수를 가리킨다. 벡터는 보통 배열 형식이며, 우측 상단의 점($'$)은 전치transpose라고 하는 회전으로 생긴 형태다. 따라서 우리는 $\boldsymbol{x}$로 벡터를 가리킬 때 보통 세로로 배열된 식을 가리키는데, 편집 배열을 고려하면 가로로 배열해야 하기에 $\boldsymbol{x}'$로 표기한다.

벡터 $\boldsymbol{x}$는 기하에서 n차원의 유향선분directed segment으로 표시할 수 있는데, 제1축의 좌표는 x_1이고 제2축의 좌표는 x_2다. 즉, 제n축의 좌표는 x_n이다. 하나의 벡터는 유향선분(화살표)의 정점인 n차원 공간의 점으로 표시할 수 있다. 그림 2.2에서는 2차원 공간의 벡터 $\boldsymbol{x}$를 구현했는데, 벡터의 정의로 봤을 때 $\boldsymbol{x}' = [3, 2]$라는 것을 알 수 있다.

벡터로 계산도 할 수 있다. 예를 들어, 스칼라 곱scalar multiplication에서 벡터에 실수를 곱하면 각 원소에 이 실수를 곱하는 것과 같기에 $c \cdot \boldsymbol{x}' = [c \cdot x_1,\ c \cdot x_2,\ \cdots,\ c \cdot x_n]$이 된다. 이는 벡터의 길이를 늘이거나 줄이는 것을 의미하며, 방향은 바뀌지 않고 원래의 c배로 변한다. 그림 2.3의 왼쪽 그림과 같다.

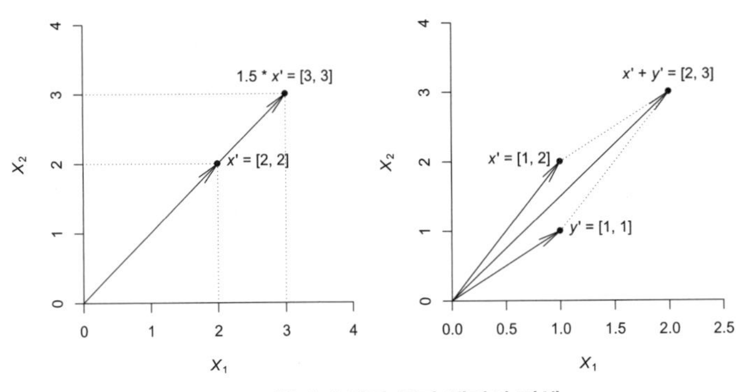

그림 2.3 **벡터 스칼라 곱과 벡터의 덧셈**

만약 2개의 벡터가 차원이 같다면(같은 차원의 공간에 있음을 의미한다) 벡터의 덧셈vector addition을 활용해 계산할 수 있다. 벡터의 덧셈은 벡터 2개의 각 원소를 각각 더하는 것을 의미한다.

$$\boldsymbol{x} + \boldsymbol{y} = \begin{bmatrix} x_1 \\ \vdots \\ x_n \end{bmatrix} + \begin{bmatrix} y_1 \\ \vdots \\ y_n \end{bmatrix} = \begin{bmatrix} x_1 + y_1 \\ \vdots \\ x_n + y_n \end{bmatrix}$$

기하학적 의미는 2개의 벡터로 구성된 평행사변형 대각선이다. 이는 중학 물리에서 합력resultant force을 계산하는 '평행사변형의 법칙'과 같은데, 사실 힘이 바로 크기와 방향을 가진 벡터다. 합력을 계산할 때 벡터의 덧셈을 사용하며, 그림 2.3의 오른쪽 그림과 같다.

그 외에도 벡터 $\boldsymbol{x}' = [x_1, x_2, \cdots, x_n]$과 $\boldsymbol{y}' = [y_1, y_2, \cdots, y_n]$의 내적inner product 계산에 대한 정의는 다음과 같다.

$$\boldsymbol{x}'\boldsymbol{y} = x_1y_1 + x_2y_2 + \ldots + x_ny_n$$

내적은 점적dot product이라도 하며, $\boldsymbol{x}'\boldsymbol{y}$로 표시한다. 벡터의 길이 L_x($||x||$로도 표기한다)는 $L_x = \sqrt{\boldsymbol{x}'\boldsymbol{x}}$와 같이 내적으로 계산할 수도 있다.

2개의 벡터 사이에는 협각included angle이 존재하는데, 벡터 $\boldsymbol{x}$와 $\boldsymbol{y}$의 협각을 θ라고 하면 $\cos(\theta) = \boldsymbol{x}'\boldsymbol{y}/(L_xL_y)$가 된다. 만약 $\boldsymbol{x}'\boldsymbol{y} = 0$이라면 $\theta = 90°$가 되며, $\boldsymbol{x}$와 $\boldsymbol{y}$는 직각을 이룬다고 한다.

벡터 사이에는 거리를 정의할 수도 있는데, 유클리드 공간에서 벡터 $\boldsymbol{x}' = [x_1, x_2, \cdots, x_n]$과 $\boldsymbol{y}' = [y_1, y_2, \cdots, y_n]$의 유클리드 거리 d_{xy}의 정의는 다음과 같다.

$$d_{xy} = \sqrt{(x_1 - y_1)^2 + (x_2 - y_2)^2 + \ldots + (x_n - y_n)^2}$$

두 개의 벡터 $\boldsymbol{x}' = [x_1, x_2, \cdots, x_n]$과 $\boldsymbol{y}' = [y_1, y_2, \cdots, y_n]$를 활용해 우리는 $\boldsymbol{y}$ 위로의 x의 투영projection을 $\frac{\boldsymbol{x}'\boldsymbol{y}}{L_y^2}y$로 정의할 수도 있었다. 이 투영 역시 하나의 벡터이며, 그림 2.4처럼 벡터 $\boldsymbol{y}$와 방향이 같다.

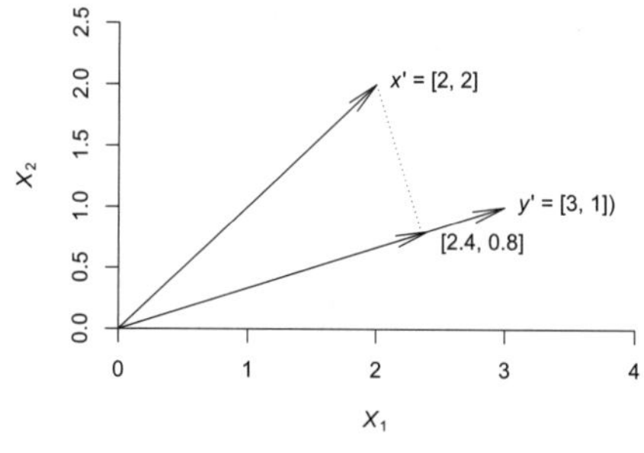

그림 2.4 **벡터의 투영**

벡터를 활용하여 n차원 공간의 점을 묘사할 수 있었다. n의 크기와 상관없이 앞서 설명한 2차원 평면의 예제를 참고하면 이해할 수 있을 것이다. 다차원 공간에 벡터에 관한 각종 계산을 대입한다면 더욱더 많은 복잡한 문제를 해결할 수 있을 것이다.

벡터vector 크기와 방향을 동시에 가지는 기하학적 대상이다. 벡터와 대립하는 개념은, 방향은 없고 크기만 나타내는 스칼라다.

2.1.2 매트릭스와 트랜스포머

《매트릭스》는 고전 영화이고, 《트랜스포머》는 전형적인 애니메이션 시리즈다. 이 둘이 어떤 관련이 있냐고 묻는다면 두 작품 안에 'Matrix'라는 아주 강력한 것이 있다고 할 수 있다. 《매트릭스》의 영문명이 바로 'The Matrix'이며, 여기서 '모체Matrix'는 인류를 통치하고 있는 기계의 시스템이다. 인류의 몸은 영양액에 담겨 뇌만 모체 시스템에 연결되어 있는데, 인류의 사고는 가상세계에 종속되어 있고 이 사실을 자각할 수 없다. 많은 사람이 처음 영화를 봤을 때 소름이 돋았을 것이다. 《트랜스포머》에는 '에너지원matrix of leadership'이 하나 있다. 이는 트랜스포머 리더의 신분 증명이자 힘의 원천이다. 두 영화와 애니메이션에서 매우 중요한 'Matrix'라는 단어의 본뜻은 모체였다. 1850년에 이르러 영국의 수학자 실베스터James Joseph Sylvester는 오늘날 사람들이 잘 알고 있는 '행렬'을 매트릭스라고 명명했다. 이때부터 'matrix'라는 단어는 수학을 응용하는 많은 분야에 깊게 스며들었다.

실수로 구성된 2차원 구조의 직사각형 수표를 우리는 **행렬**matrix이라고 한다. m행 n열의 행렬은 다음과 같다.

$$\boldsymbol{A} = \begin{bmatrix} a_{11} & a_{12} & \cdots & a_{1n} \\ a_{21} & a_{22} & \cdots & a_{2n} \\ \vdots & \vdots & \ddots & \vdots \\ a_{m1} & a_{m2} & \cdots & a_{mn} \end{bmatrix}$$

우리는 이 행렬을 $\boldsymbol{A}$라고 했을 때 $\boldsymbol{A}'$는 행렬 $\boldsymbol{A}$의 전치가 된다. 좌상단부터 우하단까지의 대각선을 기준으로 행렬을 회전시켜 행과 열의 위치를 바꾸면 된다.

$$\boldsymbol{A} = \begin{bmatrix} a_{11} & a_{12} & \dots & a_{1n} \\ a_{21} & a_{22} & \dots & a_{2n} \\ \vdots & \vdots & \ddots & \vdots \\ a_{m1} & a_{m2} & \dots & a_{mn} \end{bmatrix} \Leftrightarrow \boldsymbol{A}' = \begin{bmatrix} a_{11} & a_{21} & \dots & a_{m1} \\ a_{12} & a_{22} & \dots & a_{m2} \\ \vdots & \vdots & \ddots & \vdots \\ a_{1n} & a_{2n} & \dots & a_{mn} \end{bmatrix}$$

여기서 m과 n을 행렬의 차수dimension라고 부른다. 만약 행렬 $\boldsymbol{A}$와 $\boldsymbol{B}$의 차수가 같고 대응 위치의 원소가 모두 같다면 $\boldsymbol{A} = \boldsymbol{B}$가 된다. 만약 $\boldsymbol{A} = \boldsymbol{A}'$라면 $\boldsymbol{A}$를 대칭행렬symmetric matrix이라고 한다.

c를 임의의 실수라고 가정한다면 행렬 $\underset{(m \times n)}{\boldsymbol{A}} = \{a_{ij}\}$이며, 다음과 같다.

$$c \cdot \boldsymbol{A} = \begin{bmatrix} c \cdot a_{11} & c \cdot a_{12} & \dots & c \cdot a_{1n} \\ c \cdot a_{21} & c \cdot a_{22} & \dots & c \cdot a_{2n} \\ \vdots & \vdots & \ddots & \vdots \\ c \cdot a_{m1} & c \cdot a_{m2} & \dots & c \cdot a_{mn} \end{bmatrix}$$

이 계산식을 행렬의 스칼라 곱이라고 한다. 스칼라 곱은 $c \cdot \boldsymbol{A} = \boldsymbol{A} \cdot c$의 교환법칙을 만족한다.

행렬 $\underset{(m \times n)}{\boldsymbol{A}} = \{a_{ij}\}$이며 행렬 $\underset{(m \times n)}{\boldsymbol{B}} = \{b_{ij}\}$이고 같은 차수를 가지고 있다고 가정한다면, $\boldsymbol{A}$와 $\boldsymbol{B}$로 많은 계산을 할 수 있다. 그 중 $\boldsymbol{A} + \boldsymbol{B}$를 행렬의 덧셈이라고 한다.

$$\boldsymbol{A} + \boldsymbol{B} = \begin{bmatrix} a_{11} + b_{11} & a_{12} + b_{12} & \dots & a_{1n} + b_{1n} \\ a_{21} + b_{21} & a_{22} + b_{22} & \dots & a_{2n} + b_{2n} \\ \vdots & \vdots & \ddots & \vdots \\ a_{m1} + b_{m1} & a_{m2} + b_{m2} & \dots & a_{mn} + b_{mn} \end{bmatrix}$$

행렬의 덧셈은 $\boldsymbol{A} + \boldsymbol{B} = \boldsymbol{B} + \boldsymbol{A}$의 교환법칙을 만족한다. 행렬의 뺄셈은 덧셈과 비슷하며, $\boldsymbol{A} - \boldsymbol{B} = \boldsymbol{A} + (-1) \cdot \boldsymbol{B}$의 교환법칙을 만족한다. $\boldsymbol{A} \odot \boldsymbol{B}$는 아다마르 곱Hadamard product이라고 한다.

$$\boldsymbol{A} \odot \boldsymbol{B} = \begin{bmatrix} a_{11} \cdot b_{11} & a_{12} \cdot b_{12} & \dots & a_{1n} \cdot b_{1n} \\ a_{21} \cdot b_{21} & a_{22} \cdot b_{22} & \dots & a_{2n} \cdot b_{2n} \\ \vdots & \vdots & \ddots & \vdots \\ a_{m1} \cdot b_{m1} & a_{m2} \cdot b_{m2} & \dots & a_{mn} \cdot b_{mn} \end{bmatrix}$$

A ⊙ B는 두 행렬의 같은 위치에 있는 원소의 곱을 가리킨다. 이 계산식도 교환법칙을 만족한다.

행렬 $\underset{(m \times n)}{\boldsymbol{A}} = \{a_{ij}\}$이며 행렬 $\underset{(m \times n)}{\boldsymbol{B}} = \{b_{ij}\}$라고 가정했을 때 행렬의 곱셈 $\boldsymbol{A} \cdot \boldsymbol{B}$는 다음과 같이 정의한다.

$$\boldsymbol{A} \cdot \boldsymbol{B} = \begin{bmatrix} \sum_{l=1}^{n} a_{1l} \cdot b_{l1} & \sum_{l=1}^{n} a_{1l} \cdot b_{l2} & \dots & \sum_{l=1}^{n} a_{1l} \cdot b_{lk} \\ \sum_{l=1}^{n} a_{2l} \cdot b_{l1} & \sum_{l=1}^{n} a_{2l} \cdot b_{l2} & \dots & \sum_{l=1}^{n} a_{2l} \cdot b_{lk} \\ \vdots & \vdots & \ddots & \vdots \\ \sum_{l=1}^{n} a_{ml} \cdot b_{l1} & \sum_{l=1}^{n} a_{ml} \cdot b_{l2} & \dots & \sum_{l=1}^{n} a_{ml} \cdot b_{lk} \end{bmatrix}$$

$\boldsymbol{A} \cdot \boldsymbol{B}$는 $\boldsymbol{AB}$로도 표시할 수 있다. 앞 행렬의 열수는 꼭 뒤 행렬의 행수와 같아야 하며, 같지 않다면 곱셈을 할 수가 없다. 차수가 $m \times n$과 $n \times k$인 두 개의 행렬을 곱하여 새로 생긴 행렬의 차수는 $m \times k$다. 여기서 주의할 점은 행렬의 곱셈은 곱셈 교환법칙을 만족하지 않기에 $\boldsymbol{AB}$는 $\boldsymbol{BA}$와 무조건 같다고 할 수 없다.

만약 행렬의 행과 열 수가 같다면 정사각행렬square matrix이라고 한다. 주 대각선(좌상단부터 우하단까지) 외 다른 수치가 모두 0인 정사각행렬을 대각행렬diagonal matrix이라고 한다. 대각선상의 값이 모두 1인 대각행렬을 단위행렬identity matrix이라고 한다.

$$
\boldsymbol{I} = \begin{bmatrix} 1 & 0 & \dots & 0 \\ 0 & 1 & \dots & 0 \\ \vdots & \vdots & \ddots & \vdots \\ 0 & 0 & \dots & 1 \end{bmatrix}
$$

단위행렬은 그 어떤 행렬과 곱하더라도(차수가 같다고 가정했을 때) 모두 원래의 행렬과 같다.

만약 한 행렬이 정사각행렬이라면 우리는 **행렬식**determinant 계산을 정의할 수 있다. $n \times n$ 정사각행렬 $\boldsymbol{A}$의 행렬식을 $|\boldsymbol{A}|$라고 한다면 다음과 같이 정의한다.

$$
|\boldsymbol{A}| = \begin{vmatrix} a_{11} & a_{12} & \dots & a_{1n} \\ a_{21} & a_{22} & \dots & a_{2n} \\ \vdots & \vdots & \ddots & \vdots \\ a_{n1} & a_{n2} & \dots & a_{nn} \end{vmatrix} = \sum_{j_1 j_2 \cdots j_n} (-1)^{\tau(j_1 j_2 \cdots j_n)} a_{1j_1} a_{2j_2} \dots a_{nj_n}
$$

이 중 $j_1 j_2 \cdots j_n$은 1, 2, $\cdots$, n의 **순열**permutation을 의미한다. τ는 역변환inversion을 의미하는데, 반전을 갖는다*고도 한다. 행렬식은 행렬과 생긴 게 비슷하지만 완전히 다른 개념이다. 만약 기하학 관점에서 봤을 때 이 행렬에 대응하는 평행체의 체적volume이라고 보면 된다. 이는 하나의 수치이며, 행렬 관련 문제를 해결하는 데 사용된다. 그러나 역사적 관점에서 볼 때 행렬식이 행렬보다 먼저 나왔기 때문에 일부 교재에서는 먼저 행렬식을 가르치고 나서 행렬을 가르친다. 하지만 행렬을 이해하고 행렬로 문제를 해결할 때 행렬식은 필수사항이 아니다. 따라서 개념만 대략 이해하면 되고 실제 업무에서는 컴퓨터로 계산하면 된다.

행렬은 한 세트의 벡터 조합으로 볼 수 있다. 한 세트의 벡터 x_1, x_2, $\cdots$, x_k가 있다고 가정해 보자. 만약 $c_1 x_1 + c_2 x_2 + \cdots + c_k x_k = 0$을 만족시키는 0으로만 구성되어 있지 않은 상수 c_1, c_2, $\cdots$, c_k가 있다면, 우리는 이 벡터 세트가 **일차종속**linearly dependent

* 한 세트의 수에서 앞의 수가 뒤의 수보다 클 때 반전을 갖는다고 한다.

되었다고 하고, 반대 상황을 일차독립linearly independent되었다고 한다. 만약 행렬의 각 행을 벡터(행 벡터)로 본다면 행 벡터와 일차독립되는 최대 행 수를 행의 랭크rank라고 한다. 이와 마찬가지로 열벡터와 일차독립되는 최대 열 수를 열의 랭크라고 한다. 행렬의 행의 랭크와 열의 랭크가 같다면 이를 행렬의 랭크라고 한다.

만약 정사각행렬 $\underset{(k\times k)}{\boldsymbol{A}}$ 가 $\underset{(k\times k)}{\boldsymbol{A}} \cdot \underset{(k\times 1)}{x} = \underset{(k\times 1)}{0}$ 을 만족한다면 $\underset{(k\times 1)}{x} = \underset{(k\times 1)}{0}$ 이 되며, 이를 정칙행렬nonsingular이라고 하고 반대 상황에서는 특이행렬singular이라고 한다. 만약 행렬의 랭크가 행 수(혹은 열 수)와 같다면 이 정사각행렬은 정칙행렬이라는 것을 증명할 수 있다. 이와 마찬가지로 행렬이 정칙행렬일 경우 행렬식은 0이 아니라는 것도 알 수 있다.

만약 $k \times k$차수 행렬 $\boldsymbol{A}$가 정칙행렬이라면 $\boldsymbol{AB} = \boldsymbol{BA} = \boldsymbol{I}$를 만족시키는 유일한 $k \times k$차수 행렬 $\boldsymbol{B}$가 존재한다는 것을 증명할 수 있다. 만약 $\boldsymbol{B}$가 $\boldsymbol{AB} = \boldsymbol{BA} = \boldsymbol{I}$를 만족시킨다면 $\boldsymbol{B}$를 $\boldsymbol{A}$의 역행렬inverse이라고 하고 $\boldsymbol{A}^{-1}$으로 표기한다.

만약 행렬 $\boldsymbol{Q}$가 $\boldsymbol{QQ}' = \boldsymbol{I}$나 $\boldsymbol{Q}' = \boldsymbol{Q}^{-1}$을 만족한다면 $\boldsymbol{Q}$를 직교행렬orthogonal matrix이라고 한다. 행렬의 곱셈 계산식을 통해 알 수 있듯이, 행렬에서 서로 다른 임의의 2개 벡터의 내적이 0이라면 두 벡터가 수직을 이룬다는 것을 알 수 있고 이를 직교벡터orthogonal vector라고 한다.

행렬의 대각선상 원소의 합을 대각합trace이라고 하는데, $tr(\boldsymbol{A})$로 표기하며 $tr(\boldsymbol{A} \pm \boldsymbol{B}) = tr(\boldsymbol{A}) \pm tr(\boldsymbol{B})$나 $tr(\boldsymbol{AB}) = tr(\boldsymbol{BA})$를 증명할 수 있다.

이번에 행렬에 관한 기본 개념과 계산 방법에 대해 설명했다. 비록 수학 지식에 속하지만 주로 계산에 집중하고 증명은 하지 않았기에 연습이나 컴퓨터를 활용해 더 심도 있게 이해할 수 있을 것이다. 5.2.4절 '필자가 가장 사랑하는 R'에서 R 언어에 대해 소개하는데, R 언어는 간단한 수학/과학 분야 프로그래밍 언어다. 특히, 행렬 계산에 익숙하다면 R 언어의 함수를 활용해 이번에 소개한 행렬의 기본 조작을 검증할 수 있을 것이다.

행렬matrix 원소를 여러 개의 행으로 나열하되 각 항을 같은 수의 원소로 구성했을 때 이를 행렬이라라고 부른다. 보통 가로 방향을 '행row'이라고 하며, 세로 방향을 '열column'이라고 한다.

2.1.3 구장산술과 선형방정식

위대한 수학자 류후이Liú Huī는 《구장산술》[26]의 주석에서 방정식에 대해 정의한 바 있다. '정은 미지수의 개수만큼 매겨진 식들이다. 여러 물건(미지수)은 모두 섞여 있고 각 열에는 숫자가 있다. 모두 합치면 물건의 실제량(실)이 되고, 각 행마다는 비율 형태가 되게 한다. 미지수가 2개이면 식이 2개 필요하고, 3개이면 식이 3개가 필요하다. 모든 문제는 미지수의 개수만큼 식을 세워야 하는데, 이 식들을 나란히 펼치면 행을 이루기 때문에 이를 방정이라라고 한다.' 이 책에서 방정에 대한 예제를 한번 보자. '방정: 지금 상등급 벼가 3단, 중등급 벼가 2단, 하등급 벼가 1단 있는데, 벼의 실제량은 39가 되다. 상등급 벼가 2단, 중등급 벼가 3단, 하등급 벼가 1단 있는데, 벼의 실제량은 34가 되다. 상등급 벼가 1단, 중등급 벼가 2단, 하등급 벼가 3단 있는데, 벼의 실제량은 26이 되다. 그렇다면 상, 중, 하 등급 벼 1단의 실제량은 각각 어떻게 되는가?' 책에서 내놓은 답은 매우 의미심장하다. '풀이: 위에 벼를 3단, 가운데에 벼를 2단, 아래에 벼를 1단 배치하여 총 39되를 오른쪽에 나열한다. 중간과 왼쪽에도 오른쪽과 마찬가지로 차례로 나열한다. 오른쪽 상등급 벼를 중간의 각 항목과 곱하고 중간의 상등급 벼가 0이 될 때까지 반복해서 오른쪽의 대응되는 수량을 뺀다. 마찬가지로, 오른쪽 상등급 벼를 왼쪽의 각 항목과 곱하고 왼쪽의 상등급 벼가 0이 될 때까지 반복해서 오른쪽의 대응되는 수량을 뺀다. 그런 후에 중간의 중등급 벼를 왼쪽의 각 항목과 곱하고 왼쪽 중등급 벼가 0이 될 때까지 반복해서 중간의 대응되는 수량을 뺀다. 왼쪽의 하등급 벼의 단수를 법이라고 명명하고, 벼의 총 수량을 실이라고 명명한다. 왼쪽을 약분하여 하등급 벼의 1단 실제량을 구한다. 중등급 벼의 1단 실제량을 구하려면 왼쪽의 하등급 벼를 중간의 각 항목과 곱하고, 중간의 하등급 벼가 0이 될 때까지 반복해서 왼쪽의 대응되는 수량을 뺀다.

중간을 약분하여 중등급 벼의 1단 실제량을 구한다. 이와 마찬가지로 왼쪽의 하등급 벼를 오른쪽의 각 항목과 곱하고, 오른쪽 하등급 벼가 0이 될 때까지 반복해서 왼쪽의 대응되는 수량을 뺀다. 중간의 중등급 벼를 오른쪽의 각 항목과 곱하고, 오른쪽의 중등급 벼가 0이 될 때까지 반복해서 중간의 대응되는 수량을 뺀다. 오른쪽을 약분하여 상등급 벼의 1단 실제량을 구한다.'

《구장산술》*은 중요한 중국의 고대 수학 서적이다. 이 문제를 현재 자주 사용하는 방정식으로 표현하면 다음과 같다.

$$\begin{cases} 3x_1 + 2x_2 + x_3 = 39 \\ 2x_1 + 3x_2 + x_3 = 34 \\ x_1 + 2x_2 + 3x_3 = 26 \end{cases} \tag{2.1.1}$$

《구장산술》의 해법에 따르면, 각 행의 숫자를 곱하고 다른 행의 숫자를 더하고 빼는 것으로 각 항목을 없애 나갈 수 있다고 한다. 이를 통해 마지막에는 방정의 좌측이 계단 형식으로 변하게 되어 답을 구할 수 있는 것이다.

$$\begin{cases} 3x_1 + 2x_2 + x_3 = 39 \\ 5x_2 + x_3 = 24 \\ 36x_3 = 99 \end{cases} \Rightarrow \begin{cases} 4x_1 = 37 \\ 4x_2 = 17 \\ 4x_3 = 11 \end{cases}$$

이 해법이 바로 우리가 지금 알고 있는 **기본변환**elementary transformation**[27]이다. 연립일차방정식의 기본변환이란 다음의 세 가지를 말한다.

1. 0이 아닌 숫자로 하나의 방정식을 곱한다.

---

* 《구장산술》이 만들어진 구체적인 시기는 알 수가 없다. 현재로서는 서한의 장창, 이쑈우창이 복원하고 정리하여 초본으로 만들어졌으며, 동한 전기에 정식으로 책으로 만들어졌다고 알려져 있다. 그 외에도 1973년 고고학자가 후베이 한대 고묘에서 죽간 《산수서》를 발견했는데, 기원전 202년에서 186년 사이에 만들어졌다고 한다. 내용이 《구장산술》과 비슷했는데, 어떤 사람들은 두 책이 관련이 있다고 생각했고 또 어떤 사람들은 관련이 없다고 생각했다. 류후이(약 225 ~ 295년)는 삼국시대 위국의 수학자다. 위경원 4년(공원 263년)에 그는 《구장산술》에 주석을 표기했고, 많은 중요한 방법을 제시해 성숙한 체계를 설립하였다.

** 여기서 주의할 점은 《구장산술》에서 행은 세로 방향이며 행은 가로 방향이다. 지금의 대만에서 사용하는 방식과 같다.

2. 방정식의 배수를 다른 방정식에 더한다.

3. 두 방정식의 위치를 바꾼다.

식 2.1.1의 미지수 계수와 등호의 우측에 있는 값이 하나의 행렬을 이룰 수 있다면 이를 방정식의 **확대행렬**augmented matrix이라고 한다. 행렬을 활용해 방정식을 풀 수 있는 것이다. 행렬에 대해서도 기본변환이 적용되는데, 연립일차방정식의 세 가지 기본변환과 매우 비슷하다. 그저 행을 기준으로 변환하면 행렬의 '기본행변환'이라고 하며, 열을 기준으로 변환하면 행렬의 '기본열변환'이라고 한다.

《구장산술》의 또 다른 간단한 이원일차방정식 문제를 보자.

> 상등급 벼 7단이 있는데, 1되를 손해 보게 되어 하등급 벼 2단을 추가했더니 10되가 되었다. 하등급 벼 8단에 1되를 추가하고 상등급 벼 2단을 추가했더니 10되가 되었다. 그렇다면 상, 하 등급 벼 1단의 실제량은 각각 얼마인가?

똑같이 기본변환으로 쉽게 풀 수 있다.

$$\begin{cases} (7x_1 - 1) + 2x_2 = 10 \\ 2x_1 + (8x_2 + 1) = 10 \end{cases} \Rightarrow \begin{cases} 7x_1 + 2x_2 = 11 \\ 2x_1 + 8x_2 = 9 \end{cases} \Rightarrow \begin{cases} 26x_1 \qquad = 35 \\ \qquad 52x_2 = 41 \end{cases}$$

이 문제를 통해 우리는 중학교 기하학에서 $7x_1 + 2x_2 = 11$과 $2x_1 + 8x_2 = 9$의 뜻을 해석했을 때를 돌아볼 수 있다. 이 두 식은 사실 이차원 평면에서의 일차방정식이며, 두 선을 그리면 그림 2.5와 같다.

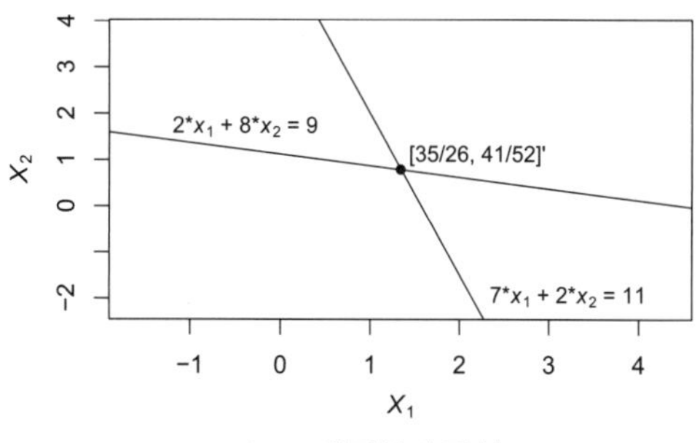

그림 2.5 **방정식과 직선**

우리는 두 직선의 교점이 사실 연립방정식의 답이라는 것을 알 수 있다. 연립일차방정식은 사실 여러 직선(혹은 초평면)의 교점을 구하는 문제이며, 최종 답안은 교점의 좌표다. 연립일차방정식과 행렬이 만나 많은 실제 문제를 풀 수 있게 됐다. 중국 고대 수학이 이 방면으로 깊게 연구한 바 있다. 중국 고대 수학이 엄격한 공리체계에 대해 크게 관심을 가지지 않고 실제 문제를 해결하는 데만 중점을 두었지만, 알고리즘 사고와 계산 방법에서는 독보적이었다.

연립일차방정식system of linear equations A가 $m \times n$의 행렬이고, $\boldsymbol{x}$는 n개 원소를 가진 열벡터이고, b는 m개의 원소를 가진 열벡터라고 가정해 보겠다. 그렇다면 $\boldsymbol{Ax} = \boldsymbol{b}$라는 형태는 연립일차방정식이며 $\boldsymbol{x}$는 미지수가 되는데, 이 $\boldsymbol{x}$를 구하는 과정을 '방정식을 푼다'라고 한다.

2.1.4 이십팔수와 황도십이궁

이십팔수二十八宿의 전설은 중국 문화에서 특수한 위치에 있다. 규목랑, 묘일계, 심월호, 여토복 등의 캐릭터는 일부 중요한 문학작품 속에서 강한 인상을 남겼다. 많은 사람들은 이들이 게자리나 전갈자리보다 유명하지 않다고 생각할 수 있다. 그러나 중국 고전소설을 즐겨봤던 사람들은 어린 시절의 추억이 솔솔 피어오를 것이다. 많은 고대문명은 별을 관찰하면서 우주를 알아갔는데, 이집트, 인도, 그리스, 아랍의 옛사람들은 모두 황도 천문 좌표계를 사용하였다. 즉, 황도 평면(지구가 태양을 중심으로 회전하는 평면)을 기본 면으로 사용한 것이다. 태양, 달, 오대행성은 모두 이 평면 주위에서 활동하기 때문에 사람들은 황도를 12개로 나누어 각 위치에 포함한 별자리를 황도십이궁黃道十二宮이라고 불렀다. 중국의 옛사람들은 적도 천문 좌표계를 사용하였다. 지구의 적도 평면을 기본 면으로 하여 북극성은 움직이지 않게 하였다. 혼천설을 토대로 외부를 감싸고 있는 천구를 구성했고, 대응하는 하늘의 적도 위에 있는 항성을 이십팔수로 나누었다(그림 2.6은 이십팔수 도안이 있는 문물이다). 적도 좌표계 세트는 현대 천문학자가 사용하는 것과 크게 다르지 않았으며, 천문학적 기구를 사용하는 데 있어 매우 편리했다. 이 또한 중국이 혼천의와 같은 위대한 발명이 탄생할 수 있었던 이유일 것이다. 아주 강력한 천문학 관측 기술을 바탕으로 옛사람들의 달력을 보는 수준과 농업 기술은 독보적으로 발전하였는데, 이는 모두 적도 좌표계 세트 덕분이라 해도 과언이 아닐 것이다.

그림 2.6 **쑤이저우시 증후을묘에서 발굴한 전국시대 초기 이십팔수 문양 의류함**

3차원 우주에서 항성은 각각 움직이지 않는 하나의 좌표로 활용할 수 있다. 옛사람들의 사선에는 각 항성이 하나의 2차원 평면의 좌표가 되었다. 좌표가 있다면 별의 운동 법칙을 연구할 수 있어 이와 관련한 각종 자연법칙을 연구할 수 있게 된다.

앞서 소개했던 내용에서 알 수 있듯이 하나의 벡터는 공간의 하나의 점을 가리킨다. 하나의 행렬은 많은 점을 가리킨다. 이런 공간을 '선형공간'이라고 한다. 만약 차원이 n이라면 n개의 일차독립 벡터 $\epsilon_1, \epsilon_2, \cdots, \epsilon_n$을 해당 선형공간의 한 세트의 '기저 base'라고 한다.

해당 공간의 임의 벡터 $\boldsymbol{\alpha}$를 이 기저 벡터의 선형조합으로 표시할 수 있다는 것을 $\boldsymbol{\alpha} = a_1\epsilon_1 + a_2\epsilon_2 + \cdots + a_n\epsilon_n$과 같이 증명할 수 있다. 이 중 계수 $a_1, a_2, \cdots, a_n$가 벡터 α와 기저 $\epsilon_1, \epsilon_2, \cdots, \epsilon_n$에 의해 유일무이하다면 이를 해당 세트의 기저 내 $\boldsymbol{\alpha}$의 좌표라고 한다.

n차원 공간에서 한 세트의 기저 벡터는 다양한 형식이 있을 수 있는데, 가장 간단한 일차독립 형식이 바로 대각선이 모두 1인 대각행렬이다.

$$\begin{bmatrix} 1 & 0 & \dots & 0 \\ 0 & 1 & \dots & 0 \\ \vdots & \vdots & \ddots & \vdots \\ 0 & 0 & \dots & 1 \end{bmatrix}$$

이때 기저와 좌표의 정의를 근거로 표기한 $\boldsymbol{\alpha}$의 좌표 $a_1, a_2, \cdots, a_n$이 바로 직교좌표계의 좌표다. 소위 말하는 '기저'가 실제로는 하나의 좌표계라는 것을 알 수 있다. 우리의 평소에 유클리드 공간, 직교좌표계에 익숙해져 있긴 하지만 이 좌표계만 있다는 것을 의미하지는 않는다. 천문 좌표계를 황도 혹은 적도로 구분해 선택할 수 있듯이 평면 좌표계는 직교좌표계 외에도 다른 좌표계가 존재한다. 고등학교 수학에서 우리는 극좌표계에 대해 배웠는데, 이 또한 평면 좌표계 중 하나다.

그림 2.7은 같은 점이 다른 좌표계 내에서의 좌표를 가리킨다. 왼쪽 그림은 직교좌표계이며, 가로 좌표 x_1과 세로 좌표 x_2로 점의 위치를 표시한다. 오른쪽 그림은 극좌표계이며, 길이 γ와 각도 θ로 점의 위치를 표시한다. 같은 점이 같은 공간에서의 위치는 원래 같지만 다른 좌표계에서 좌표는 다를 수 있다.

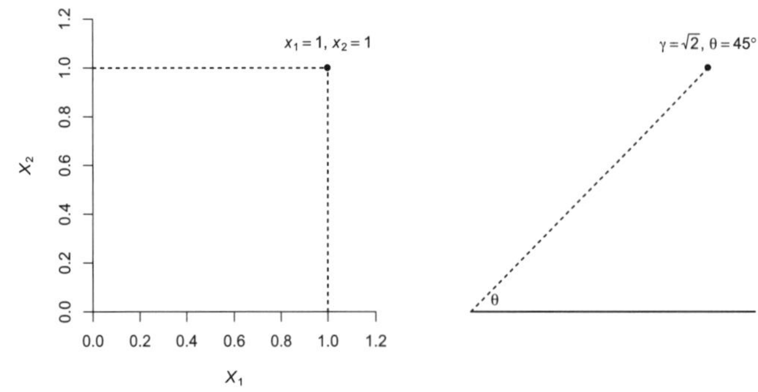

그림 2.7 **직교좌표와 극좌표**

선형공간 V에서부터 자신까지의 사상을 V의 변환이라고 한다. 만약 이 변환이 벡터의 덧셈과 곱셈 연산이 가능하다면(덧셈과 곱셈 연산 후 결과는 같은 공간에 있어야 한다) 이를 **선형변환** linear transformation 이라고 한다. 2차원 평면 공간에서 하나의 점을 원점을 따라 시계 방향으로 θ만큼 회전했을 때 이는 좌표를 원점을 따라 시계 역방향으로 θ만큼 회전한 결과와 같다. 직교좌표로 이해하자면, 모든 점이 변함없이 해당 2차원 공간에 있고 좌표만 변한다면 상응하는 점들의 좌표(벡터의 값)는 그림 2.8과 같이 변할 것이다.

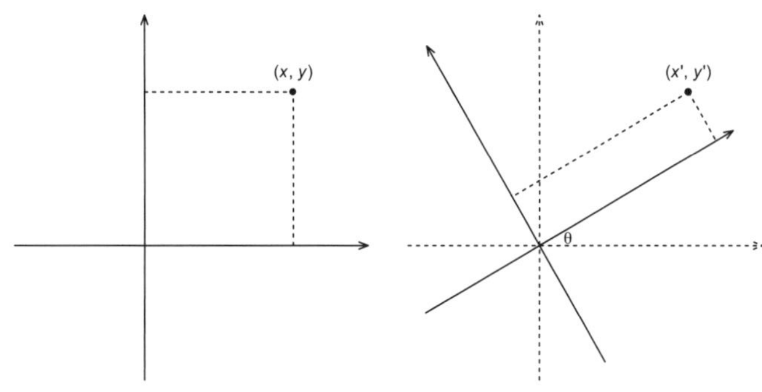

그림 2.8 **좌표축 회전**

새로운 좌표계에서 우리는 점의 원래 좌표 (x, y)와 좌표축이 회전한 각도 θ로 새로운 좌표계에서의 해당 점의 좌표 (x', y')를 계산할 수 있다. 삼각 함수로 계산하면 $(x' = x \cos \theta + y \sin \theta, y' = y \cos \theta - x \sin \theta)$가 된다. 이 공식은 행렬의 형식으로도 쓸 수 있다.

$$\begin{bmatrix} x' \\ y' \end{bmatrix} = \begin{bmatrix} x \cos \theta + y \sin \theta \\ y \cos \theta - x \sin \theta \end{bmatrix} = \begin{bmatrix} \cos \theta & \sin \theta \\ -\sin \theta & \cos \theta \end{bmatrix} \begin{bmatrix} x \\ y \end{bmatrix}$$

여기서 우리는 선형변환 후의 좌표는 행렬로 원 좌표를 곱해 얻을 수 있다는 것을 발견할 수 있다. 선형변환의 엄격한 정의를 통해 각 세트의 기에서 선형변환은 모두 하나의 행렬에 대응된다는 것을 증명할 수 있는데, 이를 해당 기에서 해당 변환의 행렬이라고 한다. 더 나아가 해당 변환의 행렬로 원래 좌표를 곱해 새로운 좌표를 얻을 수 있다는 것도 증명할 수 있다. 시계 역방향으로 좌표축을 회전시키는 문제는 사실 행렬의 곱셈 문제로 전환할 수 있다는 것을 알 수 있다. 많은 곳에서 간단히 좌표축을 회전시킨다고 해서 선형변환이 되는 것은 아니다. 때로는 척도를 바꿔야 하는데, 본질은 같다.

A가 선형공간 V의 선형변환이라고 가정해 보자. 만약 임의의 숫자 λ_0에게 0이 아닌 벡터 ξ가 존재한다고 했을 때, $A\xi = \lambda_0\xi$를 만족한다면 λ_0을 선형변환 A의 고윳값eigenvalue이라고 하고, ξ를 고윳값 λ_0의 고유벡터eigenvector라고 한다. 선형변환 A는 행렬 $\boldsymbol{A}$에 대응할 수 있다고 알고 있는데, $\boldsymbol{A}\xi = \lambda_0\xi$를 만족한다면 이런 방식으로 행렬 $\boldsymbol{A}$의 고윳값과 고유벡터를 정의할 수 있다.

기하학적 의미로 봤을 때 벡터의 선형변화를 좌표축을 변경하는 것으로 이해하거나 좌표축은 변하지 않고 점이 운동한 것으로 이해할 수 있다. 벡터의 곱셈은 축의 방향은 바꾸지 않고 벡터의 길이에 대해 스케일링(혹은 반대 방향으로 전환)했다는 것을 가리킨다. 따라서 만약 벡터가 선형변환 후 방향이 바뀌지 않는다면 이는 고유벡터가 되는 것이다. 그림 2.8의 예제에서 θ는 예각이라서 회전 후 모든 점은 방향이 바뀌기에 고유벡터는 존재하지 않는다. 그러나 θ가 180°의 정수배라면 고유벡터는 존재한다.

$\boldsymbol{A}$는 $k \times k$의 정사각행렬이며, $\boldsymbol{I}$는 $k \times k$의 단위행렬일 때 다항식 방정식 $|\boldsymbol{A} - \lambda\boldsymbol{I}| = 0$을 만족하는 벡터 $\lambda_1, \lambda_2, \cdots, \lambda_k$는 모두 행렬 $\boldsymbol{A}$의 고윳값이라는 것을 증명할 수 있다. 만약 $\boldsymbol{A}$의 i번째 고윳값을 λ_i로 표시하고 i번째 고유벡터를 e_i로 표시한다면 $\boldsymbol{A} = \sum_{i=1}^{k} \lambda_i \boldsymbol{e}_i \boldsymbol{e}'_i$가 된다. 이렇게 행렬을 표시하는 방식을 **고유분해**eigen decomposition라고 하며, 스펙트럼 분해spectral decomposition라고도 한다. 이는 많은 분야에서 매우 중요한 역할을 하고 있다.

수체number field P는 복수로 구성된 0과 1을 포함한 하나의 집합이라고 가정했을 때 P의 임의의 두 개 숫자의 합, 차, 곱, 몫(젯수는 0이 아님)이 P 안에 있는 수라면 P를 수체라고 한다. 당연히 유리수 전체, 실수 전체, 복소수 전체의 집합은 모두 수체다.

선형공간linear space V가 공집합이 아니며 P는 수체라고 가정했을 때, 만약 V의 임의의 2개 원소 α와 β 모두 V의 원소 γ와 대응한다면 α와 β의 합이라고 하며, 덧셈 연산이라고도 한다. 만약 수체 P의 임의 숫자 k와 V의 임의 원소 α 모두 V에 대응하는 원소 δ가 있다면 이를 k와 α의 곱셈이라고 한다. 만약 덧셈 연산이 $\alpha + \beta = \beta + \alpha$, $(\alpha + \beta) + \gamma = \alpha + (\beta + \gamma)$를 만족하고, V에 원소 0이 존재하여 $\alpha + 0 = \alpha$를 만족하며, 임의 α가 V에 존재하는 다른 숫자와의 합이 0이 되고, 곱셈 연산이 $k(l\alpha) = (kl)\alpha$(k와 l 모두 수체 P의 숫자라고 가정)를 만족하고, V에 $1\alpha = \alpha$를 만족하는 원소 1이 존재하며, 그 외에도 덧셈과 곱셈이 동시에 $(k + l)\alpha = k\alpha + l\alpha$와 $k(\alpha + \beta) = k\alpha + k\beta$를 만족했을 때 V를 수체 P의 선형공간이라고 한다.

선형변환linear transformation 선형공간 V에서부터 자신까지의 사상을 V의 '변환'이라고 하며 A로 표기한다. 만약 V의 임의의 두 개 원소 α, β와 수체 P의 임의의 숫자 k 모두 $A(\alpha + \beta) = A(\alpha) + A(\beta)$와 $A(k\alpha) = kA(\alpha)$를 만족한다면 A를 선형변환이라고 한다.

2.2 확률변수와 분포

2.2.1 베르누이의 동전

1.1.4절 '동전을 던지는 수학자들'에서 유명한 베르누이 시행Bernoulli trial을 소개했다. 수학자 자코브 베르누이Jakob Bernoulli는 그의 저서 《추측술Ars Conjectandi》 중 이 시행에 대해 언급했으며, 이 책은 역사에 위대한 책으로 남았다. 이 책은 확률론에 관한 책이자 많은 조합 수의 계산 및 각종 급수의 계산을 기록한 책이다. 자코브 베르누이는 수학 역사상 널리 이름을 떨치던 '베르누이 가문'의 대표 인물이다. 그의 동생 요한 베르누이Johann Bernoulli 역시 걸출한 수학자이며, 미적분 방면에서 중요한 공헌을 한 바 있다. 요한의 두 아들 다니엘 베르누이Daniel Bernoulli(유체역학에서의 유명한 베르누이의 법칙을 제시했다)와

니콜라스 2세 베르누이Nicholas II Bernoulli 역시 유명한 수학자인데, 그의 학생 레온하르트 Leonhard Euler(위대한 수학자)와 로피탈Guillaume de l'Hôpital(로피탈 정리라는 이름을 부여한 수학자, 그러나 로피탈 정리를 발견한 사람은 사실 요한 베르누이이기 때문에 베르누이의 정리라고도 한다)이 더 유명하다.

베르누이 시행을 소개하기에 앞서 '시행'이라는 단어를 먼저 소개하겠다. 영문에서 'trial'과 'test'는 많은 곳에서 '시행'으로 번역된다. 마치 'experiment'라는 단어가 보통 '실험'으로 번역되듯이 말이다. 그러나 'experiment'는 많은 곳에서(특히 통계학 분야) '시행'으로 번역되기도 하는데, 이는 실험은 어떤 이론이나 가설을 증명하기 위해 진행하는 조작이라는 뜻으로 자연과학에서 비교적 많이 사용되기 때문이다. 그러나 시행은 보통 성능이나 결과를 이해하기 위한 측정성 조작을 의미한다. 통계에서 말하는 'experiment'는 대부분 'random experiment'를 가리킨다. 따라서 우리는 이를 '확률시행'이라고 부르며, 줄여서 **시행**experiment이라고 한다.

확률시행에 관련한 엄격한 정의는 없다. 그러나 보통 다음의 세 가지 조건을 만족하는 시행을 확률시행이라고 한다.

- 같은 조건에서 중복 진행이 가능하다.
- 매 시행에서 발생 가능한 결과는 1개 이상이며, 사전에 시행의 모든 발생 가능한 결과를 명확히 할 수 있다.
- 시행을 한 번 진행하기에 앞서 어떤 결과가 발생할지는 알 수 없다.

분명한 것은 베르누이 시행은 전형적인 확률시행이다. 동전 던지기를 예로 들어 보자. 동전이 균일하고 공기 저항력의 영향도 받지 않는다고 가정했을 때 중복해서 실험을 진행할 수 있다. 매번 실험 결과는 앞면인지 뒷면인지로 예정할 수 있다(세워지는 상황 제외). 그러나 동전을 던지기 전에는 결과가 어떻게 발생할지 알 수 없다. 앞서 말한 세 가지 특징을 완전히 충족시킨다. 확률시행 E에 대해 우리는 모든 발생 가능한 결과로 구성된 집합을 E의 표본공간sample space이라고 한다. 동전의 앞면이 위로 향할 결과를 H라고 하고, 뒷면이 위로 향할 결과를 T라고 가정하겠다. 동전을 한 번 던질 때 위로 향하는 면을 관찰하는 시행(E_1)의 표본공간은 $\{H, T\}$가 된다. 동전을 두 번 던질 때 위로 향하는 면을 관찰하는 시행(E_2)의 표본공간은 $\{HH, HT, TH, TT\}$가 된다. 만약 동전을 두 번 던져 매번 앞면이 위로 향하는 동전 개수를 관찰하고 싶다면 이 시행(E_3)의 표본공간은 $\{0, 1, 2\}$가 된다.

표본공간의 모든 원소를 우리는 기본사건elementary event이라고 한다. 예를 들어, 시행 E_2 표본공간의 $\{HH\}$, $\{HT\}$, $\{TH\}$, $\{TT\}$가 바로 기본사건이다. 표본공간의 부분집합을 **확률사건**probability event이라고 하며, 줄여서 **사건**event이라고 한다. 예를 들어, 해당 예제 중 $\{HH\}$와 $\{HH, HT\}$가 바로 사건이다.

앞서 쉽게 설명하기 위해 동전 앞뒷면을 관찰하는 시험을 예로 들었다. 실제로도 베르누이 시행이 주로 다루는 문제는 횟수에 관한 문제다. 만약 시행 E의 발생 가능한 결과가 A(예 동전의 앞면이 위를 향하는 상황)와 $\bar{A}$밖에 없고, 사건의 확률 $P(A) = p$이며, $P(\bar{A}) = 1 - p = q$라면 $0 < p < 1$이 된다. E를 독립적으로 n번 반복하는 시행으로 하나의 새로운 시행을 만든다면 이를 n중복 베르누이 시행이라고 하며, 줄여서 베르누이 시행이라고 한다.

B_k를 n중복 베르누이 시행 중 사건 A가 k회 발생할 사건이라고 가정했을 때, $0 \leqslant k \leqslant n$이라면 해당 사건의 확률을 계산할 수 있다.

$$P(B_k) = C_n^k p^k q^{n-k}, 0 \leqslant k \leqslant n \tag{2.2.1}$$

n중복 베르누이 시행 중 표본공간은 무한 대입할 수 있다. 각 기본사건의 확률도 식 2.2.1로 계산할 수 있다. 해당 시행에서 모든 B_k의 횟수를 변수로 기록할 수 있는데, 이 변수는 분명 우리가 평소에 익숙했던 변수와는 사뭇 다를 것이다. 우선, 값은 모두 표본공간에 있으며, 우리는 매우 좋은 방식으로 이 확률(예 식 2.2.1)을 기록할 수 있기에 이런 변수를 확률변수라고 부른다. 보편성을 해치지 않기 위해 보통

'='를 사용해 확률을 기록하지 않고 '$\leqslant$'의 형식을 사용한다. 왜냐하면 연속적인* 상황에서 이런 방식을 사용할 수 없기 때문이다.

비교적 직관적인 정의는 다음과 같다. X는 어떤 표본공간 내의 실가 함수real valued function(치역이 실수인 함수를 실가 함수라 부른다. 특히, 정의역이 실수지만 공역이 복소수인 경우와 구별하기 위해 해당 용어를 사용한다)를 X라고 가정했을 때 임의 실수인 x에 대해 $X \leqslant x$를 만족하고 모두 확률사건이라면 X를 **확률변수**random variable라고 한다.**

n중복 베르누이 시행에서 확률 p에 의해 발생한 횟수를 $X(p)$라고 기록하면 $X(p) = x$는 확률사건이 된다. 이 확률은 식 2.2.1로 표시할 수 있는데, $X(p) \leqslant x$ 역시 확률사건이기에 다음과 같이 계산할 수도 있다.

$$P(X \leqslant x) = \sum_{k=0}^{x} \mathrm{C}_n^k p^k q^{n-k} \tag{2.2.2}$$

정의에 따라 X는 확률변수로 이해하면 된다. 만약 X가 확률변수라면 $F(x) = P(X \leqslant x)$로 정의하며, $-\infty < x < \infty$는 X의 분포함수가 되는데, 줄여서 분포라고 한다. 만약 X의 분포함수가 $F(X)$라면 X가 분포 $F(X)$에 종속된다고 한다. 이번 예제에서 식 2.2.2가 바로 베르누이 시행의 분포함수다. 이런 형식의 분포를 **이항분포**binomial distribution라고 하는데, $n = 1$일 때 이를 **베르누이 분포**Bernoulli distribution라고 한다.

확률변수는 우리가 앞으로 통계학 문제를 연구하는 데 있어 중요한 도구가 될 것이다. 서로 다른 확률변수의 특징은 주로 분포함수로 구현되며, 여러 분포함수의 많은 수학적 사용법은 더 많은 문제를 해결하는 데 도움이 될 것이다. 여기서 주의할 점은 기호로 불확실한 수를 나타낼 수 있기 때문에 확률변수를 사용할 때 이를 변수로 이해해도 된다는 것이다. 그러나 수학에서 확률변수는 사실 하나의 함수다.

---

* 연속분포에 대한 자세한 내용은 2.2.3절 '드무아브르의 정규분포'를 참고하기 바란다.

** 확률변수에 정확한 정의를 내리기 위해서는 측도론의 지식이 필요하다. 본 내용의 범위와 애초의 목표를 벗어났기 때문에 여기서는 비교적 직관적이며 간단하고 엄격하지 않은 정의 방식을 사용하겠다.

확률변수random variable　$(\Omega, \mathcal{F}, P)$를 확률공간이라 하고 $X(\omega)$는 Ω의 실가 함수라고 가정했을 때, 만약 실수 x마다 $\{\omega | X(\omega) < x\} \in \mathcal{F}$를 만족시키면 $X(\omega)$를 $(\Omega, \mathcal{F}, P)$의 확률변수라고 하며 X로 표시한다.

분포함수distribution function　확률변수 $X(\omega)$에 대해 $F(x) = P\{X(\omega) \leqslant x\}, -\infty < x < \infty$를 분포함수라고 한다.

2.2.2 몇 번의 만남과 신기한 37

'몇 번을 만나야 결정을 내릴 수 있게 되는가?'라는 유명한 문제가 인터넷에서 퍼진 적이 있다. 이 문제는 아주 강한 현실적 의미를 내포하고 있다. 만남을 가지는 모든 사람은 자신들이 원하는 신랑감과 신붓감을 찾고 싶어 하는데, 너무 빠르게 결정하자니 더 좋은 기회를 잃을 것 같고 너무 늦게 결정하자니 갈수록 안 만나니 못하다고 생각한다는 것이다. 사실, 이 문제는 바로 그 유명한 소크라테스의 '이삭 문제'다. 전해진 바로는 어느 날 소크라테스는 자신의 제자들과 함께 잘 익은 밀밭을 지나고 있었다. 그는 제자들에게 "너희가 밀밭으로 가 가장 큰 이삭을 가지고 와라. 그러나 하나씩만 따올 수 있으며, 한 번 전진하면 뒤로 돌아오면 안 된다. 나는 밀밭의 끝에서 너희를 기다리겠다."라고 했다. 제자들이 직면한 고민과 만남으로 동반자를 선택하는 고민은 사실 같은 것이다. 되새김질할 수 있는 것도 아니고 반드시 어떤 순간에 결정을 내려야 하는데, 잘못하면 결정을 못 하고 좋은 인연을 뒤로 한 채 밀밭을 빠져나가게 되거나 최후에 남은 하나가 그다지 맘에 들지 않을 수 있기 때문이다.

이 문제에 좋은 해법이 있는가? 확률변수와 분포를 다시 한번 되돌아보자. 앞에서 우리는 통용되는 형식으로 확률변수에 대해 정의하였지만 특별한 확률변수가 존재한다. 만약 X가 유한한 개수의 값 혹은 나열할 수 있는 무한*한 값 $\{x_1, x_2, x_3, \cdots\}$라면 X를 이산형 확률변수discrete random variable라고 한다.

* 나열할 수 있는 무한함이란, 간단하게 이해하자면 자연수와 일일이 대응할 수 있는 집합이다. 자세한 내용은 실변수 함수와 관련된 자료를 참고하기 바란다.

$$p_k = P(X = x_k), \quad k \geqslant 1 \tag{2.2.3}$$

우리는 p_k를 확률변수 X의 분배율이라고 한다. 앞서 이항분포에 대해 소개했었는데, 분포의 정의를 근거로 우리는 식 2.2.2를 **이항분포**의 분포함수라고 한다. 그러나 실제로 이항분포는 하나의 이산분포이며, 식 2.2.1의 형식으로 확률변수 X를 표현하면 더욱 간결해진다.

$$P(X = k) = C_n^k p^k q^{n-k}, 0 \leqslant k \leqslant n \tag{2.2.4}$$

식 2.2.4가 바로 이항분포의 분배율이다. 이 식을 사용하여 k의 확률을 계산할 수 있다.

만약 확률변수 X의 범위가 {0, 1, 2, · · ·}(0과 모든 자연수)라면 분배율은 다음과 같다.

$$P(X = k) = \frac{\lambda^k}{k!} e^{-\lambda}, \quad k = 0, 1, 2, \cdots \tag{2.2.5}$$

이때 $\lambda > 0$은 고정된 값이고 e가 자연대수의 밑이면, X가 λ를 모수로 하는 포아송 분포에 종속된다고 하고 $X \sim P(\lambda)$라고 표기한다. 이 분포는 1838년에 프랑스 수학자 포아송Simeon-Denis Poisson이 발표했다.

이 분포가 표현한 확률분포 X는 간단한 이해방식이 존재하는데, 보통 λ를 발생률incident rate이라고 부른다. 단위 시간 내에 확률사건이 발생하는 횟수를 의미한다. 예를 들어, 방 안에서 1분을 단위 시간이라고 하고 평균적으로 분당 1명이 들어올 가능성이 있다고 가정해 보자. 그러나 실제로는 1분이라는 시간 동안 들어오는 사람의 수는 확률변수이며, 1명, 2명, 3명, 심지어 아무도 들어오지 않을 가능성도 존재한다. 그렇다면 단위시간 내에 들어오는 사람 수를 나타내는 확률변수는 하나의 분포를 따른다는 것이다. 만약 분배율이 식 2.2.5를 따른다면 이 확률변수가 **포아송 분포**Poisson distribution를 따른다고 한다. 사실, 포아송 분포와 비슷한 사건들을 자연계에서 많이 발견할 수 있다. 그림 2.9에서 알 수 있듯이, $\lambda = 1$인 포아송 분포에서 k가 다른 값을 가져갔을 때의 확률을 보면 k의 값이 커질수록 확률은 0에 가까워진다.

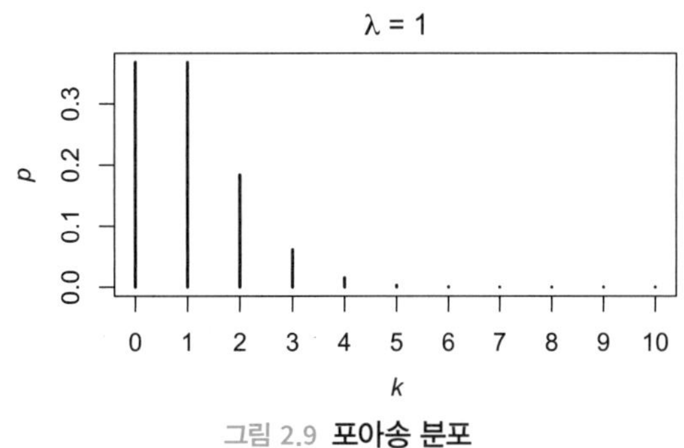

그림 2.9 **포아송 분포**

$\lambda = 1$인 포아송 분포를 일상생활에 대입해 보자. 한 사건이 일정 시간 내에 평균적으로 한 번 발생하며 발생할 횟수를 포아송 분포를 따르는 확률변수로 나타낼 수 있다고 가정했을 때, 발생하지 않을(0회 발생) 확률은 $P(X = 0)$이 된다. 식 2.2.5를 이용해 계산하면 $1 / e = 0.367879$로 약 0.37이라는 값을 얻을 수 있다. 만남과 같은 문제에서 영혼의 단짝을 찾을 수 있는 횟수가 포아송 분포를 따른다고 가정했을 때, 찾을 수 없을 확률은 약 0.37이 되는 것이다. 그냥 편하게 이 수치를 기준으로 잡으면 100번 만날 때마다 37번 정도는 대충 만나면 되는 것이고, 만났던 37명보다 좋은 사람이 나타나면 잡으면 그만이다.*

자연계의 많은 일들이 무조건 포아송 분포를 따르는 것은 아니다. 횟수 문제를 다른 관점에서 생각해 보자. 해당 사건이 발생할 확률을 p라고 하고 n번의 시행 중 발생한 횟수는 이항분포의 확률변수를 따라 나타낼 수 있다고 가정했을 때, 분배율은 식 2.2.4로 계산할 수 있다. n이 충분히 크고 p가 충분히 작으며 하나의 수열 p_n이 있다고 가정하고, 또한 $n \times p_n$은 극한 $\lim_{n\to\infty} = np_n = \lambda$가 존재한다고 가정했을 때 극수poles 계산을 통해 다음과 같은 결과를 얻을 수 있다.

* 이런 문제를 해결하는 표준 방법은 최적 정지 이론(optimal stopping theory)이다. 어떤 시간(혹은 k번째 값)일 때 이 다음에 처음으로 출현할 숫자가 앞의 모든 결과보다 좋은데, 이 숫자가 우연히도 최적의 값일 확률이 가장 크다. 일부 가설에서는 1 / e의 결과를 얻을 수 있다. 엄격히 말하자면 포아송 분포를 활용하는 것이 아닌데, 여기서는 포아송 분포를 활용해 좀 더 쉽게 이해할 수 있도록 도왔다.

$$\lim_{n\to\infty} \mathrm{C}_n^k p_n^k (1-p_n)^{n-k} = \frac{(n\cdot p_n)^k}{k!}\mathrm{e}^{-n\cdot p_n} = \frac{\lambda^k}{k!}\mathrm{e}^{-\lambda} \tag{2.2.6}$$

다시 말해, 이항분포에서 만약 n이 충분히 크고 p가 충분히 작다면 포아송 분포에 근접해지는데, 이를 '이항분포의 포아송 근접'이라고 한다. 1.3.3절 '식스시그마의 기적'에서 우리는 소확률의 개념에 대해 소개한 바 있다. 하나의 사건이 발생할 확률이 100만 분의 1 정도라면 이를 기적이라고 부를 수 있다. 과연 사건을 100만 번 겪고 나면 한 번은 꼭 기적을 볼 수 있을까? 당연히 아니다. 100만 번을 겪고도 기적이 일어나지 않을 확률은 계산으로 얻을 수 있는데, 바로 $\lambda = 1$인 포아송 분포에서 $k = 0$인 상황이며, 즉 0.37이다. 다시 말해, 100만 분의 1 확률의 사건에서 기적은 100만 번 겪고 나서 0.63의 확률로만 나타나는 것이다. 이런 신기한 숫자 37은 포아송 분포라는 전형적인 이산분포와 대단히 복잡한 관계에 있다. 우리는 아마 이 숫자를 자주 만나게 될 것이다.

> **이산형 확률변수**discrete random variable X가 확률공간 $(\Omega, \mathcal{F}, P)$에서의 확률변수라고 가정하고, 만약 X가 유한한 값이나 나열할 수 있는 무한한 값을 가졌을 때 이를 이산형 확률변수라고 한다.

2.2.3 드무아브르의 정규분포

통계학자 스티글러Stephen Stigler는 아주 재밌는 '스티글러의 법칙'을 발표한 적 있는데, '그 어떤 과학적 발견도 최초 발견자의 이름을 따서 명명되지 않는다'라고 해서 '명명 법칙'이라고도 한다. 이는 비교적 극단적일 수 있는데, 최소한 스티글러의 법칙은 발견한 사람의 이름으로 명명되었기 때문이다. 그러나 이는 매우 일리 있는 말이다. 예를 들어, 확률변수에서 가장 많이 사용되는 정규분포는 가우스 분포Gaussian distribution라고도 하는데, 이는 위대한 독일의 수학자 가우스Gauss의 이름으로 명명한 것이다. 그러나 이 분포를 최초로 발견한 사람은 가우스가 아닌 프랑스 수학자 드무아브르Abraham de Moivre다.

1733년에 그는 그의 논문에서 최초로 정규분포 밀도 공식의 특수 형식에 대해 제시했고, 또 다른 위대한 프랑스 수학자 라플라스Pierre Simon Laplace가 1774년에 정식으로 정규분포 밀도 공식을 발표하였다. 그러나 가우스가 1809년에 정규분포 공식을 이용해 오차의 분포를 나타내며 큰 파장을 일으켰기에 사람들은 가우스의 이름으로 정규분포를 명명하였다.

정규분포는 앞서 소개했던 이산형 분포와 다르며, 연속형 분포에 속한다. X가 확률변수이며 $F(X)$가 X의 분포함수라고 가정했을 때, 만약 $(-\infty, \infty)$상에 음수가 아닌 실가 함수 $f(x)$가 존재한다면 $F(X)$는 다음과 같다.

$$F(x) = \int_{-\infty}^{x} f(y)\mathrm{d}y, \quad -\infty < x < \infty \tag{2.2.7}$$

이때 X는 연속형 확률변수라고 하고, $F(X)$는 연속형 분포함수라고 하며, $f(x)$는 X의 확률밀도함수라고 한다. 이 정의에서는 미적분 지식을 사용하는데, 여기서는 더 자세히 설명하지 않겠다. 이산형 확률변수와 비교했을 때 연속형 확률변수는 분배율이 존재하지 않는다. X는 연속적인 값이기에 하나의 값 k는 확률이 존재하지 않기 때문이다. 그러나 밀도함수 $f(x)$는 확률과 비슷한 성질을 가지고 있다. 우선, $f(x) \geqslant 0$, $-\infty < x < \infty$를 만족한다. 그 외에도 유사한 모든 가능한 값의 확률의 합은 1이 되며, ($\sum_{k\geqslant 1} p_k = 1$) 연속형 확률변수의 밀도함수는 다음의 식을 만족한다.

$$\int_{-\infty}^{\infty} f(x)\mathrm{d}x = 1 \tag{2.2.8}$$

가장 많이 사용되는 연속분포가 바로 방금 소개한 정규분포가 된다. 확률변수 X의 확률밀도함수가 다음 식을 만족한다고 가정해 보자.

$$f(x) = \frac{1}{\sqrt{2\pi}\sigma}\mathrm{e}^{-\frac{1}{2\sigma^2}(x-\mu)^2}, \quad -\infty < x < \infty \tag{2.2.9}$$

그렇다면 X는 모수가 μ 와 σ^2인 **정규분포**를 따른다고 하며, $X \sim N(\mu, \sigma^2)$으로 표기한다. 그림 2.10은 정규분포 밀도함수의 곡선을 나타낸다. 그래프를 보면 알 수 있듯이 모양이 종과 비슷하게 생겼으며, $x = \mu$를 기점으로 좌우가 대칭된다. $f(x)$의 최댓값 역시 이곳에서 볼 수 있는데, 최댓값은 $\frac{1}{\sqrt{2\pi}\sigma}$가 된다. μ의 값이 달라지면 밀도함수 그래프는 좌우로 이동하게 된다. σ의 값은 그래프의 모양에 영향을 주며, 값이 작아질수록 그래프의 모양은 납작해지고 값이 커질수록 그래프의 모양은 날카로워진다. 그 외에도 $f(x)$는 $x = \mu \pm \sigma$ 부분에서 꺾인다.

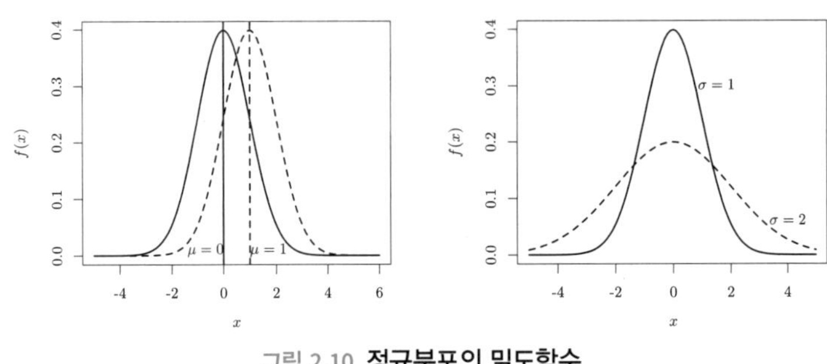

그림 2.10 **정규분포의 밀도함수**

연속 확률변수 X에 있어 분포함수 $F(x)$가 나타내는 의미는 이산확률변수와 같으며, 모두 $P(X \leqslant x)$다. 그러나 계산할 때 이산 분배율과 같이 극수를 구하는 방식을 사용하면 안 되고 적분을 활용해야 한다. 그림 2.11은 정규분포를 기반으로 확률 계산을 하는 과정을 나타낸다. 왼쪽 그림은 분포함수이며, 오른쪽 그림은 밀도함수다. 예를 들어, $F(1)$이 확률 $P(X \leqslant 1)$을 나타내면 왼쪽 그림의 분포함수에서 X축의 값이 1일 때의 Y축의 값에 대응된다. 만약 확률 $P(-2 \leqslant X \leqslant 1)$를 계산한다면 정의를 근거로 알 수 있듯이 해당 값은 $F(1) - F(-2)$가 되며, 오른쪽 그림의 밀도함수에서 음영 부분에 대응된다.

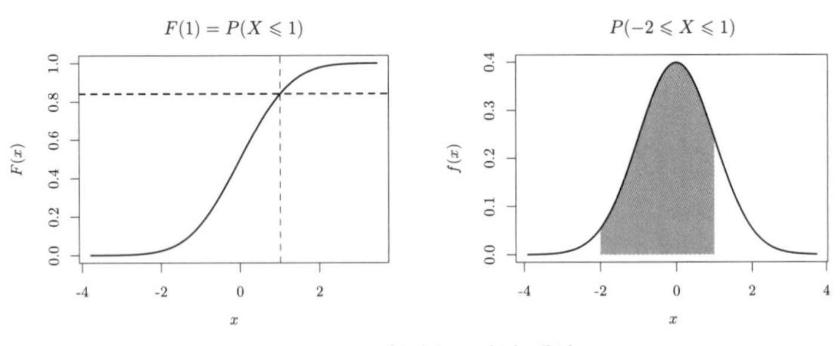

그림 2.11 **정규분포 관련 계산**

만약 $\mu = 0$이며 $\sigma = 1$이라면, 이를 표준정규분포standard normal distribution라고 부르고 $X \sim N(0, 1)$로 표기한다. 표준정규분포에서 만약 수동으로 $P(-2 \leqslant X \leqslant 1)$를 계산하고자 한다면 적분 $\frac{1}{\sqrt{2\pi}} \int_{-2}^{1} \mathrm{e}^{-\frac{x^2}{2}} dx$를 계산하면 된다. 옛날에는 이런 적분마저도 계산하기 힘들었기에 사람들은 각각 다른 값을 대입해 정규분포표를 제작했다. 정규분포가 너무나 많이 활용되고 많은 계산에서 사용되었기 때문이다. 그러나 오늘날에는 계산기가 보편화되어 매우 쉽게 정규분포의 모든 확률을 계산할 수 있어서 더는 정규분포표가 필요 없게 되었다.

연속형 확률변수continuous random variable X가 확률공간 $(\Omega, \mathcal{F}, P)$에서의 확률변수이며 $F(x)$가 X의 분포함수라고 가정했을 때, 만약 $(-\infty, \infty)$에 $F(x) = \int_{-\infty}^{x} f(y)\mathrm{d}y$와 $-\infty < x < \infty$를 만족시키는 음수가 아닌 실가 함수 $f(x)$가 존재한다면 X를 연속형 확률변수라고 하고, $f(x)$는 X의 확률밀도함수라고 하는데 줄여서 확률밀도라고 한다.

2.2.4 술고래의 걸음걸이

한 취객이 술을 너무 많이 마셔 방향감각을 상실했는데, 그가 술집을 나서고 왼쪽으로 갈 확률이 p이며 오른쪽으로 갈 확률이 $1 - p$라고 가정해 보자. 만약 취객이 제대로 귀가할 수 있는지에 대해 연구하면 이는 확률변수 문제가 되며, 베르누이 분포를 따르기 때문에 제대로 귀가할 확률은 p가 될 것이다. 정신이 멀쩡한 사람이 집에 돌아가는 방향을 알고 있다고 가정한다면 그의 속도 v를 알기 때문에 t초 후 그의 위치를 알 수 있다. 이는 함수 문제가 되며, $v \cdot t$를 계산하면 그만이다. 한 취객이 술을 너무 많이 마셔서 걸음을 내디딜 때마다 방향을 상실하여 왼쪽으로 가야 할지 오른쪽으로 가야 할지를 선택해야 한다고 가정한다면, t초 뒤에 그는 어느 위치에 있을까?

이 문제에서 마지막 상황은 우리가 익숙히 알고 있는 확률변수와는 사뭇 다르다. 만약 취객의 위치에 대해 연구한다면 하나의 확률변수로는 부족할 것이며, 매시간 이에 대응하는 확률변수가 존재하게 된다. 여기에서는 **확률과정**stochastic process[28]을 이용해 문제를 풀어야 한다. 확률과정은 확률공간에서 한 세트의 확률변수 $\{X(t),\ t \in \mathcal{T}\}$로 이해하면 된다. 여기서 t는 모수이며 색인 집합 $\mathcal{T}$에 포함되어 있는데, 여기서 $\mathcal{T}$는 모수 집합이라고 한다. 모수 집합 $\mathcal{T}$는 여러 형식이 존재하는데, 보통 시간을 나타낼 때 사용하며, 이때의 확률과정을 **시계열**time series이라고도 한다.

정의를 통해 알 수 있듯이 확률과정은 확률변수의 분포와 $\mathcal{T}$로 결정되며, 확률변수의 고정값에게 있어 X는 t와 관련한 함수가 된다. 고정 모수 t에게 있어 X는 확률공간의 확률변수가 된다. 우리는 확률과정 $X(t)$의 값을 해당 과정이 위치한 상태라고 한다.

확률과정의 유래에 관해서는 1827년까지 거슬러 올라간다. 영국의 식물학자 브라운Robert Brown은 일반 현미경으로 물 위에 떠 있는 꽃잎에서 떨어져 나온 미세입자를 관찰할 때 미세입자가 불규칙적인 운동을 한다는 것을 발견했고, 이를 **브라운 운동**Brownian motion이라고 명명하였다. 향후 많은 과학자가 이 현상에 대해 연구하였으며, 1880년에 수학자 토르발Thorvald N. Thiele가 처음으로 수학적 언어로 브라운 운동을 설명하였다. 물리학을 제외한 많은 분야에서 과학자들은 이 확률과정의 방법을 금융시장에 응용하기 시작했다. 1953년 둡Joseph L. Doob이 출간한 《확률과정론Stochastic Processes》에서 체계적으로 확률과정의 기본 이론에 대해 소개하였으며, 이 분야의 완성과 성숙함을 상징한다.

이 책에서는 확률과정의 정의와 응용에 대해 자세한 토론을 진행하지 않고 확률변수와 분포를 소개하면서 마지막에 간단히 언급하기만 했다. 만약 좀 더 깊이 이해하고자 한다면 확률과정 혹은 시계열에 관한 서적을 참고하기 바란다.

확률과정stochastic process $(\Omega,\ \mathcal{F},\ P)$는 확률공간이며 집합 $\mathcal{T}$는 색인 집합이라고 가정했을 때, 만약 모든 t가 $t \in \mathcal{T}$를 만족한다면 확률공간 $(\Omega,\ \mathcal{F},\ P)$에는 확률변수 $X_t(\omega)$가 정의되어 있으며, 집합 $\{X_t(\omega) \mid t \in \mathcal{T}\}$를 확률과정이라고 한다.

2.3 데이터 알아가기

2.3.1 테세우스의 배

1세기의 그리스 작가 플루타르코스Lucius Mestrius Plutarchus는 다음과 같은 이야기를 한 적이 있다. 테세우스와 아테네의 청년이 크레타섬에서 돌아올 때 만든 30노 규모의 배를 아테네 사람들이 기념비로 남겼는데, 세월이 흐름에 따라 목재가 부식되어 아테네 사람들은 새로운 목재로 바꿔 나갔다. 결국, 배의 모든 목재는 새것으로 교체되었다. 이에 대해 고대 그리스 철학자들은 의문을 품기 시작했다. '이 배는 과연 원래 테세우스가 만들었던 그 배가 맞는가? 맞는다고 하기에 이 배는 테세우스가 만들 때 사용했던 목재가 존재하지 않는다. 그렇다면 아니라고 한다면 이 배는 어느 시점부터 테세우스의 배가 아니게 된 것인가?'

이 문제는 과학 문제라기보다 철학 문제에 가깝다. 테세우스의 배ship of Theseus는 비록 우리와 많이 동떨어져 있는 얘기이지만, 이 문제는 확실히 가까이에 존재한다. 인체의 각 세포는 끊임없이 신진대사를 진행한다는 것은 누구나 다 알 것이다. 어떤 세포는 새로 생기고 어떤 세포는 소멸하기에 일정 시간이 지나고 나면 우리는 이미 원래의 우리가 아닐 수도 있다. 이 문제는 아직도 애매한 부분이 있기에 좀 더 현실적인 문제를 물어보겠다. 우리의 체중은 어떻게 측정하는가?

자신의 체중 데이터를 측정하기 위해서는 우선 체중계가 필요할 것이다(그림 2.12 참고). 어떤 체중계는 킬로그램 단위로 측정되고 또 어떤 체중계는 그램 단위까지 정밀하게 측정된다. 당연히 정확도가 높을수록 좋은 체중계다. 충분히 정확한 체중계가 있다고 가정했을 때 과연 어떻게 체중을 측정해야 하는가? 매우 간단하게도 그냥 체중계 위에 올라가 수치를 보면 된다. 그러나 이 수치는 과연 무엇을 의미하는가? 당연히 측정 당시의 체중을 의미할 것이다. 사람의 체중은 끊임없이 변화하기 때문에 아침과 저녁의 체중은 다를 것이다. 그렇다면 과연 측정 당시의 체중을 의미하는 게 맞는 건가? 이것도 확실하지 않다. 인체는 테세우스의 배처럼 시시각각 변화가 이루어지고 있다. 2회 측정했을 때 시간 간격이 아무리 짧다고 해도 이미 다른 사람이 되어 있을 수 있는 것이다. 합리적으로 전혀 다른 체중의 두 사람이 측정을 진행했다고 해도 이해가 된다. 서로 다른 시간에 측정한 체중이 전혀 달라지지 않았거나 체중계의 정밀도로는 구분할 수 없는 차이라고 가정했을 때, 매번 측정한 방법이 같다고 할 수 있을까? 이 역시 불확실하다. 왜냐하면 체중계에 측정 오차가 있을 수 있기 때문이다. 체중을 어떻게 측정할지도 하나의 문제다.

그림 2.12 **체중 측정**

더는 테세우스의 배와 같은 철학적 문제에 관해 토론하지 않겠다. 따라서 시간은 흐르고 인체는 계속해서 변화하지만, 한 사람이 어떤 짧은 시간 안에 고정된 체중을 가지고 있다고 가정했을 때 체중값을 W_0으로 기록하겠다. 이 수치는 객관적으로 존재하지만, 세상의 다른 모든 객관적으로 존재하는 물체들처럼 우리가 감지할 수 있고 측정할 수 있어야지만 이 수치에 대해 인지할 수 있을 것이다. 우리는 체중 W_0이 측정할 수 있다는 것을 알고 있다. 측정값 W가 있다고 가정해 보자. 다른 측정 도구를 사용해서 차이가 나거나 같은 체중계를 사용한다고 해도 측정 오차는 존재한다. 이런 불확실 요소로 인해 매번 측정하기 전까지는 W의 정확한 수치를 알 수가 없다. 따라서 W는 확률변수의 특징에 부합하며, 우리는 확률변수라는 통계 도구를 이용해 체중을 연구할 수 있다.

우리는 한 사람이 어떤 시간의 체중 측정값 W만 연구하면 된다. 한 번 측정으로는 오차가 존재할 수 있으니 여러 번 측정하고 평균값을 측정값으로 사용하는 게 더 정확하지 않을까? 당연히 더 정확하다. 1.1.4절 '동전을 던지는 수학자들'에서 토론했던 대수의 법칙과 같다. 2.4.1절 '관중규표와 일엽지추'에서 평균값에 대해 계속 다루도록 하겠다. 만약 기호 W가 지금 우리가 연구하는 문제를 나타낸다면 통계학에서는 W가 하나의 **확률변수**random variable를 나타내고, 컴퓨터 소프트웨어나 프로그래밍 언어에서는 하나의 **변수**variable를 나타낸다. 측정할 때마다 측정값은 하나의 변숫값이 되며, 이렇게 한 세트의 데이터를 얻을 수 있게 된다. 확률변수로 수학과 실제 세상을 연결하고 측정으로 수치와 변수를 연결하면, 수학적 방법으로 실제 세상을 연구할 수 있다. 이 또한 통계학이 비록 불확실한 문제들을 연구하지만 과학성을 유지할 수 있는 중요한 원인이다.

따라서 보통 데이터 분석 작업을 할 때 현실 문제에서 변수를 도출해 내야 한다. 이 변수들은 어떤 확률변수일 수도 있고 확률변수가 아닐 수도 있다. 그러나 측정이라는 방법을 통해 구체적인 데이터에 일일이 대응할 수 있다. 그런 다음 각종 분석 기법으로 데이터를 처리하고 분석해야 결론을 실제 세상에 적용할 수 있는데, 이런 과정을 거쳐야만 실제 문제를 해결할 수 있다.

측정measure　일정한 법칙을 통해 사물 혹은 사건에 일정한 숫자와 기호를 분배한다.

변수variable　수학에서는 고정된 값이 없고 변할 수 있는 숫자를 의미하며, 보통 문자부호로 표시한다. 컴퓨터에서는 보통 어떤 저장값의 기호를 가리킨다.

2.3.2 성별부터 체중까지

건강 상태 조사표가 있다고 가정해 보자. 조사표에는 성별(1은 남자, 2는 여자), 연령대(1은 17세 이하, 2는 18~40세, 3은 41~65세, 4는 66세 이상), 체온(단위는 ℃), 체중(단위는 kg)을 작성해야 한다. 만약 한 사람이 작성한 데이터가 '1, 2, 37, 65'라면 이 사람의 연령대는 18~40대 사이, 체온은 37℃, 체중은 65kg인 남성이 될 것이다. 이 4개의 수치는 모두 데이터이며, 수치의 관점에서 봤을 때 어떠한 차이도 없지만 측정 수준이 다를 뿐이다.

데이터 분석이란, 데이터를 이용해 실제 세상을 표현하고 다양한 수학과 통계 방법으로 데이터를 처리, 분석하여 최종적으로 실제 세상에 응용할 수 있는 결론을 얻는 것이다. 실제 세상에서의 특성이나 수치(혹은 기타 기호) 등을 일일이 대응시키는 방법은 주로 측정을 사용한다. 측정 수준이 다르면 숫자가 나타내는 의미도 달라진다.

성별은 1로 남성을 나타내고 2로 여성을 나타낼 수 있다. 이와 마찬가지로 1로 여성을 나타내고 2로 남성을 나타낼 수 있으며, 심지어 100으로도 남성을 나타내고 1,000으로 여성을 나타낼 수 있다. 그저 우리가 원하는 대로 임의로 2개의 다른 숫자에 남성과 여성이라는 의미를 부여하면 된다. 남성과 여성은 수치상의 크기 구분이 없기 때문에 2개의 숫자를 사용하는 이유는 순순히 후속 처리를 편하게 하기 위해서다. 2개의 숫자는 그저 나타내는 값이 다르다는 것을 의미할 뿐 그 외에 어떠한 의미도 가지지 않는다. 다시 말해, 이번 예제의 1과 2는 이에 대해 '='와 '≠' 연산만 할 수 있기 때문에 이를 **명목척도**nominal scale라고 한다.

다음은 연령대인데, 여기서 우리는 연령대를 4구간으로 나누어 1, 2, 3, 4로 대신했다. 이 숫자들은 실제 의미가 있지는 않다. 다시 말해, 1, 100, 1,000, 10,000과 같은 숫자로 바꿔도 전혀 영향을 주지 않는다는 것이다. 그저 다른 숫자를 이용하여 구분하기만 하면 된다. 그러나 연령대의 구분은 성별의 구분과 살짝 다른 점이 있다. 여기에서 4개의 구분은 크기 차이가 존재하며, 두 번째 연령대는 분명히 첫 번째 연령대보다 크다. 당연히 첫 번째 연령대를 4로 표시하고, 네 번째 연령대를 1로 표시해도 된다. 그러나 이는 쉽게 혼란을 야기할 수 있기에 사회의 관습대로 큰 숫자로 좀 더 크거나 높은 값을 표시하여 구분한다. 이런 숫자는 '='와 '≠' 연산뿐만 아니라 >와 < 연산도 할 수 있기 때문에 이를 **서열척도**ordinal scale라고 한다.

연령대 예제에서 비록 2가 1보다 크고 3이 2보다 크지만, 2와 1의 차이와 3과 2의 차이는 다르다. 첫 번째 연령대에는 17개의 숫자를 포함하고 있고, 두 번째 연령대에는 23개의 숫자를 포함하고 있으며, 세 번째 연령대에는 25개의 숫자를 포함하고 있다. 개수부터 이미 차이가 나기에 두 세트의 차이는 말할 것도 없다. 그러나 체온 데이터를 봤을 때 두 수치의 차이는 의미 있다. 예를 들어, 36과 37은 체온이 1°C 차이가 난다는 것을 의미하며, 37과 38 역시 1°C 차이가 난다는 것을 의미한다. 이러한 측정 수준은 숫자 사이에 크기 비교뿐만 아니라 두 숫자의 차이 역시 의미가 있다. 다시 말해, +와 − 연산도 가능하다는 것을 의미하며, 이를 **등간척도**interval scale 라고 한다.

온도 데이터는 비록 두 수치의 차이에 의미가 있지만, 40°C를 20°C의 2배라고 할 수 없다. 주된 이유로는 0°C가 온도의 절대적인 영점이라고 할 수 없기 때문이다. 고정된 영점이 없다면 숫자 사이의 비율 관계는 의미가 없어진다. 그러나 체중 데이터에서는 물체의 질량을 측정했기에 최솟값은 0에 가깝다. 따라서 100kg은 당연히 50kg의 2배가 된다. 이런 측정 수준은 +와 − 연산뿐만 아니라 ×와 ÷ 연산도 가능하기에 이를 **비율척도**ratio scale라고 한다.

비율척도까지 와서야 우리가 흔히 알고 있는 '숫자'에 대한 이해와 부합하게 되었다. 초등학교 산수를 배울 때부터 숫자는 최소한 사칙연산이 가능하다고 알고 있었기 때문이다. 그러나 여기서 소개한 명목척도, 서열척도, 등간척도, 비율척도의 측정 수준은 완전한 정보량을 제공하지 않기 때문에 얼핏 보기에는 보통 수치처럼 보이지만, 실제로 사용할 때는 주의해야 한다. 예를 들어, 명목척도에서 남, 여에 대응되는 숫자로 평균값을 구해도 아무 의미가 없으며, 연령대 등급의 득점 데이터는 회귀분석 기법을 사용하면 안 된다. 우리는 당연히 직접 순서정보의 비모수통계 기법을 활용할 수도 있지만, 여기서 상세하게 소개하지 않겠다. 어쨌든 분석할 때 데이터의 의미에 대해 충분히 이해해야 한다. 먼저 측정 수준부터 판단하고 각기 다른 데이터에 알맞은 방법을 활용해야지만 비로소 오류를 최대한 피해갈 수 있게 된다.

명목척도nominal scale 사물의 특징으로 다른 점을 분별하고 구분하는 측정 수준을 명목척도라고 한다.

서열척도ordinal scale 사물의 특징으로 순서와 등급에 따라 배열하는 측정 수준을 서열척도라고 한다.

등간척도interval scale 사물을 구분하거나 등급을 나눌 수 있을 뿐만 아니라 사물 사이의 수량 차이나 거리 간격을 구할 수 있는 측정 수준을 등간척도라고 한다.

비율척도ratio scale 등간척도에서 절대적인 영점이 추가된 측정 수준을 비율척도라고 한다.

2.3.3 만 나이와 일반 나이

사람들은 모두 생일이 있지만, 모든 사람이 확실하게 자신의 나이를 아는 것은 아니다. 나이에 대한 정의가 한 가지가 아니기 때문인데, 중국인은 '만 나이'와 '일반 나이'를 같이 사용한다. 만 나이를 '실제 나이'라고도 하는데, 양력 생일로 계산하며 출생 당일부터 0살로 시작하여 생일이 한 번 지날 때마다 한 살이 추가된다. 중국 형법에 따르면 생일이 지난 다음 날에야 '만 나이'가 인정된다. 예를 들어, 생일이 1월 1일이면 16세 생일 당일에도 만 나이로 16세가 되는 것이 아니며, 1월 2일 0시부터 만 16세가 되는 것이다. 일반 나이는 음력 생일로 계산하며, 출생 당일부터 한 살로 시작하여 음력 설날이 지날 때마다 한 살이 추가된다. 예를 들어, 한 아이가 만약 설날 전날에 태어났다면 설날 0시부터 이 아이는 2살이 된다. 만 나이, 일반 나이와 상관없이 모두 하나의 정수이며, 나이가 추가되는 조건이 발생하기 전까지 나이는 변하지 않는다. 나이를 세는 또 한 가지 방법이 있는데, 20세 100일처럼 구체적으로 날짜까지 계산한다. 심지어 시간, 분, 초 단위로 계산하기도 하는데(예 두 축구선수의 득점을 기록할 때), 이런 나이를 정확한 나이라고 한다.

만 나이와 일반 나이 모두 나이이며, 측정하는 시작점도 같기에 측정 수준에서 봤을 때 모두 비율척도라고 할 수 있다. 두 가지 나이 계산 방식은 그저 시간 주기 차이만 있을 뿐이다. 국제적으로 통용되는 방식은 만 나이를 사용하는 것이다. 중국에서도 대부분의 사람은 일반 나이보다 만 나이를 사용한다. 데이터 분석을 할 때 명확히 표시한다면 헷갈릴 일은 없겠지만, 명확히 표기를 안 했다면 만 나이로 생각하면 된다.

비율척도에서 우리는 10살이 5살의 2배라고 할 수 있다. 그러나 이는 정확한 것이 아니다. 왜냐하면 10세와 5세 모두 나이 범위를 포함하고 있기 때문이다. 날짜 단위로 나이를 계산한다면 10세인 사람이 곧 11세 생일을 맞이하고, 5세인 사람이 방금 5세 생일이 지났다고 가정했을 때 둘의 나이 차이는 거의 2.2배에 가까워진다. 만약 초 단위로 나이를 계산한다면 이 차이는 또 한 번 달라질 것이다. 정확한 나이의 관점에서 봤을 때 나이는 연속된 수치이지만, 정확도의 차이로 인해 근삿값이 달라질 수 있다. 예를 들어, 연, 월, 일 등 단위로 계산할 수 있는데, 잘라 버림으로 연 단위 근삿값을 구하면 이는 만 나이가 된다.

현재 주로 쓰는 시간 측정 정확도는 초 단위까지 계산하는 것이다. 예를 들어, '2018-10-01 15:35:01'이 바로 시간을 나타낼 때 주로 쓰는 방식이다. 만약 초 단위까지의 나이를 계산하려 한다면 현재 시점부터 출생 시점까지의 초 수를 계산하면 된다. 상당수의 소프트웨어나 프로그래밍 언어는 모두 이 작업을 수행할 수 있다. 만약 더욱 정확한 수치를 얻고 싶다면 밀리초(10^{-3}초), 마이크로초(10^{-6}초), 나노초(10^{-9}초) 단위 혹은 불경에서 얘기하는 순간(약 0.36초), 찰나(약 0.013초) 단위로 계산할 수 있다.

당연히 시간을 더욱더 작게 나눌 수도 있지만 이렇게 하면 끝이 있을까? 고대 그리스 철학자 제노Zeno fo Elea는 아킬레우스Achilles가 거북이를 쫓는 패러독스에 대해 언급한 적이 있다. '아킬레우스의 속도가 거북이의 10배라고 가정했을 때 거북이가 100m 앞에서 도망치고 아킬레우스가 뒤에서 쫓아도 그는 거북이를 잡을 수 없다. 왜냐하면 경주에서 쫓는 자는 반드시 쫓기는 자의 출발점을 지나야 하는데, 아킬레우스가 100m를 쫓아갔을 때 거북이는 이미 앞으로 10m를 나아갔기 때문이다. 이때 새로운 출발점이 생기게 되며, 아킬레우스는 반드시 계속 쫓아가야 하는 상황에서 거북이가 도망간 10m를 또 쫓아갔을 때 거북이는 이미 1m를 더 나아갈 것이다. 아킬레우스는 또다시 1m를 쫓아가야 한다. 이렇듯 거북이는 무한한 출발점을 만들며 자신과 출발점 사이에 거리를 계속 만들어 나간다. 거리가 얼마나 짧은 것과는 상관없이 거북이가 끊임없이 앞으로 기어가면 아킬레우스는 영원히 거북이를 잡지 못할 것이다!'

오늘날 우리는 극한limit과 급수series 도구를 가지고 있기 때문에 이 패러독스는 사실 금방 해결할 수 있다. 비록 거리는 {1/10, 1/100, …}과 같이 무제한이지만, 계산을 통해 그들의 합은 유한하다는 것을 알 수 있다. 그러나 이 문제는 또 다른 사고를 끌어냈다. 시간은 연속적인가? 연속을 간단하게 이해하자면, 임의의 2개의 수치 사이에 무한한 숫자가 포함된 것으로 생각하면 된다. 임의 사건이 어떠한 시간에 발생할 때 측정 정확성만 충분하다면 아주 정확한 값을 기록할 수 있을 것이다.

시간의 연속이란, 2개의 짧은 시간 사이에 무한한 시간이 포함되어 있음을 의미한다. 시간에 대한 감으로 봤을 때 이는 전혀 문제가 없다. 물리학에서 시간에 대한 연구는 아직 정론이 없다. 만약 운동과 에너지의 관점에서 본다면 입상성granularity 문제가 존재한다. 여기서 우리는 물리학 시간이 연속적인지에 대해 깊이 파고들지 않을 것이다. 통계학 의미에서는 시간과 비슷한 이론에서 무한하게 분할할 수 있는 변수를 **연속변수**continuous variable로 간주하고 처리할 수 있다. 정확성 때문에 근삿값을 사용하는 것은 엄격한 의미에서는 연속적이지 않게 되지만, 우리는 여전히 시간을 연속변수로 간주하고 처리하겠다.

연속변수와 상반되는 변수는 **이산변수**discrete variable다. 측정 수준으로 봤을 때 명목척도와 서열척도는 모두 이산적이지만, 통계분석에서는 보통 명목척도만 이산변수로 간주한다. 서열척도의 데이터는 일부 비모수통계 기법으로 분석을 할 수 있으므로 계산 방법은 연속변수의 처리 방식과 같다. 불연속변수는 보통 **범주변수**categorical variable로 자주 불린다.

어떤 수준의 데이터이든지 분류 정보만 남기면 이를 범주변수로 간주하고 처리할 수 있다. 예를 들어, 만 나이 데이터는 연속변수로 간주하여 분석할 수 있으며, 범주변수로도 사용할 수 있다. 0살부터 100살까지 모두 포함한 데이터가 있다고 가정했을 때 101개의 분류가 존재한다. 만약 우리가 다른 값으로 나이에 구간을 나누면 '미성년, 청년, 중년, 노년'과 같이 4개의 분류만 존재하게 될 것이다.

왜 범주변수와 연속변수를 구분하는지에 대해서는 향후 분석 방법에 대해 소개할 때 구체적인 예제를 통해 알아볼 것이다. 통상적으로 많은 분석 방법이 연속변수를 대상으로 진행되며, 우리는 그 안에서 데이터의 규칙을 알아내길 원한다. 그에 반해 범주변수는 보통 서로 다른 분류를 나타내며, 분석할 때 다른 분류 간 차이에 대해 비교할 때 주로 사용된다. 예를 들어, 한 구역의 평균나이에 대해 연구할 때 나이를 연속변수로 간주하고 계산한다. 만약 다른 연령대의 체중 차이를 연구하려면 나이를 범주변수로 활용하면 된다.

연속변수와 이산변수는 자연스럽게 연속형 확률변수와 이산형 확률변수에 대응된다. 그러나 연속변수와 이산변수의 실천적 의미는 수학적 의미보다 심오하다. 따라서 하나의 변수가 연속적인지 혹은 이산적인지를 판단할 때 수치적 특성뿐만 아니라 우리의 이해와 이를 대하는 방식도 함께 고려해 봐야 한다.

연속변수continuous variable 일정 구간 내에서 임의로 값을 가질 수 있는 변수를 연속변수라고 한다. 이 수치는 연속적이며 나란히 있는 수치는 무한대로 분할할 수 있는데, 즉 무한한 수치를 가질 수 있는 것이다.

이산변수discrete variable 이 수치는 자연수 혹은 정수 단위로만 계산할 수 있는 변수다. 통계분석에서는 보통 범주변수categorical variable를 가리킨다.

2.3.4 신체검사 기록표

데이터 분석은 당연히 데이터가 있어야 분석이 가능한데, 이 데이터들은 보통 어떤 형태로 존재하는가? 표 2.1은 하나의 전형적인 데이터 형식이다. 많은 통계와 데이터 분석 소프트웨어에 입력되는 데이터는 모두 이런 식이다. 표 2.1은 신체검사 기록표다. 총 8명의 순번, 이름, 성별, 나이, 키, 체중, 체온 등 정보를 포함하고 있다. 키의 단위는 센티미터(cm), 체중의 단위는 킬로그램(kg), 체온의 단위는 섭씨도(℃)이며, 나이는 특별한 표시가 없는 한 만 나이로 간주한다.

표 2.1 **신체검사 기록표**

순번	이름	성별	나이	키(cm)	체중(kg)	체온(℃)
1	최서준	남	22	167	58	36.3
2	박민준	남	19	175	62	37.0
3	김주원	남	63	159	51	37.1
4	최하윤	여	34	152	43	36.6
5	서지우	여	19	171	60	36.9
6	이지호	남	44	184	64	36.8
7	박수아	여	36	162	53	36.8
8	김시우	남	62	169	55	36.1

만약 실제로 데이터 분석 경험이 있었다면 각종 통계분석 소프트웨어(SAS, SPSS, 엑셀 등), 데이터베이스(오라클, MySQL, 마이크로소프트 SQL 서버 등), 데이터 분석 언어(R, 파이썬 등)의 표준 데이터 입력 방법이 이런 형식이라는 것을 알고 있을 것이다. 위의 표는 2차원 데이터 표이며, 앞서 소개했던 행렬과 비슷하다. 실제로 이런 구조의 데이터를 **설계행렬**design matrix이라고도 한다. 비록 명칭은 행렬이지만, 이런 형식은 수학의 행렬과 다소 차이가 있다. 수학에서의 행렬 원소는 주로 수치를 나타내지만, 설계행렬에서는 문자 부호도 포함한다. 수학에서 행렬의 행과 열 위치는 같다고 할 수 있어 위치를 변경해도 방향만 바뀔 뿐이다. 그러나 설계행렬의 행과 열 위치는

다르다. R 언어*와 같은 일부 분석 도구에서는 이런 구조의 데이터를 데이터 프레임data frame이라고 한다. 또 하나의 기본 데이터 구조인 Matrix와 구분해야 한다.

설계행렬에서 행은 표본sample을 나타내며, 열은 특징feature을 나타낸다. 표본은 일반적으로 우리가 연구하는 개체를 가리키며, 때에 따라 경우instance, 사례case, 기록record 등으로 불린다. 특징은 우리가 연구하는 개체의 일부 특징을 가리키며, 속성attribute, 변수variable, 필드field 등으로 불린다. 통계분석에서 특징은 보통 확률변수에 대응되기에 습관적으로 열을 '변수'라고 부른다.

이번 예제에서 각 행은 한 사람의 기록을 나타내며, 각 열은 기본 정보와 신체검사 정보를 나타낸다. 예를 들어, 순번과 이름은 신분 정보이며 명목척도에 해당한다. 성별은 문자로 표시하며 역시 명목척도에 해당한다. 나이는 비율척도의 연속변수로 이해하면 되지만, 여기에서는 정수의 근삿값으로 나타냈다. 키와 체중 역시 비율척도의 연속변수에 해당하며, 체온은 등간척도의 연속변수에 해당한다. 우리는 이런 데이터를 기반으로 키와 체중의 관계, 다른 성별의 체중 차이 등을 분석할 수 있다.

개체의 관점에서 봤을 때는 행이 기본 단위가 된다. 하지만 분석의 관점에서 봤을 때 각 열이 변수에 대응되고, 어떠한 확률변수를 나타내거나 어떠한 측정 방식으로부터 얻어졌기 때문에 열이 진정한 분석 유닛이 된다. 또한, 수학적 관점에서 봤을 때 각 열의 데이터 구조와 측정 수준이 같기에 벡터를 활용해 처리하기가 편하다. 기하학적 의미로 봤을 때 각 열은 하나의 속성을 나타내며, 공간의 차원에 대응되고, 각 행의 위치도 같기에 공간의 점으로 나타낼 수 있다. 따라서 표본을 '표본점sample point'이라고 부른다.

연구하려는 문제를 특징과 표본의 사고방식으로 데이터 문제로 추상화하고 이런 설계행렬의 방식으로 데이터를 저장하면, 각 변수의 특징(예 변수가 나타내는 확률변수의 분포 상황)이나 변수 간의 관계를 연구할 수 있다. 심지어 표본 간의 관계에 대해서도

* 5.2.4절 '필자가 가장 사랑하는 R'을 참고하기 바란다.

연구할 수 있다. 뒤에서 소개할 대부분의 통계와 머신러닝 방법은 모두 이런 데이터 구조를 기반으로 한다. 구체적인 예제를 통해 이런 구조의 좋은 점에 대해 더욱 절실히 깨닫게 될 것이다.

> **설계행렬**design matrix 2차원의 행렬식 구조이며, 행은 독립적 대상을 나타내고, 열은 각 대상에 대응되는 변수를 나타낸다. 대개 특정 통계 모델에 사용되며, '회귀행렬' 혹은 '모델행렬'이라고도 한다.

2.4 수리통계의 기초

2.4.1 관중규표와 일엽지추

잡가雜家의 대표작 《회남자淮南子》[29]에는 이런 글귀가 있다. '작은 것으로 큰 것을 알 수 있듯이 잎이 떨어지는 것을 보고 가을이 다가온다는 것을 알았고, 병에 담긴 물이 얼면서 날씨가 추워지는 것을 알았다(以小明大, 见一叶落, 而知岁之将暮, 睹瓶中 之冰, 而知天下之寒).' 여기서 '이소명대'란 작은 부분으로 큰 전체를 이해한다는 뜻이다. 잎이 떨어지는 것을 보고 다른 지역도 잎이 떨어질 것이라 유추할 수 있으며, 가을이 왔음을 알 수 있다. 이로 인해 사자성어 '일엽지추'가 생겼다. 병에 담긴 물이 언 것을 보고 주변의 모든 물이 얼고 있다는 것을 유추할 수 있으며, 날씨가 추워졌음을 알 수 있다. 이런 작은 부분에 대한 관찰로 전체를 유추하는 방식을 고대에는 '이소명대'라고 하고, 지금은 '표본추출'이라고 한다. 그러나 여기서 주의해야 할 것은 작은 수의 함정에 빠져서는 안 된다는 것이다. 《세설신어世說新語》[30]에서는 왕헌이 어렸을 때 너무 똑똑하여 '관중규표, 시견일반'이라고 험담을 들은 내용을 담았다. 극히 일부만 보고 전체 상황에 대해 이해하지 않으면 안 된다는 것이다. 그러나 향후 이 말은 '관중규표, 가견일반'으로 바뀌며, 의미는 일엽지추와 비슷해졌다.

낙엽으로 가을이 다가온다는 것을 알 수 있고, 반점 하나로 표범이라는 것을 알 수 있는지에 대해서는 나뭇잎과 얼룩 반점에 달렸다. 만약 충분한 대표성을 가지고 있다면 전체를 유추해 낼 수 있지만, 그저 우연히 교묘하게 일치한 것이라면 당연히 유추하기 부족할 것이다. 만약 우리가 더 많은 낙엽과 반점을 볼 수 있다면 당연히 자연스럽게 가을이 다가온다거나 보고 있는 동물이 표범이라는 것을 확신할 수 있을 것이다.

가을과 표범에 상관없이 이는 모두 우리가 연구해야 하는 문제다. 좀 더 자세하게 표현하자면, '가을이 왔는가' 혹은 '이 동물은 표범인가'를 판단하고 싶은 것이다. 앞에서 데이터 분석의 관건은 현실 문제를 데이터화하는 것이라고 한 적이 있다. 따라서 이번 문제에서는 계량화된 지표를 구성해야 한다. 예를 들어, '잎이 떨어지니 가을이 다가오는 것이다', '모든 얼룩 반점은 표범의 특징에 부합하므로 보고 있는 동물은 표범이다'와 같은 데이터는 무조건 옳다고 볼 수 없다. 그러나 판단하는 데 있어 도움을 줄 수 있으며, 최소한 현실 문제를 데이터 문제로 변환하는 데 도움을 줄 수 있다. 왜냐하면 우리가 낙엽과 표범의 반점 관찰을 통해 데이터를 채집할 수 있기 때문이다. 가을과 표범은 데이터가 아니지만 '모든 나뭇잎'과 '모든 얼룩 반점'은 데이터화할 수 있다. '낙엽 1개'와 '얼룩 반점 1개'는 관측할 수 있으며 데이터화할 수 있다.

연구되는 대상 전체를 우리는 '**모집단**population'이라고 하며, 전체를 구성하고 있는 원소를 '**개체**object'라고 한다. 이번 예제에서 개체는 낙엽의 일부 특징이 될 수 있으며, 사실상 '떨어졌는가' 혹은 색상, 면적, 기타 지표 등 계량화할 수 있는 지표는 무엇이든 개체가 될 수 있다. 우리는 보통 이번 예제의 '떨어졌는가'와 같은 1개 혹은 몇 개의 지표만 필요하다. 잎은 언제든 떨어질 수 있지만, 어느 시점에 어떤 잎이 떨어지는지는 구체적으로 알 수가 없다. 따라서 '임의의 나뭇잎이 떨어졌는가'가 하나의 확률변수가 되며, 심지어 이항분포를 따르기도 한다. 그리고 가을에 잎이 떨어질 확률 P가 비교적 크고 봄에 P가 비교적 작다는 것을 충분히 알 수 있는데, 이런 확률변수가 바로 우리가 연구하려는 모집단이다. 이렇게 우리는 모집단과 확률변수를 연결하였다. 통계학에서 모집단은 확실한 분포를 가진 확률변수 X이며, 우리는 모집단의 분포함수 $F(X)$에 관해 연구해야 한다. 모집단에서 개체가 유한적이라면 이를 유한모집단finite population이라고 하고, 개체의 수가 무한하다면 이를 무한모집단infinite population이라고 한다. 만약 유한모집단의 개체가 매우 크다면 이를 무한모집단으로 간주해도 되는데, 이렇게 이해하는 것이 좀 더 편할 것이다.

모집단의 분포함수 $F(X)$는 보통 미지수이기 때문에 어떻게든 유추를 하고 싶어 한다. 통상적으로 모집단에서 일부 개체를 추출해 실험을 하여 데이터를 얻어내고, 얻은 데이터로 $F(X)$를 유추하는 방법을 사용한다. 예를 들어, 일엽지추의 예제에서 모든 나뭇잎을 관찰하는 것은 사실상 불가능하다. 하지만 일정 수량의 나뭇잎을 관측하여 전체 세상(혹은 현재 생활하는 구역)의 낙엽 상황을 유추할 수 있다. 모집단에서 n개의 개체를 추출하여 관찰하거나 실험하는 과정을 **표본추출**sampling이라고 한다. 이렇게 얻은 n개의 확률변수는 서로 독립적이며 X와 같은 분포를 가지고 있는데, 이를 표본sample이라고 하고 해당 표본의 용량은 n이 된다. 표본은 한 세트의 확률변수이며, 각 확률변수는 관찰이나 실험으로 값을 얻을 수 있는데, 이렇게 얻은 데이터를 표본값sample value이라고 한다.

2.3.4절 '신체검사 기록표'의 표 2.1 데이터를 돌아보면, 앞서 소개한 것처럼 이런 설계행렬 형식의 데이터 구조에서 각 열은 변수를 나타내고 각기 하나의 확률변수에 대응된다고 했었다. 예를 들어, 한 구역 인구의 키를 연구한다고 했을 때 랜덤으로 8명을 추출하여 그들의 키를 측정하고 표 2.1의 제5열 데이터 {167, 175, 159, 152, 171, 184, 162, 169}를 얻을 수 있는데, 이 데이터가 바로 표본추출 후의 표본값이다. 우리는 이런 표본값을 연구함으로써 해당 구역 인구의 키에 대해 알 수 있게 된다. 이것이 바로 표본으로 모집단을 유추하는 방식이다.

모집단population 연구되는 대상의 전체를 모집단이라고 하며, 모집단을 구성하는 원소를 개체라고 한다.

표본추출sampling 모집단의 분포와 각종 특징을 유추하기 위해 일정 규칙을 따라 모집단에서 일부 개체를 추출해 관찰하거나 실험하여 모집단에 대한 정보를 얻는 일련의 과정을 표본추출이라고 한다.

표본sample $\{X_1, X_2, \cdots, X_n\}$은 n개의 확률변수이며, 서로 독립적이고 모집단 X와 같은 분포를 가지고 있다면 $\{X_1, X_2, \cdots, X_n\}$은 모집단 X에서 추출한 용량이 n인 간단한 확률표본이라고 하는데, 줄여서 표본이라고 한다.

표본값sample value 추출한 표본 $\{X_1, X_2, \cdots, X_n\}$을 각각 관찰하거나 실험하여 얻은 한 세트의 실수 $\{x_1, x_2, \cdots, x_n\}$을 표본값 혹은 표본관찰값이라고도 한다.

2.4.2 악질 도박꾼의 계략

고룡古龙의 소설 《절대쌍교絶代雙驕》[31]의 10대 악인 중 그다지 사악하지 않은 악인이 있는데, 그는 바로 '악질 도박꾼' 헌원삼광轩辕三光이다. 사람을 꼬드겨 도박을 하게 만드는 것 외에 딱히 큰 악행을 저지르지 않았지만, 그 방법이 워낙 악랄하여 정파가 치를 떨 만큼 악명을 떨쳤다. 어느 날 그는 아미산에서 도박으로 난동을 부리고 있었는데, 아미파 장문 신석도장이 갑자기 나타나 그를 속박하고 각자의 머리를 걸고 그와 무공의 높낮이로 도박을 하려 했다. 그러나 헌원삼광은 자신의 머리가 신석도장에게 있어 가치가 너무 크기에 상대가 가져가면 위풍을 떨칠 수 있지만, 자신에게 신석도장의 머리는 쓸데가 없기에 판돈이 불공평하다고 했다. 그는 자신이 지면 머리를 신석도장에게 주겠지만, 신석도장이 지면 장문의 동패를 주기만 하면 되고 굳이 목숨을 걸 필요는 없다고 했다. 이런 조건은 신석도장에게 아주 유리한 것이기에 신석도장은 흔쾌히 허락했다. 그 결과, 신석도장은 세 번째 검을 맞부딪힐 때 헌원삼광에게 손을 물렸는데 '반격하지 않는다'는 전제 조건을 어기지는 않았기에 헌원삼광이 이기게 되었다. 그는 명줄을 이어나갔을 뿐만 아니라 아미파의 장문 동패를 얻게 되었다.

악질 도박꾼의 계략은 어떻게 뜻대로 될 수 있었을까? 신석도장이 너무 멍청했거나 무공이 안 좋았기 때문일까? 그저 악질 도박꾼이 너무 교활했을 뿐이다. 이 이야기를 분석하기에 앞서 확률변수에 대해 복습해 보자. 2.2.2절 '몇 번의 만남과 신기한 37'에서 이산형 확률변수에 대해 소개했었는데, 주로 분배율을 통해 묘사했었다. 2.2.3절 '드무아브르의 정규분포'에서 연속형 확률변수에 대해 소개했었는데, 주로 밀도함수를 통해 묘사했었다. 다른 형식의 확률변수에 대해 그 수학적 기대치를 정의할 수 있다.

이산형 확률변수 X의 분배율이 p_k라고 가정했을 때, 만약 $\sum_{k\geqslant 1} |x_k|p_k < \infty$를 만족한다면 X는 수학적 기대치가 존재한다고 하며, 줄여서 **기대치**expected value라고 하고 $E(X)$로 표기한다. 계산식은 다음과 같다.

$$E(X) = \sum_{k\geqslant 1} x_k p_k \tag{2.4.1}$$

연속형 확률변수 X의 밀도함수가 $f(x)$라고 가정했을 때, 만약 $\int_{-\infty}^{\infty} |x|f(x)\mathrm{d}x < \infty$를 만족한다면 X는 기대치가 존재한다고 한다. 계산식은 다음과 같다.

$$E(X) = \int_{-\infty}^{\infty} xf(x)\mathrm{d}x \tag{2.4.2}$$

기대치 연산은 다음과 같은 규칙을 만족한다.

- 상수 k의 기대치는 자기 자신이며 $E(k) = k$가 된다.
- 확률변수의 곱셈은 $E(kX) = kE(X)$를 만족한다.
- 임의 2개의 확률변수 X_1과 X_2의 기대치는 $E(X_1 + X_2) = E(X_1) + E(X_2)$를 만족한다.

이산형 확률변수 기대치의 정의를 통해 우리는 기대치를 모든 가능성 있는 수치에 가능성을 곱한 값의 합으로 이해할 수 있다. 연속형 확률변수도 역시 이렇게 이해할 수 있는데, 그저 수학 형식이 다를 뿐이다. 일상생활에서 우리는 이미 확률이라는 개념에 익숙해져 있는데, 이는 어떠한 사건이 발생할 가능성을 측정한 것이다. 그러나 다른 결과 때문에 끼치는 영향 차이가 매우 클 수 있기에 가능성만 고려해서는 안 된다. 따라서 기대치는 동시에 사건 발생의 가능성과 영향 정도를 고려한 수치라고 보면 된다.

악질 도박꾼의 예제로 돌아와 보면, 신석도장이 처음으로 내기를 제안했고 서로의 머리를 판돈으로 내걸었다. 누가 됐든 졌을 때의 결과는 매우 잔혹했다. 그러나 이기게 된다면 서로의 가치가 다르기 때문에 다소 차이가 있겠지만, 진 사람과 비교하면 이 차이는 너무 작기에 무시해도 될 정도다. 악질 도박꾼은 되려 자신이 이겨서 신석도장의 머리를 얻어봤자 필요가 없다고 하며, 일부러 수익에 대한 차이를 키워서 신석도장으로 하여금 악질 도박꾼이 승리할 확률이 높다는 것을 간과하게 만들었다. 신석도장이 검기로 악질 도박꾼을 속박하고 있는 상황이었고, 단순 무력만 따졌을 때 신석도장이 이길 확률이 거의 100%였다. 여기에 서로 내건 판돈은 목숨이었기에 기대치로 봤을 때 신석도장의 수익(반대는 손실)이 절대적으로 우세했었다.

새로운 내기에서 악질 도박꾼은 자신이 이길 확률이 높아진다는 것을(신석도장은 헌원삼광이 파해법破解法을 가지고 있다는 것을 몰랐고, 정파 사람은 이런 유리한 내기에서 사기를 치지 않기 때문이다) 알고 있었기에 입만 놀리고 행동하지 않는 계략을 썼다. 그는 지게 되면 당연히 목숨을 잃겠지만, 이기기만 하면 장문의 동패를 받는 것이 목숨을 가져가는 것보다 이득이었기에 원래 내기 대비 기대수익이 매우 커졌고, 무엇보다도 승리할 확률이 높아졌다. 그러나 신석도장에게 있어 비록 그는 악질 도박꾼의 말장난을 알아차리지 못했지만, 새로운 제안이 너무 간단하면 마음 한구석에 의심이 남아있을 수 있기에 새로운 승률에 대한 판단이 크게 달라지지 않았을 것이다. 그런데도 그가 빠르게 새로운 내기를 받아들일 수 있었던 것은 졌을 때 장문의 동패만 잃고 목숨은 잃지 않아도 됨으로써 그의 기대손실이 크게 하락했기 때문이다. 따라서 원래의 내기와 비교했을 때 신석도장의 기대수익도 커진 것이다. 그러나 신석도장이 새로운 내기를 받아들이기만 하면 그의 승리 확률이 매우 작아질 것이고, 결과 역시 악질 도박꾼의 계략대로 그의 대패로 끝날 것이다.

이번 예제를 통해 알 수 있듯이 신석도장처럼 신중한 사람은 기대치를 많이 고려한다. 그는 새로운 내기와 원래의 내기를 비교했을 때 승률은 크게 변하지 않았지만 기대치가 크게 변했다고 생각했다. 이와 달리 악질 도박꾼처럼 대담한 사람은 승률을 더 많이 고려한다. 그는 새로운 내기와 원래 내기의 기대치는 크게 변하지 않았지만 승률이 크게 변했다고 생각했다. 그의 계략은 완전히 승률을 높이는 방향으로 설계된 것이다.

기대expectation 기대치expected value라고도 한다. 만약 확률변수 X가 이산형이고 분배율이 p_k라면 기대치는 $E(X) = \sum_{k\geqslant 1} |x_k| p_k < \infty$가 된다. 만약 확률변수 X가 연속형이고 밀도함수가 $f(x)$라면 기대치는 $E(X) = \int_{-\infty}^{\infty} x f(x) \mathrm{d}x$가 된다.

분산variance 확률변수 X의 기대치를 $E(X)$라고 가정했을 때 그 분산을 $\mathrm{Var}(X)$라고 한다. 계산식은 $E((X - E(X))^2)$가 된다.

2.4.3 평균화된 급여

일부 기관이나 회사에서는 급여 데이터에 대한 발표를 좋아한다. 예를 들어, 2017년 5월 27일 베이징시의 통계청과 베이징시의 인력사회보험국이 발표한 데이터에 따르면, 2016년도 베이징시 직원의 연평균 급여는 약 1,582만원이고 월평균 급여는 약 132만원이다. 그러나 급여가 적다고 정부를 원망할 수도 없고 자신도 원망할 수 없으니 평균 데이터만 원망하게 된다. 매번 새로운 급여 데이터 관련 뉴스가 발표될 때마다 사람들은 평균 수치를 끄집어 내어 신랄하게 비판하고 나선다.

한 도시 주민의 평균소득을 연구한다고 가정했을 때 이를 모집단으로 생각할 수 있지만 이 도시 각 주민의 정확한 소득에 대해 일일이 조사할 수는 없기에 표본추출을 활용해 조사를 진행할 수 있다. 도시에서 랜덤으로 100명의 월 소득을 조사한다고 가정했을 때 100개의 표본값을 얻을 수 있게 된다. 100명의 표본을 조사 순서대로 1부터 100까지 번호를 부여하고 월 소득을 기록한 결과는 표 2.2와 같다.

표 2.2 **월 소득 조사기록(단위: 위안)**

번호	소득	번호	소득	번호	소득	번호	소득	번호	소득
1	972	21	352	41	743	61	6,370	81	3,016
2	1,881	22	1,928	42	1,967	62	1,092	82	6,442
3	67,334	23	383	43	237	63	1,531	83	1,420
4	3,432	24	694	44	228,185	64	389	84	10,816
5	3,861	25	854	45	33,387	65	349	85	1,918
6	92,054	26	102	46	315	66	5,470	86	5,788
7	7,494	27	15,924	47	1,332	67	7,306	87	26,734
8	237	28	4,051	48	1,172	68	3,314	88	7,118
9	755	29	306	49	14,185	69	18,855	89	1,553
10	1,223	30	36,594	50	2,523	70	179,902	90	29,662
11	34,481	31	6,995	51	4,947	71	1,116	91	21,742
12	6,122	32	1,652	52	2,816	72	29	92	8,927
13	6,644	33	17,859	53	2,736	73	22,281	93	4,805
14	3,720	34	17,262	54	46,037	74	722	94	849
15	981	35	15,416	55	1,898	75	753	95	45,311
16	106,279	36	11,817	56	61,879	76	23,182	96	897
17	8,068	37	9,026	57	135	77	1,687	97	236,728
18	58	38	2,634	58	9,597	78	259	98	63,909
19	12,121	39	1,617	59	3,819	79	4,284	99	1,860
20	1,158	40	1,393	60	4,591	80	2,258	100	383

우리는 이 수치를 받아서 어떻게 평균값을 구해야 할까? 번호 i에 대응하는 수치는 x_i라고 가정했을 때, 중학교 때 배운 평균값을 구하는 계산식 $x = (x_1 + x_2 + \cdots + x_{100})/100$를 활용해 계산기 프로그램이나 계산기로 평균값 16892.62를 구할 수 있다. 평균값 계산은 매우 쉽지만 제대로 이해하려면 먼저 통계량의 개념에 대해 이해해야 한다.

이전 내용에서 우리는 모집단과 표본에 대해 소개했었다. 한 세트의 표본 $\{X_1, X_2, \cdots, X_n\}$에 대해 만약 $x_1, x_2, \cdots, x_n$의 연속함수인 $g(x_1, x_2, \cdots, x_n)$가 존재하고 이 함수가 그 어떤 다른 미지 모수도 가지고 있지 않는다면, $g(x_1, x_2, \cdots, x_n)$을 **통계량**statistic이라고 한다. 만약 $\{x_1, x_2, \cdots, x_n\}$이 표본관찰값이라면 $g(x_1, x_2, \cdots, x_n)$을 해당 통계량의 관찰값이라고 한다. 분명한 것은 통계량은 확률변수다.

통계량은 정의만 만족시키면 되기에 그 어떤 형식도 될 수 있다. 그러나 가장 자주 사용하는 통계량은 표본평균인 $\bar{X} = \frac{1}{n}\sum_{i=1}^{n} X_i$이다. 그 외에도 사람들은 표본분산을 $S^2 = \frac{1}{n-1}\sum_{i=1}^{n}(X_i - \bar{X})^2$로 정의했다. 관찰값으로 표본평균이라는 통계량을 계산하면 그게 바로 우리에게 익숙한 평균값이다. $E(\bar{X}) = E(X)$를 증명할 수 있기에 평균값의 기대치와 모집단의 기대치는 같다는 것을 알 수 있다. 따라서 표본평균으로 모집단의 기대치를 대신하는 것은 일리가 있는 것이다.

자주 사용하는 또 하나의 통계량이 있는데, 이는 바로 순서 통계량order statistic이다. $\{X_1, X_2, \cdots, X_n\}$는 모집단 X에서 추출한 표본이며 통계량을 $X_{(k)}$로 정의한다고 가정했을 때, 임의 세트의 표본관찰값 $\{x_1, x_2, \cdots, x_n\}$을 작은 값부터 $x_{(1)} \leqslant x_{(2)} \leqslant \cdots \leqslant x_{(n)}$의 순서로 배열해서 모든 값이 k번째 값 $x_{(k)}$보다 작다면 $X_{(k)}$를 표본 $\{X_1, X_2, \cdots, X_n\}$의 k번째 순서 통계량이라고 한다. 우리가 알고 있는 최댓값, 최솟값, 중위수median가 바로 순서 통계량이다.

본 예제의 100개 데이터에서 최댓값은 236728이며, 최솟값은 29다. 중위수는 중간에 위치한 값을 가리키는데, 만약 n이 홀수라면 '$(n + 1)$/두 번째 값'이 바로 중위수가 된다. 만약 n이 짝수라면 중간에 위치한 값은 2개가 되며, 각각 'n/두 번째 값'과 '$(n + 1)$/두 번째 값'이 되는데, 보통 두 수치의 평균값을 중위수로 사용한다. 본 예제에서 데이터양은 100으로 짝수이기 때문에 중위수는 50번째 값(3314)과 51번째 값(3432)의 평균값으로 3373이 된다.

평균값 16892.62와 비교했을 때 중위수는 매우 작다. 이는 최소 절반의 사람들의 소득이 평균값에도 못 미치는 것을 의미한다. 따라서 사람들이 외치는 대로 '또 평균화된' 것이다. 더 나아가, 평균값은 79번째 값과 80번째 값 사이에 속한다는 것을 알 수 있으며, 약 20%인 21명의 소득만이 평균값 이상이라는 것을 알 수 있다. 소득이 가장 높은 20명의 급여 합을 계산해 보면 전체 급여의 약 82%에 달하는 것을 알 수 있다. 20%의 인구가 약 82%의 재산을 소유하고 있다고 풀이할 수 있으며, 이는 바로 사람들이 흔히 말하는 80/20 법칙이다.

당연히 우리의 데이터에서 이런 결과가 나타난 것은 순전히 우연의 일치다. 그러나 실제 세상에서 소득의 분포는 정규분포와 같이 종 모양(대부분 사람의 소득이 중간에 몰려 있고 고소득층과 저소득층 사람들이 소수인 경우)으로 나타나지 않고 80/20 법칙과 유사한 형태(소수가 대부분의 재산 점유)를 나타내고 있다. 이렇게 된다면 대부분 사람의 소득은 평균값보다 적어지기 때문에 그 사람들은 '뒤처졌다'고 느끼게 된다. 이는 평균값이 잘못된 것이 아니라 확률변수 분포의 문제다.

평균값은 비록 완벽하지 않지만 충분히 간단하기에 데이터 수준을 표현하는 도구로는 비교적 적합하다. 우리가 평균값을 사용할 때 다른 중요한 정보를 간과해서는 안 된다. 하지만 평균값을 적대시해도 안 되며, 최대한 이성적으로 평균값을 바라봐야지만 이 도구를 더욱 잘 활용할 수 있을 것이다.

통계량statistic $\{X_1, X_2, \cdots, X_n\}$은 모집단에서 추출한 표본이라고 가정했을 때 $g(x_1, x_2, \cdots, x_n)$은 $x_1, x_2, \cdots, x_n$의 연속함수(그 어떤 미지 모수를 포함하지 않는다)라면 이를 $\{X_1, X_2, \cdots, X_n\}$의 통계량이라고 한다. 만약 $\{x_1, x_2, \cdots, x_n\}$이 표본관찰값이라면 $g(x_1, x_2, \cdots, x_n)$을 해당 통계량의 관찰값이라고 한다.

표본평균sample mean 통계량 $\bar{X} = \frac{1}{n}\sum_{i=1}^{n} X_i$를 표본평균이라고 한다.

2.4.4 소이비도와 공작 깃

고룡의 소설에는 두 가지 암살 무기가 매우 인상적이다. 하나는 절대 빗나가지 않는 소이비도이며[32], 또 하나는 휘황찬란한 공작 깃이다[33]. 소이비도는 상대를 전혀 보지 못하는 상황에서 오독동자를 사살했고, 공작 깃은 던질 때 큰 범위의 광역 효과를 발생하여 사람들의 눈앞을 아찔해지게 만들어 피할 수 없게 만든다. 정밀 공격이든지 아니면 범위 공격이든지 이는 모두 목표를 맞히기 위한 공격이다. 아주 짧은 시간에 목표는 계속 한자리에 있으며 어디에도 가지 않는다. 암살 무기를 던지기 전에는 목표를 맞힐 수 있을지 알 수 없다. 그러나 만약 던진 무기가 소이비도나 공작 깃이라면 사람들은 아마 맞힐 수 있다고 확신할 것이다. 이는 모집단의 변수에 대해 연구하는 것과 같다. 한 번의 관측으로 변수를 찾을 수 있는가? 이는 표창을 한 번 던져 목표를 맞힐 수 있는가와 같은 문제다.

2.4.1절 '관중규표와 일엽지추'에서 소개했듯이 연구의 모집단은 하나의 확률변수다. 1.1.1절 '포켓볼 치는 물리학자'에서 확률성은 실제 세상의 불확정성 문제를 연구하는 데 아주 좋은 도구라고 했다. 많은 부확정성 현상에 대해 확률성으로 가정할 수 있다. 과녁을 향해 비도를 날리면 결과는 맞히는 것과 맞히지 못하는 것, 두 가지 가능성만 존재한다. 여기서 확률변수로 결과를 나타낼 수 있다. 해당 확률변수는 하나의 분포를 이루는데, 이런 발생 가능한 두 가지 결과에 대해 나타낼 때 사용할 수 있는 가장 간단한 방법이 바로 베르누이 분포Bernoulli distribution다. 2.2.1절 '베르누이의 동전'의 식 2.2.1에서 해당 분포의 분배율에 대해 소개했는데, 이 안에는 유일하게 변수 p만 존재한다는 것을 알 수 있다. 임의의 분포함수에 대해 미지 모수unknown population parameter의 구체적인 수치를 안다면 함수를 확정 짓고 해당 확률변수의 완전한 정보를 얻을 수 있다. 비록 매번 관찰하거나 실험한 결과를 일일이 다 알 수는 없지만 대략적인 결과는 예측할 수 있기에 실제 세상을 연구하고 실제 문제를 해결하는 데 사용할 수 있다.

표본 관찰값으로 한 분포의 미지 모수를 판단하면 이를 바로 **모수추정**parameter estimation이라고 한다. 서로 다른 분포에서 변수의 개수가 다를 수 있지만 베르누이 분포는 모수 p 하나만 포함하는데, 모수의 추정값을 $\hat{p}$로 표기하면 이는 하나의 통계량이 된다. 베르누이 분포를 따르는 확률변수 X로 예를 들겠다. 만약 통계량 $\hat{p} = T(X_1, X_2, \cdots, X_n)$가 있으면 관찰값 계산을 통해 추정량 p의 추정값을 얻을 수 있다. 보통 기호로 추정값과 추정량을 구분하지 않고 p로 표기한다.

베르누이 분포의 예제에서 모수 p에 적합한 추정량을 어떻게 찾아내야 하는가? 2.2.1절 '베르누이의 동전'의 이항분포 분배율 공식에서 $n = 1$일 때 베르누이 분포가 되며, 분배율은 $P(B_k) = C_1^k p^k (1-p)^{1-k}$, $k \in \{0, 1\}$라는 것을 알 수 있다. 2.4.2절 '악질 도박꾼의 계략'에서 식 2.4.1로 확률변수 X의 기대치를 다음과 같이 계산할 수 있다.

$$E(X) = C_1^0 p^0 (1-p)^1 \cdot 0 + C_1^1 p^1 (1-p)^0 \cdot 1 = p$$

2.4.3절 '평균화된 급여'에서 자주 사용되는 표본평균이라는 통계량에 대해 소개했는데, $E(\bar{X}) = E(X)$를 만족한다고 했었다. 베르누이 분포에서 $E(X) = p$를 만족하기에 당연히 $p = E(\bar{X})$도 만족한다. 통계량 X의 기대치는 모수 p와 같음을 알 수 있다. 그렇다면 $p = X$를 만족하는 추정량을 구성하는 것은 비교적 일리가 있는 것이다.

추정치에 일리가 있다고 감으로 말하면 안 되기에 평가표준이 있어야 한다. 우리는 보통 다음의 세 가지 표준을 사용한다.

- **비편향성**: $\hat{\theta} = \hat{\theta}(X_1, X_2, \cdots, X_n)$를 미지 모수 θ의 추정량이라고 가정했을 때, 만약 $E(\hat{\theta}) = \theta$를 만족한다면 $\hat{\theta}$는 θ의 불편추정량unbiased estimator이라고 한다. 만약 $\lim_{n\to\infty} E(\hat{\theta}) = \theta$를 만족한다면 $\hat{\theta}$는 θ의 점근적 불편추정량asymptotic unbiased estimator이라고 한다.
- **유효성**: $\hat{\theta}_1$과 $\hat{\theta}_2$는 모두 미지 모수 θ의 불편추정량이라고 가정했을 때, 만약 $\mathrm{Var}(\hat{\theta}_1) < \mathrm{Var}(\hat{\theta}_2)$를 만족한다면 $\hat{\theta}_1$이 $\hat{\theta}_2$보다 유효하다고 한다.

- **일치성**: $\hat{\theta}$는 θ의 추정량이라고 가정하고 임의의 정수 ϵ가 $\lim_{n\to\infty} P\{\hat{\theta}(X_1, X_2, \cdots, X_n) - \theta| \geqslant \epsilon\} = 0$를 만족한다면, 즉 $n \to \infty$일 때 $\hat{\theta}$가 θ에게 확률적으로 수렴하게 되면 $\hat{\theta}$는 θ의 일치추정량consistent estimator이라고 한다.

여기서는 이 세 가지 평가표준에 대해 더이상 연구하지 않겠다. 표준을 통해 우리는 베르누이 분포의 예제에서 찾은 추정량 $\hat{p} = \bar{X}$가 비편향성과 일치성을 만족시키는 것을 쉽게 알 수 있다. 이런 기대치라는 수학 형식을 통해 표본관찰값을 매치시키는 방식을 **적률추정**moment estimation이라고 한다. 적률moment은 일종의 수학 개념인데, 확률변수 X에게 있어 만약 k가 자연수이며 $E(X^k)$가 존재한다면 $E(X^k)$를 X의 k단계 원점 적률이라고 한다. 만약 $E((X - E(X))^k)$가 존재한다면 $E((X - E(X))^k)$를 X의 k단계 중심 적률이라고 한다. 기대치는 1단계 원점 적률이 되며, 분산은 2단계 중심 적률이 된다. 보통은 많은 분포함수의 모수를 쉽게 적률 형식으로 표현할 수 있지만, 이번 베르누이 분포 예제에서는 바로 1단계 원점 적률(기대치)을 사용해 얻은 방정식으로 답을 구할 수 있다. 만약 모수의 개수가 비교적 많더라도 걱정할 필요는 없다. 표본 적률과 모집단 적률을 서로 연결하여도 관찰값으로 연립방정식을 세워 푸는 방식으로 모수추정을 완성할 수 있다. 이런 방법이 바로 자주 사용되는 적률추정이다. 이 추정법은 1984년에 칼 피어슨Karl Pearson에 의해 발표되었다.

또 한 가지 추정법으로 **최대우도추정법**maximum likelihood estimator, MLE이 있는데, 이 추정법은 본문에서 아주 일찍이 나왔었다. 1.3.2절에서 비교적 간단한 방식으로 베르누이 분포 중 모수 p를 추정하는 예제를 소개하였다. 본질적으로 방금 적률을 활용하여 p를 추정했던 방법과 목적은 같다. 다만, 구체적인 수학 원리가 다를 뿐이다. 최대우도추정법은 우도 함수를 세운 후 극값을 구해 모수를 얻어내는데, 여기서는 자세히 설명하지 않겠다. 최대우도추정법은 피셔가 1912년부터 1922년 사이에 완성하여 널리 응용되었다.

적률추정과 최대우도추정법 모두 모수의 수치를 추정하는 방법이다. 이런 추정 방식은 비도를 활용해 표적의 점을 조준하는 것과 같아 **점 추정**point estimation이라고 한다. 우리는 추정량이 기대치 조건에서 실젯값과 같다고 하거나 추정치가 많은 표본 조건에서 실젯값에 가깝다고 할 수 있으나, '추정해 냈다'라고 하기는 어렵다. 만약 공작 깃처럼 큰 범위를 공격할 수 있다면 더욱 확신에 찰 것이다. 이런 사고방식은 네이만Jerzy Neyman이 1934년에 발표한 **구간추정**interval estimation이다.

모집단 X의 분포함수에서 모수는 θ이고, $\{X_1, X_2, \cdots, X_n\}$는 한 세트의 표본이며, α는 고정값 $(0 < \alpha < 1)$이라고 가정했을 때 만약 두 개의 통계량 $\bar{\theta} = \bar{\theta}\{X_1, X_2, \cdots, X_n\}$와 $\underline{\theta} = \underline{\theta}\{X_1, X_2, \cdots, X_n\}$이 $P\{\underline{\theta} < \theta < \bar{\theta}\} = 1 - \alpha$를 만족한다면 랜덤 구간$(\underline{\theta}, \bar{\theta})$를 θ의 신뢰도가 $1 - \alpha$인 **신뢰구간**confidence interval이라고 한다. $\underline{\theta}$는 신뢰하한이라고 하며, $\bar{\theta}$는 신뢰상한이라고 한다. 습관적으로 보통 $\alpha = 0.05$로 설정하는데, 이를 95% 신뢰도라고 한다.

$\underline{\theta}$와 $\bar{\theta}$는 모두 통계량이기 때문에 어떻게든 그들의 공식을 얻을 수 있다. 따라서 임의 표본 관찰값에 대해 우리는 구간의 상하 한계를 추정해 낼 수 있다. 그러나 '모수 실젯값 θ가 구간 $(\underline{\theta}, \bar{\theta})$에 있을 확률은 $1 - \alpha$'이라고 할 수 없다. 왜냐하면 θ는 고정된 값이기 때문에 어떤 구간에 있을 확률이란 존재하지 않기 때문이다. 이와 다르게, 우리는 랜덤 구간 $(\underline{\theta}, \bar{\theta})$에 실젯값 θ가 포함되어 있을 확률은 $1 - \alpha$라고 할 수 있는데, 이는 두 개의 통계량 $\underline{\theta}$와 $\bar{\theta}$로 계산한 신뢰구간에 실제 모수가 포함되어 있을 확률이 $1 - \alpha$라는 의미다. 그러나 $(-0.157, 0.179)$처럼 한 표본점으로 신뢰구간을 추정하기만 하면 다시는 '실젯값이 포함되어 있을 확률'이라고 할 수 없다. 이 구간과 실젯값은 모두 고정되어 있기 때문에 더는 확률 문제가 아닌, 포함되어 있거나 포함되어 있지 않거나의 문제가 되기 때문이다.

그림 2.13을 예로 들자면, 한 모집단 분포의 모수 θ의 실젯값이 0이며, 표본추출을 20회 진행하고, 매 회마다 얻은 1세트의 관찰값으로 95%의 신뢰구간을 계산해 낼 수 있다고 가정해 보겠다. 20개의 신뢰구간을 그래프에 표시하면 가로축은 표본추출 횟수를 나타내고, 세로축은 매회 표본추출하여 얻은 신뢰구간(신뢰하한과 신뢰상한 사이의 연결선)을 나타낸다. 대부분의 신뢰구간은 실젯값 0을 포함하고 있지만,

12번째로 추출한 표본 데이터로 계산하여 얻은 신뢰구간의 값은 모두 0보다 작았다. 다시 말해, 실제 모숫값이 포함되어 있지 않은 것이다. 구간추정은 마치 한 번에 하나의 비도를 날리는 것보다 공작 깃이 한 번에 한 무더기의 암살 무기를 날려서 훨씬 쉽게 목표를 맞히는 것과 같아 많이 사용되고 있다.

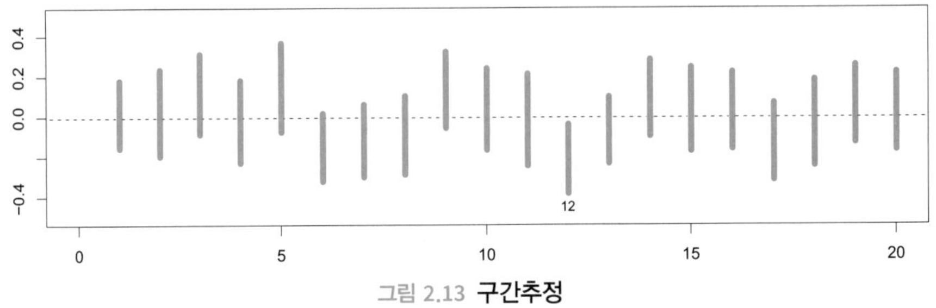

그림 2.13 **구간추정**

모수추정과 가설검증*은 깊이 파고들고 진지하게 배울 가치가 있는 추리통계학에서 가장 중요한 내용이자 대부분 통계 모델의 수리 기초다.

모수추정parameter estimation 모집단 X의 분포함수가 $F(x;\theta)$의 형식인데, $\theta \in \Theta$를 만족한다고 가정해 보겠다. θ는 미지 모수(하나의 모수가 될 수 있고 여러 개의 모수로 구성된 벡터가 될 수도 있다)가 되고, Θ는 θ의 값 범위가 된다. $\{X_1, X_2, \cdots, X_n\}$는 모집단의 표본이 되며, $\{x_1, x_2, \cdots, x_n\}$는 표본 관찰값이 된다. 하나의 통계량 $T = T(X_1, X_2, \cdots, X_n)$를 선택하여 $T(x_1, x_2, \cdots, x_n)$의 값으로 θ의 실젯값 θ_0을 추정한다면 $T(X_1, X_2, \cdots, X_n)$를 θ_0의 추정량이라고 하고, $T(x_1, x_2, \cdots, x_n)$를 θ_0의 추정치라고 한다. 우리가 표현할 때 보통 미지 모수 θ와 실젯값 θ_0을 일부러 구분하지 않고 그냥 θ라고 한다. 따라서 일반적으로 $T(X_1, X_2, \cdots, X_n)$을 θ의 추정량이라고 하고, θ로 표기한다. 편의를 위해 보통 $\hat{\theta}$의 추정치도 $\hat{\theta}$라고 표기한다. 모수를 추정하는 과정을 모수추정이라고 하고, 줄여서 추정이라고 한다.

* 1.3.1절 '차를 맛보는 여인'에서 가설검증의 사고와 원리에 대해 소개했었다. 서로 다른 분포는 그 수학 형식의 차이가 컸고, 심지어 분포 모수에 의존하지 않는 많은 비모수 방법도 존재하지만, 책에서는 상세하게 설명하지 않겠다. 관심이 있는 독자는 '비모수 통계'와 관련된 서적을 참고하기 바란다.

제 3 장

데이터 시각화

The Beauty of Statistics

그 어떤 모델과 공식도 데이터 분석의 수단일 뿐 목적이 되지는 않는다. 데이터 분석의 목적은 데이터에서 가치를 찾아내는 것이며, 가치를 찾아내는 방식이 복잡할수록 좋은 것이 아니다. 반대로, 간단할수록 사람들에게 쉽게 받아들여진다. 사람은 감성적인 동물이기에 과학과 논리가 아닌 직관적인 그래프가 좀 더 사람들의 공감을 살 수 있다. '하나의 그래프가 천 마디 말보다 강하다'라는 말처럼 데이터 법칙이 항상 간단한 그래프에 전부 포함된 경우가 많다.

데이터 시각화는 데이터를 볼 수 있게 만드는 것이다. 이는 아주 오래전에 나온 개념인데, 컴퓨터가 세상에 나오기도 훨씬 이전에 이미 데이터 시각화 기술은 존재했었다. 최초의 데이터 시각화는 통계 그래프로 불렸고, 사람들은 그래프로 데이터에 포함된 통계적 규칙을 아주 직관적으로 표현하였다. 지금의 빅데이터 시대에 이르러 데이터의 양이 끊임없이 늘어나면서 데이터에 대한 사람들의 인식이 더는 수치형 데이터에만 머무르지 않게 되었다. 많은 새로운 기술과 시각화 수단 덕분에 데이터의 시각화 방법도 다양해졌기에 이 장에서는 데이터 시각화 방법에 대해 알아볼 것이다.

■ ■ ■

제1절 '역사 속 통계 그래프' 에서는 역사적으로 유명한 통계 그래프에 대해 소개한다. 옛날 사람들이 만든 그래프를 통해 시각화 사상에 중점을 두어 데이터 시각화의 의미와 기원을 알아본다. 그래프를 통해 좀 더 직관적으로 데이터에 내포된 법칙을 표현할 것인데, 의미는 옛날과 다르지 않다.

제2절 '데이터와 시각화' 에서는 데이터 시각화, 정보 시각화 등의 발전사와 디스플레이 장치, 그래프를 그리는 언어 등 기술의 변천사를 포함한 시각화에 대한 구체적인 기술에 대해 소개한다. 만약 기술에 대해 잘 이해하고 있지 않다면 하나의 분석과 시각화 도구를 정해 책 속의 내용과 비교해 가며 읽기를 권장한다.

제3절 '기초 통계 그래프' 에서는 가장 자주 사용되는 몇 가지 그래프에 대해 소개한다. 히스토그램, 막대그래프, 원그래프 등 일부 그래프는 예전부터 사용해오던 각종 분석 도구에 이미 포함되어 있다. 그리고 지도, 동적 그래프 등 일부 그래프는 현대 분석 도구에서 이미 유행하고 있다. 이번 내용의 포인트는 그래프와 이를 그리는 기술이 아닌, 그래프를 그리는 방식과 시각화 표현 법칙에 대한 탐구다.

제4절 '데이터 간의 관계' 에서는 몇 가지 구체적인 그래프에 포커스를 둔다. 이번 내용은 데이터 시각화라고 할 수도 있고 기초적인 데이터 분석이라고 할 수도 있다. 데이터 분석에 있어 가장 자주 필요한 요구사항은 데이터 간의 관계를 연구하는 것이다. 이런 요구사항은 기본적으로 그래프를 통해 실현할 수 있다. 일부 통계 방법은 사실 구체적인 그래프에 대응할 수 있는데, 이번에 소개할 몇 가지 그래프가 바로 일상에서 분석할 때 자주 사용되는 그래프다.

3.1 역사 속 통계 그래프

3.1.1 하도와 낙서

하도河圖와 낙서洛書의 전설은 '오경'에 속하는 중국 고전의 하나인 《상서尚书》의 '대옥, 이옥, 천구, 하도, 재동서'라는 문구에서 최초로 확인되었다. 이후 《관자管子》의 '서인지수명자, 용귀가, 하출도, 낙출수, 지출승황', 《논어論語》의 '봉조부지, 하불출도, 오이의부', 한대 공안국이 쓴 《고문상서古文尚書》의 '하도자, 복희왕천하, 용마출하, 수즉기문, 이화팔괘'에서도 볼 수 있었다. 보통, 복희씨伏羲氏가 하도와 낙서를 보고 팔괘를 만들었다고 전해져 온다. 송나라 때부터 하도낙서는 점차 구체적인 도안이 잡혔다. 역대 학자들은 흑백 점수를 도식으로 한 '하도낙서'를 연구하고 만들어 냈는데, 그 수가 수백 종에 달했다. 그림 3.1이 바로 지금까지 전해져 오고 널리 알려져 있는 하도와 낙서다. 그러나 어떤 학자는 흑백점의 하도와 낙서는 선진, 한나라, 당나라 사람들이 얘기하는 하도와 낙서가 다르다고 한다. 진한시대의 구궁수, 오행생성수는 원래 하도, 낙서와 상관이 없으며, 송나라 학자들이 데이터를 가지고 흑백점을 만든 것은 그저 남몰래 교묘한 방법을 쓴 것일 뿐이라고 한다. 그리고 또 어떤 학자는 하도와 낙서가 6,000년 전부터 존재해 왔는데, 위대한 《역경易經》의 토대가 되었다고도 한다.

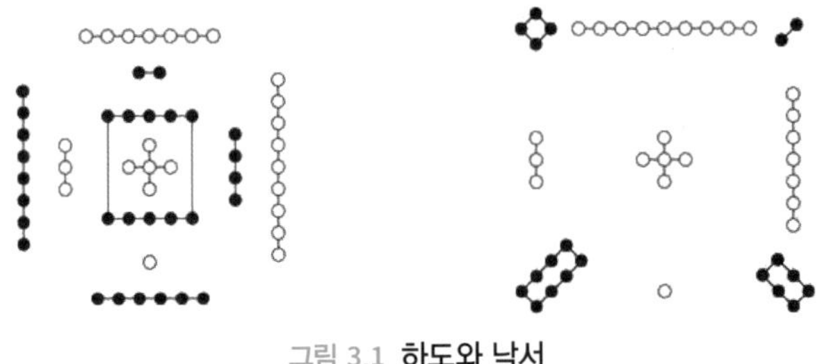

그림 3.1 **하도와 낙서**

그림 3.1의 왼쪽 그림은 하도인데, 옛사람들은 대부분 '용마부도龍馬負圖'라는 말을 인정하며 하도는 용마가 황해의 등에서 나온 것이라 믿고 있었다. 하도의 해독은 비교적 복잡한데, 하늘의 별자리와 대응시킬 수 있고 각종 동적인 변화도 계속 발생하여 하늘과 땅이 움직이는 법칙을 대표한다고 전해지기도 한다.

그림 3.1에서 오른쪽 그림은 낙서인데, 전해진 바로는 낙서에서 신귀 등에 각인되어 있다고 한다. 낙서의 9개 도안은 이해하기 쉽다. 점수를 숫자로 변환하면 바로 구궁수가 되며, 행, 열, 대각선으로 각각 더하면 모두 합이 15가 된다. 초등학교 수학에서 이런 문제를 자주 보았을 것이다.

하도와 낙서의 해독은 모두 비교적 신비롭다. 여기서 우리는 이 안에 어떤 물리 법칙이나 수학 원리가 숨어 있는지 깊게 연구하지 않겠지만, 이는 옛 조상들의 데이터 시각화의 성과라고 확실하게 말할 수 있다. 최초의 하도와 낙서는 어떻게 세상에 나오게 됐는지를 고증하기는 어렵지만, 아마 별이나 자연현상의 관찰을 통해 습득한 지식을 그래프로 추상화한 과정이 바로 데이터 시각화가 아닐까 한다. 이렇게 얻은 그래프는 사실 모델과 같으며, 후세 사람들은 이 모델로 새로운 사실을 해독할 수 있고 심지어 예측까지 할 수 있었다. 후세에 전해져 온 하도와 낙서는 용마와 신귀가 보내와서 모델을 만들거나 그림을 그리는 과정이 생략되어, 그냥 봤을 때 마치 연역되어 나온 물건 같아 그 기원이 신비롭기만 하다. 그러나 수천 년이 지나고 사람들이 새로운 현상, 새로운 데이터로 이와 매칭시키려 애쓰거나, 심지어 하도와 낙서를 끊임없이 수정하고 최적화하는 것을 봤을 때 그 창조 과정은 도안을 그리는 것과 모델을 수립하는 데 있음을 알 수 있다. 숫자로 세상을 묘사하고, 그림으로 숫자를 표현하며, 사람으로 해독하고, 그림을 응용하는 사고방식은 오늘날까지 이어져 오고 있다. 다시 말해, 오늘날 우리가 말하는 **데이터 시각화**data visualization가 이어져 온 것이다.

3.1.2 런던 콜레라 방역

1854년에 영국 브로드Broad 거리에서 대규모 콜레라가 발생했었다. 당시 미생물 이론을 이해하고 있는 사람이 매우 적어 사람들은 콜레라의 전파 경로를 확실하게 알 수가 없었지만, '장독 전파 이론'이 당시 주요 이론으로 자리 잡고 있었다. 내과 의사 스노우John Snow는 이런 이론에 대해 의구심을 품었고, 1855년에 콜레라 전파 이론에 대한 논문을 발표하였다. 그림 3.2가 바로 주요 근거다[34]. 그림의 정중앙에서 동서 방향으로 뻗은 길이 브로드 거리이며, 검은색 막대가 사람들이 사망한 지점이다. 사망한 사람이 많을수록 검은색 막대는 더욱 길어진다. 이 그래프는 당시 중요한 현상을 드러냈다. 사망 발생 지점은 모두 브로드 거리 중간 지점의 식수대 주변이었고, 시내의 다른 식수대 주변에서는 사망자가 거의 발생하지 않은 것이다. 그는 이를 토대로 더 조사하여 사망자들이 식수대 물을 마셨다는 것을 알아냈고, 다른 증거와 결합하여 식수대의 물이 바이러스를 전파한다는 결론을 얻었다. 이윽고 해당 식수대는 철거되었고 콜레라는 점차 사그라들었다.

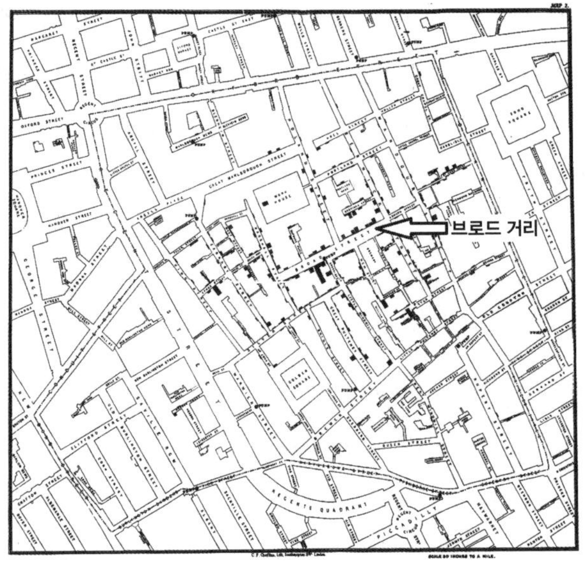

그림 3.2 런던 콜레라 구역도

이 그림은 정보 디자인학의 선구자 터프티Edward Tufte로부터 데이터 시각화의 중요성에 대해 설명할 전형적인 사례로 선정되었다. 이 예제에서 스노우 의사는 직접 해당 지역을 방문하여 사망 사례를 취합하고 구체적인 주소를 기록했다. 사망 사례가 한 번 발생할 때마다 그는 이 지역에 검정 선을 그려 넣었고, 많은 검정 선이 쌓여 하나의 막대로 표시되었다. 한 지역에서 막대가 길어질수록 사망자 수가 많다는 것을 의미한다. 이 모든 데이터는 지도에 그릴 수 있었고, 사망 사례의 분포 규칙을 일목요연하게 볼 수 있었다. 이를 통해 가능성 있는 원인을 파악할 수 있었고, 최종적으로 의사로서 그의 전문 지식과 결합하여 가설을 세워 식수대를 제거함으로써 바이러스 전파를 저지할 수 있었다. 이는 전형적인 과학 분석 사례이자 데이터 시각화의 성공적인 모범이다.

사람들에게 데이터 시각화는 예쁘고 세련된 이미지로 자리 잡혀 있어서 때로는 새로운 기술만 좇는 극단적인 상황에 빠지게 된다. 하지만 약 200년 전의 예제를 통해 시각화의 본질은 데이터 분석에 있으며, 직관적인 방법으로 데이터에 숨어 있는 규칙을 발견하는 것이 데이터 시각화의 진정한 의미라는 것을 알 수 있다.

3.1.3 나이팅게일의 장미

1820년 5월 12일에 태어난 나이팅게일Florence Nightingale은 현대 간호의 창시자이자 세계 최초로 진정한 의미의 간호사다. 5월 12일을 국제 간호사의 날로 지정한 이유가 바로 그녀를 기념하기 위한 것이다. 그러나 나이팅게일이 통계학자였다는 것은 많은 사람이 알지 못한다. 그녀는 영국 황실 통계학회(RSS)와 미국 통계협회(ASA) 회원이었으며, 통계학의 그래프 표현 방면에서 큰 성과를 거두어 통계 그래프 분야의 선구자라 할 수 있다. 1854년에 그녀는 당시 영국 정부로부터 권한을 부여받아 38명의 여성 지원자를 데리고 크리미안 전쟁Crimean War 최전선에 뛰어들어 부상당한 영국 병사들을 돌봤다. 통계학 배경을 토대로 그녀는 병사의 사망률이 줄어들지 않는 주요 원인이 바로 끔찍한 위생 조건이라는 점을 발견했다. 이윽고 병실의 환경부터 개선해 나가며 병사들을 위해 몸을 사리지 않고 간호하여 '램프를 든 여신'이라는 칭호도 얻었다. 1858년, 그녀는 유명한 장미 그래프(그림 3.3 참고)를 발명했는데, 이 그래프를 사용해 의회가 공공위생을 중시하게 만들고 왕립위원회를 구성하여 가장 먼저 인도에서 위생 개혁을 진행했다.

그림 3.3이 바로 나이팅게일이 당시에 그린 **장미 그래프**rose graph다. 왼쪽 그래프는 1855년 4월부터 1856년 3월까지의 데이터를 나타내고, 오른쪽 그래프는 1854년 4월부터 1855년 3월까지의 데이터를 나타낸다. 월 단위로 데이터가 하나의 꽃잎을 차지

하고, 꽃잎은 3개의 층으로 나뉘며, 3종류의 사망 원인(예방할 수 있는 질병 사망, 전쟁 상해, 기타 원인)을 의미한다. 면적은 각 부분의 비율을 나타낸다. 이런 데이터는 사실 막대그래프로 표시할 수 있지만, 나이팅게일은 창조적으로 극좌표를 도입했고, 데이터를 꽃잎의 형태로 표시하여 사람들의 이목을 끌었다. 더 중요한 점은 그녀가 데이터에서 규칙을 찾아냈다는 것이다. 전쟁에서의 주요 사망 원인이 예방 가능했던 질병이었으며, 양호한 위생 조건과 현대적 간호 방식을 통해 병사뿐만 아니라 인류의 생명을 보장할 수 있게 된 것이다. 그녀는 마침내 현대 간호를 창시하는 위대한 업적을 세웠다. 이런 의미에서 장미 그래프는 세상을 바꿨다고 할 수 있다.

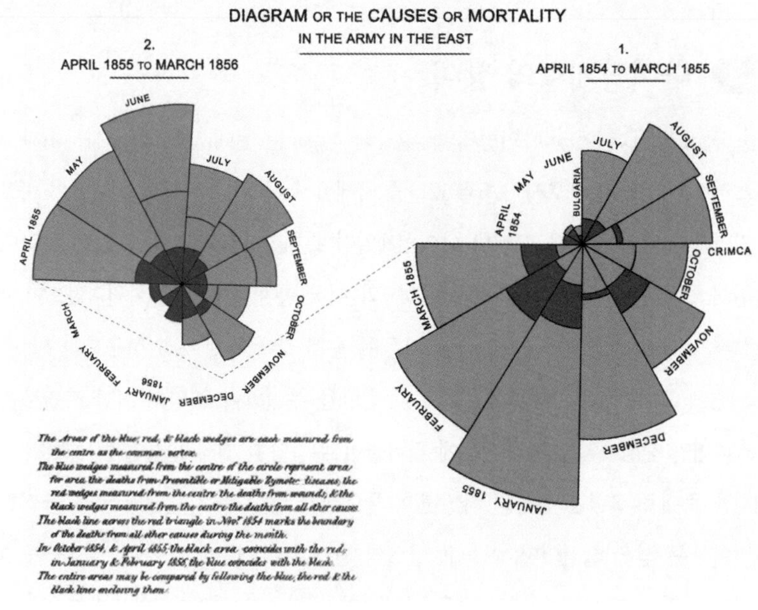

그림 3.3 **나이팅게일의 장미 그래프 원본**

우리는 현대 컴퓨터 기술을 통해 나이팅게일의 장미 그래프를 새롭게 그려 더욱 명확하게 세세한 부분까지 확인할 수 있다. 1854년 4월부터 1855년 3월까지의 데이터를 선택해 R 언어*의 ggplot2 패키지로 그려 보면 그림 3.4와 같은 결과를 얻을 수

* 5.2.4절 '필자가 가장 사랑하는 R'에서 상세하게 소개할 것이다.

있다. 그래프와 나이팅게일의 원본은 기본적으로 일치하지만, 극좌표계를 그려냈고 좌측 상단에 반경 눈금도 있다. 여기서 주의할 점은 장미 그래프는 반경이 아닌 부채꼴 면적으로 비율을 나타내기에 이 예제에서는 눈금을 12등분 하였다. 따라서 면적의 크기는 완전히 반경에 따라 결정되기에 반경의 길이로 면적을 비교할 수 있다. 좌측 상단의 눈금처럼 표시할 수 있지만, 자세히 관찰하면 이 눈금의 간격이 같지 않음을 알 수 있다.

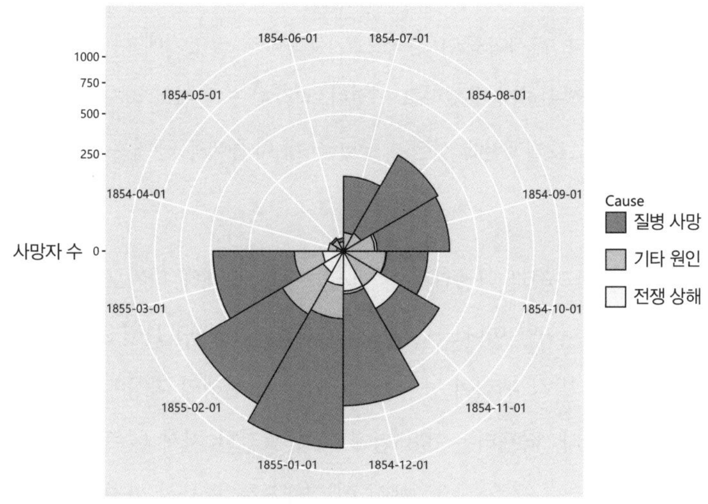

그림 3.4 **현대 기술로 그린 장미 그래프**

이 좌표계에서는 당연히 데이터의 척도를 정밀하게 관찰할 수는 없다. 따라서 우리는 데이터와 그래프가 정확하다고 믿어야지만 그래프의 직관성이 가져오는 좋은 점을 만끽할 수 있을 것이다. 그러나 만약 작성자가 일부러 반경과 면적에 문장을 적거나 실수로 눈금을 잘못 적었다면 문제가 발생하더라도 찾아내기 힘들 것이다. 그렇기에 장미 그래프는 양날의 검과 같아 꼭 조심히 사용해야 한다. 우리는 컴퓨터 프로그램을 돌려 이 그래프를 만들어 냈기에 잘못 작성됐을 가능성이 작고 반복해서 사용할 수 있다. 만약 일정 시간 내 비율의 변화를 분석하려면 장미 그래프를 사용할 수 있다. 이는 매우 직관적이고 간편한 방법이다.

3.1.4 나폴레옹 원정

1821년 여름, 나폴레옹Napoléon은 프랑스가 다스리는 바르샤바 공국에 약 60만 대군을 집결시키고 6월 24일에 네만Neman 강을 건너 러시아를 습격하였다. 그러나 러시아의 땅이 너무나 광활하여 물자 공급이 원활하지 않았다. 여기에 프랑스군에 맞선 러시아군이 효과적으로 저항했기 때문에 프랑스군의 사기는 바닥을 치고 있었다. 프랑스군이 러시아 적진으로 깊게 들어간 시점에 추운 겨울이 시작되었는데, 모스크바에 도착할 즈음에는 빈 성만 덩그러니 남겨져 있었다. 성 안의 사람은 모두 흩어졌으며, 모든 물자 역시 중단된 상태였다. 러시아군이 정식으로 항복하지 않았기에 나폴레옹은 전통적 의미의 승리를 아직 쟁취하지 못했다고 여겼다. 퇴각하는 길에서 러시아군은 끊임없이 프랑스군을 괴롭혔고, 12월 6일에 전쟁이 끝났을 때 나폴레옹 군대는 2만여 명밖에 남아 있지 않았다.

사람들은 이 전쟁의 과정과 나폴레옹이 실패한 원인에 대해 다각도로 분석했고, 그 중 프랑스 토목 엔지니어인 미나드Charles Joseph Minard가 1869년 11월 20일에 발표한 통계 그래프는 세상을 발칵 뒤집어 놨다. 그림 3.5처럼 전쟁의 과정에 대해 아주 직관적으로 나타낸 것이다. 터프티는 1983년에 그가 출간한 저서 《수량 정보의 시각화The Visual Display of Quantitative Information》[35]에서 이 그래프를 '역사상 가장 좋은 통계 그래프'라고 극찬한 바 있다.

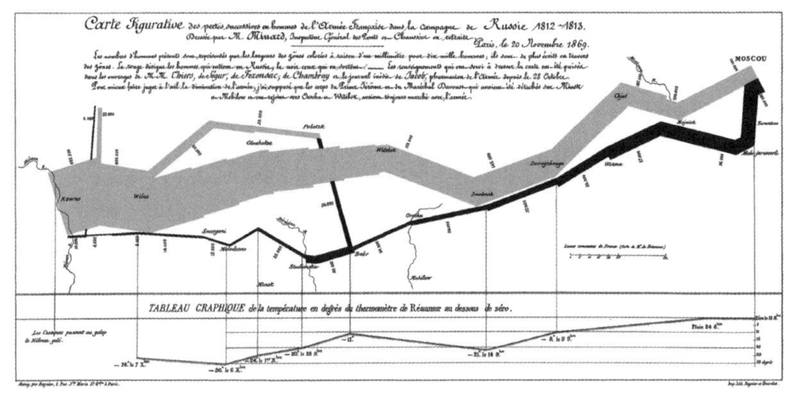

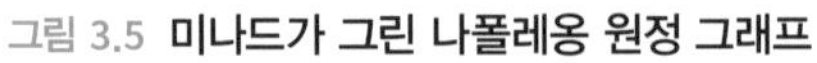
그림 3.5 **미나드가 그린 나폴레옹 원정 그래프**

이 그래프는 2개의 차원(2차원 그래프)으로 6가지 데이터 유형을 나타냈다. 데이터 유형은 나폴레옹 군대의 수량, 진행 루트, 차원, 경위도, 진행 방향, 특정 날짜, 사건의 위치가 있다. 그래프의 가로축은 시간축이며(눈금 간격이 균일하지 않다), 날짜에 일일이 대응할 수 있다. 아래 부분에는 퇴각 시 각 날짜의 온도를 명시하였다. 그래프의 주축 부분은 오늘날 말로 띠그래프이며, 시시각각 매 위치의 군대 인원수를 나타낸다. 옅은 색 띠그래프 부분은 모스크바로 행진하는 군대를 나타내며, 검은색 띠그래프 부분은 퇴각하는 프랑스 군대를 나타낸다. 띠의 너비는 당시 군대 인원의 수량을 의미한다. 띠그래프 부분의 가로축 투영은 시간을 나타내는 동시에 당시 위치의 경도와 위도를 통해 모스크바로 행진하는 방향(각도)을 계산할 수 있다. 따라서 띠그래프 부분의 방향은 바로 당시 군대가 실제로 진군한 방향이 된다. 이렇듯 띠그래프 부분의 임의의 점은 장소와 시간에 일일이 대응되기 때문에 결정적인 사건(예 어떤 지점을 통과)에 대응될 수 있다. 만약 진행 과정에서 병사를 나누면 구역을 분기하는 방식으로 그릴 수 있다.

이 그래프는 오늘날로부터 이미 100여 년 전에 그려졌지만 시대에 전혀 뒤처지지 않는다. 오늘날 컴퓨터 기술로 그림 3.6처럼 좀 더 선명하게 그릴 수 있다. 원본에서의 프랑스어는 영어로 번역되어서 보기에는 좀 더 수월하다. 그러나 새로운 그림과 원본을 비교해 보면 본질적인 차이는 없다.

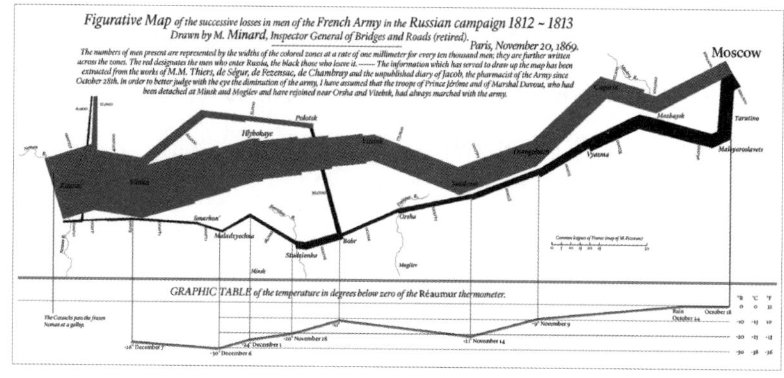

그림 3.6 현대 기술로 다시 그린 나폴레옹 원정 그래프

이 그래프에서 우리는 병사 인원수 변화를 한눈에 볼 수 있다. 처음에는 42만 2,000명이었던 병사 수가 2만 2,000명을 따로 분리해 40만 명이 남았으며, 모스크바에 도착했을 때는 10만 명만 남은 것을 볼 수 있다. 퇴각하는 과정에서의 인원수 역시 계속 감소하였으며, 11월 28일에 벨라루스의 베레지나Berezina 강을 건널 때 2만 8,000명밖에 남지 않은 것을 볼 수 있다. 전체 전쟁 과정에서 병력 배치와 인원수 변화를 일목요연하게 확인할 수 있으며, 나폴레옹이 왜 실패했는지를 아주 적나라하게 볼 수 있다. 기본적으로 행군 과정에서 인원수가 점차 줄어들었을 뿐 큰 전쟁으로 인해 인원 손실을 본 것은 아니다.

이 예제를 통해 우리는 '역사상 가장 좋은 통계 그래프'가 얼마나 좋은지 느낄 수 있었다. 우선, 이 그래프는 매우 직관적이다. 독자들에게 띠 부분의 너비로 간단하게 행군 인원수를 보여주어 이 그래프의 주요 의미를 빠르게 파악할 수 있었다. 이는 우수한 모든 통계 그래프에서 나타나는 가장 중요한 특징이다. 다음으로, 정보량이 매우 풍부하다. '하나의 그래프가 천 마디 말보다 강하다'라는 말처럼 하나의 간단한 2차원 그래프로 풍부한 데이터 정보를 나타내어 문자로 표현한 것보다 이해하기 훨씬 간편해졌다. 만약 그래프가 동시에 이 두 가지 조건을 만족한다면 해당 그래프는 매우 좋은 통계 그래프다. 만약 두 번째 조건만 만족한다면 사용하는 과정에서 사용처에 대해 주의해야 한다. 만약 고의로 그래프 데이터양의 풍부함만 추구하여 직관적이지 못하거나, 심지어 잘못된 정보를 심어준다면 득보다 실이 많게 될 것이다. 그래프를 강제로 사용하는 것이 문자나 표로 표현하는 것보다 못할 때가 많다. 진짜로 우수한 시각화 그래프는 무조건 직관적이다. 100여 년이 지난 나폴레옹 원정 그래프가 바로 아주 전형적인 예다.

3.2 데이터와 시각화

3.2.1 여왕의 드레스

2016년, 영국 여왕 엘리자베스 2세Elizabeth II의 90세 생일을 축하하기 위해 런던 버킹엄 궁에서 '한 시대를 풍미한 여왕의 옷장 패션 90년'이라는 여왕 의상 회고전을 열었다. 회고전에서는 영국 여왕의 어린 시절부터 지금까지의 약 150벌 의상을 전시하였고, 여왕의 생일을 축하하는 것뿐만 아니라 여왕의 옷장을 궁금해하는 사람들까지 만족시켰다. 이후 일반인들은 물론 매체들도 끊임없이 여왕의 의상에 대해 분석하였고, 색상, 디자인, 시대 등 요인으로 차이점을 비교했다. 여왕은 역시 역대 중대 사건들을 목격해 온 '살아있는 화석'이었다. 그림 3.7은 여왕이 입었던 드레스 사진인데, 다른 시대의 여왕이 착용한 의상 스타일을 엿볼 수 있다.

그림 3.7 **영국 여왕이 입었었던 드레스**

역사 순으로 여왕의 드레스를 본다면 마치 시계열처럼 시대의 변화까지 들여다볼 수 있다. 따라서 '여왕의 드레스'는 아주 좋은 시각화 방식이지만 데이터 시각화를 할 수는 없다. 왜냐하면 이 안에는 데이터가 없기 때문이다. 더 결정적인 요인은 재활용할 수 있는 시각화 모드가 없다는 것이다.

데이터 시각화data visualization는 옛날부터 존재해 왔다. 사람들은 일찍이 그래프로 사물을 표현하는 규칙을 알고 있었다. 숫자가 생긴 후에 수치를 추상적인 그래프로 나타내는 방식이 꺾은선그래프, 히스토그램, 원그래프 등 현재의 통계 그래프로 발전한 것이다. 전통적인 데이터 시각화는 주로 수치형 데이터의 시각화 표현을 가리킨다[36].

그 외에도 정보 시각화라는 개념이 있는데, 최초의 의미는 데이터 시각화와 다소 차이가 있다. 보통, 통계 규칙 외에 등고선도, 대규모 산포도 등의 정보를 표현했다. 정보 기술이 비약적으로 발전하는 현 시대에 정보 시각화의 범위는 점점 넓어졌고, 수치 여부와 상관없이 그 어떤 정보도 시각화의 방법으로 나타낼 수 있다.

특히, 오늘날과 같은 빅데이터 시대에 데이터의 경계는 끊임없이 넓어지고 있다. 데이터에 대한 사람들의 인식은 수치형 데이터에만 머물러 있지 않다. 데이터 시각화와 정보 시각화의 차이는 점점 줄어들며 두 개념이 하나로 합쳐지는 추세다. 그러나 데이터 시각화나 정보 시각화 모두 수치형과 비 수치형에 상관없이 데이터를 기반으로 만들어진다. 이는 기타 시각화 방법(사진, 동영상, 애니메이션 등)과 다른 점이다. 가장 결정적인 차이는 '재활용할 수 있다'라는 것만 알고 있으면 된다.

재활용이란, 어떠한 시각화 표현 방법을 디자인하여 사람들에게 사용하게 했을 때 데이터 변화에 따라 쉽게 표현 결과를 업데이트할 수 있고 다시 디자인하거나 개발할 필요가 없음을 의미한다. 이런 의미에서 재활용할 수 있는 데이터 시각화 방법은 대개 도구로 실현할 수 있는 통계 그래프를 의미한다. 그 어떤 소프트웨어 패키지나 개발 언어를 사용했든 간에, 한 데이터 시각화 표현 방법에 대해 데이터를 업데이트하거나 모수를 수정한 후 바로 새로운 결과를 얻을 수 있다면 이 시각화 방법은 재활용 가능하다고 할 수 있다.

그러나 여왕의 드레스 그래프는 여왕만이 가지고 있는 드레스 사진으로 나온 결과이기에 설령 컴퓨터 프로그램으로 자동 선별하고 나열한다고 해도 예상 규칙을 얻어내기 힘들다. 이런 시각화 방법은 보통 데이터 시각화라고 하지 않는다. 따라서 이 책의 데이터 시각화 기준은 프로그래밍으로 실현할 수 있고 재활용할 수 있는 그래프다. 전통적인 통계 그래프나 현대 동적 기술에 상관없이 모두 데이터 시각화라고 할 수 있다. 그러나 사진, 동영상, 애니메이션 등 인공적으로 완성해야만 하는 작품은 데이터 시각화에 포함되지 않는다.

3.2.2 캔버스와 화선지

유화는 속건성 식물성 기름(아마인유, 양귀비유, 월넛 오일 등)을 물감과 섞어 리넨, 판지, 목판 등에 그림을 그리는 화법이다. 작화 시 휘발성 소유와 건성 아마인유 등을 희석제로 사용해 그림에 도포된 물감이 비교적 강한 강도를 가지게 된다. 그림이 마르면 장시간 광택을 보존할 수 있어서 유화는 15세기부터 널리 퍼지기 시작하여 서양화의 주요 화법으로 자리매김하였다. 중국화는 주로 붓을 사용해 견직물이나 화선지에 그림을 그렸는데, 현존하는 토산물 중 최초의 중국화는 초나라 때 견직물에 그린 그림이다. 그러나 현재 중국화에서 가장 많이 사용되는 화선지는 당나라 때부터 사용되었다. 화선지는 먹을 잘 흡수했고, 내구성과 항노화 기능이 좋으며, 변색이 잘 안 되는 특징을 가지고 있어서 중국화의 생생한 기품이나 의기양양한 특징을 담기에 매우 적합했다.

캔버스와 화선지는 모두 그림을 담는 매개체다. 캔버스에 중국화를 그릴 수도 있고 화선지에 유화를 그릴 수도 있다. 다만, 효과가 그다지 좋지 않을 뿐이다. 화법과 화풍에 따라 적합한 매개체와 결합해야지만 더 좋은 효과를 얻을 수 있다. 데이터 시각화는 본질적으로 그림을 그리는 것과 다를 바 없다. 통계분석 소프트웨어나 프로그래밍 언어는 화법과 같고, 디스플레이 장치는 그림을 그리는 매개체와 같다. 나폴레옹 원정 그래프가 작성된 시대에는 시각화 그래프를 종이에 그릴 수밖에 없었다. 그러나 오늘날 우리가 말하는 데이터 시각화의 중점은 재활용할 수 있게 그래프를 그리는 방법이며, 매개체는 모두 컴퓨터다.

디스플레이 장치는 대개 모니터와 같은 하드웨어 장비를 가리킬 때 사용된다. 하지만 데이터 시각화 분야에서, 특히 하드웨어 시스템이 나날이 표준화되어 가는 현재는 소프트웨어 시스템을 가리킨다. 디스플레이 장치는 SPSS의 그래프 출력창과 같은 소프트웨어 그래프 표시창이 될 수도 있고, 엑셀 시트나 PDF, BMP, JPG 등

그래프 파일이 될 수 있다. 표현 방식이 어찌 됐든 우리는 이들을 작화 시 사용하는 캔버스로 생각하면 된다. 캔버스(혹은 종이)를 정했다면 우리가 원하는 것을 그려나가면 된다.

그래프 출력 부분에서 가장 보편적으로 사용되는 장치는 파일 형식이다. 이 중 대표적인 두 가지 표현 방식이 있는데, 비트맵bitmap과 벡터vector가 그것이다. 비트맵은 도트맵이라고도 하는데, 간단하게 말해 픽셀로 구성된 그림이다. 그림 3.8이 보여주는 그림의 해상도는 50픽셀 × 20픽셀인데, 이는 해당 그림이 1,000개의 픽셀로 구성되어 있으며, 각 행마다 50개의 픽셀이 있고, 각 열마다 20개의 픽셀이 있음을 의미한다. 각 픽셀은 사실상 색깔이 있는 픽셀이며, 한데 모여 1,000픽셀의 그림이 된 것이다. 왼쪽 그림은 원래 그림이며, 오른쪽 그림은 확대 후의 그림이다. 모두 같은 1,000개의 픽셀로 구성되었지만 오른쪽 그림을 보면 보다 선명한 격자 모양을 볼 수 있는데, 각 격자는 바로 하나의 픽셀이다.

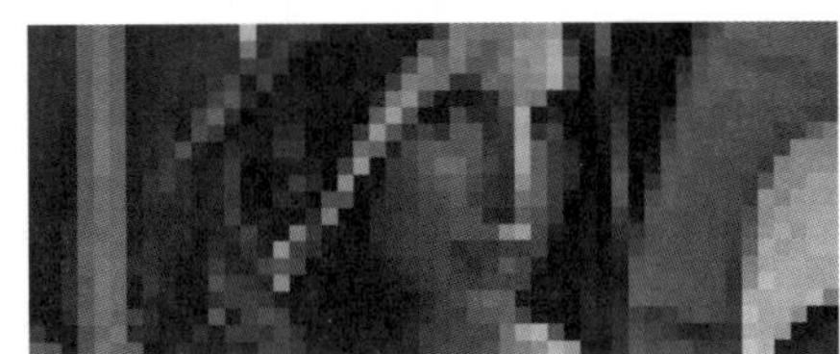

그림 3.8 **비트맵 예시**

비트맵의 각 픽셀에 대해 한 세트의 컬러 모드를 사용해 색깔을 표현할 수 있다. 가장 자주 사용되는 모드는 RGB 모드이며, 이는 우리에게 익숙한 '빛의 삼원색'이다. R은 빨간색을, G는 초록색을, B는 파란색을 가리키며, 세 가지 컬러의 빛을 혼합하면 하얀색이 된다. 여기서 주의할 점이 있다! 물감의 삼원색인 빨강, 노랑, 파랑을 한데 섞으면 하얀색이 아닌 검은색이 된다. 다들 알다시피 삼원색의 물감을 섞어 임의의 색상을 만들어 낼 수 있으며, 삼원색의 빛으로 그 어떤 컬러의 빛도 만들어 낼 수 있다. 컴퓨터 화면 자체가 픽셀 형태로 구성되어 있고 사람 눈의 민감도는 한정되어 있기 때문에 컴퓨터로 RGB 색상을 처리할 때 컬러값을 무한대로 나누지 않았다.

각 원색을 256단계로 나누어 0부터 255까지의 정수로 표시했다. 예를 들어, 빨간색은 RGB(255, 0, 0)로 표현하는데, 이는 빨간색만 사용하며 초록색이나 파란색을 사용하지 않는다는 의미다.

벡터맵은 또 다른 메커니즘으로 그림을 표현한다. 곡선과 각도로 형태 특징을 저장하며, 픽셀을 사용할 필요가 없다. 간단하게 말해, 벡터맵은 어떻게 확대하든지 선명도가 떨어지지 않는다. 그러나 비트맵은 해상도에 따라 선명도가 현저히 저조해지며, 그림 3.8의 오른쪽 그림과 같이 확대하면 격자 모양으로 도트화된다.

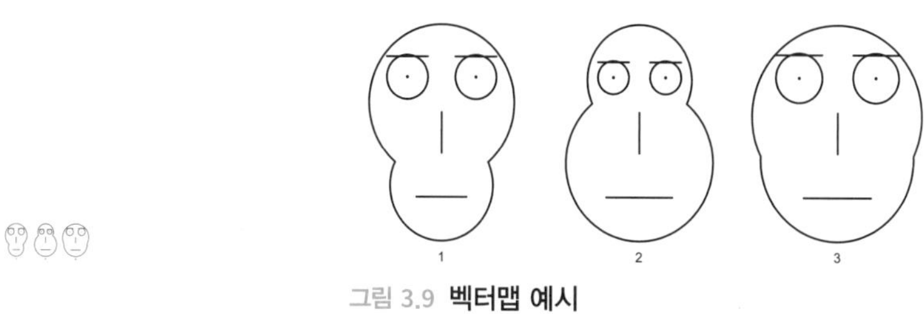

그림 3.9 **벡터맵 예시**

벡터맵에서 자주 쓰이는 파일 형식은 PDF, EPS, AI, CDR 등이다. 대개 특정 소프트웨어에 대응되는데, PDF와 EPS는 비교적 통용되는 형식이며 출판 분야에서 많이 응용된다. 비트맵에서 자주 쓰이는 파일 형식은 BMP, JPG, PNG 등이다. BMP 형식은 그림에 대해 아무런 압축도 하지 않고 원본 그대로 픽셀을 저장하기 때문에 비교적 많은 저장공간을 차지한다. JPG 형식은 그림에 대해 압축을 진행하여 호환성과 그림 크기 면에서 매우 효율적이기 때문에 현재 주요 비트맵 파일 형식으로 사용되고 있다. PNG는 인터넷에서 자주 사용되는 파일 형식으로, 투명 배경을 설정할 수 있다는 특징을 가지고 있다. 이는 많은 곳에서 중요한 역할을 한다.

그 외에도 HTML 웹페이지 혹은 특수한 소프트웨어에서 일부 동적 시각화 방안이 사용되고 있는데, 이 역시 디스플레이 장치로 생각해도 된다. 데이터 시각화를 하기에 앞서 먼저 시각화의 디스플레이 장치에 대해 이해해야지만 결과가 나왔을 때 좀 더 확실하게 이해할 수 있다.

3.2.3 심수 왕자와 다래끼 화가

《삼체三體》[15] 제3부 '사신용생'에는 대표적인 내용이 하나 있다. 지구인인 운천명의 뇌는 삼체별에서 신체가 클론되어 부활했는데, 삼체인의 세상에서 살아가며 그들의 과학 수준에 대해 이해하게 되었다. 삼체별의 사자로서 그가 짝사랑하던 여신 성심과 만날 때 그는 삼체인의 도청을 피하기 위해 삼체인의 신기술과 인류의 작전 계획을 3개의 동화에 녹여내어 인류가 해독할 수 있게 하였다. 그중 하나는 사악한 '다래끼 화가'에 대한 이야기였는데, 이 화가는 사람을 그림에 그려 넣어 세상에서 사라지게 한 다음, 그 사람을 그림으로 바뀌게 만들었다. 그러나 다래끼 화가는 심수 왕자를 그려내지 못했는데, 이유는 심수 왕자가 원근투시법에 부합하지 않아서였다. 다래끼 화가는 서양화만 공부했고 동양화는 공부한 적이 없기에 심수 왕자를 그림에 그려 넣을 수 없었던 것이다. 이 이야기의 숨겨진 의미는 《삼체》 소설에서 부분적으로 해석이 진행되었는데, 독자들의 해석은 천차만별이었다. 우리는 여기서 숨겨진 과학 의미에 대해 토론하지 않고 두 가지 화파에만 집중하겠다.

이 이야기 속 서양화와 동양화에서 가장 유명한 화법은 앞서 소개했던 유화와 중국화다. 두 화파의 차이는 매우 큰데, 원근투시법에 부합하는지가 주요 차이점이다(그림 3.10 참고). 원근투시perspective란, 2차원 평면에서 3차원 공간을 표현하는 것을 의미한다. 간단하게 말해 가까운 것은 크게, 그리고 먼 것은 작게 그리는 것이다. 좀 더 전문적으로 얘기하자면, 그림은 사진과 마찬가지로 고정 초점이 있는 평면이며, 초점면의 앞뒤 크기 비율이 광선과 시선의 규칙에 부합해야 한다. 원근투시법은 사실적 그림을 그리는 데 초점을 두며, 중국화는 추상적 그림을 그리는 데 중점을 둔다. 작화를 하나의 예술 기법으로 여기고 사실을 기록하는 도구로 생각하지 않는 것이다. 일부 공필화에는 사실 원근투시법을 포함하고 있지만, 예술적 표현을 위해 하나의 초점만 가지지 않고 여러 초점면을 사용한다.

그림을 그리는 목적과 보여주려는 것은 다르기에 화법뿐만 아니라 사용하는 '캔버스'도 달라진다. 데이터 시각화는 회화의 한 종류로 생각해도 된다. 그저 주목적이 데이터 규칙을 나타내는 것이지 실제 세상을 묘사하는 것이 아닐 뿐이다. 따라서 만약 데이터 시각화를 하나의 화파로 여긴다면 이는 다른 모든 화파들과 다를 것이다. 만약 데이터 시각화를 점그래프, 선그래프 등 그래프로만 이해한다면 화가가 손수 그려낼 수 있을 것이다. 컴퓨터나 그림판에 그리는 것과 상관없이 쉽게 통계 그래프를 그려낼 수 있다. 나폴레옹 원정 그래프와 나이팅게일의 장미 그래프와 같은 통계 그래프가 바로 손으로 그리던 시절의 산물이다. 그러나 오늘날 데이터 시각화에 대한 요구사항은 재활용 가능한 기술 실현 방식을 갖추는 것이기 때문에 다른 데이터에 대해 아무 때나 그려낼 수 있어야 한다. 그렇다면 필연적으로 기본 '화법' 세트가 만들어지게 된다. 우선, 작화의 기본요소는 점, 선, 면으로 확정할 수 있는데, 수학 공식으로 정확하게 묘사할 수 있는 점, 선, 면이어야 한다. 앞서 소개했던 내용을 토대로 벡터맵으로 실현시킬 수 있는데, 사실 대부분의 통계 그래프는 벡터맵으로 저장할 수 있다. 당연히 절대적인 것은 아니다. 예를 들어, 런던 콜레라 그림과 같은 통계 그래프는 지도 위에 그려야 하는데, 지도는 바로 비트맵이다.

그림 3.10 **서양화파와 동양화파**

그런데 순수한 통계 그래프는 역시나 각종 점, 선, 면으로 구성되어 있으며, 심지어 모든 통계 그래프는 이런 사고방식으로 실현시킬 수 있다. 이는 화가가 작화하는 사고방식과 같으며, 모두 한땀 한땀 그려내는 것이다. 그러나 데이터 시각화나 통계 그래프의 목적은 데이터 규칙을 나타내는 데 있다. 만약 작화 방식이 화가와 같다면 데이터 사이언티스트가 왜 필요할까? 데이터 분석가를 데려다 데이터의 형태를 생각하게 하고 프로그래머를 찾아 프로그래밍으로 그려내라고 하면 되지 않나? 데이터 사이언티스트가 존재해야 하는 하나의 가능성은 그래프를 그리는 문법을 사용하여 전문적으로 데이터 시각화를 표현하는 것인데, 이는 평소 컴퓨터 프로그래밍 언어를 사용하는 것과는 확실히 달라야 한다. 일반 통계 그래픽은 점, 선, 면에서 시작하지만, 시각화하는 프로그래밍은 반드시 데이터 논리로부터 시작해야 한다.

1999년, 윌킨슨Leland Wilkinson은 그래프 프로그래밍을 전문적으로 다루는 문법을 만들었고, 유명한 저서 《그래픽스 문법The Grammar of Graphics》[37]을 출간하였다. 전통적인 점, 선, 면을 기본으로 하는 통계적 구성 방식을 벗어나, 데이터의 좌표계, 관계, 통계 변환 등 각도에서 시작하여 문법으로 데이터의 규칙을 표현해 내는 동시에 전개 방법을 시각화하였다. 이런 방식은 데이터 분석가와 화가를 구분하여 분석과 시각화를 하나로 만들어 위대한 발전을 이뤄냈다. 아쉽게도 당시 이 언어는 옛날의 '에스페란토Esperanto'*와 마찬가지로 그저 죽은 언어에 불과했다. 아이디어는 좋았지만 실현할 방법이 없었다. 2005년에 이르러 해들리Hadley Wickham가 R 언어를 기반으로 ggplot2[38]를 만들었다. 이는 R 패키지이며, 처음으로 《The Grammar of Graphics》의 매개체를 완벽하게 실현해 냈다. R 언어가 통계 모델링의 독특한 특성에 포커스를 두고 있기 때문일 수도 있다. 마침내 ggplot2에서 데이터 시각화 언어를 실현해 냈다. 이후 파이썬, MATLAB뿐만 아니라 심지어 인터넷 거물들이 ggplot2를 참고해 이런 작화 문법의 시각화 부분을 실현시켰다.

ggplot2에서 기초적인 작화 요소는 데이터, 관계 매핑, 기하 대상(점, 선, 다변형 등), 통계 변환(함수와 모델), 좌표계(직각좌표, 극좌표 등), 분면(데이터의 계층구조), 눈금(그래프 디테일)이다. 이 문법에서 각 요소는 새로운 레이어가 될 수 있는데, 기초 데이

* 인위적으로 만들어진 언어다. 폴란드인 자멘호프(Zamenhof)에 의해 만들어졌다. 국제 보조 언어로 개발되었으며, 1954년에 유네스코가 에스페란토를 사용하고 학습하기를 권장했었다. 1985년에 다시 유네스코에 의해 UN에 가입된 각 나라에 권장되었지만, 지금까지 그저 하나의 장난감으로 인식되고 있고 그 어떤 국가에 받아들여진 적은 없다.

터를 기반으로 한 층씩 쌓아 올려서 데이터 시각화를 실현시켜 아주 보기 좋은 통계 그래프를 얻을 수 있다. 이후 사람들은 그래프의 디테일에 대해 집착하지 않고도 한 번에 만들어 낼 수 있었다. 데이터의 규칙을 이해하는 것부터 데이터 시각화까지 모두 시각화를 보조 역할을 하는 수단이 아닌 진정한 분석 도구로 만들었다.

당연히 ggplot2가 유일한 선택지는 아니다. 빅데이터 시대가 도래함에 따라 데이터 시각화도 점점 사람들에게 주목받기 시작했다. 작화 문법 역시 사람들 가슴 속에 깊이 파고들었고, 점점 많은 우수한 시각화 도구(상용화된 시각화 프로그램 포함)들이 우후죽순 생겨났다. 데이터 시각화 분야에서 이미 독특한 화파가 생겨났고, 전통적인 동양, 서양 화파와 견줄 수 있게 되었다.

3.2.4 우주왕복선 '챌린저호'

중학교 교과서에 다음과 같은 신문 원고가 실린 적이 있었다. '미국 동부 시각 오전 11시 38분에 우주왕복선 '챌린저호'는 발사된 지 1분 12초 만에 갑자기 폭파하였다. 기내 7명의 우주 비행사는 전부 사망하였다. 이는 미국 우주 비행 역사상 가장 심각한 사건이었고, 미국이 56번이나 우주로 사람을 보내면서 처음으로 발생한 대재앙이었다. 1967년에 아폴로호 우주왕복선을 발사할 당시 발사대에서 폭발이 일어나 3명의 우주 비행사가 목숨을 잃었었다.' 이 신문의 내용은 1986년 1월 28일의 대재앙에 관한 내용이었고, 인류가 우주에 도전한 이래 가장 큰 좌절이었다. 이번 사건에 대한 조사 역시 우여곡절이 많았는데, 결정적인 원인에 대해 의견이 분분했다. 그러나 하나의 관점에 주목할 필요가 있었는데, 바로 만약 당시에 좀 더 나은 데이터 시각화를 진행했더라면 재난을 피해갈 수 있었을 것이란 관점이었다.

'챌린저호'의 사고조사에 대해 당시 미국 대통령 레이건은 의장(당시 국무장관인 로저스)의 이름으로 명명한 특별위원회인 로저스 위원회를 꾸렸다. 위원회에는 노벨상 수상자인 유명한 물리학자 파인만Richard Phillips Feynman이 있었는데, 그는 아주 재밌는 사람이었다. 이번 조사에서 권력에 굴하지 않는 강직한 면모로 사람들에게 깊은 인상을 남겼다. 조사 결과, 사고의 원인으로 우측 고체 로켓 부스터의 O형 패킹 고무에 문제가 생겨 정상적이라면 새어 나오지 말아야 할 고체 로켓 부스터 내의 고압 고열 기체가 새어 나왔기 때문으로 밝혀졌다. 이 기체가 가까이 있는 외부저장장치에 영향을 주었고, 장치가 고온을 견디지 못해 변형되어 우측 고체 로켓 부스터의 끝부분이 분리되었던 것이다. 마지막으로, 고속 비행 도중 우주왕복선이 공기 저항력 때문에 발사 후 73초에 해체되어 이번 사고가 발생하게 된 것이다.

사고의 결정적 요인은 O형 패킹 고무였다. 사고 후 사람들은 제갈량이 되어 이 비극을 피할 방법이 있었는지에 대해 연구하기 시작했다. 역사 기록을 뒤져 O형 패킹 고무와 관련된 모든 데이터 자료를 모았다. 일부 사람은 그림 3.11과 같은 자료를 찾아냈는데, O형 패킹 고무가 망가진 횟수와 온도와의 관계를 나타냈다. 이윽고 해당 실험에서 실마리를 찾을 수 있었다. 앞선 실험 단계에서 대부분 시간은 고온 상태를 유지했다. 단 한 번만 53°F(11.7°C)가 되었는데, 이때 세 번 망가졌었다. 고무 패킹이 망가졌던 기타 두 번의 실험 역시 온도가 비교적 낮을 때 문제가 일어났다.

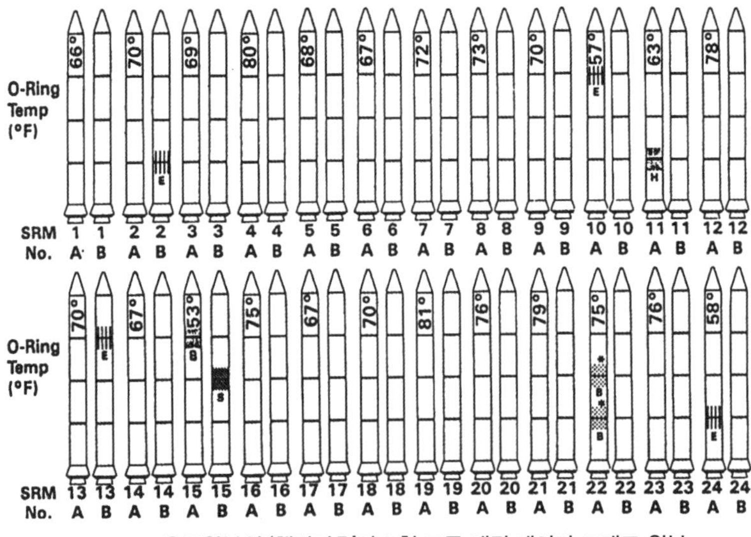

그림 3.11 우주왕복선 '챌린저호'의 O형 고무 패킹 데이터 그래프 원본

온도와 O형 고무 패킹이 망가진 횟수를 산포도*로 나타낸 결과는 그림 3.12와 같다. 그래프에서 알 수 있듯이 온도가 낮을수록 O형 고무 패킹이 망가지는 횟수가 점점 많아졌다. 만약 맞춤 곡선으로 나타낼 수 있다면 온도가 낮아짐에 따라 망가지는 횟수가 급격히 늘어난다는 것을 알 수 있다. 해당 그래프에서는 온도가 31°F(실험 단계에서 한 번도 나타나지 않았던 낮은 온도)일 때 망가진 횟수는 극히 높은 수준에 이르렀다. 만약 '챌린저호'가 발사되기 전에 이 그래프를 만들었다면 많은 사람의 시선을 끌었을 것이며, 비극을 피할 수도 있었을 것이다.

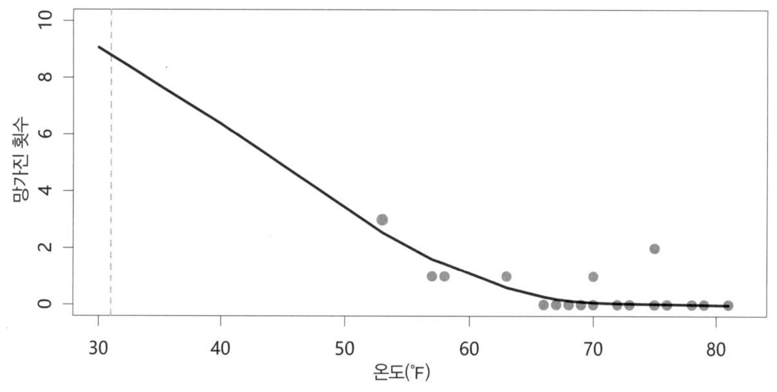

그림 3.12 **우주왕복선 '챌린저호'의 O형 고무 패킹 데이터 그래프**

이렇게 원인을 찾아본들 죽은 자는 영원히 돌아오지 않는다. 그러나 이 예제를 데이터 시각화의 예제로 받아들이면 세상 사람들에게 경각심을 심어 줄 수 있다. 만약 그래프가 충분히 직관적이었다면 종이 쓰레기 더미에 묻혀 사건이 발생한 후 원인을 조사하지 않고 사전에 문제를 발견하여 해결했을 것이다.

* 산포도는 3.4.1절 '포리마의 궤도'를 참고하기 바란다.

3.3 기초 통계 그래프

3.3.1 올드 페이스풀 간헐천의 비밀

1970년 9월 18일, '워시번-램퍼드-돈' 탐험대가 케플러 폭포Kepler Cascades부터 파이어홀강Firehole River을 따라 어퍼 간헐천 분지Upper Geyser Basin에 들어섰다. 그들은 첫 간헐천을 봤을 때부터 이미 놀라움을 금치 못했다. 나다니엘Nathaniel P. Langford 대원은 1971년에 그가 출간한 탐험 기록에서 다음과 같이 묘사했다. '이 간헐천 지대는 평원으로부터 30인치나 높은 곳에 있었고, 분출구는 5에서 6인치가량 돌출되어 있었다. 우리가 그곳에 있을 때 간헐천은 규칙적으로 아홉 번이나 분출했고, 끓는 물이 분출되는 높이는 90에서 125인치 정도 되었다. 매번 약 15분에서 20분 정도 지속되었다. 우리는 이를 '올드 페이스풀'이라고 명명하였다.' 이것이 바로 현재 옐로우스톤 국립공원Yellowstone National Park에 위치한 유명한 '올드 페이스풀 간헐천Old Faithful Geyser'의 유래다. 이 간헐천은 분출 시간과 시간 간격이 매우 규칙적이다. 쉽게 대략적인 다음 분출 시간을 추측해 낼 수 있어서 관람객이 많이 찾는다.

올드 페이스풀 간헐천의 분출 시간은 매우 규칙적이며, 지속 시간은 길 때도 있고 짧을 때도 있다. 간헐천이 짧게는 2분 30초 정도 지속되며, 길게는 4분 정도 지속된다. 만약 앞선 지속 시간이 2분 30초보다 짧다면 다음 분출은 보통 65분 간격으로 발생한다. 만약 앞선 지속 시간이 2분 30초보다 길다면 다음 분출은 91분 정도 기다려야 한다. 여기서 우리는 두 가지 시간을 연구해야 하는데, 바로 분출 지속 시간 T_1과 2번 분출 간 시간 간격 T_2다. 여기서 T_1과 T_2는 2개의 확률변수라는 것을 분명히 알 수 있다. 올드 페이스풀 간헐천을 일정 시간 동안 관찰하고 기록하여 표본값을 얻을 수 있다. 우리는 1990년에 얻은 관찰값 272개의 데이터를 사용해 T_1과 T_2에 대한 히스토그램을 그림 3.13과 같이 작성해 보았다.

히스토그램histogram은 자주 사용되는 통계 그래프인데, 연속변수의 분포 상황을 보는 데 큰 도움을 준다. T_1은 하나의 연속형 확률변수이지만, 어느 분포에서 왔는지는 알 수가 없기에 표본점으로만 초기 판단을 진행하겠다. 표본점을 어떻게 활용해야지만 분포 밀도와 비슷한 그래프를 얻을 수 있을까? 이것이 바로 히스토그램이 맡은 역할이다. 그림 3.13의 그래프로 예를 들겠다. 그래프는 분출 시간의 분포를 나타내는데, 가로축은 지속 시간을 나타내며, 각 막대의 너비는 시간 구간을 의미하며, 높이는 해당 시간 구간에서 발생한 횟수를 의미한다. 예를 들어, 막대 하나의 가로축 범위가 (2.4, 2.5)라면 세로축의 값은 3이 된다. 이는 272번의 관찰에서 분출 지속 시간이 2.4분과 2.5분 사이에 있는 횟수가 3회라는 의미다. 이런 의미에서 그래프는 분포의 밀도함수가 표현하는 것과 일치하게 된다.

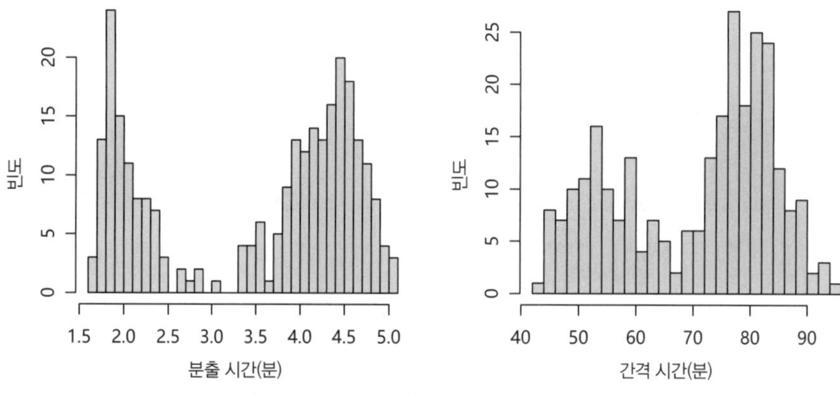

그림 3.13 **올드 페이스풀 간헐천의 분출 시간과 시간 간격 분포**

거의 모든 통계 프로그램이 히스토그램 기능을 포함하고 있으며, 우리가 손수 가로축의 구간과 계산 개수를 나눌 필요가 없다. 그저 막대의 개수(너무 밀집되어 있거나 널찍하면 미관상 좋지 못하다)만 정하면 자동으로 히스토그램이 완성된다. 우리는 아주 편리하게 히스토그램으로 데이터의 분포 특징을 관찰하면 된다. 예를 들어, 그림 3.13에서처럼 분출 지속 시간과 시간 간격이 쌍봉 분포를 이룬다는 것을 확연하게 알 수 있다. 다시 말해, 2개의 중심점을 기준으로 파동친다는 의미다.

2.4.3절 '평균화된 급여'의 표 2.2에서 우리는 일부 급여 데이터를 나타냈는데, 계산으로 얻은 평균값 16892.62와 중위수 3373의 차이는 매우 컸다. 당시에 급여 분포

도가 이팔법칙의 형태를 이룬다고 추측했었는데, 이제는 히스토그램을 통해 3.14의 왼쪽 그림처럼 나타낼 수 있게 되었다. 해당 분포의 꼬리가 매우 긴데, 대량의 데이터가 가장 왼쪽에(수치가 작은 쪽) 몰려 있고 소수 데이터가 오른쪽 꼬리에 있음을 알 수 있다. 이는 우리가 앞서 추측했던 것과 일치한다. 만약 해당 데이터에 대해 대수를 적용하고 분포도를 그리면 그림 3.14의 오른쪽 그림과 같은 결과를 얻게 되는데, 정규분포의 종 모양처럼 나타난다. 이를 통해 우리는 원래 분포가 대수 정규분포와 비슷하다고 추측할 수 있다.

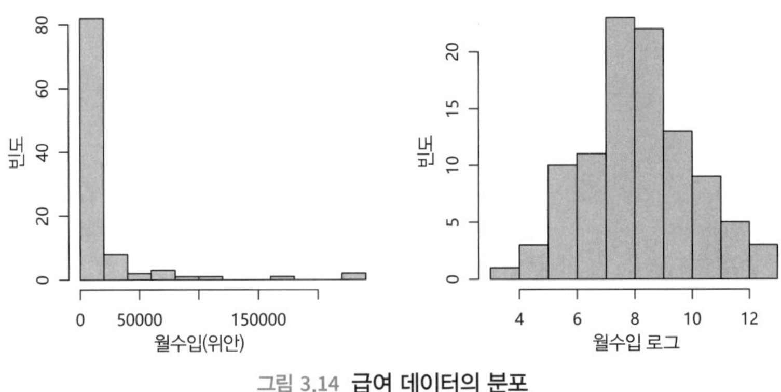

그림 3.14 **급여 데이터의 분포**

연속 데이터에 대해 우리는 히스토그램을 분포의 밀도 그래프와 비슷하게 생각하고 히스토그램의 형태로 데이터가 어떤 분포를 따르는지 판단할 수 있다. 만약 모집단의 분포를 정확하게 검증하고 싶다면 비모수 통계 자료[39]를 참고하여 콜모고로프-스미르노프Kolmogorov-Smirnov 검정과 비슷한 방법을 사용하면 된다. 대략적인 판단만 하고 싶다면 히스토그램으로 충분하다.

3.3.2 통계 그래프의 창시자

스코틀랜드 엔지니어 겸 정치경제학자인 플레이페어William Playfair는 '통계 그래프의 창시자[34]'로 알려져 있다. 그는 1759년에 태어났으며, 오늘날 유명한 통계 그래프는 모두 그의 손에서 탄생하였다. 예를 들어, 1786년의 선그래프, 면적그래프, 막대그래프와 1801

년의 원그래프 모두 그가 만든 것이다. 오늘날에도 히스토그램, 막대그래프, 원그래프, 선그래프, 산포도는 여전히 가장 많이 사용되는 통계 그래프이며, 절반 이상의 공은 플레이페어에게 돌려야 한다. 앞선 내용에서는 히스토그램을 소개했고, 3.4.1절 '포리마의 궤도'에서는 선그래프와 산포도에 대해 소개할 것이다. 여기서는 막대그래프와 원그래프에 대해 소개한다. 플레이페어의 막대그래프와 원그래프 원본은 그림 3.15와 같다.

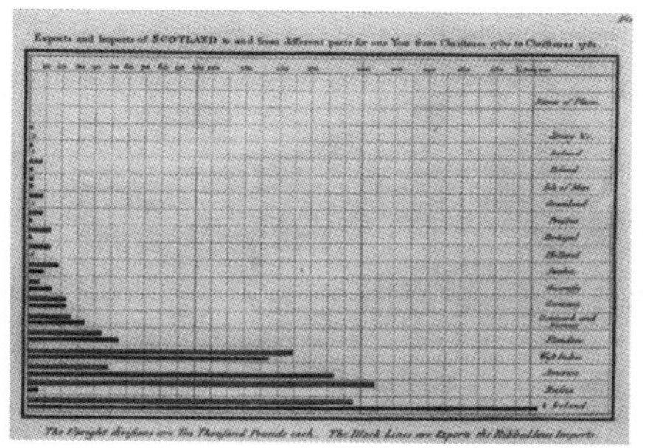

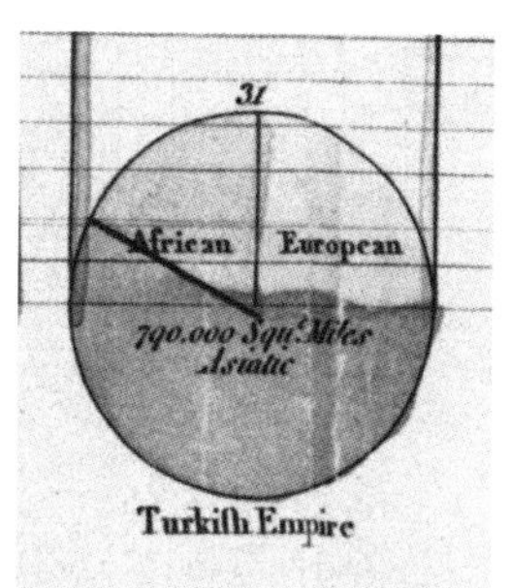

그림 3.15 **플레이페어의 막대그래프와 원그래프 원고**

그림 3.15의 왼쪽 그림은 최초의 **막대그래프**bar chart를 나타낸다. 플레이페어의 1786년 저서 《경제와 정치의 지도Commercial and Political Atlas》에 처음으로 소개되었는데, 스코틀랜드가 1780년부터 1781년 사이에 수출입한 데이터가 기록되어 있다. 각 막대는 하나의 국가를 의미하고, 길이는 구체적인 수치를 나타내며, 눈금을 가로축에 적어 놓았다. 이는 현재 우리가 사용하고 있는 막대그래프와 별반 다를 게 없다.

그림 3.15의 오른쪽 그림은 최초의 **원그래프**circle graph를 나타낸다. 플레이페어의 1801년 저서 《통계학 개요Statistical Breviary》에서 당시 터키제국이 아시아, 유럽, 아프리카 대륙의 영토 면적 비율을 묘사할 때 사용되었다.

앞서 소개한 것처럼 히스토그램은 연속 데이터에 대해 분명하고 직관적으로 이해할 수 있도록 도와주는 매우 좋은 도구다. 만약 이산 데이터라면 데이터를 나눌 필요 없이 값의 빈도를 직접 계산할 수 있다. 예를 들어, 올드 페이스풀 간헐천의 예제에서 우리는 분출 지속 시간의 272개 표본점에서 2분 30초 미만을 '짧은 시간'으로 간주하였고, 2분 30초 이상을 '긴 시간'으로 간주하였다. 따라서 '짧은 시간'의 빈도는 92가 되며, '긴 시간'의 빈도는 180이 된다. 이 두 가지 수치를 막대의 높낮이로 나타내면 그림 3.16과 같은 막대그래프가 되는 것이다.

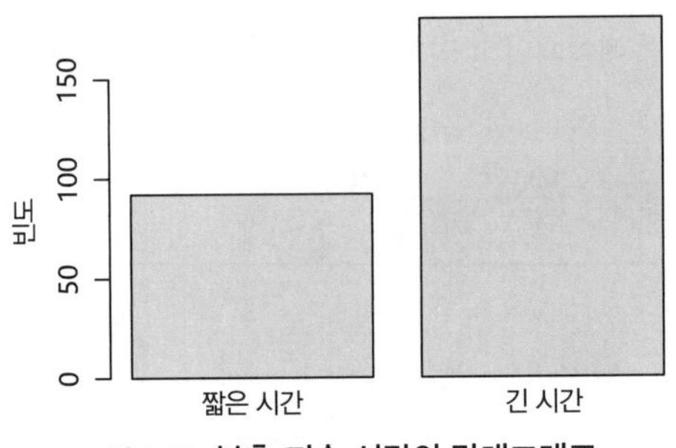

그림 3.16 **분출 지속 시간의 막대그래프**

히스토그램과 막대그래프는 겉보기엔 유사하지만, 둘은 완전히 다른 통계 그래프이기 때문에 잘 구분해서 사용해야 한다. 일반적으로 연속분포에서 나온 확률변수는 히스토그램을 통해 분포 상황을 알아볼 수 있다. 그러나 이산분포에서 나온 확률변수는 막대그래프를 통해 분포 상황을 알아볼 수 있다.

막대그래프는 서로 다른 내용의 상대적 크기를 나타낸다. 가끔 수치에 대응되는 비율 관계에 대해 보고 싶다면 원그래프를 활용하면 된다. 시간별로 모든 표본이 각자 점유하는 비율을 통계해 보면 그림 3.17과 같은 원그래프를 얻을 수 있다.

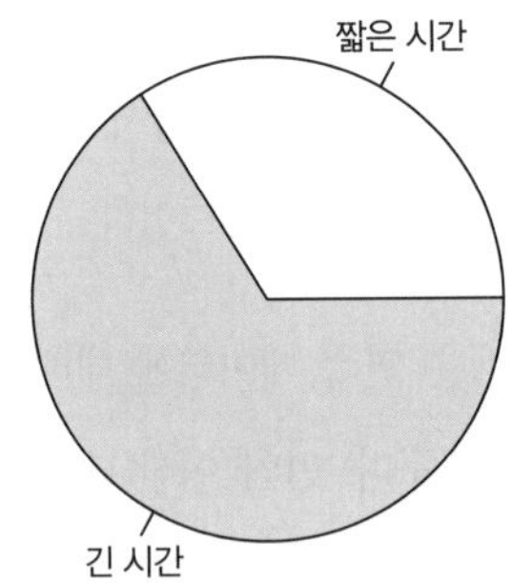

그림 3.17 **분출 지속 시간의 원그래프**

원그래프는 전체라는 개념(원형은 1을 의미)이 존재하며, 비율 관계를 나타낼 때 자주 사용된다. 유형이 많지 않으면 서로 다른 유형의 수치와 비율을 일목요연하게 확인할 수 있다. 200여 년 동안 원그래프는 각종 분야에서 각종 비율 관계를 나타내는 데 사용되며 중요한 역할을 해왔다. 가히 대중에게 가장 익숙한 통계 그래프 중 하나라고 할 수 있다.

그러나 최근 원그래프에 대한 사람들의 책망도 적지 않다. 사람의 시각은 각도에 대해 민감하지 않다는 게 주된 관점이었고, 원그래프로 비율을 나타내는 것이 막대그래프보다 못하다는 의견이 많았다. 그러나 많은 기간 동안 대중은 원그래프를 애용해 왔는데, 이는 원그래프가 좀 더 아름답고 그리기 쉬웠기 때문일 것이다. 많은 사람이 환영한다면 분명히 유행하는 이유가 있을 것이며 원그래프를 더는 비난하지 않을 것이다. 이 역시 데이터 시각화를 할 때 중요시하는 결정적 문제 중 하나다.

3.3.3 오래된 국가의 시운

'통계의 도시(https://cosx.org/)' 사이트에 전형적인 문장이 하나 있었다. 《전송사全宋詞》의 글을 처리하여 각기 다른 사인의 창작 습관에 대해 분석한 것이다. 사인词人(문필에 뛰어나고 시문을 잘 짓는 사람)과 사패词牌(사词의 곡조)의 대응 관계에 대해 작가는 창의적으로 극좌표를 사용해 '시운poem cloud 그래프'를 그려냈다. 양방향 클러스터링 기술을 통해 사인과 사패의 대응 행렬을 수량 순서로 배열했고, 극좌표축으로 변환 후 은하수 모양을 얻었다. 그런 후에 커널 밀도를 사용해 다듬어 별빛을 모방한 효과를 얻었고, 최종적으로 그림 3.18과 같은 시운 그래프를 얻게 되었다. 작가는 문장의 마지막에 '별바다에서 매 하나의 동심원(타원)은 사인 1명을 대표하며, 중심부터 밖으로 각 방향은 하나의 사패를 의미한다. 이는 광기와 우연의 역사이지만, 운이 좋게도 별하늘은 오래된 국가에 속해 있다'라고 기록하였다.

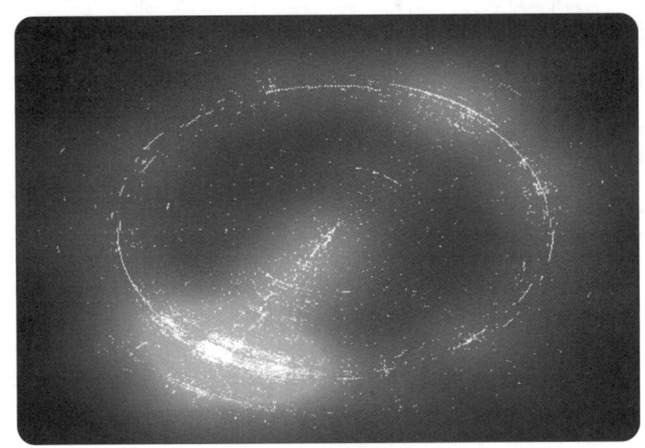

그림 3.18 **시운 그래프**

'통계의 도시'의 글*에서 시운 그래프에 관해 상세하게 제작 과정을 소개하고 다운로드할 수 있게끔 데이터를 제공하였다. 이 그래프의 사고방식은 우선 그림 3.19의 왼쪽 그림처럼 사인과 사패를 대응시켜 하나의 행렬을 얻어내고 대응하는 위치의 수가 많을수록 더욱 빛나도록 만들었다. 그리고 양방향 클러스터링 기법을 활용해 행렬의 행과 열을 교환함으로써 값이 비슷한 요소끼리 뭉쳐 있도록 만들어 그림 3.19의 오른쪽 그림처럼 집단화 효과를 얻었다. 이때 직각좌표계에서 사인과 사패의 대응 관계를 얻어 냈는데, 좌표축을 극좌표로 변환시키고 커널 밀도를 사용해 다듬으면 그림 3.18과 같은 화려하고 웅장한 시운 그래프를 얻을 수 있다.

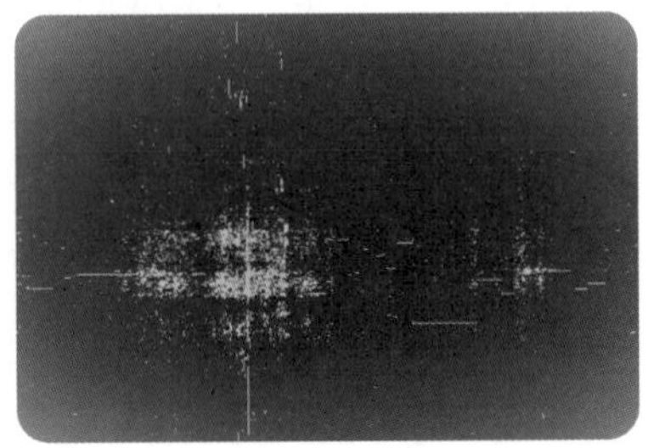

그림 3.19 **시운 그래프의 직각좌표 형식**

* 통계의 도시의 글 《통계사화(2)(统计词话(二))》에서 상세 내용을 확인할 수 있다. 작가는 치우이쉬엔(邱怡轩)이다.

직각좌표와 극좌표의 상호 전환은 사실 선형변환이다. 2.1.4절 '이십팔수와 황도십이궁'에서 극좌표에 대한 예를 들었다. 그 외에도 3.1.3절 '나이팅게일의 장미'에서 소개한 장미 그래프는 사실 막대그래프를 극좌표로 바꿔 새로운 통계 그래프로 바꾼 것이다. 3.2.3절 '심수 왕자와 다래끼 화가'에서는 새로운 작화 문법으로부터 개발된 ggplot2에 대해 소개했었다. 아주 쉽게 그래프의 좌표계를 바꿀 수 있으면서도 복잡한 프로그래밍 작업을 거치지 않고도 그려 낼 수 있다.

앞서 막대그래프와 원그래프를 소개했는데, 두 가지 그래프가 나타내는 내용은 비슷하다는 것을 확연히 느낄 수 있었다. 만약 막대그래프의 다른 유형을 한데 그려 넣는다면 길이(혹은 면적)로 비율 관계를 나타내는 그림 3.20과 같은 특수한 막대그래프가 되는데, 이를 **중첩막대그래프**stacked bar graph라고 한다. ggplot2를 사용해 직각좌표계를 극좌표계로 변환하면 그림 3.20의 오른쪽 그림을 얻을 수 있는데, 이는 우리에게 매우 익숙한 원그래프다. 중첩막대그래프는 사실 원그래프와 같음을 알 수 있다. 그저 각각 직각좌표계와 극좌표계를 사용했을 뿐이다. 보기에 간단한 좌표 변화도 완전히 다른 전개 효과를 가져올 수 있다. 이는 데이터 시각화에서 매우 자주 쓰이는 기술 중 하나다.

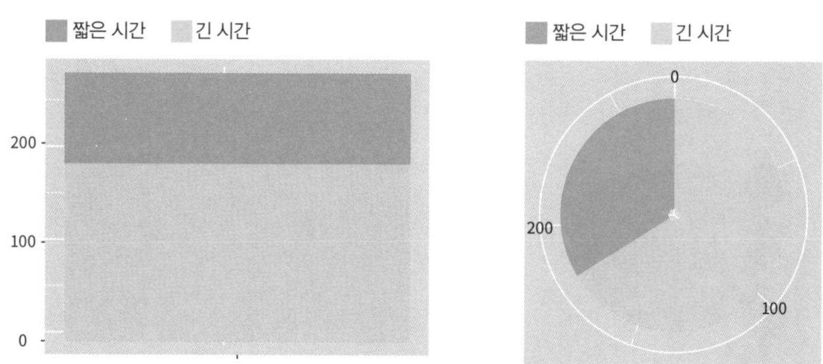

그림 3.20 **중첩막대그래프와 원그래프**

3.3.4 비상하는 모션 차트

TED 국제회의는 1984년에 최초로 개최되었다. 매년 3월에 과학, 디자인, 문학, 음악 등 분야의 유명한 사람들을 초청해 그들의 기술, 사회, 사람에 대한 사고와 탐색한 것을 공유하였다. TED의 연설 영상은 인터넷에서 매우 열광적인 인기를 얻었고, 그 많은 짧은 연설들은 사람들에게 큰 영향을 주었다. 2006년 TED 회의에서 스웨덴 통계학자 로슬링Hans Rosling의 연설 'The Best Stats You've Ever Seen'은 세상 사람들에게 충격을 선사하였다. 그는 모션 차트motion chart 방식을 통해 몇십 년 동안 세계 각국에서 벌어진 빈곤, 수명, 가정 규모 등과 같은 일부 중요한 문제의 놀랄 만한 변화를 나타냈다. 모션 차트부터 시작해서 기술의 발전에 따라 동적 시각화의 사상 역시 점차 사람들의 마음에 비집고 들어와 점점 많은 우수한 도구들이 만들어졌다.

로슬링이 TED 회의에서 시연할 때 사용한 도구는 그가 직접 회사에서 개발한 트렌달라이저Trendalyzer인데, 2007년에 구글에 인수되었다. 구글은 이를 시각화 API에 녹여서 사람들이 무료로 사용할 수 있게 하였다. R 언어의 googleVis 패키지가 바로 이 도구이며, 그림 3.21과 같이 중요한 역사적 의미를 지니고 있는 모션 차트를 매우 간단하게 만들 수 있다. (유사한 차트는 다음에서 볼 수 있다. https://www.gapminder.org/tools)

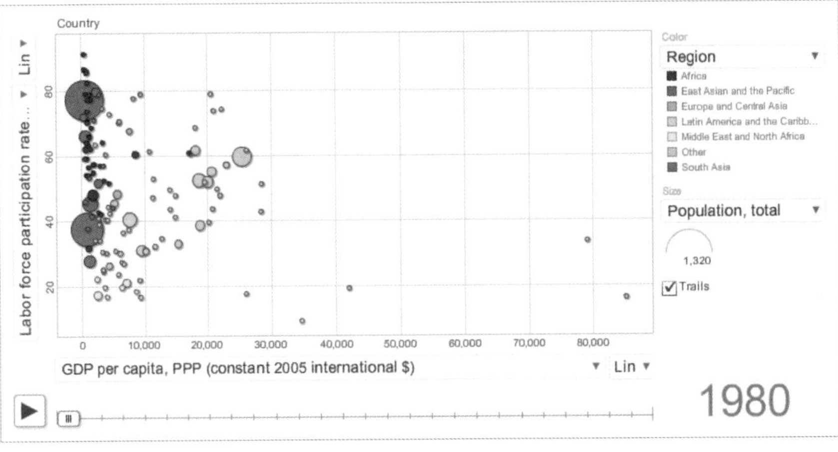

그림 3.21 **평균 GDP와 노동 참여율의 모션 차트**

그림의 가로축은 구매력 평가를 기반으로 한 평균 GDP를 의미하고, 세로축은 노동 참여율을 의미한다. 각 버블은 국가를 의미하는데, 버블의 크기는 총인구수를, 버블의 색깔은 해당 국가가 있는 지리적 위치를 가리킨다. 좌측 하단에 있는 화살표를 클릭하면 시간 눈금에 따라 그래프를 움직일 수 있어서 1980년부터 2005년까지의 데이터 변화를 볼 수 있다. 시간의 흐름에 따라 그래프의 버블이 끊임없이 커졌다 작아지기를 반복하고, 위아래나 좌우로도 움직이는 것을 볼 수 있다. 일부 국가의 데이터가 해당 기간에 변화하는 것을 매우 직관적으로 관찰할 수 있다. 이게 바로 동적 시각화이며, 현대의 정보 기술을 통해 동적 효과를 사용하여 시각화하는 표현 방법을 가리킨다.

데이터 시각화의 목적은 직관적인 방법으로 데이터에 있는 복잡한 규칙을 나타내는 것이며, 이는 통계학의 목표와 일치한다. 데이터에 숨겨져 있는 규칙을 통계 모델 또는 기타 방법을 통해 발굴하고 나타낼 수 있을 때가 많은데, 아무리 경험이 많은 분석가라고 해도 보자마자 바로 가장 적합한 모델을 찾아낼 수는 없다. 깊게 파고들고 빠르게 데이터의 특징을 이해하고 난 뒤에야 비로소 구체적인 데이터에 대해 모델링할 수 있다. 초반에 데이터를 이해할 수 있는 제일 좋은 방법은 데이터 시각화를 하는 방법이다.

특히, 업계에서 활용할 때는 모델과 방법이 아닌 데이터에 대한 이해와 응용이 중요하다. 데이터를 시각화하는 방법으로 규칙을 찾아낼 때가 많은데, 통계 모델로 엄격한 검증을 거칠 필요까지는 없고 바로 의사결정하는 데 사용할 수 있다. 따라서 업계에서 데이터 시각화를 사용하는 범위는 매우 넓다. 업계에서 데이터를 응용하는 곳이 매우 많아서 각종 요구사항이 빗발친다. 전통적인 통계 그래프는 제한사항이 너무 많은 데 반해, 동적 시각화 표현은 좀 더 융통성 있고 더 많은 정보를 나타낼 수 있어서 업계에서 점점 더 환영받고 있다.

전통적인 데이터 시각화는 주로 정적 통계 그래프나 기타 시각화 그래프를 사용한다. 컴퓨터가 아직 발명되지 않았을 때 사람들은 보통 자와 컴퍼스로 종이 위에 그래프를 그렸다. 비록 현재와 비교했을 때 기술의 차이는 크지만, 좋은 시각화 방법의 본질은 가장 직관적인 방법으로 최대한 많은 정보를 보이는 것으로 현대 그래프와 별 차이가 없다. 새로운 정보화 시대에서 우리는 컴퓨터를 사용하여 더욱 풍부하고 복잡한 동적 시각화 그래프와 같은 그래프를 생산해 낼 수 있다. 이 그래프들은 당연히 더 많은 정보를 담아낼 수 있다. 그렇다면 만약 거대한 정보량을 사용하면서 그래프의 직관성을 유지하려는 것은 또 하나의 새로운 도전이 될 것이다. 모션 차트는 하나의 그래프에 국가명, 지리적 위치, 평균 GDP, 노동 참여율, 총인구수, 시간이라는 6개의 변수 데이터를 포함하고 있다. 게다가, 움직이기까지 하여 현대 데이터 시각화의 모범이라고 할 수 있다.

3.4 데이터 간의 관계

3.4.1 포리마의 궤도

허셜John Herschel 경은 영국의 유명 문학가이자 수학가, 화학가 겸 사진작가다. 그의 가장 큰 업적은 1839년 3월 14일에 '촬영'이라는 단어를 만든 것이며, 티오 황산 나트륨으로 정착 기술을 만든 것이다. 프랑스 화가 다게르Louis Daguerre가 자신이 발명한 촬영 기술을 발표한 시기(1839년 1월 9일)보다 2개월밖에 안 늦었다. 그러나 허셜 경은 좀 더 대단한 업적을 남겼는데, 이는 바로 1833년에 이중성 궤도를 관찰하여 기록한 글 'On the investigation of the orbits of revolving double stars'를 발표한 것이다. 그는 포리마(γ Virginis, 처녀자리에서 세 번째로 밝은 별, 사실 밝기가 비슷한 2구의 항성으로 구성된 이중성이다)의 궤도를 연구하는 데 산포도를 사용하여 관측 시간과 위치각의 관계를 나타냈다. 이는 최초의 현대적 의미가 있는 산포도로 인정되고 있다.

앞서 소개한 히스토그램, 막대그래프, 원그래프는 모두 단일 변수의 분포 정보를 나타냈다. 그래프의 각도에서 봤을 때 1차원적이라고 할 수 있다. 역사의 발전 흐름을 보면 두 가지 변수의 관계에 대한 연구를 할 수 있는 최초의 그래프는 **선그래프**line chart다. 각 시간 점의 데이터를 선으로 연결하면 변수가 시간에 따라 변화하는 추이를 볼 수 있다. 그림 3.22의 왼쪽 그림은 '통계 그래프의 창시자'로 알려진 플레이페어(원그래프 역시 그가 발명했다)가 1786년에 만든 것이다. 역사상 최초의 선그래프로 여겨지며, 1700년부터 1780년 사이의 잉글랜드 수출입 데이터를 나타낸다. 선그래프에서 가로축은 고정된 시간 눈금이기 때문에 실제로는 세로축의 데이터만 나타내는 것과 같다. 따라서 선그래프는 1.5차원 통계 그래프로도 불린다. 시간 눈금은 규칙적이기 때문에 선그래프는 막대그래프로도 만들 수 있으며, 본질적으로는 선그래프와 같다.

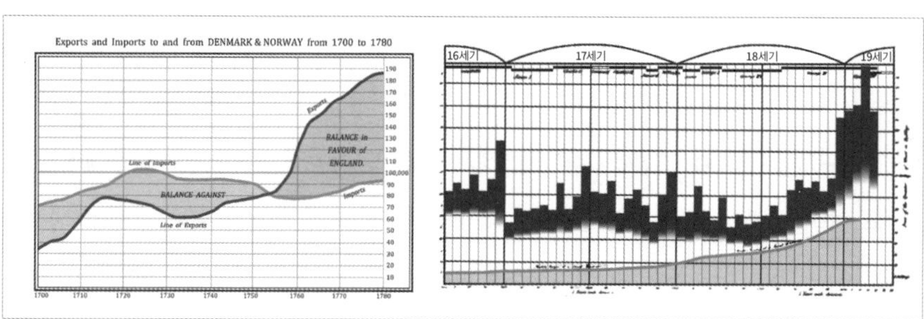

그림 3.22 **플레이페어의 시계열 그래프**

산포도scatterplot는 가로축과 세로축이 2개의 연속되는 변수(이산화 데이터도 가능하지만, 최소 명목척도에 부합해야 한다)이기 때문에 전형적인 2차원 그래프로 알려져 있다. 3D 그래프로 제작해도 되지만 본질은 다변수 간 관계를 나타내는 것이다. 그림 3.23은 허셜이 1833년에 제작한 산포도의 현대판이다. 가로축은 똑같이 시간을 나타내는 것같이 보이지만, 해당 그래프는 시계열 선그래프가 아닌 세계 최초의 산포도로 알려져 있다. 결정적인 요인은 여기서 시간 눈금 역시 하나의 변수이기 때문이다. 그가 연구한 것은 포리마의 위치각과 시간의 관계이지 위치각의 변화 추이는 아니었기 때문이다. 그 외에도 그래의 시간 간격 역시 완전히 같지 않기에 관찰한 시간의 영향을 받는다. 다시 말해, 시간을 하나의 연속변수로 사용해 2개의 변수 간 관계를 연구하는 것이다.

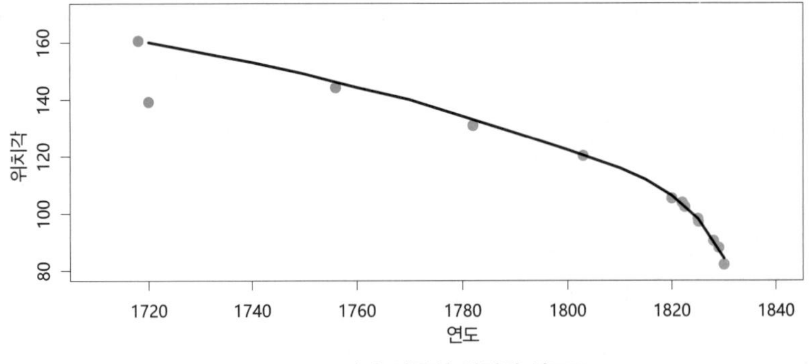

그림 3.23 **포리마 이중성 위치각 산포도**

더 나아가 그래프의 선과 선그래프의 앞뒤를 잇는 꺾은선 역시 다른데, 이는 허셜이 육안으로 관찰하고 손수 제작한 부드러운 선이다. 비록 지금은 데이터를 다듬는 모델링과 시각화 방법이 많지만, 기본 사상과 허셜이 육안으로 다듬었던 방식은 큰 차이가 없다. 이 부드러운 선은 그래프에게는 작은 발자국일 뿐이지만, 인류에게는 선그래프에서 산포도로 발전한 큰 발자국이다. 이 선이 존재한 이후로 모델이 생겨났는데, 이는 바로 산포도의 본질과 같아 2개의 변수 간 관계 모델을 연구할 때 사용된다. 4.1.1절 '천양과 사조'에서 회귀 모델에 대해 소개하며, 이런 종류의 문제에 대해 좀 더 깊이 연구할 것이다.

2개의 **연속변수**continuous variable 간의 관계에 대해 산포도와 회귀분석뿐만 아니라 자주 사용되는 분석 방법이 또 하나 있는데, 이는 바로 **상관분석**correlation analysis이다. 2개의 확률변수 X와 Y가 있다고 가정했을 때 그들의 상관계수 ρ_{XY}의 정의는 다음과 같다.

$$\rho_{XY} = \frac{\text{Cov}(X,Y)}{\sqrt{\text{Var}(X)}\sqrt{\text{Var}(Y)}} = \frac{E((X-E(X))(Y-E(Y)))}{\sqrt{\text{Var}(X)}\sqrt{\text{Var}(Y)}}$$

이 중 $\text{Cov}(X, Y) = E((X - E(X))(Y - E(Y)))$는 X와 Y의 공분산을 의미한다. 이 상관계수는 통계학자 칼 피어슨의 이름을 따서 피어슨 상관계수Pearson's correlation coefficient라고도 불린다. 표본 데이터를 이용하여 표본의 상관계수 ρ_{XY}를 계산할 수 있다.

$$\rho_{xy} = \frac{\sum_{i=1}^{n}(x_i - \bar{x})(y_i - \bar{y})}{\sqrt{\sum_{i=1}^{n}(x_i - \bar{x})^2 \sum_{i=1}^{n}(y_i - \bar{y})^2}}$$

여기서 주의할 점은 피어슨 상관계수는 선형 상관계수라고도 불리는데, 선형 관계를 나타내며 X와 Y가 정규분포를 따른다면 ρ_{XY}의 필요충분조건은 2개의 확률변수의 독립이 된다. 상관성이 명확한지에 대해 이해해야 한다면 정규분포를 기반으로 가정한 피어슨 상관성 검증을 진행할 수 있다. 만약 데이터가 정규분포의 가정에 부합하지 않는다면 스피어만 상관계수Spearman's rank correlation coefficient나 켄달 τ 상관계수Kendall tau rank correlation coefficient를 사용해야 한다. 자세한 내용은 비모수 통계 관련 자료[39]를 참고하면 된다.

2개의 변수 간 관계에 대해 어떤 분석 방법을 선택하든지 간에 먼저 산점도로 직관적인 연구를 진행할 수 있다. 데이터 시각화 분야 전문가인 터프티는 1983년에 모든 과학 관련 서적 내 그래프의 70%~80%는 산점도일 것으로 추측한 적이 있었다. 지금까지도 이 비율은 줄어들 생각을 하지 않고 있기에 우리는 산점도를 진지하게 받아들이고 자주 사용하면 좋을 것 같다.

3.4.2 50개 주의 최고봉

존 투키John Wilder Tukey는 많은 통계학 분야에서 대단한 공헌을 해왔기에 '20세기 후반기 가장 중요한 세 명의통계학자 중 한 명'으로 칭송받았다. 그가 제시한 탐색적 데이터 분석(EDA)의 사상은 통계 그래프의 역할을 매우 중시하여 데이터 시각화 방면에서 많은 창의적 작업을 진행하였다. 투키가 1977년에 발표한 저서 《탐색적 데이터 분석Exploratory Data Analysis》[40]의 한 예제는 미국 50개 주의 산봉우리 고도 데이터를 사용했는데, 5개 취합 지표의 상자 수염 그림box-and-whisker plot을 통해 나타냈다. 이것이 바로 오늘날 사람들이 많이 사용하는 상자 그림box plot의 초기 버전이다.

2.4.3절 '평균화된 급여'에서 우리는 1달 급여의 예를 들었다. 표 2.2는 주민 100명의 월 소득을 나타낸다. 만약 이 데이터를 2조로 나누어 한 조는 1~50번 주민으로 구성하고 나머지 한 조는 하위 51~100번 주민으로 구성한다면, 두 조 주민의 소득은 차이가 날까? 이 문제를 해결하기 위해 쉽게 생각할 수 있는 방법은 평균값을 내는 것이다. 첫 번째 조의 평균값은 15795.6이고, 두 번째 조의 평균값은 17989.64이며, 중위수는 4051.5이기에 차이가 생각보다 크다는 것을 계산을 통해 알 수 있다. 서로 다른 데이터는 분포가 다르기 때문에 평균값이나 중위수로 데이터 전체를 대표할 수 없다. 따라서 더 많은 정보를 사용해야 한다. **연속변수**continuous variable와 **이산변수**discrete variable의 관계를 연구할 때 다른 수준의 이산변수에서 연속변수의 값이 차이가 있는지를 주로 연구한다. 가장 직관적인 도구가 바로 그림 3.24와 같은 **상자 그림**box plot이다.

그림 3.24의 왼쪽 그림은 원천 데이터raw data를 사용해 만든 그래프이며 극단값을 포함하였다. 축척이 확정되어 데이터의 '상자'는 매우 작게 보인다. 오른쪽 그림은 극단값을 제거한 후 얻은 결과이며, 우리가 보통 사용하는 처리 방법이다. 그림에서 알 수 있듯이 다른 수준의 이산변숫값은 서로 다른 상자로 이루어져 있으며, 본 예제에서는 '제1조'와 '제2조'가 해당한다. 각 상자는 대응되는 연속변수의 특징을 나타내는데, 본 예제에서는 월 소득을 나타낸다. 상자는 5개의 결정적인 값을 나타내며, 위아래 2개의 가로선whisker은 위아래 경계선을 의미한다. 서로 다른 프로그램이나 도구에서의 의미는 좀 다른데, 어떤 건 최댓값과 최솟값을 의미하고 어떤 건 극값(예 하나의 표준편차 외 모든 값)을 제거한 후의 최댓값과 최솟값을 의미한다. 상자의 위아래 경계선은 위아래로 4분할한 수의 자리를 의미하는데, 데이터를 순서대로 나열한 후 4등분한다면 상자의 중간에는 데이터의 절반을 포함하고 있을 것이다. 상자 중간의 굵은 선은 중위수를 의미한다. 이렇게 상자는 5개의 중요한 수치를 나타내며, 그 외에도 상자가 길수록 데이터의 분산 정도가 크다는 것을 의미한다.

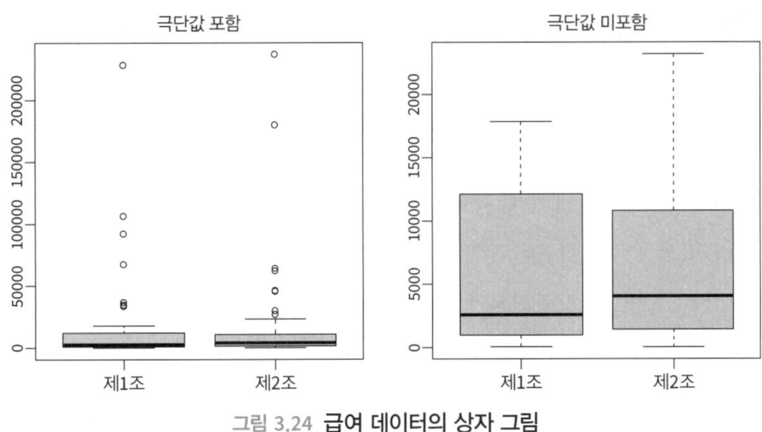

그림 3.24 **급여 데이터의 상자 그림**

이번 예제에서 첫 번째 상자의 중위수는 두 번째 상자보다 작고 아래 4분위수 역시 약간 낮지만, 위 4분위수는 두 번째 조보다 높다. 상자의 모습으로 봤을 때 첫 번째 조는 긴데, 이는 분산 정도가 비교적 높다는 것을 의미한다. 그래프를 통해 2개 조의 데이터가 확실히 차이가 나는 것을 알 수 있지만, 명확한 차이가 있는지에 대해서는 확인할 수가 없다. 1.3.1절 '차를 맛보는 여인'에서 우리는 가설검증에 대해 소개했었는데, 이를 통해 엄격한 통계검증으로 확실한 차이를 연구할 수 있다. 만약 데이터가 정규분포에 부합한다면 **편차 분석**deviation analysis도 활용할 수 있다.

연속변수와 이산변수의 관계에 관한 문제를 다룰 때 편차 분석은 다른 수준의 이산변수가 다른 처리 조건을 의미한다고 가정한다. 각 조건 아래 정규 모집단에서 랜덤으로 표본을 추출하고 각 처리조의 평균값은 같다는 가정하에 F-검증을 진행한다. 검증한 P값이 아주 작다면 귀무가설을 거절해야 하며, 또한 서로 다른 조의 평균값에 명확한 차이가 있음을 의미한다. 이런 엄격한 추측 방법 외에 가장 직관적이고 간편한 방법은 상자 그림이다. 연속변수와 이산변수 간의 관계에 관한 모든 문제는 분석하기에 앞서 상자 그림을 사용해 대략적인 관찰을 해야 한다.

3.4.3 타이타닉호의 생존자

타이타닉호RMS Titanic는 영국 화이트 스타 해운회사White Star Line의 대형 크루즈다. 1911년 5월 31일에 완성되어 물에 띄워졌고, 1912년 4월 2일에 시범 운행을 하였다. 처음 운행을 시작하던 도중인 1912년 4월 14일 약 23시 40분에 타이타닉호는 빙산과 부딪혀 우현 닻부터 배 중앙까지 파손되어 5개의 수밀 캡슐이 물에 잠겼다. 익일 새벽 약 2시 20분에 타이타닉호는 2개로 분리되어 대서양 3,700m 해저까지 가라앉았다. 2,224명의 선원과 승객 중 약 1,500명이 목숨을 잃었는데, 333구의 시신만 인양되었다. 타이타닉호 침몰 사건은 평화 시기에 가장 잔혹한 해난 중 하나다. 배의 잔해는 1985년이 돼서야 인양되어 현재 유네스코의 보호를 받고 있다.

여기서 우리는 2,201명 승객의의 사망 데이터를 얻을 수 있는데, 그림 3.25는 생존자 상황을 나타냈다. 이런 그래프를 **모자이크 그래프**Mosaic Plot라고 하는데, 이는 하티간J. A. Hartigan과 클레이너B. Kleiner가 1984년에 발표한 글 '텔레비전 시청률 모자이크A Mosaic of Television Ratings[41]'에서 최초로 언급한 그래프다.

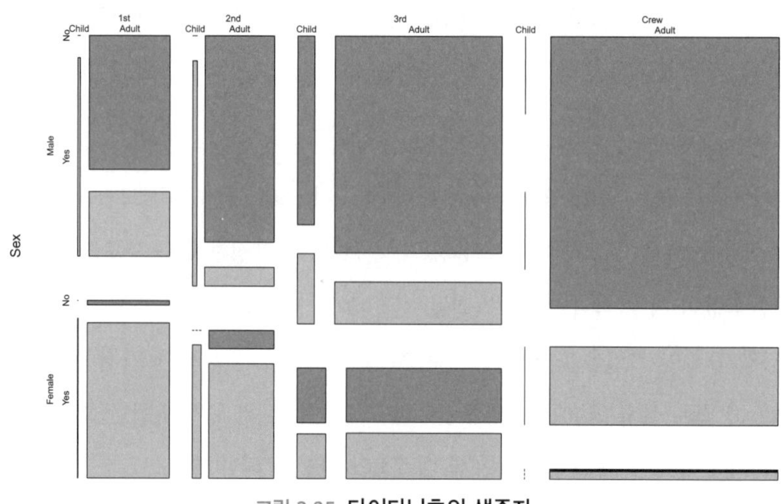

그림 3.25 **타이타닉호의 생존자**

그래프에는 총 4개의 이산변수discrete variable를 나타냈는데, 각각 선실(일등 선실, 이등 선실, 삼등 선실, 선원실), 성별(남, 여), 나이(아동, 성인), 생존상황(생존, 사망)이다. 가로축은 선실과 나이의 정보를 나타내며, 세로축은 성별과 생존상황의 정보를 나타낸다. 면적은 각 조합의 인원수를 나타낸다. 예를 들어, 면적이 가장 큰 우측 상단의 상자는 남성, 성인, 선원, 사망자 수를 의미하고, 그 아래에 있는 가장 작은 면적의 상자는 여성, 성인, 선원, 사망자 수를 의미하는데, 사망자 수가 역시나 비교적 높지만 생존자 수도 적지 않다. 일등 선실의 여성과 아동 생존율이 매우 높은 것을 알 수 있는데, 일등 선실의 남성 생존율 역시 적지 않다. 그러나 3등 선실의 남성, 여성, 아동의 생존율은 비교적 낮은데, 여성의 생존율이 전체적으로 남성의 생존율보다 높은 것을 볼 수 있다. 따라서 타이타닉호에서는 탈출 기회를 여성과 아동에게 줬다는 말은 데이터가 뒷받침하고 있음을 알 수 있다. 더욱 명확한 특징은 당연히 일등 선실의 사람들이 더욱 살아남기 쉽다는 사실일 것이다.

이런 그래프는 이산변수 간의 관계를 나타냈다. 원래 이산변수는 모두 값이 아니기에 계량화하는 방법으로 그 관계를 연구할 수 없다. 그러나 데이터에서 이산변수를 교차조합한 후 최소한 수량 관계가 이루어진다. 표 3.1이 성별과 생존상황이라는 두 변수를 교차조합한 후 얻은 수량을 표시하였는데, 이런 표를 분할표contingency table라고 한다.

표 3.1 **성별과 생존상황 분할표**

	사망	생존
남성	1364	367
여성	126	344

분할표 데이터를 분석하는 표준 방법은 카이제곱 검증[42]을 사용하는 것이다. 만약 P값이 아주 작다면 서로 다른 교차조합 사이에 명확한 차이가 있다는 것을 의미한다. 예를 들어, 예제에서 카이제곱 검증의 P값이 0에 가까운데 이는 타이타닉호의

남성과 여성의 생존율이 명확한 차이를 보인다는 것을 의미한다. 따라서 데이터 분석을 할 때 2개 혹은 그 이상 개수의 이산변수 간의 관계를 연구하려면 먼저 데이터를 분할표의 형식으로 바꾸고 카이제곱 검증과 같은 통계 방법을 사용해야 한다. 더욱 직관적인 방식은 당연히 직접 데이터 시각화를 사용하는 것이다. 먼저, 모자이크 그래프를 활용해 각 변수 간의 교차 상황에 대해 분석을 진행하고 분석 방향을 선택해야 한다.

3.4.4 체르노프의 얼굴

체르노프Herman Chernoff는 미국의 응용수학자이자 통계학자다. 그는 1973년에 그림 3.26과 같은 아주 재밌는 통계 그래프를 발표했는데, 이를 체르노프의 얼굴이라고 불렀다. 해당 그래프는 눈 크기, 입 벌림 등 만화 얼굴의 오관 및 기타 얼굴 요소를 변수로 나타냈다. 각 표본점은 하나의 웃는 얼굴을 그려낼 수 있는데, 만약 두 표본의 각 변수 수량이 비슷하다면 2개의 얼굴 역시 생긴 게 비슷할 것이다.

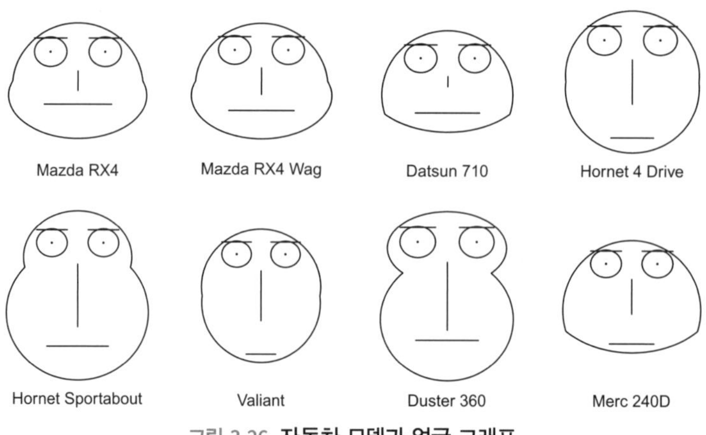

그림 3.26 **자동차 모델과 얼굴 그래프**

우리는 앞에서 변수 간의 관계를 연구했었다. 2개의 연속변수 간의 관계는 산포도로, 2개의 이산변수 간의 관계는 모자이크 그래프로, 그리고 1개의 연속변수와 1개의 이산변수 간의 관계는 상자 그림으로 각각 표현할 수 있다. 데이터는 보통 많은 표본점을 포함할 때가 많은데, 변수 간의 관계를 연구할 때가 많고 표본점 간의 관계를 연구하는 일은 드물다. 그러나 가끔 어떤 표본점이 비슷한 특징을 가졌는지와 같은 표본의 개체에 대해 이해를 해야 한다. 만약 8개 모델의 자동차에 대해 각 모델의 유류 소모량, 실린더 수, 배기량, 마력, 뒤축 비율, 공차중량, 가속시간이라는 7개 변수의 데이터를 수집했다면, 어떤 모델이 비슷한지는 그림 3.26과 같은 **체르노프의 얼굴**Chernoff face을 사용하면 직관적으로 알아낼 수 있을 것이다.

그림을 보면 Mazda RX4와 Mazda RX4 Wag의 체르노프의 얼굴이 비슷하고, Datsun 710과 Merc 240D의 체르노프의 얼굴이 비슷하다는 것을 알 수 있다. 사람은 얼굴 표정에 비교적 민감하기 때문에 체르노프의 얼굴을 통해 표본점 간의 관계를 쉽게 발견할 수 있다. 대부분 체르노프의 얼굴을 사용하는 이유는 특정한 2개 혹은 다수의 표본점의 비슷한 부분을 비교하기 위해서가 아니라 모집단의 규칙을 찾기 위해서다. 예를 들어, 얼굴 형태로 봤을 때 세 종류로 나눌 수 있다. 이런 분석 사고방식이 바로 **클러스터링(군집) 분석**clustering analysis이다.

체르노프의 얼굴과 비슷한 또 하나의 통계 그래프는 **별 그래프**star plot다. 표현 방식에 따라 **거미줄 그래프**spider plot나 **레이더 그래프**radar plot로 불린다. 기본 사고방식은 각 변수를 극좌표의 반경으로 실현시키고 각 표본점은 하나의 별(혹은 하나의 거미줄, 하나의 레이더)에 대응된다. 그림 3.27이 바로 전형적인 별 그래프다.

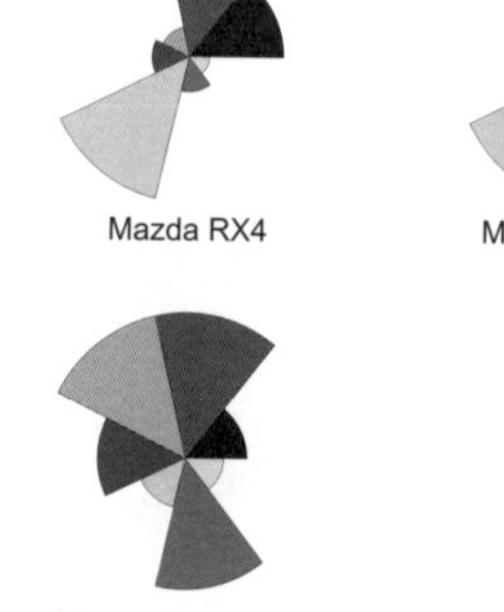
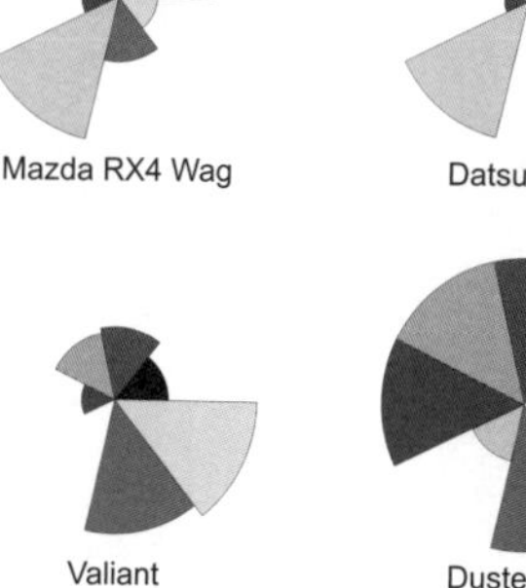
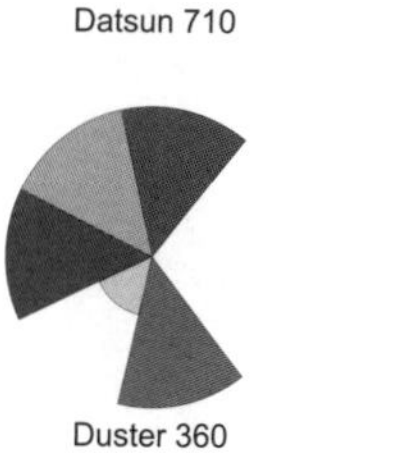
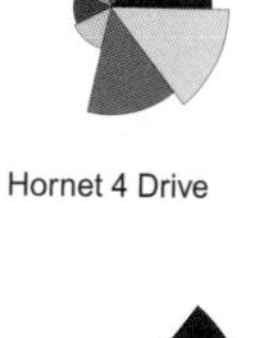
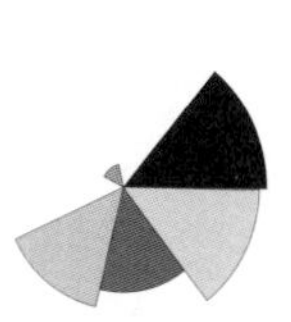
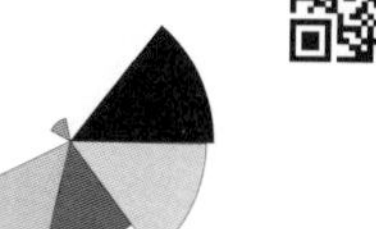

그림 3.27 **자동차 모델과 별 그래프**

별 그래프는 체르노프의 얼굴보다 더 많은 정보를 나타낸다. 그림 3.27처럼 부채꼴의 반경으로 변수의 크기에 대응할 수 있지만, 체르노프의 얼굴보다 직관적이지 못하다. 표본 크기가 작을 때는 이런 통계 그래프는 모두 비교적 괜찮은 표현 방식이 된다. 반대로, 표본 크기가 클 때는 이런 방법을 쓰기에 적합하지 않다.

제 4 장

모델과 방법

The Beauty of Statistics

통계학을 배워 본 사람이라면 통계학이 다양한 방법으로 구성되어 있음을 알 것이다. 예를 들어, 관계를 연구하는 회귀분석, 다변량 차원축소를 하는 주성분분석, 시간축에서 예측을 하는 시계열 분석, 혼합 데이터의 종단 자료 및 패널 분석 등이 있다. 통계 방법 외에도 응용수학의 최적화 방법이나 인공 두뇌학 역시 데이터 분석에서 광범위하게 사용되고 있다. 모든 방법은 엄격한 수학적 배경을 가지고 있다.

대부분의 통계학 교과서는 모델 분석 방향으로 내용을 이끌어 가고 있다. 방법부터 시작해 모델의 원리, 가설, 수학적 유도, 방법 응용을 소개한다. 만약 모델의 배경과 원리에 대해 깊게 이해하고 있으면 모델을 적재적소에 응용할 수 있을 것이다. 그러나 전문지식의 한계로 인해 모든 수학적 증명을 이해할 수 없다 하더라도 모델의 원리는 이해할 수 있으며, 모델을 응용하는 데도 큰 무리는 없다. 이 장에서 우리는 스토리텔링 방식으로 통계학의 방법을 소개할 것이다. 원리를 이해한 후에는 자유자재로 이 방법들을 응용할 수 있을 것이다.

■■■

제1절 '자주 쓰는 통계 모델' 에서는 회귀분석, 주성분분석, 경로 모델, 시계열 등 사람들이 가장 많이 쓰고 가장 대표적인 전통적인 통계 모델 몇 가지를 소개할 것이다. 회귀분석은 가장 전형적인 통계 모델이자 통계로 세상을 이해하기 위해 가장 많이 사용되는 방법이기 때문에 자세히 들여다볼 필요가 있다. 주성분분석은 차원축소 방법인 동시에 통계 모델의 해석적인 면을 잘 나타냈다. 경로 모델(구조방정식)은 사회과학 분야에서 매우 광범위하게 응용되고 있으며, 매우 강력한 기능을 가지고 있다. 하지만 쉽게 잘못 사용될 수도 있기 때문에 신중히 사용해야 한다. 시계열 분석은 예측에 있어 중요한 방법이다. 단일 클래스 분류 방법one-class classification, OCC이 이에 포함되며, 여기서도 간단하게 소개할 예정이다.

제2절 '머신러닝' 에서는 자주 사용하는 머신러닝 방법을 소개한다. 본질에 근거하여 말하자면, 현재 많은 주류 머신러닝 방법 역시 통계학의 범주에 속한다. 심지어 '통계학습'이라고 불리기까지 한다. 그러나 머신러닝의 주류 분야는 종전에 비교적 열풍이었던 데이터 마이닝과 같이 꽤 많은 부분에서 컴퓨터 분야로부터 비롯됐다. 본 내용에서는 지도학습과 비지도학습의 관점에서 연관법칙, 클러스터, 분류 등 가장 자주 사용되는 이 세 가지 알고리즘 각각을 소개한다. 세 가지 중 가장 중요한 알고리즘은 분류 알고리즘이며, 머신러닝의 대부분 내용은 이 알고리즘으로 설명이 가능하다. 여기에서는 분류 효과 평가와 자주 사용되는 구체적인 알고리즘을 통해 소개한다.

제3절 '인공지능' 에서는 현재 가장 뜨거운 감자인 AI 분야에 대해 전문적으로 소개한다. 기술적 관점에서 봤을 때 현재 AI 분야에서 사람들이 열광할 만한 성과는 전부 딥러닝에 빅데이터를 결합해 나온 것이다. 그러나 많은 매체에서 전통적인 인공지능과 현대 주류 기술을 혼동한다. 본 내용에서는 역사의 근원과 핵심 기술의 관점에서 다방면으로 인공지능에 대해 소개하고 구체적인 예제를 통해 좀 더 이해를 돕고자 한다.

제4절 '그 외의 분석 방법' 에서는 확률실험, 몬테카를로, 문헌 분석, 최적화 방법 등의 내용에 대해 소개한다. 각 부분은 하나의 큰 분야에 대응되며 많은 구체적인 방법도 포함한다. 여기서는 각 방법에 대해 간단하게 소개만 할 것이기에 좀 더 공부하고 싶다면 관련 서적을 참고해야 한다.

4.1 자주 쓰는 통계 모델

4.1.1 천양穿楊과 사조射鵰

초나라에는 양유기养由基라는 엄청난 신궁이 있다고 전해져 온다. 《사기史記》[43]에서는 다음과 같이 기록되어 있다. "초나라에는 양유기라 하는 자가 있는데, 그는 활을 잘 다뤘다. 버드나무에서 백 보 떨어져 쏘면 백발백중이었다." 매번 백 보 떨어진 버드나뭇잎을 맞힐 수 있다고 하는데, 이 거리는 현재 올림픽 양궁의 가장 먼 거리보다도 멀다. 백발백중이라면 금메달은 떼어 놓은 당상이다. 《북사北史》에서는 더 대단한 사람이 기록되어 있는데, 당 태종의 장인 장손성張孫晟은 젊었을 때 독수리 2마리가 하늘에서 먹이를 가지고 싸우는 것을 보고 화살 한 발로 두 마리 모두 잡았다고 한다(그림 4.1 참고). 그렇다면 장손성보다 더 대단하여 한 번에 독수리 세 마리를 잡는 사람이 있을까? 중학교 기하학 지식으로 봤을 때 독수리 세 마리가 일직선으로 있다면 가능하겠지만 동일 선상에 없다면 힘들 것이다.

그림 4.1 **백보천양百步穿楊과 일전쌍조一箭雙雕**

만약 독수리 10마리를 쏴야 한다면? 공중에서 독수리의 대형은 끊임없이 변하기 때문에 화살 한 발로 모두 맞히기란 쉽지 않다. 그렇다면 사수 두 명이 각자 한 발씩 쏜다면 누구의 실력이 더 좋은지 어떻게 판단할까? 그림 4.2가 하나의 예시다. 검은색 점 10개는 독수리 10마리를 의미하고, 회색 선과 검은색 선은 각각 사수 두 명의 화살 궤적을 의미한다.

왼쪽 그림의 2개 궤적으로 봤을 때 회색 궤적의 사수 실력이 더 좋고 검은색 궤적의 사수는 확실히 잘못 쐈다는 것을 알 수 있다. 좀 더 통용적인 평가 방법으로 나타낼 수는 없을까? 이 예제에서 10개의 점은 일직선상에 있지 않기에 동시에 10개의 점을 관통하는 것은 불가능하다. 만약 관통한 점의 개수로 비교한다면 이는 분명 잘못된 것이다. 그림에서 회색 선은 그 어떤 점도 관통하지 않았고, 검은색 선은 한 개의 점을 관통했다. 그러나 얼핏 봐도 검은색 선이 많이 벗어났다는 것을 알 수 있다. 우리 마음속에는 이미 어느 정도 기준이 생겼기에 '이 선은 모든 점과 가깝기에 사수 실력이 더 좋다'라고 표현할 수 있다.

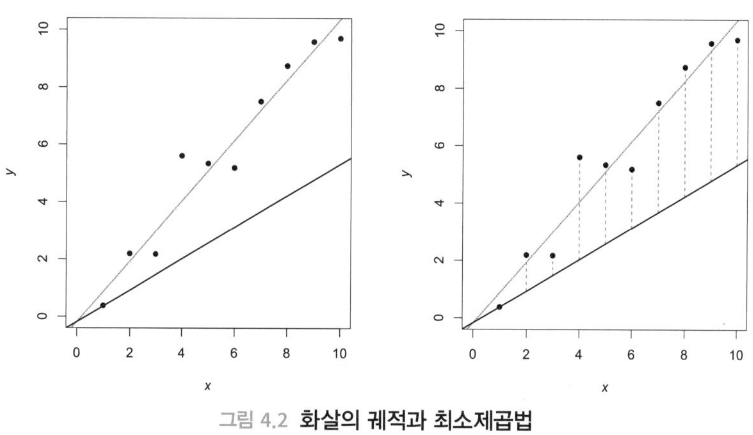

그림 4.2 **화살의 궤적과 최소제곱법**

각 점으로부터 Y축을 따라 검은색 선 위에 X축의 수직선을 그리면 그림 4.2의 오른쪽 그림처럼 된다. 각 점선의 길이는 검은색 선부터 각 점까지의 Y축 거리*라고 하고 d_i라고 표기한다. 그렇다면 '각 점에서부터 가깝다'를 판단할 수 있는 가장 간단한 방법은 평균값 $\frac{\sum_{i=1}^{10}|d_i|}{10}$를 사용하는 것이다. 그러나 일반적으로 미분조차 할 수 없는 절댓값의 수학 성능은 그다지 좋지 못하기에 제곱으로 대체할 수 있다. 따라서 공식 $\frac{\sum_{i=1}^{10}d_i^2}{10}$로 모집단의 차이를 비교하면 된다.

* 엄밀히 말해, 점에서 직선까지의 거리는 점에서 직선까지의 수직선 길이를 의미하지만, 일반성을 해치지 않는다면 계산하기 편하게 Y축 거리로 나타낼 수도 있다.

일반 상황으로 봤을 때 표 4.1은 행렬 형식의 데이터 설계를 나타낸다. 각 열은 하나의 변수를 의미한다. 만약 변수 Y와 X_1의 관계와 비슷한 변수 간의 관계를 연구하려 한다면 해당 표의 앞의 두 가지 데이터만 사용하면 된다. 2개의 변수 사이에 산포도를 그릴 수 있는데, 결과는 그림 4.2와 같다. 만약 통계 모델로 두 가지 변수의 관계에 대해 나타내야 한다면 아주 쉽게 그림 4.2의 회색 선 또는 검은색 선과 같은 직선 형식을 생각해 낼 수 있을 것이다. 여기서 Y와 X_1은 다음과 같은 관계를 맺고 있다고 가정해 보자.

$$Y = \beta_0 + \beta_1 \cdot X_1 + \varepsilon \tag{4.1.1}$$

표 4.1 회귀 데이터 예시

	Y	X_1	⋯	X_i	⋯	X_n
x_{1i}	0.3735	1		0.8752		2.3016
x_{2i}	2.1836	2		0.3530		0.0048
x_{3i}	2.1644	3		1.0904		1.0432
x_{4i}	5.5953	4		0.5655		0.0294
…	…	…		…		…

고등학교 수학 지식을 통해 $Y = \beta_0 + \beta_1 \cdot X_1$은 직선 방정식이라는 것을 알 수 있다. 일반적으로 β_0을 절편intercept이라고 하고, β_1을 경사도gradient라고 한다. 만약 평면에 2개의 점만 있다면, 즉 표 4.1의 데이터가 2줄밖에 없다면 매우 간단해진다. 데이터를 대입하여 이원 일차 연립방정식을 얻을 수 있고, 방정식을 풀어 β_0과 β_1을 얻을 수 있다. 만약 데이터 개수가 2개 이상이며 모두 하나의 직선 위에 있지 않다면 고등학교 수학만으로는 절대 풀 수 없다. 그렇다면 식 4.1.1의 ε는 격차를 비교하는 데 사용할 수 있는데, ε를 오차항error term이라고 하며 각 표본점으로부터 모델이 나타내는 직선까지의 Y축 거리를 의미한다. 식 4.1.1 역시 **회귀 모델**regressive model이며, Y와 X_1 간 회귀 관계를 나타낸다. 여기서 β_0과 β_1은 미지수이며, 가장 작은 오차항 제곱합을 활용하는 방식으로 값을 구해야 한다. 만약 n개의 표본점이 있는

데 $\sum_{i=1}^{n} \varepsilon_i^2$의 최솟값을 구하여 β_0과 β_1의 유일값을 구할 수 있다면 이는 하나의 최적화 방법이다. 4.4.4절 '사막의 나비'에서 이에 대해 소개할 예정이다. 고대 중국에서는 제곱을 '이승'이라고도 불렀었기 때문에 이렇게 답을 구하는 방식을 **최소제곱법**least square method이라고도 한다.

2차원 평면에서 Y와 X_1 간 관계만 연구한다고 했을 때, 만약 모델이 직선이라고 가정한다면 이를 단순선형회귀simple linear regression라고 부른다. 표 4.1의 모든 데이터를 사용하여 Y와 전체 X_i 간 관계를 연구할 때 모델이 초평면의 선형 관계라고 가정한다면, 이를 다중선형회귀multiple linear regression[44]라고 부른다. 식은 다음과 같다.

$$Y = \beta_0 + \beta_1 \cdot X_1 + \cdots + \beta_i \cdot X_i + \cdots + \beta_n \cdot X_n + \varepsilon \tag{4.1.2}$$

마찬가지로, 최소제곱법을 사용하면 각 계수 β_i를 구할 수 있다. 모델의 계수 β_i를 모수라고도 하는데, 이를 구하는 과정을 **모수추정**parameter estimation이라고 하고, 구한 값을 **추정값**estimate이라고 하며 β_i로 표기한다. 그 외에 Y를 **종속변수**dependent variable나 **응답변수**response variable라고 하고, X_1, ⋯ , X_i, ⋯ , X_n을 **독립변수**independent variable나 **설명변수**explanatory variable라고 한다.

구체적인 풀이 원리는 여기서 상세하게 설명하지 않겠다. 통계 소프트웨어나 프로그래밍 언어로 구현할 수 있기 때문이다. 서로 다른 소프트웨어에서 출력되는 결과와 양식은 다소 차이가 있겠지만, 보통 표 4.2의 내용(단순선형회귀로 예를 들겠다)은 포함하고 있다.

표 4.2 **회귀분석 결과**

	값	P값
β_0	-0.1688	0.768
β_1	1.0547	2.37×10^{-6}
R^2	0.946	

우리가 문제를 푸는 목적은 계수 β_0과 β_1의의 추정값을 구하는 것이며, 이 두 개의 값을 구하고 나면 모델을 정할 수 있게 된다. 하지만 이렇게 정한 모델이 데이터에 완전히 부합하는 것은 아니다. 따라서 다른 참고지표가 더 필요하다. 계수에 대응하는 P값은 중요한 참고 값인데, 계수에 대해 귀무가설이 $\beta_i = 0$인 t-검증을 진행하는 것을 의미한다. 만약 P값이 매우 작다면 귀무가설을 거절할 수 있기에 해당 계수는 0이 아니라 유의미하다는 것을 확실히 알 수 있다. 이를 줄여서 '해당 계수가 유의미하다'라고 한다. 본 예제에서 β_1은 유의미하고 β_0은 무의미하다. 우리의 모델에서 β_0은 필요가 없을 수도 있다는 얘기다. 그 외에도 또 하나의 중요한 참고지표로 R^2이 있는데, 보통 결정계수라고 부른다. 해당 모델은 데이터의 백분율을 해석할 수 있다고 이해하면 된다. 본 예제에서 $R^2 = 0.946$인데, 이 선형 모델이 94.6%의 데이터를 해석할 수 있다는 의미이기에 모델의 효과가 좋다고 보면 된다.

상기 내용은 그저 비교적 간단한 평가 지표일 뿐이며, 선형회귀는 다중공선성multicollinearity, 자기상관autocorrelation, 이분산heteroskedasticity 등 전형적인 가설을 만족하지 않는 좀 더 많은 문제에 대해 고려해야 한다. 데이터 간의 선형 관계를 만족하지 않을 때도 많기 때문에 비선형 회귀 모델을 만들어야 할 때도 있다. 이 내용은 전문적인 통계학 자료를 참고하면 되며, 이 장에서는 아주 간단한 예제로 회귀의 사고방식과 조작 방식에 대해서만 소개하겠다. 주의해야 할 점은 회귀 모델은 전형적인 통계 모델이며, 확실한 방정식에 오차항 ε를 더하는 방식으로 실제 세상을 표현한다는 것이다. 이는 뉴턴 역학의 결정 공식과는 다르다. 매우 엄격하게 따지지 않고 좀 더 유연하기 때문에 실제 세상의 문제를 좀 더 연구할 수 있다. 현재도 이미 실생활에서 매우 광범위하게 사용되고 있다.

4.1.2 차원축소 공격

'차원축소 공격'은 인터넷 시대에서 매우 유행하는 단어다. 출처는 공상과학소설 《삼체三體》[15]이며, 책에서는 최소 두 가지 의미로 차원축소에 대해 언급하였다. 따라서 '차원축소'는 현실에서도 두 가지 의미로 사용되고 있다. 한 번은 소설에서 높은 등급의 문명이 낮은 등급의 문명을 공격하는 상황에서 나왔는데, 그들은 매우 쉽게 3차원 세계를 2차원으로 바꿨다. 현실에서는 보통 인터넷 기업이 높은 차원에서 전통 업계를 압박하는 상황을 묘사할 때 사용된다. 매우 오만한 사용법이다. 나머지 한 번은 소설에서 생물들의 주동적으로 차원축소를 하는 상황에서 나왔는데, 그들은 자신이 낮은 차원에 적응되고 난 뒤 적을 낮은 차원에 끌어들여 소멸시켰다. 현실에서는 한때 유행했던 '너의 지능을 같은 수준으로 끌어내린 뒤 내 풍부한 경험으로 너를 이기겠다'라는 말과 유사하게 사용된다.

차원축소와 같은 일은 솔직히 공상과학소설에서나 존재한다. 어쨌든 우리가 사는 3차원 세상에서 누군가가 2차원으로 끌려갔다는 말을 들어본 적이 없다. 그러나 데이터 분석 분야에서는 이게 매우 중요한 기술이다. 데이터 행렬이 많은 변수(예 수백 개)를 포함하고 있다면 이는 연구 대상이 고차원 공간이라는 것을 의미하기 때문에 모델링이나 데이터에 대한 이해가 비교적 어렵다. 만약 이 공간을 저차원으로 바꾸고 정보 손실을 최대한 막는다면 우리가 데이터를 분석하기에 더할 나위 없이 좋을 것이다.

간단히 이해할 수 있는 예를 하나 들어 보겠다. 만약 캔을 구겨서 2차원으로 만드는 것처럼(그림 4.3) 3차원을 2차원으로 감소시키려고 한다면 밟는 행동이 바로 차원축소 행동이 된다. 우리는 그림에서처럼 캔을 세워서 위에서부터 아래로 밟거나 옆으로 눕혀서 밟아도 되고, 심지어 대각선으로 밟는 등 어떤 각도로 밟아도 상관없다. 그렇다면 과연 어떻게 밟아야 좀 더 많은 데이터를 보존할 수 있을까? 그림 4.3처럼 밟으면 당연히 안 된다. 왜냐하면 위에서 아래로 밟으면 원래 콜라 캔이었다는 것을 전혀 알아차리지 못하기 때문이다. 그러나 만약 캔을 눕혀서 밟는다면 캔에 적혀 있는 상표나 색깔을 볼 수가 있다. 다시 말해, 더 많은 정보를 남길 수 있는 것이다.

그림 4.3 **차원축소: 캔 밟기**

이런 사고방식으로 차원축소를 진행하는 것을 **주성분분석**principal components analysis, PCA라고 한다. 이 방법은 매우 자주 사용되는 통계 방법이다. 이 방법은 원천 데이터를 새로운 좌표계에 변환시켜 임의 데이터 투영의 최대 분산이 첫 번째 좌표(첫 번째 주성분이라고 한다)에 표시되게끔 하고, 두 번째로 큰 분산이 두 번째 좌표(두 번째 주성분이라고 한다)에 표시되게끔 하면서 나머지도 똑같은 방식으로 표시되게끔 한다.

그림 4.4는 2차원 공간에서 첫 번째 주성분을 찾는 과정을 그린 간단한 예제다. 왼쪽 그래프는 원천 데이터이며, 2개의 변수만 포함하기 때문에 2차원 평면에 그릴 수 있다. 만약 2차원 데이터를 하나의 차원으로 표현하려 한다면 좌표를 회전한 후 점을 투영시키는 것도 하나의 좋은 방법이다. 모든 점을 하나의 좌표에 투영시키면 데이터를 1차원으로 축소시키게 된다. 왼쪽 그래프에서는 2개의 방향이 있고 모두 새로운 좌표축의 방향으로 사용할 수 있다. 방향 1에는 데이터가 비교적 분산되어 있어 원천 데이터의 정보를 더 많이 가지고 있게 된다. 하지만 방향 2에는 점이 너무 밀집되어 있어 투영시킨 후 점의 위치가 중복될 수 있기 때문에 많은 정보를 잃게 될 것이다. 이런 분산 정도에 기반하여 방향을 고려할 때 분산으로 나타내어 판단할 수 있기 때문에 주성분분석의 답을 구할 때 보통은 분산이 가장 큰 방향을 고르는 것을 원칙으로 차원축소를 진행한다. 이번 예제에서 그림 4.4의 오른쪽 그림이 차원축소 후의 결과다. 2차원의 대부분 데이터를 1차원으로 표시했는데, 이런 차원을 첫 번째 주성분이라고 부른다.

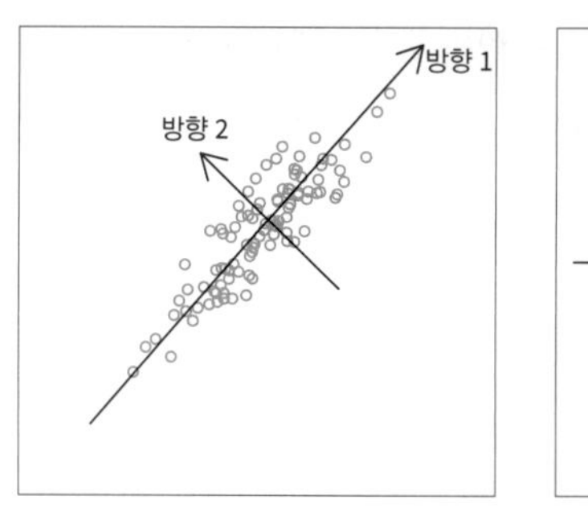

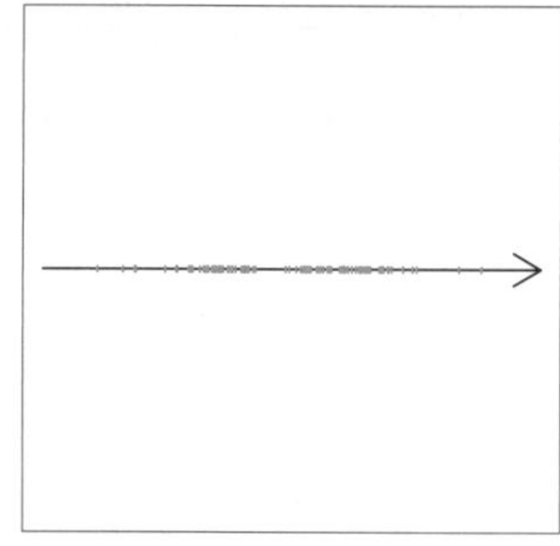

그림 4.4 **좌표 회전 사례**

좀 더 일반적인 형식으로 확대해 보겠다. n개의 변수에 대해 비슷한 사고방식으로 n개의 주성분을 찾아내면, 각 주성분은 n개 변수의 선형조합이 된다. 보통은 분산 점유율로 각 주성분의 분산(정보)을 해석할 수 있는 비율을 판단한다. 만약 상위 몇 개의 주성분으로 대부분 정보를 해석할 수 있다면, 해당 주성분만 연구하여 모든 변수의 상황을 연구할 수 있어 n개의 변수를 모두 연구하는 것보다 간단해진다.

특히, **고유분해**eigen decomposition와 같은 구체적인 풀이 과정은 행렬 계산을 이용해야 하는데, 키포인트는 최대 분산의 방향을 찾는 것이다. 많은 소프트웨어들이 주성분분석을 내포하고 있는데, 출력되는 결과에 차이는 있겠지만 키포인트 부분은 비슷하다. 그림 4.5는 주성분분석의 결과 사례다.

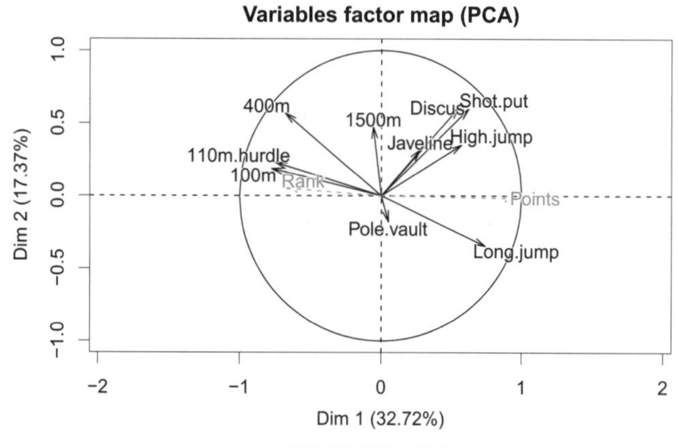

그림 4.5 **주성분분석의 결과 사례**

이 그래프는 41명의 운동선수가 2004년 올림픽과 2004년 Decastar 대회에서 진행한 철인 10종 경기의 성적이다. 그래프에는 10가지 항목의 구체적인 성적과 마지막 합계 점수, 그리고 순위가 포함되어 있다. 주성분분석 후 알 수 있듯이 첫 번째 주성분이 32.72%의 분산에 기여하고, 두 번째 주성분이 17.37%를 기여하여 이 두 주성분의 기여도가 절반을 넘어섰다. 대부분 상황에서 상위 2개 주성분이 90% 이상에 기여하기 때문에 본 예제에서의 기여도는 그다지 높은 것은 아니다. 따라서 본 예제에서는 3개나 4개의 주성분을 분석하는 것이 효과가 더 좋을 수 있다. 그러나 2개의 주성분을 활용하면 2차원 평면으로 그릴 수 있어 직관적이다. 게다가, 본 예제에서 2개의 주성분이 50%를 초과하기 때문에 반 이상은 해석할 수 있을 것이다.

그림 4.5를 보면 첫 번째 차원은 확실히 성적과 밀접한 관계('Points'와 'Rank' 변수가 X축에 매우 가깝기 때문에 값이 클수록 점수가 더 높고 순위가 더 높음을 의미한다)가 있음을 알 수 있고, 두 번째 차원은 1,500m 달리기 방향과 일치하고 장대높이뛰기Pole. vault의 방향과 반대 방향이기 때문에 지구력을 나타낸다는 것을 알 수 있다. 그 외에도 높이뛰기, 멀리뛰기, 100m 달리기, 110m 장애물 달리기 등 항목이 최종 성적에 비교적 큰 영향을 미친 것을 알 수 있다. 일반적으로 높이뛰기와 멀리뛰기에 강한 선수들의 최종 성적이 좋았고, 100m 달리기와 110m 장애물 달리기에 강한 선수들의 최종 성적이 반대로 좋지 못했기 때문이다.

이상으로 다차원 데이터(10개의 스포츠 항목, 10차원)의 주성분분석 사례를 소개했다. 분석 관점은 주로 변수 간의 관계에 대해 해석하는 것이었으며, 이 역시 주성분분석의 주요 응용 중 하나다. 이런 방법의 응용 범위는 당연히 이보다 많으며 클러스터링 분석이나 모델링 지수 등에도 활용할 수 있다. 구체적인 응용과 수학 원리에 대해 알고 싶다면 PCA 방법에 대한 전문적인 자료를 살펴보기 바란다.

4.1.3 고객은 왕

'고객은 왕이다'라는 말은 중국에서 시장경제를 도입하고 나서부터 유행하기 시작했다. 서비스업뿐만 아니라 각종 소매, 공업제품 회사도 자주 이 문장을 사용했다. 이는 서양의 고객 지상주의 이념에 영향을 크게 받은 것이지만, 서양에서는 딱히 일반인을 왕에 비유하지 않는다. 고증에 따르면, '고객은 왕이다'라는 말은 일본 가수 미나미 하루오三波春夫가 최초로 사용했으며, 중국에 전파된 후 급속도로 상업 분야에 응용되었다. 서양에서는 '고객이 진리다'라는 말을 더 많이 사용하는데, 본질은 같다. 모두 고객 중심의 현대 서비스업 사상을 구현한 것이며, 제품의 품질을 보장할 뿐만 아니라 영업에서도 큰 성공을 거둘 수 있다.

기왕 '고객은 왕'이라고 했으니 고객의 만족이 제품이나 서비스의 최종 목표가 된다. 그렇다면 여기서 문제! 고객의 만족 여부는 어떻게 알 수 있는가? 고객의 만족 정도는 주관적이며, 달리기 시간, 멀리뛰기 거리처럼 정확히 측정할 수 있는 것이 아니다. 따라서 다른 방법으로 측정을 해야 하며, 현재까지 가장 많이 사용되는 방법이 바로 설문조사다. 예를 들어, 점수를 매기는 방식으로 만족 정도를 나타내며, 1점은 매우 불만족, 10점은 매우 만족을 의미한다. 고객은 1부터 10까지의 정수 중에서 숫자를 골라 자신의 만족 정도를 나타낸다. 이렇게 하면 주관적인 판단을 해야 하는 난처한 상황을 벗어날 수 있게 되지만, 또 다른 문제가 발생한다. 예를 들어, 상냥한 사람과 깐깐한 사람이 똑같은 8점을 주었다고 해도 의미는 분명히 다를 것이다. 게다가, 어떤 사람은 객관적인 느낌으로 평점을 줄 것이며, 또 어떤 사람은 주관적인 느낌으로 평점을 줄 것이다. 이 모든 상황은 만족도 평점을 부정확하게 만든다.

이런 문제에 대해 학계에서는 **만족도 모델**을 도입하였다. 1989년에 스웨덴이 먼저 국가적 차원에서 고객만족도지수 모델인 SCBC 모델을 만들었다. 해당 모델은 고객 기대치, 체감 가치, 고객 만족도, 고객 컴플레인, 고객 충성이라는 5가지의 구조변수를 가지고 있다. 각 구조변수는 설문조사지의 문제(관측변수라고도 한다)로 이루어졌으며, 데이터와 연관 지을 수 있어 모델링을 통해 답을 구할 수 있다. 1994년에 미국에서는 SCBC를 토대로 미국 고객만족도지수(ACSI) 모델을 개발하여 체감 퀄리티라는 구조변수를 추가하였고, 1996년에 감지 퀄리티를 제품 체감 퀄리티와 서비스 체감 퀄리티로 분리하였다. 유럽에서는 ACSI를 토대로 유럽 고객만족도지수(ECSI) 모델을 또 개발하여 고객 컴플레인이라는 구조변수를 삭제하였고 기업 이미지를 추가하였다. 여기서는 ECSI를 예로 고객만족도 모델에 대해 소개하겠다.

그림 4.6은 ECSI 모델이다. 타원형에는 기업 이미지, 고객 기대치, 체감 퀄리티, 체감 가치, 고객 만족도, 고객 충성도와 같은 6가지 변수를 포함하고 있다. 이 6가지 변수는 모두 관측하거나 측정할 수 없는 변수이며, **잠재변수**latent variable라고 한다. 그림에서 화살표는 인과관계를 의미하는데, 예를 들어 고객 기대치에서 고객 만족도를 가리키는 화살표는 고객 기대치가 고객 만족도의 원인이라는 의미다. 여기서 그 어떤 화살표도 기업 이미지라는 변수를 가리키고 있지 않는데, 이를 **외생변수**exogenous variable라고 한다. 기타 5개 변수는 모두 화살표가 가리키고 있기에 이를 **내생변수**endogenous variable라고 한다. 구체적으로 일을 할 때 각 잠재변수는 설문조사지의 문제로 이루어졌는데, 문제의 답이 구체적인 평점으로 귀결되기 때문에 측정값이 존재하게 된다. 이런 문제를 **관측변수**manifest variable라고 한다. 이렇게 잠재변수와 관측변수를 종합하여 경로관계를 가정하는 모델을 **구조방정식 모델**structural equation model, SEM이라고 하고, **경로 모델**path model[45]이라고도 한다.

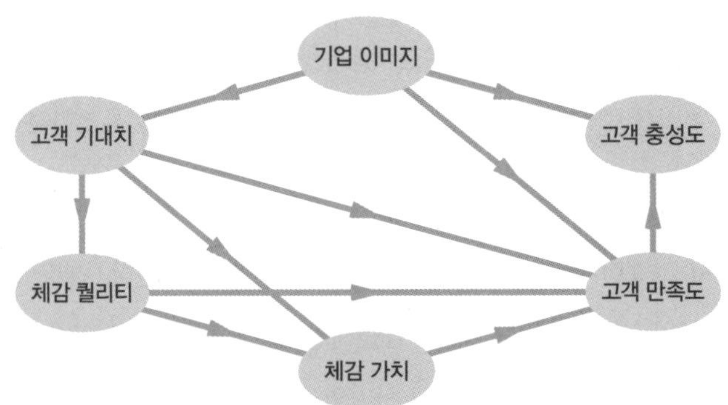

그림 4.6 **유럽 고객만족도 모델 프레임워크**

경로 모델은 보통 부분최소제곱partial least square, PLS과 공분산을 활용해 풀어나간다. 여기서 자주 사용하는 공분산은 최대우도법maximum likelihood method, MLM, LISREL리즈렐, AMOS아모스 등을 포함하는데, LISREL과 AMOS는 상용 소프트웨어에서 비롯되었다. PLS와 MLM은 많은 오픈소스 도구에 이미 만들어진 해결 방안들이 있는데, 그림 4.7이 바로 오픈소스 R 언어의 PLS를 활용하여 답을 구한 결과다.

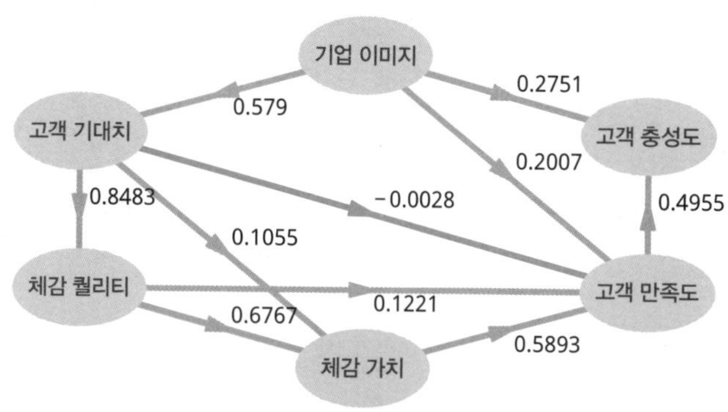

그림 4.7 **구조 모델의 경로계수**

설문조사지의 데이터를 임시로 만들어 그림 4.6과 같이 ECSI 모델로 맞춤을 진행했다. 여기에서 가장 중요한 결과는 그림 4.7과 같은 잠재변수 간의 경로계수path coefficient다. 만약 계수가 음수라면 안 좋은 영향을 준다는 의미다. 그림의 고객 기대치부터 고객 만족도까지의 계수가 −0.0028인데, 이는 고객의 기대치가 높을수록 고객 만족도가 낮다는 것을 의미한다. 그리고 계수의 절댓값이 클수록 영향력이 크다는 것을 의미한다. 고객 기대치부터 체감 퀄리티까지의 계수가 0.8483인데, 이는 고객 기대치가 높을수록 체감 퀄리티에 대한 평가가 확연히 높다는 것을 의미한다.

예시의 데이터에서 각 잠재변수는 모두 관측변수(사실상 설문조사지의 득점)로 이루어져 있다. 예를 들어, 기업 이미지는 image1부터 image5까지의 5개 변수로 이루어져 있으며, 고객만족도는 sat1부터 sat4까지의 4개 변수로 이루어져 있다. 우리는 그림 4.7과 같은 잠재변수 간의 모델을 구조 모델이라고 하며, 그림 4.8과 그림 4.9와 같은 잠재변수와 관측변수 간의 모델을 관측 모델이라고 한다.

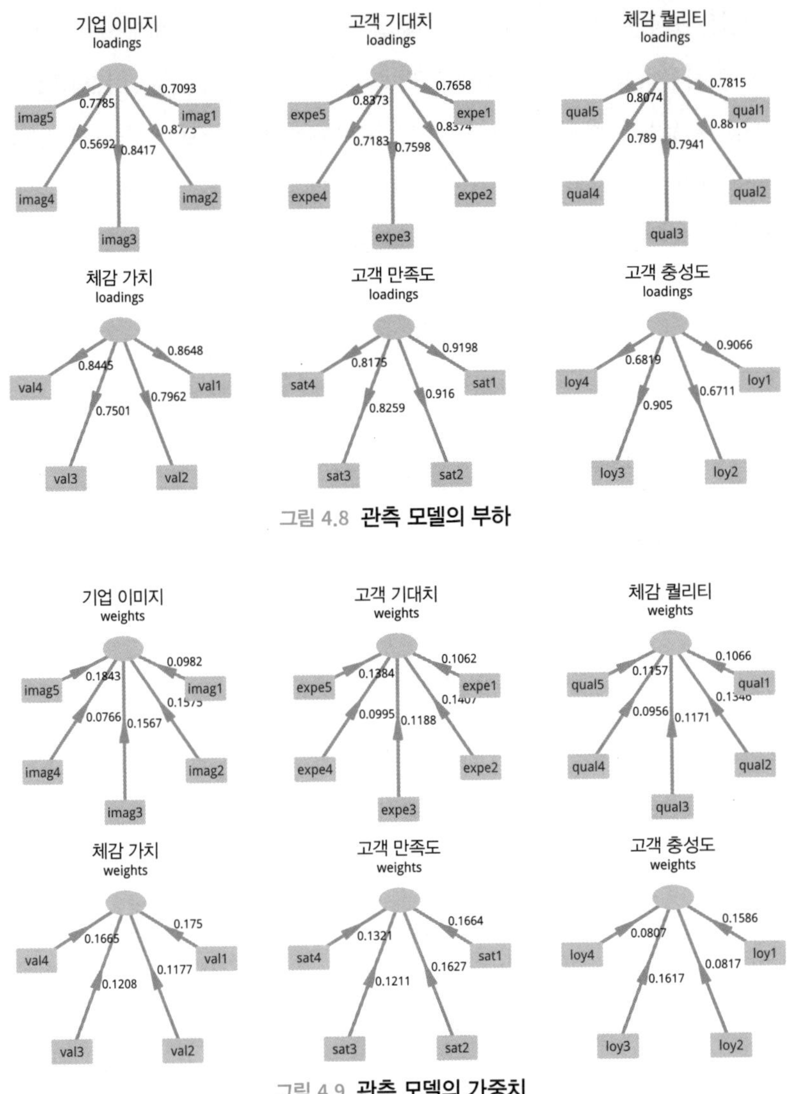

그림 4.8 **관측 모델의 부하**

그림 4.9 **관측 모델의 가중치**

관측 모델을 통해 2세트의 계수를 얻을 수 있는데, 각각 부하와 가중치다. 여기서 부하는 관측변수를 잠재변수로 표시한 계수이며, 가중치는 잠재변수를 관측변수로 표시한 계수다. 그림에서의 화살표 방향을 보면 관계에 대해 알 수 있다. 계수의 크기는 관계의 강약을 나타내며, 클수록 영향력이 크다는 것을 의미한다.

경로 모델과 회귀 모델은 다르며, 같은 하나의 탐색적 방법이 아니기에 경로 모델로 더욱 적합한 모델을 찾을 수 없다. 따라서 모종의 관계가 있다고 가정하고 데이터를 활용해 피팅해야 한다. 이는 하나의 검증 방법이며, 기본 사상은 상상 및 기존의 가설 혹은 경험을 기초로 한다. 사전에 모델을 구축하고, 경로 다이어그램을 그려 관계를 나타낸 후에 데이터를 수집한다. 그리고 해당 모델을 이용해 데이터 피팅data fitting을 진행하고 경로의 계수를 계산하여 도출해 낸 마지막 결과로 해석을 진행한다.

여기서 주목해야 할 점은 빅데이터 분야 연구가들이 종종 경로 모델에 대해 의구심을 품고 가설이 너무 많아 검증 방법이 없다고 하는 것이다. 실제로도 경로 모델을 남용하는 사례가 매우 많은데, 그렇다고 이 방법이 시대에 뒤처졌다고 할 수는 없다. 실제로 많은 사회과학 분야에서 구조방정식은 매우 광범위하게 응용된다. 당연히 이런 분야의 데이터를 쉽게 접할 수 없다는 점도 한몫하였다. 사용할 수 있는 '빅데이터'가 많이 없어 보통 설문조사를 통해 데이터를 얻을 수밖에 없다. 더 큰 문제는 이 분야에는 이미 많은 결론적 연구가 존재하여 질적 연구를 통해 대부분의 인과관계를 설명할 수 있다는 것이다. 그렇다면 이미 있는 이론으로 경로 모델을 만들면 된다. 제대로만 사용한다면 엄청나게 큰 효과를 얻을 수 있다.

4.1.4 주식의 동향

주식 거래가 생긴 이후로 많은 사람들이 이에 몰두하기 시작하였다. 월 스트리트의 붐부터 오늘날 중국의 많은 주식 투자자에 이르기까지 각양각색의 방법을 시도하여 주식 가격 변동의 규칙을 찾아내려 했다. 초기의 정보론과 행위경제학도, 오늘날의 양적 투자와 알고리즘 거래도 모두 이론과 기술의 발전을 가져왔다. 그러나 아직 많은 기술적 분석 방법이 전해지고 있으며, 심지어 일부는 매우 비과학적이다. 당연하게도 가치 투자는 여전히 인기가 많은데, 회사를 깊게 이해하고 난 후에 한 결정은 자연스럽게 이성적이게 된다. 어떤 방법이든지 목적은 주식의 동향을 정확하게 예측하는 것이고, 주식 시장에서 돈을 많이 버는 것이다.

주식 데이터를 하나 선택하여 다른 데이터와 어떻게 다른지를 살펴보자. 그림 4.10은 구이저우 마오타이贵州茅台(주식 코드 600519.SH)의 주식은 2008년 1월부터 2018년 1월까지의 10년 주가 데이터를 나타낸다. 총 2,436개의 데이터가 있으며, 모든 거래일의 데이터를 포함하고 있다. 그래프가 계속 요동치고 후반에는 증가 곡선을 그리고 있다는 것을 그래프를 통해 알 수 있다.

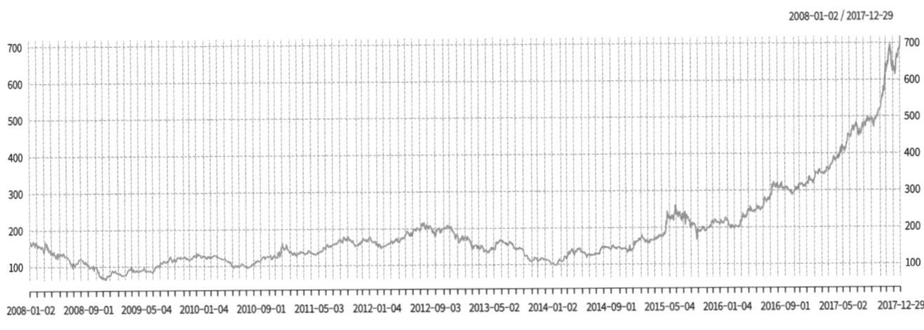

그림 4.10 **마오타이 주가 동향**

이런 데이터는 하나의 서열이며 변수로 표시할 수 있다. 그러나 각 데이터의 값은 하나의 시간점으로만 이뤄져 있으며, 우리가 평소 연구하던 확률변수와는 다르다. 2.3.4절 '신체검사 기록표'에서 행렬이라는 데이터 구조의 설계 방법을 소개했었다. 각 데이터는 하나의 변수(혹은 확률변수)의 관측값 또는 측정값으로 볼 수 있으며, 각각 하나의 표본점으로 이루어져 있다. 그러나 이런 주식 데이터는 각 시간점마다 하나의 확률변수로 이루어질 수도 있는데, 이것이 바로 2.2.4절 '술고래의 걸음걸이'에 나왔던 **확률과정**이다. 좀 더 구체적으로 말하자면 **시계열**time series이다.

시계열 데이터에서 동향의 변화가 매우 크다면 보통은 차분difference을 진행한다. 즉, 서로 인접해 있는 2개의 값의 차를 구해 새로운 서열을 만든다. 그림 4.11처럼 차분 후의 서열은 원래 서열의 변화폭을 나타낸다. 차분 후의 서열은 기본적으로 하나의 범위 내에서 위아래로 변동하고, 0보다 크든 작든 큰 차이를 보이지 않는 것을 알 수 있다. 그리고 각기 다른 시간점마다 변동 폭이 다르다는 것도 알 수 있는데, 어떤 때는 변동이 적고 또 어떤 때는 변동이 크다. 심지어 변동의 밀집도 또한 다른데, 어떤 때는 변동이 밀집되어 있고 또 어떤 때는 변동이 뜸하다. 이는 모두 시계열의 특징이며, 이 특징들에 대해 서로 다른 분석 방법을 적용할 수 있다. 여기서는 상세하게 설명하지 않으니 관심이 있다면 시계열 전문 서적을 참고하기 바란다.

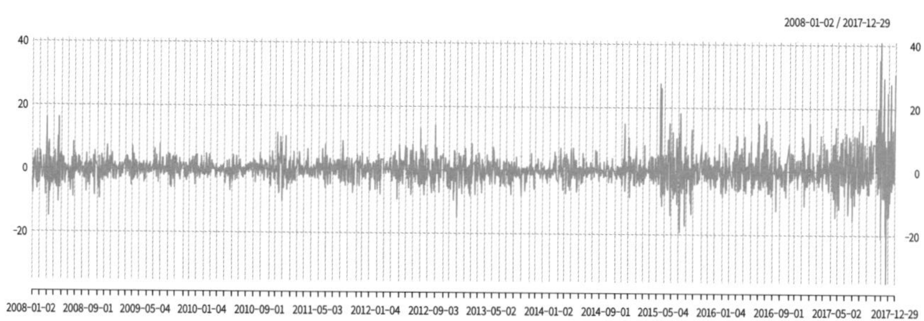

그림 4.11 **마오타이 주가 차분**

원천 데이터는 날짜별로 기록하였는데, 이러한 시계열을 일별 데이터라고 한다. 월별로 기록한다면 이를 월별 데이터라고 한다. 같은 방법으로 하면 분기별로 기록한 데이터를 분기별 데이터라고 하고, 연도별로 기록한 데이터를 연도별 데이터라고 한다. 마오타이 주식의 일별 데이터를 월별로 평균값을 구한다면 그림 4.12와 같이 주식의 월별 데이터를 얻을 수 있다. 이렇게 보면 그래프의 대략적인 추이가 원래 그래프와 일치한다는 것을 알 수 있다. 다만, 데이터 포인트가 적을수록 그래프가 좀 더 평평해질 것이다.

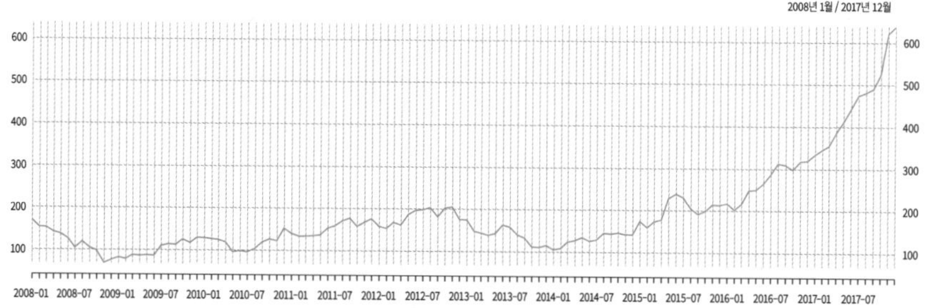

그림 4.12 **마오타이 주가 동향(월별)**

시계열 분석의 가장 간단한 방법은 분해하는 것이다. 그림 4.13은 분해한 결과를 나타낸다. 시간의 연속성observed을 보면 그래프가 위를 향하는 증가 추이를 보이는 것을 알 수 있다. 이게 바로 시계열의 추세trend인데, 하나의 결정적 함수deterministic function로 유추할 수 있다. 그 외에도 원천 데이터가 위아래로 변동하는 특징이 있는데, 이런 변화는 두 가지 원인으로 분해할 수 있다. 하나는 완전히 랜덤으로 진행되는 변화인데, 이를 불규칙성random이라고 한다. 또 하나는 주기성을 가진 변화 추이다. 예를 들자면, 이산화탄소는 계절에 따라 차이를 보이는데, 특정 시간 주기로 인해 나타난 수치의 변동을 우리는 계절성 변동이라고 하며, 계절성seasonal이라고도 한다.

마오타이의 주식 데이터를 시계열 분해 후에 살펴보면 전반부는 천천히 증가하고 2013년에 살짝 떨어졌다가 후반부에 빠르게 증가 추세로 넘어가는 것을 알 수 있다. 이는 당시 백주白酒 시장의 변화와 일치한다. 해마다 고정적인 계절 주기가 있는데, 이 역시 백주와 같은 소모품의 특징으로 이루어져 있다. 보통 계절의 영향을 비교적 많이 받으며 명확한 주기율을 가지고 있다. 나머지 확률텀은 0을 기준으로 위아래로 변동한다고 보면 된다. 비록 정규분포와 다르지만, 딱히 명확한 규칙도 가지고 있지 않아 좀 더 처리를 할 수 있다.

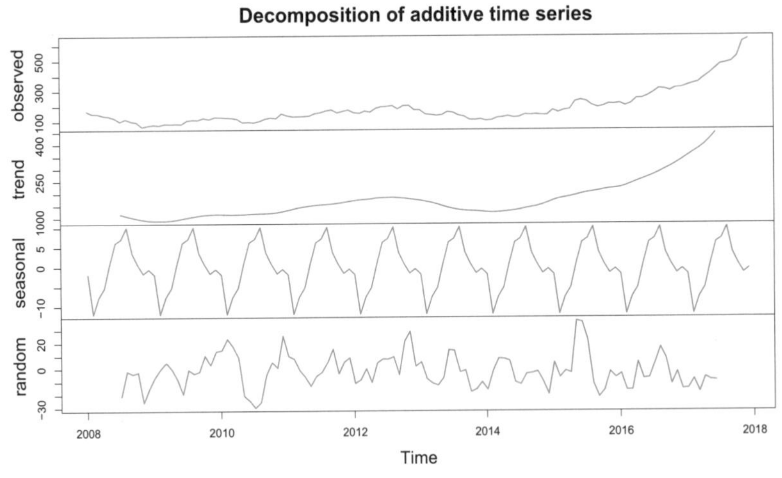

그림 4.13 **시계열의 분해**

시계열 연구는 주로 모델을 구축해 예측을 진행하는데, 가장 보편적인 방법으로 ARIMA 모델이 있다. 차분을 통해 시계열을 안정되게 만들고, 자기회귀 누적 이동 평균autoregressive integrated moving average, ARIMA 모델을 종합적으로 고려함과 동시에, 계절 계수를 도입하여 모델을 구축한 후 미래의 시간점 데이터를 예측할 수 있게 된다[46]. 많은 통계 프로그램과 오픈소스 도구에는 이러한 방법이 포함되어 있으며 바로 사용할 수 있다. 그 외에도 자주 사용되는 방법으로 X11 계절변동 조정과 금융업계에서 변동성을 처리할 때 자주 사용되는 Garch 모델 등이 있는데, 실제 분야에서 매우 광범위하게 사용되고 있다.

4.2 머신러닝

4.2.1 맥주와 기저귀의 전설

아주 오래전, 사람들이 아직 정보 폭발과 데이터 마이닝에 대해 논의하고 있던 시대에 맥주와 기저귀에 관한 전설이 하나 퍼지고 있었다. 전설에 따르면, 한 대형마트 체인점에서(소문에 의하면 월마트라고 한다) 데이터 마이닝을 통해 맥주와 기저귀가 매우 밀접한 관계가 있는데, 맥주를 사는 사람들이 보통 기저귀도 같이 산다는 것이다. 살짝 의외이긴 하지만, 곰곰이 생각해 보면 많은 젊은 아기 아빠들이 저녁에 아기를 돌볼 때 심심하기 때문에 맥주도 같이 살 수 있을 것도 같다. 당연히 비슷한 해석이 많이 나왔다. 예를 들어, 어떤 사람은 아기 아빠가 부인의 등쌀에 못 이겨 기저귀를 사러 나왔다가 스트레스 때문에 맥주를 산다고 추측했다. 해석이 어떻든 간에 이야기의 결과는 마트가 맥주와 기저귀를 같이 놔두었는데 둘 다 불티나게 팔렸다는 것이다. 이 이야기는 널리 퍼지게 되었지만, 세심한 사람들은 이 이야기가 도시 괴담에 불과하다는 것을 알아차렸다. 왜냐하면 최초 버전은 농담으로부터 시작되었기 때문이다. 전파되는 과정에서 사람들이 점점 믿게 된 것이다. 진위야 어떻든 맥주와 기저귀의 전설은 이미 역사에 기록되었고, 수십 년이 지난 지금도 각종 데이터 마이닝이나 빅데이터를 소개하는 자리에서 하나의 예제로 사용되고 있다.

이야기의 데이터 마이닝 방법은 바로 **장바구니 분석**market basket analysis이며, 이는 **연관법칙**association rule[47]의 한 종류다. 연관법칙이란, 일련의 처리과정transactions에서 찾아낸 항목items 간의 관계를 의미한다. 마이닝 알고리즘은 매우 간단한데, 우선 몇 가지 개념을 이해해야 한다.

- **지지도**support: 모든 처리과정에서 A와 B가 동시에 출현할 확률이다.
- **신뢰도**confidence: 모든 처리과정에서 A가 출현하면 B가 출현할 확률이다.
- **향상도**lift: 두가지 항목이 동시에 출현할 확률'과 '각자 출현할 확률의 곱'의 비율이다. 비율이 1과 같다면 각자 독립적이라는 것을 의미하고, 1보다 크면 동시에 출현할 확률이 높다는 것을 의미하며, 1보다 작으면 서로 방해가 된다는 것을 의미한다.

연관법칙에서 자주 사용되는 알고리즘은 **Apriori 알고리즘**이다. 그림 4.14는 이 알고리즘의 실현 과정을 나타낸다. 현재 4건의 거래(각 거래는 1장의 영수증으로 이루어졌다)가 있는데, 1번 거래에서는 A, C, D 세 가지 상품을 구매했고, 2번 거래에서는 B, C, E 세 가지 상품을 구매했고, 3번 거래에서는 A, B, C, E 네 가지 상품을 거래했고, 마지막 4번 거래에서는 B, E 두 가지 상품을 구매했다고 가정하겠다.

알고리즘을 시작하기에 앞서 '50% 이상'과 같이 지지도의 역치threshold value(문턱값)를 설정해야 한다. 이는 최종 규칙에서 각 규칙이 포함하고 있는 제품이 출현할 확률이 50% 이상이라는 의미다. 또한, 어떤 제품의 출현 확률이 50% 이상이라는 의미이기도 하다. 따라서 알고리즘의 첫 번째 스텝은 후보항목집합candidate itemset C1을 구성하는 것인데, 여기서는 한 개의 제품만 포함하며 지지도가 50% 이하인 제품을 제거한다. 그림 4.14에서 제품 D의 지지도는 25%밖에 되지 않기 때문에 제거되었다. 그리고 남은 제품들을 두 개씩 조합하여 후보항목집합 C2를 구하고 계속해서 지지도가 50% 이하인 항목을 제거한다. 이렇게 계속해서 반복하다 보면 가장 긴 조합을 얻거나 지지도가 50% 이하인 모든 항목을 제거하게 되며, 결국 모든 요구사항을 만족시키는 규칙을 출력하게 된다.

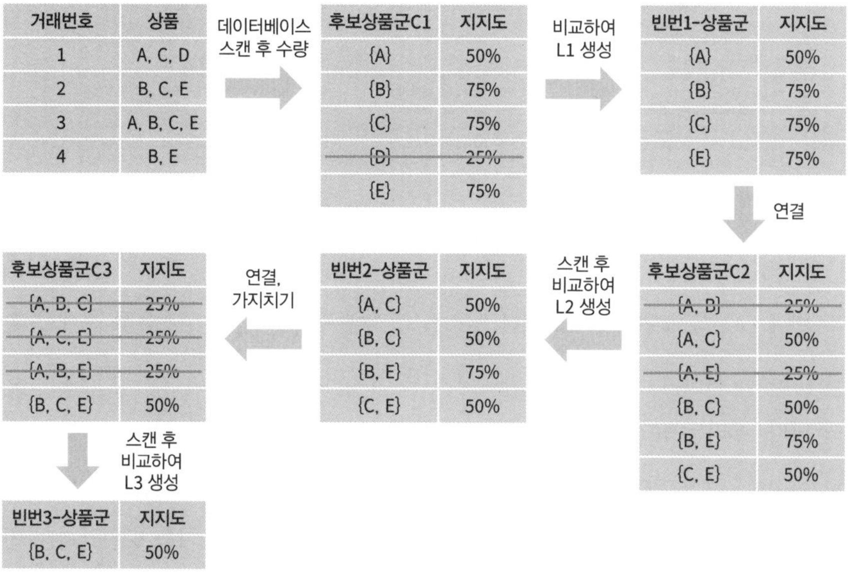

거래번호	상품
1	A, C, D
2	B, C, E
3	A, B, C, E
4	B, E

데이터베이스 스캔 후 수량

후보상품군C1	지지도
{A}	50%
{B}	75%
{C}	75%
~~{D}~~	~~25%~~
{E}	75%

비교하여 L1 생성

빈번1-상품군	지지도
{A}	50%
{B}	75%
{C}	75%
{E}	75%

연결

후보상품군C2	지지도
~~{A, B}~~	~~25%~~
{A, C}	50%
~~{A, E}~~	~~25%~~
{B, C}	50%
{B, E}	75%
{C, E}	50%

스캔 후 비교하여 L2 생성

빈번2-상품군	지지도
{A, C}	50%
{B, C}	50%
{B, E}	75%
{C, E}	50%

연결, 가지치기

후보상품군C3	지지도
~~{A, B, C}~~	~~25%~~
~~{A, C, E}~~	~~25%~~
~~{A, B, E}~~	~~25%~~
{B, C, E}	50%

스캔 후 비교하여 L3 생성

빈번3-상품군	지지도
{B, C, E}	50%

그림 4.14 **Apriori 알고리즘**

많은 데이터 마이닝 프로그램이나 오픈소스 도구에는 연관법칙 알고리즘을 포함하고 있다. 그림 4.15는 오픈소스 도구인 R 언어에 내장된 데이터 세트를 사용한 연관법칙의 분석 결과다. 이 예제에서는 총 15개의 규칙을 출력한 것을 알 수 있다. 첫 번째 규칙으로 예를 들자면, 응유curdled milk와 요구르트를 동시에 구매한 사람은 전유(지방을 빼지 아니한 자연 상태의 우유)를 구매할 확률이 높다. 이 규칙에서 지지도는 약 0.01인데, 이는 모든 구매 조합에서 동시에 이 세 가지 상품이 출현할 확률이 약 1%라는 의미다. 이 규칙의 신뢰도는 약 0.58인데, 이는 응유와 요구르트를 산 사람이 58%의 확률로 전유를 산다는 의미다. 이 결과에서 우리는 이 규칙이 나타내고 있는 의미를 명확하게 이해할 수 있다. 실제 사용 환경에서 응용하면, 세 가지 제품을 같이 진열하는 등 상업적 결정을 내릴 수 있다.

```
lhs                                         rhs                  support    confidence lift     count
{curd,yogurt}                            => {whole milk}         0.01006609 0.5823529  2.279125  99
{butter,other vegetables}                => {whole milk}         0.01148958 0.5736041  2.244885 113
{domestic eggs,other vegetables}         => {whole milk}         0.01230300 0.5525114  2.162336 121
{whipped/sour cream,yogurt}              => {whole milk}         0.01087951 0.5245098  2.052747 107
{other vegetables,whipped/sour cream}    => {whole milk}         0.01464159 0.5070423  1.984385 144
{other vegetables,pip fruit}             => {whole milk}         0.01352313 0.5175097  2.025351 133
{citrus fruit,root vegetables}           => {other vegetables}   0.01037112 0.5862069  3.029608 102
{root vegetables,tropical fruit}         => {other vegetables}   0.01230300 0.5845411  3.020999 121
{root vegetables,tropical fruit}         => {whole milk}         0.01199797 0.5700483  2.230969 118
{tropical fruit,yogurt}                  => {whole milk}         0.01514997 0.5173611  2.024770 149
{root vegetables,yogurt}                 => {other vegetables}   0.01291307 0.5000000  2.584078 127
{root vegetables,yogurt}                 => {whole milk}         0.01453991 0.5629921  2.203354 143
{rolls/buns,root vegetables}             => {other vegetables}   0.01220132 0.5020921  2.594890 120
{rolls/buns,root vegetables}             => {whole milk}         0.01270971 0.5230126  2.046888 125
{other vegetables,yogurt}                => {whole milk}         0.02226741 0.5128806  2.007235 219
```

그림 4.15 **연관법칙의 결과**

두 번째 규칙을 보면, 버터와 기타 채소를 동시에 구매한 사람은 전유를 구매할 확률이 높다. 지지도는 첫 번째 규칙보다 살짝 높으며, 신뢰도는 첫 번째 규칙보다 살짝 낮다. 우리는 규칙을 사용할 때 모든 규칙을 종합적으로 판단하는데, 일부는 우리가 경험으로도 알 수 있는 비교적 명확한 사실이지만 일부 데이터는 우리의 예상을 벗어난다. 분명한 것은 후자가 훨씬 쓸모가 있으며, 일단 규칙을 발견만 한다면 적지 않은 가치를 얻을 수 있다. 예를 들어, 맥주와 기저귀의 예제가 진짜라면 분명히 매우 유용한 규칙일 것이다. 왜냐하면 사람들이 전혀 상상조차 못 했던 조합이라 일단 조합하기만 하면 많은 수익을 창출할 수 있기 때문이다.

Apriori 알고리즘은 빈발항목집합frequent itemset을 기반으로 가장 적은 수의 항목부터 비교적 많은 수의 항목까지 검색한다. 매번 검색할 때마다 모든 데이터를 스캔해야 하므로 성능이 좀 떨어진다. 그 외에도 프로그램의 공간복잡도가 비교적 높아 계산 자원이 많이 소요된다. 따라서 빅데이터 환경에서는 개선된 알고리즘을 사용한다. 각광받고 있는 또 하나의 연관법칙 알고리즘으로 FP growth 알고리즘이 있다. 이 알고리즘은 FP-tree의 구조를 사용해 저장하는 데이터를 압축하는 방법이다. 트리 구조를 기반으로 검색과 가지치기를 하고 빠르게 빈발항목집합을 찾아낸다. 분석 마이닝 도구마다 각기 다른 알고리즘을 제공하지만, 연관법칙 사상의 본질은 비슷하다. 관건은 정확한 사용 환경을 찾아내는 것이다.

4.2.2 '엄친딸' 찾기

사람은 한 가지 모습만 가지고 있지 않다. 사람은 여러 가지 꼬리표를 가지고 있는데, 여자에게 '엄친딸'이라는 꼬리표가 붙는다면 매우 기쁜 일일 것이다. 상인은 '엄친딸'이라는 꼬리표를 가진 사람이 오면 무척 좋아한다. 왜냐하면 역사적으로 '엄친딸'은 엄청난 구매력을 가지고 있어서 그들에게 많은 이윤을 가져다주기 때문이다. 따라서 소매업계에서 '엄친딸'을 찾는 것이 빅데이터를 적용하는 중요한 목표가 되었다. 이런 작업을 데이터 마이닝 시대에는 '고객 세분화'라고 불렀고, 인터넷 시대에는 '꼬리표 붙이기'라고 불렀다. 본질적으로는 '엄친딸' 찾기와 별반 다르지 않다.

여기서 간단한 예제를 한번 보자. 한 고객이 쇼핑 사이트에서 많은 구매 기록을 남겼다고 가정했을 때 우리는 월평균 구매 횟수와 총 구매 금액 두 가지 변수만 통계를 낸다. 100명의 고객이 있더라도 이 두 가지 변수 데이터만 보면 고객 간의 차이를 알 수 있다. 두 가지 변수만 통계를 낸다면 그림 4.16과 같이 쉽게 2차원 평면으로 시각화할 수 있다. 그림에서 점은 고객을 나타낸다. 꼬리표 붙이기란, 사실상 규칙을 통해 데이터를 분류하고 각 유형의 특징을 결론 내는 것이다.

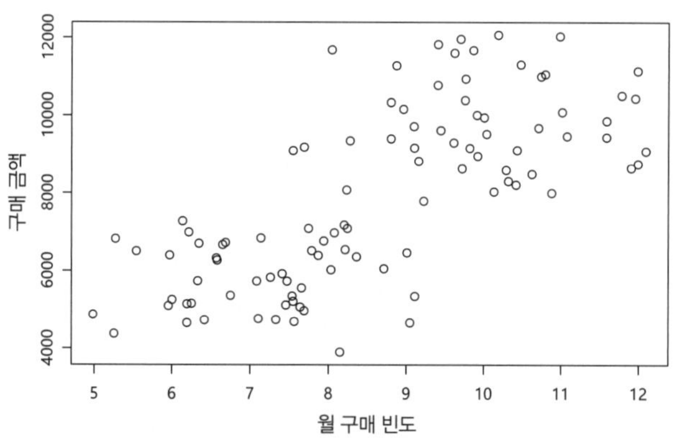

그림 4.16 **구매 빈도와 구매 금액**

이 예제에서 데이터가 각각 좌하단과 우상단 2개의 구역에 집중되고 있음을 한눈에 알아볼 수 있다. 데이터를 두 가지로 분류하면 적합할 것이다. 게다가 데이터가 집중된 정도를 대략 분류해 낼 수 있는데, 이런 처리 방식을 **클러스터링 분석**clustering analysis이라고 한다. 만약 데이터가 두 가지 변수 이상이라면 이렇게 직관적인 방법으로 나타낼 수 없었을 것이다. 그리고 데이터 간에 명확한 차이가 없었더라면(그림에서는 명확하게 두 가지 데이터로 나뉘었다) 한눈에 클러스터링할 수 없었을 것이다. 이럴 때 바로 통용되는 과학 방법이 필요하다.

현재 가장 널리 사용되는 클러스터링 방법은 바로 **K-평균 클러스터링**K-means clustering 혹은 K-평균 군집화라 한다. 이 방법의 기본 사고방식은 먼저 유형의 최종 개수 K를 지정하는 것인데, 본 예제에서 두 가지 유형으로 클러스터링하였기 때문에 K는 2가 된다. 우선, 랜덤으로 초기 질량 중심이 될 K개의 점을 고르고, 각 표본점과 질량 중심의 거리를 계산해서 가까운 질량 중심의 유형으로 분류한다. 모든 표본을 분류하고 나면 질량 중심이 더는 바뀌지 않을 때까지 각 유형의 질량 중심을 새로운 중심점으로 지정하고 똑같은 작업을 반복한다. K-평균 클러스터링은 반복 알고리즘이며, 많은 통계 프로그램과 분석 도구에 이런 방법이 포함되어 있다. 그림 4.17은 R 언어를 활용해 출력한 클러스터링 결과다. 다른 도구에서 출력하면 형식은 조금 다를지 몰라도 방법은 같다.

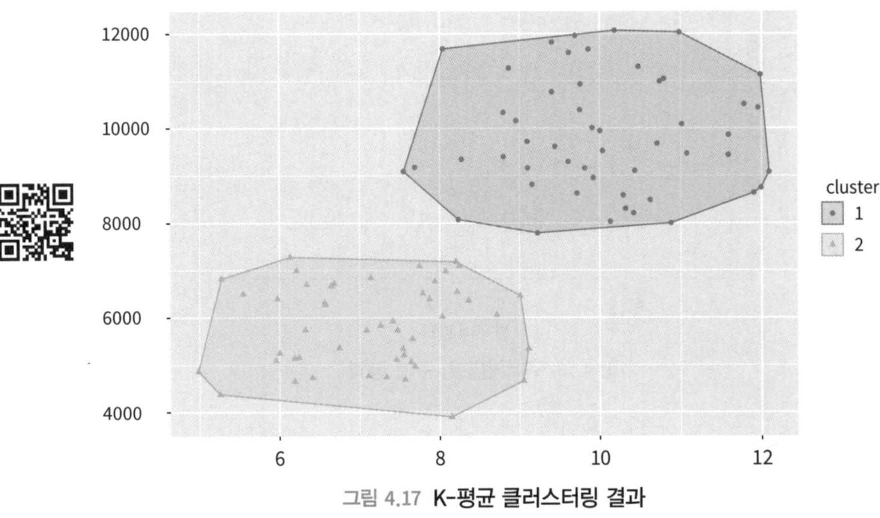

그림 4.17 **K-평균 클러스터링 결과**

그림 4.17에서 볼 수 있듯이 모든 데이터는 두 가지 유형으로 분류되었다. 게다가, 원형 점과 삼각형 점으로 서로 다른 유형을 구분하였다. 각 유형의 모든 점은 다변형으로 둘러싸고 중심점을 출력하는데, 그림을 보면 중심점의 좌표를 나타낸 것을 알 수 있다. 첫 번째 유형(원형 점)의 중심점은 월별 구매 빈도가 9.4회이며, 총 구매 금액이 약 164만 원이라는 것을 나타낸다. 두 번째 유형(삼각형 점)의 중심점은 월별 구매 빈도가 7.3회이며, 총 구매 금액이 약 100만 원이라는 것을 나타낸다. 이렇게 보면 매우 쉽게 두 유형의 차이를 발견할 수 있다. 첫 번째 유형은 구매 빈도가 상대적으로 높고 구매 금액 또한 상대적으로 크다. 이와 다르게 두 번째 유형은 구매 빈도가 상대적으로 적고 구매 금액 또한 상대적으로 작다. 이 두 가지 유형에 대해 '잘 사는 사람'과 '잘 사지 않는 사람'이라는 꼬리표를 달 수 있다. 당연히 꼬리표의 명칭은 '쇼핑 중독자'와 '스마트 컨슈머'와 같이 마음대로 지어도 된다.

예제가 비록 간단하긴 하지만 완벽히 클러스터링 과정을 보여주었다. 우선, 유형의 개수 *K*를 정해야 하는데, 경험을 근거로 정해도 되고 새로운 *K*를 정해도 된다. 그저 결과에 관해 설명할 수 있을 만한 *K*를 정하기만 하면 된다. 구체적인 *K*를 정한 후에 도구로 K-평균 클러스터링 방법을 사용하여 클러스터링 후의 각 중심점을 관찰하고, 중심점의 각 변숫값을 근거로 유형에 대해 이해하고 업무 경험을 바탕으로 명칭을 정해 주면 꼬리표를 다는 작업이 끝난다. 이렇게 출력한 결과의 각 표본점의 유형에 번호를 매기면 각자 어떤 꼬리표를 달았는지 구분할 수 있게 된다.

K-평균 클러스터링과 같은 방법은 각 유형마다 클러스터 형태를 띠고 있다는 가설을 내포하고 있다. 이렇게 하면 중심부터의 거리로 클러스터링을 할 수 있다. 그러나 그림 4.18의 좌측 그림처럼 데이터 간의 집중 규칙이 모두 클러스터 형태를 띠고 있는 것은 아니다. 두 유형의 데이터는 모두 막대 모양이며, K-평균 클러스터링을 사용한 후 일부 변두리에 있는 점들이 잘못 분류된 것을 볼 수 있다. 그림에서 채워진 원형 점과 빈 원형 점이 연결되지 않는 것을 볼 수 있다. 이때 밀도를 기반으로 클러스터링을 하는 다른 클러스터링 방법이 필요하다. 가장 보편적인 방법으로 **DBSCAN**

알고리즘이 있다. 클러스터링 결과는 그림 4.18의 우측 그림과 같다. 그림을 보면 결과와 우리의 예측이 일치한다는 것을 알 수 있다.

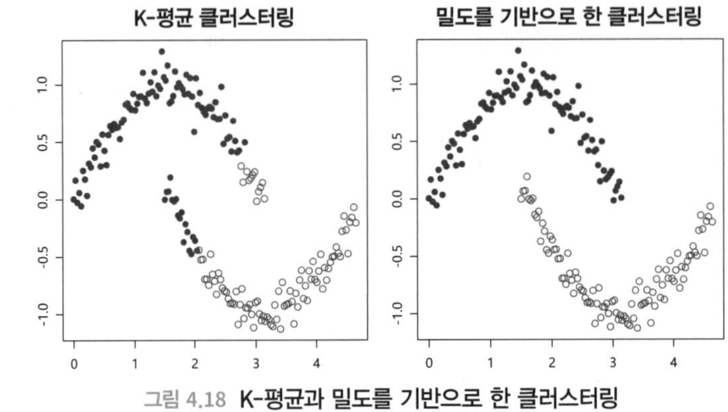

그림 4.18 **K-평균과 밀도를 기반으로 한 클러스터링**

앞의 예제를 통해 클러스터링 분석은 하나의 탐험적 방법이며 데이터마다 각자 맞는 방법이 따로 있다는 것을 설명했다. 클러스터링 분석 역시 전형적인 머신러닝 방법이다. 데이터를 통해 자동으로 학습하며, 서로 다른 방법에 내재되어 있는 모드도 다르다. 그러나 데이터에서 그 어떤 꼬리표도 필요 없다는 하나의 공통점을 가지고 있다. 순수히 데이터 집합에서 유용한 구조 성질을 자동으로 배워 나간다. 이러한 머신러닝 방법을 **비지도학습**unsupervised learning이라고 한다. 클러스터링 분석과 연관법칙 모두 업계에서 널리 사용되고 있는 전형적인 비지도학습 방법이다.

4.2.3 차라리 잘못 죽이는 것과 절대 놓치지 않는 것

전쟁이 만연했던 시기에는 '차라리 천 명을 죽일지언정 한 명도 놓치지 말자'라는 말이 퍼졌다. 전란 때 반동파는 마음이 독하고 하는 짓이 악랄했으며, '절대 놓치지 말자'를 강조하였다. 그러나 평화 시대에는 법률 집행기관이 범죄 용의자를 잡을 때 '잘못 죽이지 말자'를 중요시하였다. 어떤 사람을 잡든지 이는 사실 하나의 분류 문제일 뿐이다. '잘못 죽이지 말자'와 '절대 놓치지 말자'는 모두 평가 지표가 될 수 있으며, 평가 지표가 다르면 실제 조작 과정에서 다른 분류 결과를 얻을 수도 있다.

그림 4.16에서 우리는 클러스터링 분석의 예를 들었다. 100개 점의 변숫값에 따라 데이터를 두 가지 유형으로 나눌 수 있었으며, 클러스터링 전에는 두 유형이 어땠는지 전혀 알지 못했다. 만약 그림 4.19처럼 100개의 표본점이 하나의 분류변수만 포함하고, 사전에 각 점의 유형을 정해 놓고 채워진 원형 점과 빈 원형 점으로 두 가지 유형을 표시한다. 그런 다음 하나의 모델을 배워 그림에서 물음표가 어떤 유형에 속해 있는지 판단해야 한다. 이것이 바로 **분류**classification 문제다. 이런 문제는 이미 하나의 유형 꼬리표가 존재한다. 모델과 알고리즘이 꼬리표에 대해 공부하고 예측하는 방법을 **지도학습**supervised learning이라고 한다. 회귀와 분류는 모두 전형적인 지도학습 방법이다.

분류 모델의 형식은 여러 가지다. 가장 간단한 모델은 직선이며(잠재 디리클레 할당 latent Dirichlet allocation, LDA), 그림 4.19의 점선과 같으며, 서로 다른 선은 각기 다른 변수로 이루어졌다. 좌측 그림과 우측 그림이 바로 서로 다른 LDA 모델이다. 표본점에 대한 학습을 통해 점선은 평면을 두 부분으로 나눌 수 있는데, 점선의 우측 상단은 채워진 원형 점을 나타내고, 좌측 하단은 빈 원형 점을 나타내는 것을 알 수 있다. 좌측 그림에서 물음표는 점선 아래에 있는데, 이는 점이 빈 원형 점과 같은 유형이라는 뜻이다. 이러한 분류 과정이 바로 예측이다. 모델이 서로 다르기 때문에 같은 점이라도 서로 다른 유형으로 분류될 수 있는데, 우측 그림에서는 물음표가 채워진 원형과 같은 유형으로 분류된다.

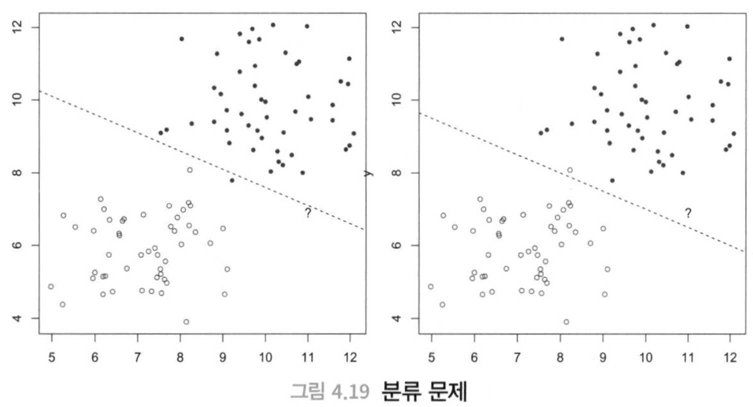

그림 4.19 **분류 문제**

분류 모델은 새로운 점을 예측하는 것 외에도 이미 존재하는 점에 대해서도 예측할 수 있다. 예를 들어, 좌측 그림에서 점선 아래 모든 점은 모두 모델에 의해 빈 원형 점으로 분류되었다. 여기에 채워진 원형 점 하나가 포함되었는데, 이 점은 예측이 잘못된 것이다. 점선 위 모든 점은 채워진 원형으로 예측되었으며, 모두 제대로 예측되었다. 우측 그림도 마찬가지로 하나의 빈 원형 점이 채워진 원형 점으로 잘못 예측되었고, 모든 채워진 원형 점은 제대로 예측되었다. 분류 문제를 해결할 때 우리는 그림 4.20처럼 예측값과 실젯값을 비교하는 방식으로 모델을 평가할 수 있다.

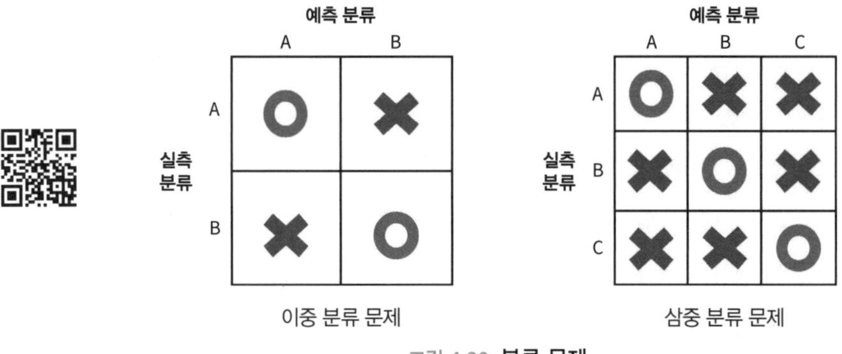

그림 4.20 **분류 문제**

그림 4.20의 좌측 그림은 이중 분류two-class classification 문제다. 데이터가 A와 B 두 가지 유형을 포함하고 있다면 각 데이터는 모두 A나 B로 예측될 것이다. 실젯값과 예측값으로 분할표를 그려 실젯값과 예측값이 같다면 ○로 표시하고 같지 않다면 ×로 표시하면, 다음과 같은 네 가지 상황이 존재한다. 네 가지 상황이 바로 A를 A로 예측, A를 B로 예측, B를 A로 예측, B를 B로 예측하는 상황이다. 우측 그림은 삼중 분류three-class classification 문제다. 총 9개의 상황이 존재하며, 세 가지 상황만 정확히 예측한 상황이며 나머지 여섯 가지 상황은 잘못 예측한 상황이다. 만약 분류 개수가 3보다 크다면 각종 조합 방식은 점점 더 복잡해진다. 따라서 실제 조작 과정에서 다중 분류multi-class classification 문제를 이중 분류 문제로 전환할 수 있다. 예를 들어 A, B, C 세 가지 분류를 포함한 문제를 해결할 때 A가 맞는가, B가 맞는가, C가 맞는

가와 같이 세 개의 이중 분류 문제로 전환할 수 있다. 일반성을 해치지 않는다면 이중 분류 상황을 예로 들겠다. 하지만 실제로는 다중 분류 문제를 해결하는 것이다.

이중 분류 문제에서 A를 B로 예측하거나 B를 A로 예측한다면 모두 잘못 예측한 것으로 간주하겠다. 그러나 실제 사용에서의 결과는 다르다. 예를 들어, 은행에서 신용카드를 신청하는 사람이 좋은 사람인지 나쁜 사람인지 판단할 때, 만약 좋은 사람을 나쁜 사람으로 판단한다면 은행은 고객을 한 명 잃게 되어 연간 2만 원 정도의 비용을 적게 벌게 될 것이다. 그러나 만약 나쁜 사람을 좋은 사람으로 잘못 예측한다면 결과는 고객이 계약을 위반하고 돈을 갚지 않아 은행이 약 200만 원의 손실을 볼 수도 있다. 분류를 사용하는 대부분 상황에서 사람들이 관심을 가지는 유형이 다를 수 있다. 보통 관심을 가지는 유형을 양성positive이라고 하며, 관심을 가지지 않는 유형을 음성negative이라고 한다. 여기서 양성과 음성은 가치 판단을 포함하지 않는 표기 방식일 뿐이라는 것을 명심하자. 만약 어떤 유형이 더 흥미로운지 판단하기 어렵다면 임의로 양성을 지정해도 상관없다.

만약 두 가지 유형이 하나는 양성이고 나머지 하나는 음성이라면 실젯값과 예측값 개수의 분할표는 하나의 행렬과 매치되는데, 이를 **혼동 행렬**confusion matrix(오차 행렬)이라고 한다. 그중 4개의 값은 전문용어가 따로 있다.

- **참 양성**true positive, TP: 양성 표본을 양성으로 정확하게 분류
- **참 음성**true negative, TN: 음성 표본을 음성으로 정확하게 분류
- **허위 양성**false positive, FP: 음성 표본을 양성으로 잘못 분류
- **허위 음성**false negative, FN: 양성 표본을 음성으로 잘못 분류

네 가지 상황을 놓고 우리는 일련의 평가 지표를 만들어 분류 결과의 좋고 나쁨을 판단할 수 있다.

- **정확도**accuracy: 참 양성과 참 음성의 개수에서 전체 예측값 개수를 나눈 값이다. 계산식은 다음과 같다.

(참 양성 + 참 음성) / 총 개수

- **에러율**error rate: 잘못 분류한 비율을 의미한다. 1에서 정확도를 빼면 된다.
- **정밀도**precision: 정확률이라고도 하며, 양성으로 예측된 모든 양성 개수에서 참 양성이 차지하는 비율을 의미한다. 계산식은 다음과 같다.

참 양성 / (참 양성 + 허위 양성)

- **리콜**recall: 재현율이라고도 하며, 전체 양성 개수에서 참 양성이 차지하는 비율을 의미한다. 계산식은 다음과 같다.

참 양성 / (참 양성 + 허위 음성)

- **민감도**sensitivity: 참 양성 비율이라고도 하며, 정확하게 분류된 양성 표본의 비율을 의미한다. 리콜과 의미가 같으며, 계산식은 다음과 같다.

참 양성 / (참 양성 + 허위 음성)

- **특이성**specificity: 참 음성 비율이라고도 하며, 정확하게 분류된 음성 표본의 비율을 의미한다. 계산식은 다음과 같다.

참 음성 / (참 음성 + 허위 양성)

지표 중에서 정확도(혹은 에러율)를 가장 많이 사용한다. 그러나 잘못된 유형에 대한 결과까지 판단할 수는 없다. 따라서 실제로 사용할 때 보통 정밀도와 리콜, 그리고 민감도와 특이성을 결합하여 사용한다.

정밀도precision와 **리콜**recall은 보통 검색 분야에서 사용한다. 인터넷에서 검색할 때 정밀도가 높을수록 검색한 결과가 우리가 원했던 내용과 같을 확률이 높아진다.

검색해서 나온 내용의 양이 많을 필요는 없기에 잘못된 정보를 검색하여 보여주지만 않으면 된다. '잘못 죽이지 않는다'는 의미다. 리콜이 강조하는 바는 최대한 원하는 내용이 전부 검색되어 나오는 것이며, 원하지 않는 내용이 얼마나 검색되든지 신경 쓰지 않는다. 요구사항을 만족시키지 않는 내용이 많이 검색되어도 최대한 전부 찾아내는 것이다. '절대 놓치지 않는다'는 의미다. 꽤 많은 상황에서 정밀도와 리콜은 동시에 존재하기 어렵기에 상황에 따라 어느 쪽에 더 큰 비중을 둘지를 결정해야 한다.

민감도sensitivity와 **특이성**specificity은 보통 의료 분야에서 사용한다. 민감도는 사실 리콜과 같으며, 그 어떤 질병도 놓치지 않으려 하기에 정밀검사에 적합하다. 그러나 조금이라도 이상이 있으면 경고를 알리기에 필요 이상으로 민감하다고 느낄 수 있다. 특이성은 정확히 반대다. 증상이 크게 없다면 병이 있다고 보고하려고 하지 않기에 진단에 적합하다. 왜냐하면 의료 분야에서 병에 대한 확신이 없다면 과잉진료보다는 정기적인 내원을 권장하기 때문이다. 이 지표는 때로 하나로 합쳐져 ROC 곡선을 구성하는데, 두 가지 모델의 차이점을 비교할 때 사용되고는 한다.

혼동 행렬에 각종 평가 지표를 결합하면 모델의 예측 능력에 대해 정확하게 평가할 수 있다. 그러나 이런 과거 데이터를 통해 예측 결과를 검증하는 방식은 주로 **과적합**overfit이라는 문제가 발생한다. 이는 수업에서 예제 문제로 시험을 보는 것과 같아 계속 좋은 성적을 얻을 수 있게 된다. 현재 가장 많이 사용되는 확장 방법은 다중(보통 10중) 교차검증cross validation[48]이다. 우리는 데이터를 랜덤으로 10개 조로 나누고, 첫 번째에는 1조부터 9조까지 이용해 모델링하고 10조를 통해 검증한다. 그리고 두 번째에는 2조부터 10조까지 이용해 모델링하고 1조를 통해 검증한다. 이런 순서대로 진행하면 총 10회의 순환 작업이 완료된다. 10번의 결과를 종합적으로 분석해 모델의 효과를 검증한다면 과적합 문제를 피해갈 수 있다.

4.2.4 나무와 숲

머신러닝에서 활용되는 대부분의 방법은 분류 방법이다. 이런 방법들은 여러 형식을 가지고 있는데, 적용되는 분야에 따라 다르다. 4.2.3절 '차라리 잘못 죽이는 것과 절대 놓치지 않는 것'에서 언급했던 LDA 모델 이외에도 완전히 다른 많은 방법이 존재한다. 예를 들어, 나무의 구조를 모티브로 각종 분기 상황을 처리하거나 많은 나무를 모아 숲을 형성하는 것처럼 각 나무에게 투표권을 부여하여 다수결 방법으로 분류하기도 한다. 보기에 신기한 이러한 방법들은 모두 컴퓨터로 구현하여 분류 문제를 좀 더 원활히 처리할 수 있다.

미첼Tom M. Mitchell은 그의 저서 《머신러닝Machine Learning》[49]에서 머신러닝에 대해 다음과 같이 정의하였다.

> "어떠한 태스크 T와 성능기준 P에 대해 컴퓨터 프로그램은 경험 E로부터 학습할 수 있다. 즉, 경험 E를 통해 개량된 후 성능기준 P로 측정된 태스크 T의 성능이 높아진다는 것이다. 여기서 T는 머신러닝 프로그램이 표본을 처리하는 원래 방법을 의미한다. 이 방법에는 분류, 회귀, 클러스터링, 오류검사 등이 포함된다. 머신러닝의 알고리즘 능력을 평가하기 위해 성능의 정량적 기준을 설계해야 한다. 보통, 성능기준 P는 프로그램이 실행한 태스크 T에만 특정된다. 예를 들어, 분류 태스크에서는 정확도accuracy를 사용해 측정할 수 있다. 머신러닝에서 경험 E는 보통 데이터 세트에서 얻은 경험을 일컫는다. 머신러닝 알고리즘은 학습 과정에서 얻은 경험들을 통해 대체로 비지도학습unsupervised 알고리즘과 지도학습supervised 알고리즘으로 나뉜다."

전체 머신러닝 프레임워크에서 가장 많이 볼 수 있는 데이터 구조는 2.3.4절 '신체검사 기록표'에서 소개한 적 있는 설계행렬인데, 이는 회귀분석의 데이터 구조와 유사하다. 사실, 앞서 소개한 정의에 따르면 회귀분석 역시 머신러닝 방법 중 하나다. 비록 회귀분석이 보통 전형적인 통계 이론에 포함되어 있지만, 현대 머신러닝 프레임워크에도 포함시킬 수 있다. 많은 전형적인 머신러닝 방법은 모두 통계 방법이기에 때로는 이런 머신러닝을 **통계학습**statistical learning이라고도 부른다. 그러나 이번 장에서는 머신러닝의 각도에서 각종 방법을 소개하겠다. 여기서 중요한 점은 4.2.3절 '차라리 잘못 죽이는 것과 절대 놓치지 않는 것'에서 소개한 방법으로 결과의 좋고 나쁨을 측정한다는 것이다. 이런 의미에서 만약 방법의 구체적인 성질에 대해 주의 깊게 보지 않는다면 분석 프로세스는 완전히 같아질 것이다. 특히, 분류 문제는 입력, 출력부터 검증 방법까지 모두 같은 프로세스다. 이제부터 자주 사용하는 몇 가지 분류 방법에 대해 간단히 소개하겠다. 분석 도구가 달라도 조작 방법은 거의 같다.

로지스틱 회귀

전형적인 선형회귀 이론 프레임에서 종속변수는 연속변수이어야 하며, 변수는 정규분포를 따라야 한다. 만약 종속변수가 분류변수라면 선형회귀는 더이상 적용되지 않는다. 이분류변수 문제를 해결할 때 로지스틱 회귀 모델로 분석할 수 있다. **로지스틱 회귀**logistic regression는 일반 선형 모델의 한 종류인데, 응답변수는 이원 분류 데이터이며, 변이항목의 분포는 이항분포를 따른다. 응답변수 기대치의 함수(연결함수)와 예측변수 간의 관계는 선형 관계다. 선형회귀와 마찬가지로 로지스틱 회귀 모델의 독립변수는 각 영향 요소의 선형조합이며, 종속변수는 사건의 발생 확률로 설정한다. 그러나 확률의 값 범위는 0부터 1이기에 독립변수 선형조합에 함수 변환을 해서 해당 값 범위를 0부터 1까지 제한해야 한다. 이러한 함수를 연결함수link function라고 한다.

$$p = \frac{1}{1 + \exp\{-(b_0 + b_{1x})\}} \tag{4.2.1}$$

함수 $f(x) = 1 / (1 + e^{-x})$를 로지스틱 함수라고도 하므로 이런 형식의 회귀를 로지스틱 회귀라고 한다. 로지스틱 함수는 종속함수의 값 범위를 0부터 1까지로 제한한다. 종속변수 자체는 하나의 비선형함수이기 때문에 모델의 계수를 해석하기에는 어려움이 있다. 만약 양쪽에 대수변환을 진행한 후 변형을 거친다면 다음과 같은 방정식을 얻을 수 있다.

$$\log(p/(1-p)) = b_0 + b_1 \cdot X \tag{4.2.2}$$

식 4.2.2에서 p는 사건 발생 확률이며, $1-p$는 사건이 발생하지 않을 확률이다. 이 둘의 비율을 사건의 오즈비odds ratio(승산비)라고 한다. 이러한 전환 후 해당 방정식을 선형회귀 방정식으로 볼 수 있으며, 회귀계수regression coefficient는 대수 오즈비 덕분으로 볼 수 있다. 전환 후 답을 구하는 문제는 선형회귀 문제로 바뀌게 되며, 4.1.1절 '천양과 사조'에서 풀이 방법에 대해 소개했었다.

로지스틱 회귀는 계산하기가 좋아 업계에서 광범위하게 사용되고 있다. 게다가, 기타 머신러닝 알고리즘과 차별화되는 점은 통계 성능이 매우 좋을 뿐만 아니라 해석하기도 좋다는 것이다. 모델의 독립변수 간의 선형 관계를 설정하기에 회귀계수를 가중치로 사용할 수 있다. 따라서 구체적인 업무에 사용할 때 매우 편리하다.

의사결정 나무

의사결정 나무decision tree는 자주 사용하는 또 하나의 분류 모델이며 이해하기 매우 쉽다. 먼저, 잘 짜인 의사결정 나무 모델인 그림 4.21을 보자. 데이터는 타이타닉호 생존자 리스트를 사용했다. 종속변수 survived는 '생'과 '사'라는 2개의 값을 가지며, 독립변수는 성별sex, 나이age, 선실등급pclass이다. 나이는 연속변수이며, 성별과 선실등급은 분류변수다.

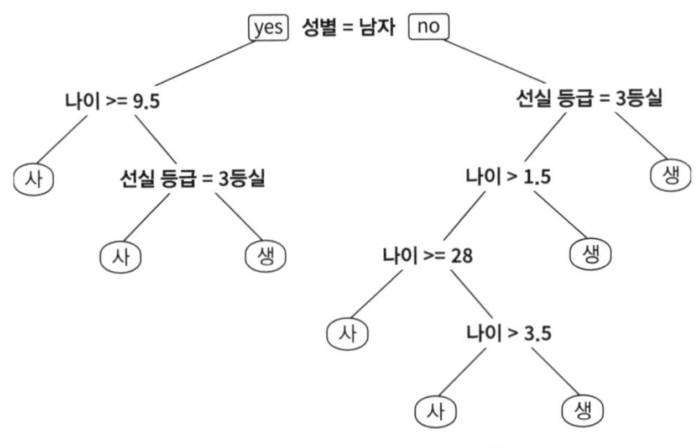

그림 4.21 **의사결정 나무 예시**

이 모델은 성별, 나이, 선실 등급과 생존 여부 간의 관계를 잘 나타낸다. 나무에는 아주 많은 분기 노드가 존재하는데, 각 노드는 하나의 논리적 판단이다. 만약 참(yes)이라면 좌측으로 분기되며, 거짓(no)이라면 우측으로 분기된다. 예를 들어, 승객이 남성이라면 좌측으로 분기되고, 나이가 9.5살보다 크거나 같다면 바로 '사'가 있는 노드로 분기된다. 즉, 이런 부류의 승객 사망률은 비교적 높다는 것이다. 만약 승객이 남자이면서 나이가 9.5살보다 작을 때 선실등급이 3등실이라면 사망확률이 높고, 3등실보다 높은 등급이라면 생존할 수 있다. 이것이 바로 의사결정 나무의 해독 방법이다.

만약 그 어떤 데이터에 의존하지 않는다고 하더라도 규칙 나무와 비슷한 모델을 만들 수 있다. 예를 들어, 이미 가지고 있는 경험이나 고유지식으로 규칙과 논리 분기를 제작한다면 역시나 분류를 진행할 수 있다. 그러나 이렇게 만든 나무는 의사결정 나무가 아니다. 사실, 초기 인공지능 분야에는 이런 사고방식의 전문가 시스템이 있었다. 해당 프로그램은 인간 전문가가 규칙을 정하고 알고리즘을 통해 복잡한 나무를 만들어 사람들의 의사결정을 도왔다. 이러한 사고방식은 의사결정 나무와 정반대다. 의사결정 나무의 키포인트는 트레이닝 세트 데이터에 기반한다는 것이며, 과거 데이터의 꼬리표(예 타이타닉호 승객의 생과 사)를 학습하고 속성을 나누는 어떤 방법을 사용하여 귀납적으로 나무 모델을 만든다. 이러한 나무는 완전히 데이터에 의존하는데, 이 또한 머신러닝의 특징 중 하나다.

알고리즘에서 가장 중요한 순서는 최적의 분류 속성을 찾는 것이다. 자주 사용되는 방법으로 '정보 이득', '증익률', '지니 계수' 등이 있다. 브라이만Leo Breiman이 제시한 CARTclassification and regression tree는 가장 많이 사용되는 의사결정 나무 모델 중 하나다. 지니 계수를 사용해 분류 속성을 선택한다. 퀸란Ross Quinlan은 정보 이득 규칙을 기반으로 ID3iterative dichotomiser 3 알고리즘을 발표했는데, 이는 의사결정 연구의 붐을 일으켰다. 기타 연구자들은 ID4, ID5 등 알고리즘을 빠르게 개발해 냈기에 퀸란은 이후 자신의 알고리즘을 C4.0으로 명명했다. 개정 버전인 C4.5는 가장 핫한 알고리즘이 되었다(Weka의 구현은 J4.8이라고 한다). 후속으로 나온 상용 버전은 C5.0이다.

의사결정 나무 모델은 버전이 달라도 모두 상용 소프트웨어나 오픈소스 도구로 구현이 가능하다. 사용 과정에서 알고리즘의 세부적인 부분까지 파고들 필요는 없다. 그저 잘 정리된 데이터를 준비하고 종속변수와 독립변수를 결정하면 나머지는 의사결정 나무 모델에게 맡겨서 처리하면 된다.

랜덤 포레스트

의사결정 나무의 알고리즘은 성능도 좋고 사용하기가 쉬워 업계에서 매우 광범위하게 사용되고 있지만, 단점도 존재한다. 예를 들어, 학습 과정이 안정적이지 않다거나 랜덤 오차의 영향을 쉽게 받는다. 트레이닝 데이터의 아주 작은 오차 때문에 완전히 다른 의사결정 나무를 만들게 될 수도 있다.

의사결정 나무의 이러한 특징은 실제 세상의 일반인과 비교적 닮았다. 개인마다 배경과 경력이 다르기에 사건에 대한 생각 차이가 클 수도 있다. 그러나 한 사건에 대해 결정을 내릴 때 가장 좋은 방법은 투표다. 소수가 다수를 따르는 다수결 원칙으로 판단한다. 머신러닝 역시 이러한 사고방식을 빌려 때로는 학습하는 주체(모델)를 합쳐 하나의 혼합 모델을 만든다. 해당 방법을 **앙상블 학습**ensemble learning이라고 한다. **랜덤 포레스트**random forest가 바로 앙상블 학습의 전형적인 기법이다.

랜덤 포레스트는 여러 의사결정 나무를 포함한 분류기이며, 출력한 유형은 각기 다른 나무가 출력한 유형의 최빈값으로 결정된다. 실제 조작에서 뽑고 되돌려 놓는 조건으로 N개 표본에서 N개의 랜덤 표본을 뽑고, M개의 특징에서 m개($m << M$) 표본을 뽑는다. 그리고 상황마다 하나의 의사결정 나무를 만든다. 마지막으로, 분류 시에 각 의사결정 나무의 결과를 종합해 투표를 진행하여 득표수가 가장 많은 결과를 사용한다.

랜덤 포레스트 알고리즘의 키포인트는 의사결정 나무끼리 최대한 적게 간섭하도록 샘플을 뽑는 것이기에 인위적으로 지정하는 변수가 가장 적고 사용하기가 매우 편하다. 특히, 표본 수량이 많지 않을 때 분류 효과가 좋기 때문에 사람들이 많이 찾는다. 유일한 단점이라면 연산 속도가 조금 느리다는 것이다. 왜냐하면 숲에는 많은 나무가 있듯이 대량의 의사결정 나무 알고리즘을 실행해야 하기 때문이다. 따라서 자원 낭비가 심한 편이다. 그러나 병렬하는 방법을 사용하여 알고리즘을 실행할 수 있으므로 연산 시간을 줄일 수 있어 사용하기 좀 더 편리해진다.

서포트 벡터 머신

그림 4.22 좌측 그림의 분류 문제를 보면 채워진 원형 점과 빈 원형 점으로 이미 두 가지 유형으로 분류된 것을 알 수 있다. 모델링 후 이러한 분류 방식을 학습하면 다른 데이터도 원활히 분류할 수 있을 것이다. 가장 직관적인 방법은 한 개의 선을 삽입하는 것이며, 이는 바로 LDA 방법이다. 그 외에도 그림의 두 개 점선과 같이 하나의 판자를 삽입할 수 있다. 자유자재로 판자의 너비를 조정할 수 있다고 가정한다면, 점을 만났을 때 막힐 수도 있고 판자를 두 가지 유형의 중간 구역에 삽입하면 임의로 각도를 조절할 수도 있다. 판자가 가장 넓어지는 각도가 되었을 때 우리는 분류 효과가 가장 좋다고 말할 수 있다. 이 '판자'의 가장자리 역시 서포트 벡터라고 하므로 이러한 분류 방법을 **서포트 벡터 머신**support vector machine, SVM이라고 한다.

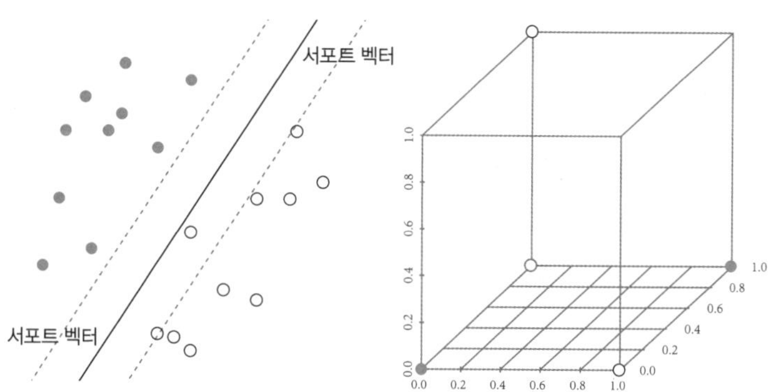

그림 4.22 **서포트 벡터 머신 소개**

만약 두 가지 유형의 데이터 간에 간격이 존재하지 않는다면, 즉 그 어떤 방법을 사용하더라도 판자를 삽입하여 두 가지 유형으로 완전히 분류할 수 없다면 벌점함수penalty function를 설정하여 몇 개의 점은 분류가 잘못되게 놔둘 수 있다(즉, 판자의 크기 조절을 방해하지 않는다). 계산 시 벌점을 부여하면 어느 정도는 분류할 수 없는 문제를 해결할 수 있다. SVM 방법이 가장 빛을 발하는 부분은 이러한 방법과 결합하여 독창적으로 커널함수kernel function를 활용해 이 문제를 해결하는 데 있다.

그림 4.22 우측 그림의 예시를 보자. 네 개의 점이 육면체 바닥의 네 개 꼭짓점에 위치하는데, 두 개의 채워진 원형과 두 개의 빈 원형 점으로 구성되어 있을 때 서포트 벡터 머신으로 분류를 진행한다면 어떠한 방법을 사용하더라도 판자를 삽입할 수 없을 것이다. 이런 유형의 문제를 선형분리 불가능 문제라고도 한다. 그러나 좌측 상단에 있는 빈 원형 점을 육면체의 윗면으로 이동시키면 같은 2차원 평면에 있던 네 개의 점이 3차원 공간에 위치하게 된다. 이때 대각선으로 판자를 삽입하면 두 가지 유형을 분리할 수 있다. 이렇게 차원 확장을 통해 점들은 흩어지게 되어 평면을 벗어난 '판자'를 삽입하기 쉬워져 분류하기가 더욱더 쉬워진다.

알고리즘에서 이러한 '차원 확장' 방법은 진정한 차원 확장이 아니다. 그저 커널함수를 통해 실현[50]한 것이다. 구체적인 사항은 여기서 더는 설명하지 않겠다. 흥미가 있는 독자는 전문적인 SVM 알고리즘 자료를 찾아보기 바란다. 실제 사용할 때는 오픈소스 도구에 포함된 SVM 함수를 활용하여 데이터를 분류하면 된다. SVM 모델의 수학적 배경은 매우 심오하며, 연산 성능 또한 매우 좋다. 만약 커널함수에 대해 좀 더 깊이 이해할 수 있다면 확장 능력 또한 매우 강해진다. 학계, 비즈니스 업계뿐만 아니라 여러 분야에서 매우 광범위하게 사용되고 있으며, 빅데이터 시대에서 가장 대표적인 알고리즘 중 하나다.

4.3 인공지능

4.3.1 인공지능의 2전 3기

2016년, 알파고가 바둑 분야에서 인류 대표 이세돌 9단을 격파한 뒤 인공지능은 또 한 번 사회적으로 붐을 일으켰다. 사실상 과거에도 인공지능 붐은 여러 차례 발생했었으며, 가장 오래 전해지고 있는 말이 바로 '2전 3기'다. 그러나 이번에는 확실히 다르다. 왜냐하면 기계가 처음으로 계산 능력이 아닌 강력한 학습 능력으로 인류에게서 승리를 얻어 냈기 때문이다. 많은 사람들이 기계가 진정으로 지능을 만들어 내는 날이 오기를 손꼽아 기다리고 있다. 이 또한 수십 년 동안 인공지능을 연구해 온 사람들의 꿈이기도 하다.

인공지능artificial intelligence은 연구, 설계, 지능 로봇의 활용과 관련된 컴퓨터 사이언스의 한 분야다. 주요 목표는 기계를 활용해 사람의 뇌를 모방하고 일부 지능을 실현하는 것이며, 관련된 이론과 기술을 개발하는 것이다. 인공지능의 경계에 대한 정론은 아직 없다. 다만, 인공지능은 통상적으로 기계가 실행하는 인류 지능과 관련된 기능을 가리킨다. 판단, 추리, 증명, 식별, 감지, 이해, 설계, 사고, 계획, 학습, 문제풀이 등의 사고 활동이 바로 그것이다.

인공지능의 발전 과정은 그리 순탄치 않았다. 사상 부분에서만 세 개의 주요 파벌이 생겼다. 기호주의는 인공지능이 수리 논리학에서 비롯되었고, 인류 지능의 기본 단위는 기호이며, 인지 과정은 바로 기호 연산이라고 주장한다. 연결주의는 인공지능이 생물공학에서 비롯되었고, 인공지능의 기본 단위는 뉴런이며, 인지 과정은 뉴럴 네트워크로 구성되어 있다고 주장한다. 행위주의는 인공지능이 사이버네틱스에서 비롯되었고, 지혜는 감지와 행위로 인해 결정되며, 서로 다른 행위는 다른 제어 구조를 나타낸다고 주장한다. 파벌마다 주류 사상을 차지하는 시기가 달랐다. 오늘날 인공지능의 성공은 주로 딥러닝과 데이터 증가로 이루어 냈기에 결국 연결주의가 승기를 차지했다고 볼 수 있다.

오늘날 이러한 큰 성과를 내기까지 인공지능의 발전은 우여곡절이 많았다. 현재 업계에서는 인공지능이 '2전 3기'를 겪었다는 말이 유행하고 있다. 이를 통해 인공지능의 발전 과정을 알 수 있는데, 그림 4.23이 바로 인공지능 역사를 간단히 묘사한 그림이다.

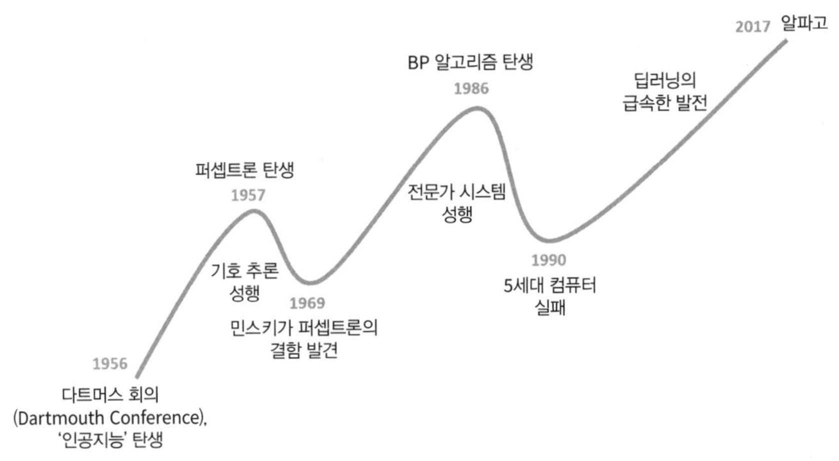

그림 4.23 **인공지능의 2전 3기**

역사를 거슬러 올라가 보자. 1940년, 사이버네틱스의 아버지 위너Norbert Wiener는 컴퓨터가 어떻게 하면 인간의 뇌처럼 작업할 수 있는지에 대해 연구하였다. 1950년, 튜링Alan Turing은 유명한 '튜링 테스트'를 발표하여 그 역시 인공지능의 아버지라고 불렸다. 두 사람으로 인해 인공지능이 싹트기 시작했다고 볼 수 있다. 그러나 1956년이 되어서야 다트머스 대학 학회에서 **인공지능**artificial intelligence이라는 단어를 정식으로 사용했고, 비로소 인공지능 분야가 탄생하게 되었다. 따라서 1956년은 '인공지능 원년'이라고도 불린다. 알파고가 이세돌 9단을 꺾은 2016년은 정확히 인공지능 탄생 60주년이 되던 해다. 많은 사람이 인공지능이 거쳐 온 풍랑의 세월에 감탄하게 되었다.

인공지능 탄생 초기, 컴퓨터의 성능은 그다지 좋지 못했다. 당시에는 주로 인공지능으로 기호 추리를 하였으며, 사람들은 지능이란 논리적 추리로 만들어지고 연역적 추리를 통해 복잡한 지능을 실현시킬 수 있는 것이라 생각했다. 그들은 만약 기계가 증명하고 추리할 수 있다면 점점 똑똑해질 것이라고 믿었다. 1957년, 인류가 알고리즘을 활용해 뉴런 세포를 구현해 내면서 **퍼셉트론**perceptron* 모델이 출현하게 되었다. 퍼셉트론 모델은 '혹은'이나 '과/와'와 같은 논리연산을 자동으로 학습할 수 있게 되면서 AI 역사상 첫 번째 전성기를 맞이했다. 그러나 수년이 지난 후 다른 성과는 없었으며, 특히 1969년에 민스키Marvin Minsky가 퍼셉트론의 결함에 대해 발표하고 **뉴럴 네트워크**neural network의 연산 능력이 잘못되었다는 것을 증명하면서 인공지능 분야는 처음으로 나락으로 떨어지게 되었다.

1970년대부터 컴퓨터는 점점 빨라지고 전문가 시스템이 유행하기 시작하면서 엄청난 성과가 잇따르게 되었다. 그러나 전통적인 전문가 시스템은 주로 규칙을 기반으로 한 방법을 사용하면서 여전히 빅데이터로부터 유도하는 지능이 아닌 수리 논리학과 연역적 사고를 강조하였다. 그러나 1986년에 힌턴Geoffrey Hinton이 BP 알고리즘을 발표하며 뉴럴 네트워크 알고리즘에 대한 민스키의 잘못된 판단을 바로잡았다. 이로 인해 뉴럴 네트워크는 또 한 번 유행하기 시작했다. 연역을 기반으로 한 전문가 시스템과 귀납을 기반으로 한 뉴럴 네트워크는 서로 시너지를 발휘하기 시작했고, 인공지능은 두 번째 전성기를 맞이하게 되었다. 1980년대, 일본은 인공지능을 통해 단번에 미국을 따라잡고자 '제5세대 컴퓨터 연구 제작 계획'을 발표했다. 심지어 국운을 내걸었다고 하며 관련 업계의 투자 열풍을 일으켰다. 그러나 안타깝게도 잘못된 방향을 선택하며 도박에서 처참하게 패배했다. 인공지능은 또 한 번 쇠퇴의 길을 걷게 되었다.

21세기에 접어들어 컴퓨터의 능력은 점점 강해졌다. 정보량 폭증 역시 더욱더 많은 데이터를 생산해 냈고, 뉴럴 네트워크 기술은 장족의 발전을 이루었다. 연산 능력의 발전에 따라 사람들은 더욱 복잡하고 심도 있는 뉴럴 네트워크를 처리할 수 있게 되었고, 뉴럴 네트워크는 비로소 **딥러닝**deep learning으로 진화하게 되었다. 오늘날까지 꾸준히 발전하며 세 번째 황금기를 맞이하게 되었고, 현재까지도 상승 추세가 수그

* 4.3.3절 '신비로운 신경'에서 상세하게 소개한다.

러들 기미가 보이지 않는다. 사람들은 인공지능이 더는 쇠락하지 않으리라 생각한다. 미래에는 어떻게 될지 그 귀추가 주목된다.

4.3.2 딥러닝의 전생과 현재

최근 인공지능 붐은 사람들이 미래에 대해 무한한 상상을 할 수 있게 만들어 줬고, 여러 하이테크 기업이 우후죽순 설립되고 성공할 수 있도록 도와주었다. 패턴인식, 자율주행 분야 할 것 없이 모두 큰 발전을 이루었다. 그리고 인공지능 기술 분야 역시 전례 없는 단결을 이루어 냈는데, 그것은 바로 딥러닝을 통한 데이터 증대를 목표로 연구한다는 것이다. 딥러닝이 출현한 시대는 뉴럴 네트워크 모델이 발표되었던 시대로 거슬러 올라간다. 수십 년 동안 돌고 돌아 결국 21세기에 이르러 큰 성공을 이루게 되었다.

현재 인공지능의 주요 기술은 뉴럴 네트워크 모델의 연장선인 **딥러닝**deep learning이다. 솔직히 말해 딥러닝은 머신러닝의 한 종류이며, 하나의 분류 방법이다. 의사결정 나무, 서포트 벡터 머신 등의 방법과 같다고 보면 된다. 그러나 딥러닝의 구조는 사람의 신경 계통을 모방하여 만들었기에 많은 인지 문제에서 탁월한 효과를 발휘한다. 그리고 GPU를 통해 매우 쉽게 병렬 컴퓨팅이 가능하기 때문에 하나의 큰 분석 영역으로 자주 인식되고 있다.

딥러닝과 인공지능의 관계는 그림 4.24[51]에서 직관적으로 나타내고 있다. 인공지능 방법에는 전문가 시스템과 같은 머신러닝과 기타 방법들이 포함되어 있다. 1970년대에는 심지어 인공지능이 대세였다. 머신러닝에는 표현학습과 비표현학습이 포함되어 있는데, 앞서 소개한 로지스틱 회귀, 의사결정 나무 등 대부분 알고리즘은 비표현학습이다. 선별하고 특징을 지정한 후에 모델링하는 특징표현학습은 자동으로 특징을 배우고 선별을 진행하는 방법이기에 모든 특징을 입력하기만 하면 된다. 특징표현학습에는 또 딥러닝과 쉘로우 러닝shallow learning이 포함되어 있다. 멀티 레이어 구조의 뉴럴 네트워크가 바로 딥러닝이다.

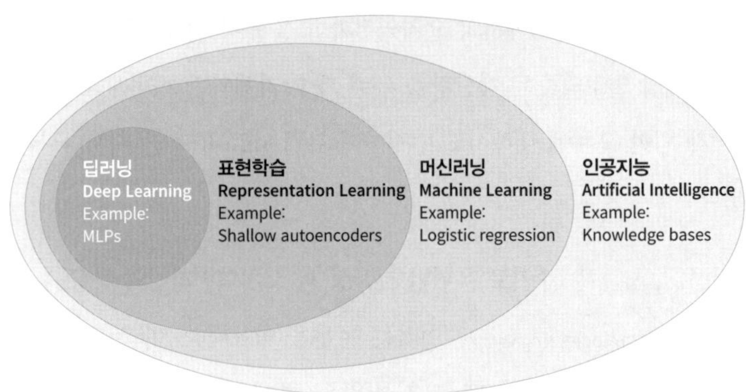

그림 4.24 **딥러닝과 머신러닝**

딥러닝의 역사는 1943년부터 시작한다. 심리학자 맥컬록Warren McCulloch과 수리 논리학자 피츠Walter Pitts는 뉴런의 기본 특징에 대해 분석 및 종합하여 처음으로 뉴런의 수학 모델을 발표했다(M-P 뉴런 모델이라고도 한다). 이 두 사람은 인공 뉴럴 네트워크 연구의 선구자라고 할 수 있다.

1957년, 코넬 대학교 교수인 로젠블랫Frank Rosenblatt은 '퍼셉트론' 모델을 발표했다. 최초로 알고리즘으로 뉴럴 네트워크에 대해 정확히 정의했으며, 또한 이는 최초의 자기주도적으로 구성하고 학습하는 수학 모델이다. 향후 많은 뉴럴 네트워크 모델의 시조가 되었다.

1969년, 민스키와 페퍼트Seymour Papert는 《퍼셉트론: 컴퓨터 기하학에 대한 소개Perceptrons: An Introduction to Computational Geometry》[52]를 출간하였다. 책에서는 뉴럴 네트워크 기술의 한계성에 대해 지적하였다. 가장 중요한 이유는 전통적인 퍼셉트론은 '기울기 하강' 알고리즘으로 수정할 때 소모하는 계산량과 뉴런 수의 제곱이 정비례한다는 것이었다. 이는 뉴럴 네트워크 연구에 정체를 가져왔고, 처음으로 쇠퇴기에 접어들게 하였다.

1986년, 힌턴과 루멜하트David Rumelhart는 〈오차역전파법을 통한 표현 학습Learning Representations By Back-Propagating Errors〉[53]이라는 논문을 《네이처Nature》에 발표하였다.

최초로 뉴럴 네트워크 모델에서의 오차역전파법 응용에 대해 체계적이며 간결하게 논술하였다. 해당 알고리즘은 계산량을 뉴런 개수 자체와만 정비례하도록 만들었으며, 민스키가 범한 오류에 대해서도 수정하여 뉴럴 네트워크 연구는 다시금 활발해지게 되었다.

1989년, 르쿤Yann Lecun은 〈수기로 우편번호 작성 시 오차역전파법의 응용Backpropagation Applied To Handwritten Zip Code Recognition〉[54]이라는 논문을 발표했다. 미국 우체국이 제공한 수기 숫자 데이터를 이용하였는데, 오차율은 5%밖에 되지 않았다. 그 외에도 그는 콘볼루션 뉴럴 네트워크(CNN) 기술을 사용해 비즈니스 프로그램을 개발하여 은행 수표의 수기 숫자를 읽어 낼 수 있게 하였다. 학계와 비즈니스에서 모두 큰 성공을 거둔 것이다. 그러나 머지않아 SVM(서포트 벡터 머신) 기술이 발전하여 1998년부터 사람들은 SVM을 사용해 수기 우편번호를 식별하였고, 오차율은 0.8%에 그쳤다. 같은 시기의 뉴럴 네트워크 기술적 표현보다 월등했기에 업계의 대세 위치를 차지하였다. 뉴럴 네트워크 연구는 다시 한번 사람들에게 외면당했다.

2004년, CIFAR은 힌턴 등에게 기금을 제공하여 뉴럴 네트워크 연구를 도왔다. 뉴럴 네트워크라는 단어도 서서히 '딥러닝'으로 대체되었다. 2006년, 힌턴은 〈심층 신뢰망을 위한 빠른 학습 알고리즘A Fast Learning Algorithm for Deep Belief Nets〉[55]이라는 논문을 발표했다. 논문에서는 데이터베이스에 있는 6만 개의 수기 숫자 이미지를 학습시켜 1만 개의 실험 이미지 식별 오차율을 1.25%까지 줄였다고 했다. 딥러닝이 패턴인식 분야에서 서서히 두각을 나타냈다.

2007년, 엔비디아는 GPU 인터페이스인 CUDA를 개발하였고, 원가를 대폭으로 줄였다. 2009년, 스탠퍼드 대학교의 라잣 레이나Rajat Raina와 앤드류 응Andrew Ng 교수는 함께 〈GPU를 활용한 대규모 비지도 딥러닝Large-Scale Deep Unsupervised Learning Using Graphics Processors〉[56]이라는 논문을 발표하였다. 논문에 의하면 GPU를 활용해 딥러닝을 하면 속도를 극대화시킬 수 있다고 한다.

2012년, 힌턴팀은 딥러닝 기술을 사용해 ImageNet*에서 큰 성과를 거두는데, 이로 인해 딥러닝 기술이 주목받기 시작했다.

2015년, 딥러닝을 기반으로 한 알파고는 처음으로 바둑 프로기사 판후이를 꺾었으며, 2016년에는 인류 대표 이세돌 9단을 꺾었다. 그리고 2017년에는 세계 1위 커제마저 꺾었다. 이때부터 인공지능 붐의 서막을 알렸다.

4.3.3 신비로운 신경

스페인 과학자 카할Santiago Ramón y Cajal은 1906년에 노벨 생리의학상을 받았다. 그는 이탈리아 과학자 골지Camillo Golgi의 신경염색법을 기반으로 수백 폭의 아름답고 섬세한 신경해부학 도면을 완성했다. 그리고 신경구조 기능에 대해 심도 있는 이해와 분석을 진행해 많은 중요한 규칙을 확정지어 '현대 신경과학의 아버지'라고 칭송받았다. 100년이 지나서야 사람들은 860억 개의 뉴런으로 구성된 신경계통에 대해 좀 더 깊게 이해하게 되었고, 알고리즘을 통해 인간의 신경계통을 모방해 지능을 만들어 내려고 한다.

뉴럴 네트워크neural network 모델은 인간의 신경 구조를 모방하여 만들어졌다. 이 모델에는 딱히 많은 수학적 원리가 포함되어 있지 않지만, 신경이 일정 수량에 도달하거나 네트워크가 일정 레이어에 도달할 때 일부 분류 문제에서 탁월한 효과를 발휘하였다. 이는 매우 신기한 일이다. 먼저, 사람의 신경 구조에 대해 생각해 보자. 그림 4.25는 인간의 뉴런 세포 그림이다. 뉴런은 수상돌기dendrite를 통해 외부 혹은 기타 뉴런이 전달하는 신호를 받은 후에 세포체cell body를 통해 처리한다(취합). 만약 전체 자극이 일정 범위를 벗어나면 축삭axon을 통해 외부로 내보낸다. 수상돌기는 여러 개이지만 축삭은 하나밖에 없다. 피부, 근육 등으로부터 자극을 받는 뉴런을 구심성 뉴런afferent neuron이라고 하며, 근육, 선체에 자극을 내보내는 뉴런을 원심성 뉴런efferent neuron이라고 한다.

* ImageNet은 컴퓨터 시각 시스템 인식 프로그램 명칭이다. 현재 세계에서 패턴인식이 가장 많은 데이터베이스다. 미국 스탠퍼드 대학교 컴퓨터 과학자가 인간의 인식 계통을 모방하여 만들었다.

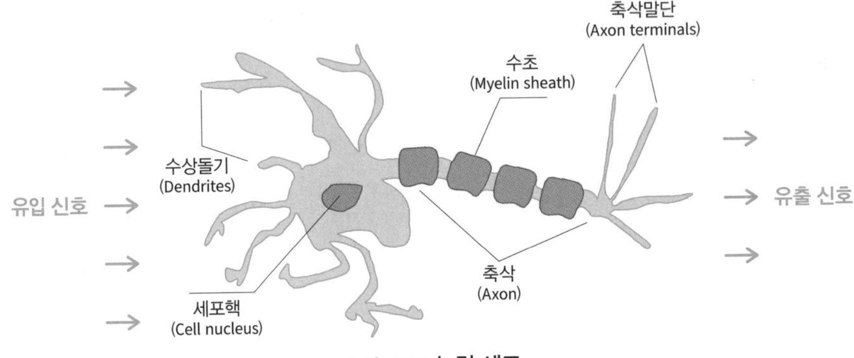

그림 4.25 **뉴런 세포**

이러한 구조를 통해 우리는 그림 4.26과 같이 비슷한 구조의 수학 모델을 만들 수 있다. 해당 뉴런 세포가 m개의 수상돌기를 가지고 있을 때, 각 수상돌기 i가 신호원을 하나 받을 때마다 변수 x_i를 내보낸다고 가정해 보자. 세포핵은 m개의 신호를 받은 후 취합하고 처리해야 하는데, 가장 간단한 방식인 선형 가중을 활용하겠다. 각 신호의 가중치가 W_i라고 했을 때 고정값인 W_0을 더한다면 세포핵이 취합한 후 데이터는 $W_0 + \Sigma_{i=1}^{m} W_i * x_i$가 된다. 인간의 뉴런 구조에 의하면 해당 신호는 일정 범위를 벗어날 때만 밖으로 내보내진다. 그렇다면 수학에서는 활성화 함수를 사용해 처리하면 된다. 처리 후의 데이터는 다시 다른 뉴런 구조로 전달되고, 이렇게 하다 보면 복잡한 뉴럴 네트워크가 완성된다. 만약 한 개의 뉴런 모델을 사용한다면 이를 **퍼셉트론**perceptron이라고 한다. 이는 아주 간단한 뉴럴 네트워크다.

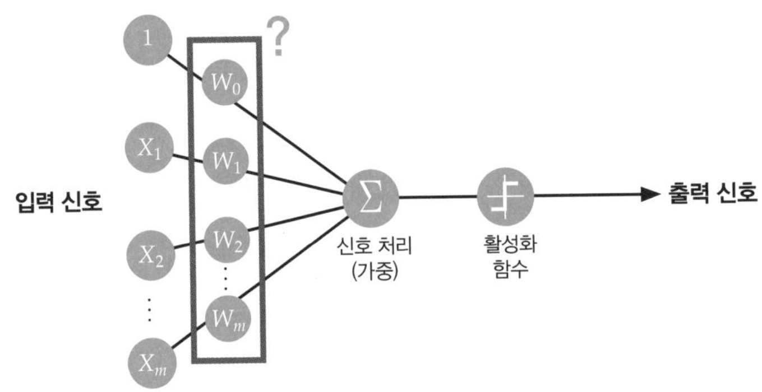

그림 4.26 **뉴런 모델**

활성화 함수에 있어 가장 직접적인 사고방식은 하나의 분단함수를 사용하는 것이다. 신호가 일정 범위를 초과하면 1을 출력하고, 아니면 0을 출력한다. 이러한 함수는 종종 계단함수나 부호함수로 불린다. 그림 4.27처럼 함수는 간단하게 0이나 1을 가지며, 연속적이지 않거나 매끄럽지 못하는 등 좋지 않은 수학 성질을 가지고 있다. 따라서 예로부터 별로 사용되지 않았다. 우측 그림은 보편적인 선형함수 $f(x) = x$를 나타낸다. 하나의 선택이라고도 이해할 수 있는데, 사실상 처리하지 않았음을 의미한다. 왜냐하면 선형함수의 선형 조합은 역시나 선형함수이기 때문에 뉴럴 네트워크의 레이어가 얼마나 많든지 간에 하나의 선형 조합일 뿐이라 퍼셉트론과 같기 때문이다.

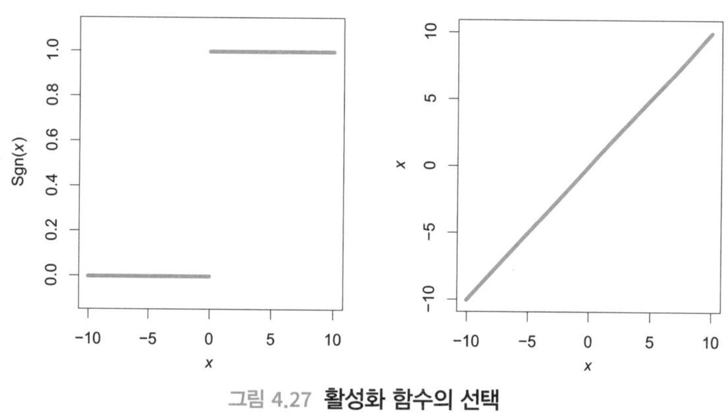

그림 4.27 **활성화 함수의 선택**

실제로 사용할 때는 다른 형식의 수학 함수로 앞선 두 가지 형태에 근접하게 다가갈 수 있다. 그림 4.28은 자주 사용하는 네 가지 활성화 함수를 나타낸다. 가장 고전적인 함수는 시그모이드 함수이며, 사실상 우리가 앞서 소개했던 로지스틱 함수이며 S형 함수라고도 불린다. 함수의 형식은 $\mathrm{Sigmoid}(x) = \frac{1}{1+\mathrm{e}^{-x}}$이며, 이는 가장 자주 사용하는 0–1 분단함수를 모방한 연속함수다. 또 하나의 S형 함수는 탄젠트$_{\mathrm{Than}}$ 함수이며, 쌍곡 탄젠트 함수라고도 불린다. 해당 함수의 형식은 $\mathrm{Tanh(x)} = \frac{\mathrm{e}^{x}-\mathrm{e}^{-x}}{\mathrm{e}^{x}+\mathrm{e}^{-x}}$이며, 0 부근은 단위함수와 비슷하다.

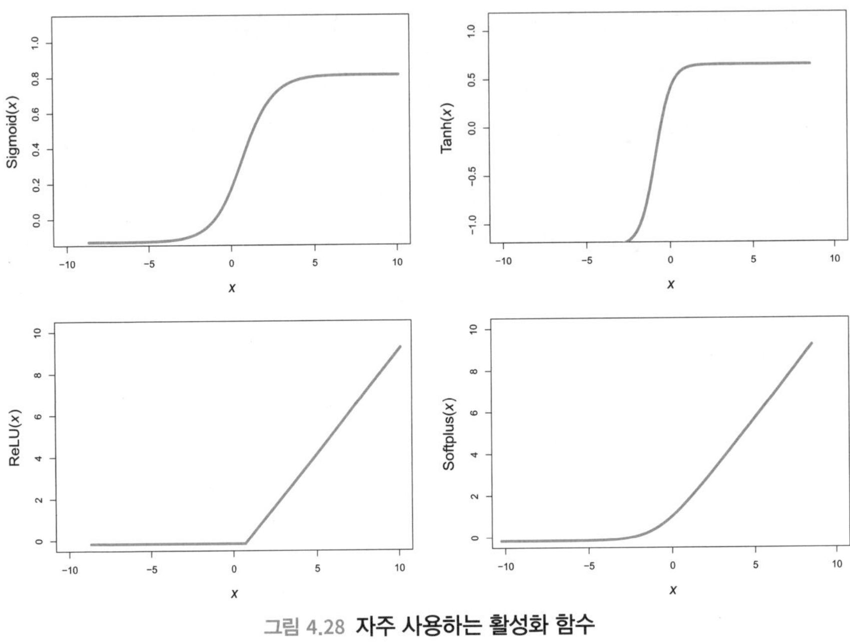

그림 4.28 **자주 사용하는 활성화 함수**

시그모이드 함수와 탄젠트 함수는 입력한 절댓값이 매우 클 때 포화saturate 현상이 발생한다. 이는 함수가 평평해졌다는 것을 의미하며, 입력한 값이 작을 때 민감하게 처리하지 못하게 된다. 자렛Jarrett은 2009년에 ReLU 함수를 발표했다. 수정 선형 단위rectified linear unit라고도 불린다. 그는 뉴럴 네트워크 구조 설계의 몇 가지 요소 중 '수정 선형을 사용하는 것이 인식 시스템 성능을 끌어 올리는 가장 중요하고 유일한 요소'라는 것을 발견했다. 뉴럴 네트워크가 비교적 작을 때 시그모이드가 더 잘 표현하는데, 많은 미신적 관념은 점을 도출할 수 없는 활성화 함수는 피해야 한다고 했다. 그러나 ReLU의 효과가 더 좋다는 것을 알게 되었고, 현재 가장 널리 사용되는 활성화 함수가 되었다. ReLU 함수를 기반으로 한 평평한 버전의 소프트플러스softplus 함수가 있는데, 평활 정함수라고도 불린다. 함수 형식은 $\text{Softplus}(x) = \log(1 + e^x)$다.

2001년부터 생물 신경학자는 뉴런 활성화 모델이 한쪽만 억제하고 활동성을 줄이는 등의 특징을 가지고 있음을 발견했다. 이는 시그모이드계 함수에서 절반에 가까운 뉴런이 활성화되는 것과 달랐으며, 소프트플러스와 ReLU의 형식에 가까웠다. 그러나 ReLU는 활동성이 낮고 연산 능력이 더 좋았기 때문에 현재까지도 자주 사용되고 있다.

신경 세포핵의 취합 과정과 활성화 함수를 거치고 나서야 우리는 수학적 형태의 완전한 뉴런 세포의 작업 구조를 모방할 수 있다. 다수의 인공 뉴런을 레이어 구조로 연결하면 인공 뉴럴 네트워크artificial neural network, ANN를 얻을 수 있다. 현재 가장 광범위하게 사용되고 있는 인공 뉴런의 형식은 'M-P 뉴런 모델'이다. 심리학자 맥컬록과 수리 논리학자 피츠가 함께 1943년에 발표했으며, 'M-P'는 두 사람의 이름에서 한 글자씩 가져왔다. 뉴런의 각 레이어는 멀티 레이어 피드포워드 뉴럴 네트워크, 귀납 뉴럴 네트워크 등과 같은 뉴럴 네트워크로 이루어져 있다.

가장 간단하고 자주 사용되는 뉴럴 네트워크 시스템은 피드포워드 뉴럴 네트워크feedforward neural network, FNN다. FNN의 의미는 각 뉴런이 앞 레이어에서만 입력받아 다음 레이어로만 출력한다는 것으로, 피드포워드feedforward만 있고 피드백feedback은 없다. 입력 레이어와 출력 레이어 외에도 또 다른 중간 레이어가 존재하는데, 이를 히든 레이어라고 한다. 따지고 보면 FNN에는 단층 피드포워드 뉴럴 네트워크와 멀티 레이어 피드포워드 뉴럴 네트워크가 있는데, 전자는 퍼셉트론이며, 후자는 멀티 레이어 퍼셉트론이다(MLP). MLP는 주로 오차역전파법back-propagation, BP을 사용해 훈련시키기 때문에 'BP 뉴럴 네트워크'라고도 한다.

그림 4.29는 FNN의 한 예시이며, 데이터로는 x_1, x_2, x_3 이렇게 세 가지 독립변수가 있다. 종속변수 output은 2차원 변수다. 여기서 두 개의 히든 레이어를 가진 뉴럴 네트워크를 구성하여 각 층마다 네 개의 뉴런을 포함시켰다. 그림에서 한 개의 입력 레이어, 한 개의 출력 레이어, 두 개의 히든 레이어를 볼 수 있을 것이다. 임의의 두 뉴런 간에는 가중치가 존재하는데, 가중치는 뉴럴 네트워크 모델에서 추정해야 하는 계수다. 오픈소스 도구(R이나 파이썬)를 활용하거나 딥러닝 프레임워크(TensorFlow나 MXNet)를 활용해 문제를 풀 수 있다. 문제의 풀이 결과는 각 연결

마다 표시해 두었다. 이것이 바로 완전한 뉴럴 네트워크 모델 구성과 풀이 과정이다. 만약 이 네트워크가 좀 더 복잡하다면 각 히든 레이어의 뉴런 개수는 더욱 많아지게 되어 딥러닝의 느낌을 조금 받을 수 있을 것이다.

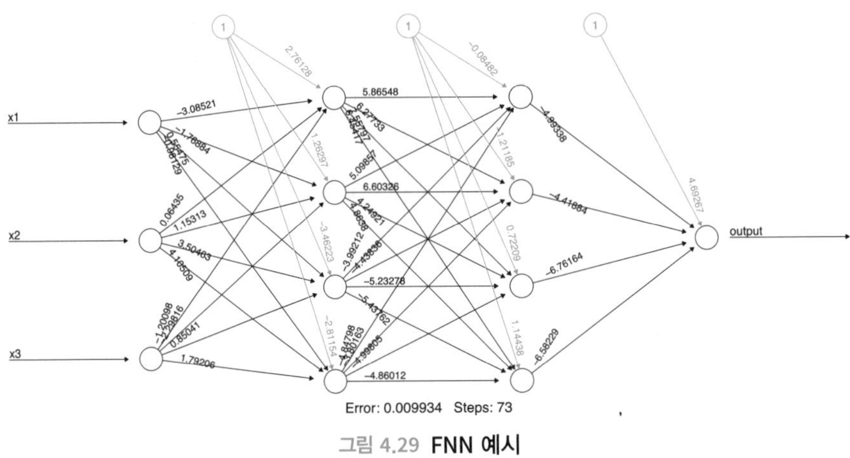

그림 4.29 **FNN 예시**

4.3.4 아름다운 필터

아름다움을 추구하는 사람들은 모두 포토샵을 사용할 줄 알았다. 과거에는 필터에 대해 공부해야 하거나 복잡한 필터를 만들어 사용해야 했지만, 지금은 휴대폰에서 쉽게 보정 프로그램을 사용할 수 있다. 당연히 가장 중요한 것은 각종 필터다. 필터는 보정이라는 의미만 있는 것이 아니라, 인공지능 분야에서는 중요한 기술 중 하나로 인식된다. 특히, 콘볼루션 뉴럴 네트워크에서의 핵심이 바로 필터다.

3.2.2절 '캔버스와 화선지'에서 비트맵의 데이터 구조에 대해 소개했었다. 1장의 컬러 이미지는 세 개의 행렬로 구성되어 있는데, 행렬의 요소는 각각 R, G, B 3원색의 화솟값이다. 만약 사진의 해상도가 100 × 100픽셀이라면 해당 사진은 세 개의 100 × 100행렬로 구성되어 있는 것이다. 세 개의 행렬은 하나의 배열을 이루고 있으며, 이러한 구조를 텐서tensor라고도 한다. 컬러 이미지는 100 × 100 × 3의 텐서로 이루

어져 있다. 만약 흑백 이미지라면 RGB 3원색이 존재하지 않는다. 회색 모드로만 저장하면 되기에 100 × 100 × 1의 텐서로 이루어져 있다. 줄여서 100 × 100행렬이라고 해도 무방하다.

어떤 사진이든지 각종 행렬 연산을 할 수 있는데, 이는 이미지의 여러 변환으로 이루어져 있다. 여기서 특수한 조작 방법인 필터filter에 대해 소개하겠다. 그림 4.30은 윤곽 필터를 적용한 사례를 보여준다. 목판화 스타일과 비슷한데, 일부 보정 프로그램에서 흔하게 볼 수 있다. 좌측의 그림이 필터 처리를 거치고 나면 우측 그림으로 변하는 것이다.

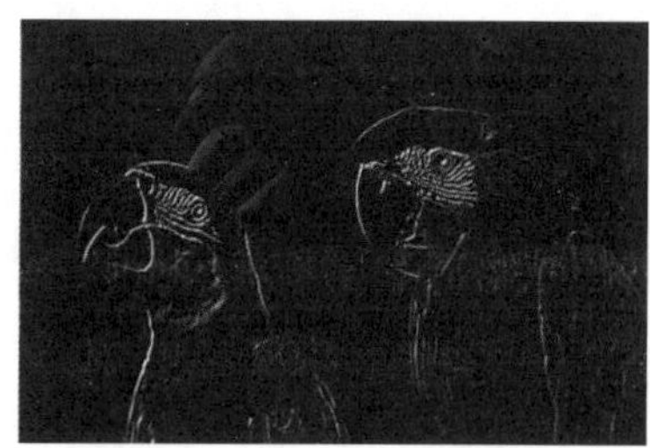

그림 4.30 **필터와 콘볼루션**

이 필터는 사실 매우 간단하다. 그저 콘볼루션convolution 작업을 거쳤을 뿐이다. 그림 4.31은 콘볼루션 과정에 대해 상세하게 소개한다. 흑백 이미지로 예를 들자면, 데이터 소스가 바로 원래 화솟값의 행렬이다. 우리는 일부를 캡처하여 예시로 사용하겠다. 콘볼루션 작업 전에 콘볼루션 코어에 대해 정의해야 한다. 그림에서 콘볼루션 코어의 크기는 3 × 3이며 하나의 행렬로 이루어져 있다. 해당 행렬의 값은 임의로 지정할 수 있으며 그림의 행렬이 바로 그림 4.30 효과의 콘볼루션 코어다. 이 행렬을 사용해 원래 화솟값의 3 × 3 크기의 토막에 위치한 수치를 곱한 후에 9개의 숫자를 더하면 콘볼루션 작업이 끝난다. 콘볼루션의 결과는 새로운 이미지의 해당 위칫값이 되며, 이런 방식을 여러 번 반복하면 새로운 이미지 행렬을 얻게 되는데, 이것이 바로 필터 처리 후의 효과다.

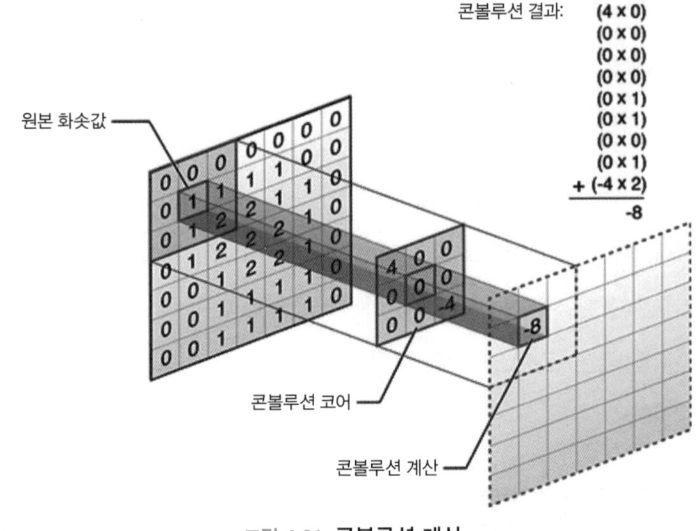

그림 4.31 **콘볼루션 계산**

이러한 작업은 보편적인 이미지 처리 과정일 뿐이지만 딥러닝에서는 매우 중요하다. 현재 대부분 인공지능의 응용은 모두 **콘볼루션 뉴럴 네트워크**convolution neural network이며, 키포인트가 바로 방금 소개한 콘볼루션이다.

1만 장의 이미지에서 하나의 모델을 훈련시켜 악성 종양을 식별해 내야 한다고 가정해 보자. 그렇다면 이는 하나의 분류 문제가 될 것이다. 이 문제를 해결할 수 있는 방법은 두 가지다. 첫 번째 방법은 전통적인 사고방식으로, 인간의 경험을 통해 컴퓨터 알고리즘으로 관련 특징을 계량화하는 것이다. 예를 들어, 먼저 이미지 식별 알고리즘을 사용해 의심스러운 마디의 윤곽을 추출한다. 그리고 형태, 색깔, 매끄러운 정도 등 특징을 데이터를 활용해 비교한다. 이렇게 하면 각 그림은 한 세트의 특징으로 바꿀 수 있는데, 1만 장의 이미지를 한데 모으면 하나의 설계행렬을 만들 수 있다. 이로써 각종 통계와 머신러닝 방법으로 분석할 수 있게 된다. 이러한 방식은 사람의 경험에 너무 의존한다는 한계가 있다. 그리고 사람이 식별할 수 있는 특징을 모두 정확하게 계량화할 수도 없다.

두 번째 방법은 딥러닝 모델을 사용하여 이미지의 각 화솟값을 하나의 특징으로 지정하는 것이다. 예를 들어, 한 이미지의 해상도가 1,000 × 1,000픽셀이라면 100만 개의 특징으로 이루어져 있는 것이다. 이렇게 이미지 화소를 대하는 느낌은 인간 신경의 반응 체계와 비슷해 보인다. 게다가, 뉴럴 네트워크 모델을 사용하기에 적합하다. 이런 방식을 직접 사용할 때 가장 큰 문제는 특징의 개수가 너무 많아서 뉴럴 네트워크 자체가 너무 복잡해진다는 것이다.

훈련시켜야 할 이미지의 해상도가 1,000 × 1,000픽셀이며 흑백이라고 가정하면, 이미지들은 모두 100만 화소가 되며 100만 개의 특징을 가지게 된다(10^6). 뉴럴 네트워크에 1개의 히든 레이어만 존재하며 해당 히든 레이어의 뉴런을 모두 입력과 연결한다고 하면, 10^6개의 뉴런을 사용할 수 있게 된다. 그렇다면 해당 네트워크에서 구해야 하는 가중치는 10^{12}개가 된다. 이는 너무 방대한 수량이다.

인간의 시각이 물체를 판단할 때 1개의 화소까지 세세하게 관찰하지 않기 때문에 뉴럴 네트워크 모델 역시 간소화시킬 수 있다. 방금 소개한 콘볼루션 방법이 바로 좋은 사고방식이다. 콘볼루션 사고방식을 토대로 특수한 피드포워드 뉴럴 네트워크를 만들 수 있는데, 이를 콘볼루션 뉴럴 네트워크convolution neural network, CNN라고 한다. 여기서 두 가지 방법으로 이 복잡한 뉴럴 네트워크를 간소화시킬 수 있다. 각각 부분 연결locally connectivity과 가중치 공유shared weights[57]다.

부분 연결이란, 이미지에서 일부 구역에 콘볼루션 작업을 진행하는 것이다(길이를 설정할 수 있다). 추출한 특징으로 해당 화소를 대체하면 새로운 행렬을 얻을 수 있는데, 이를 피처맵feature map이라고 한다. 해당 행렬에서 각 요소는 그림 4.32처럼 하나의 뉴런으로 구성되어 있다.

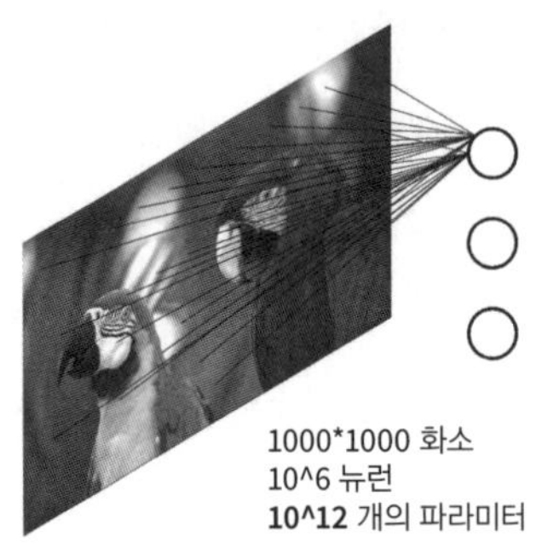

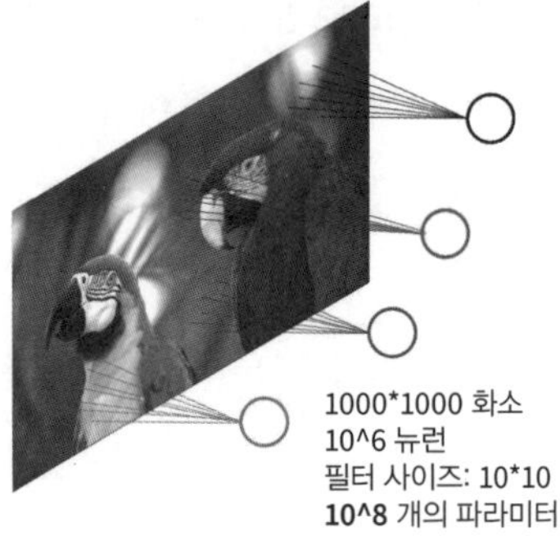

전체 연결 **부분 연결**

그림 4.32 **부분 연결**

부분 연결은 많은 화소를 합친 것과 같아 뉴런의 수량을 줄일 수 있다. 그러나 전체 연결 모델에서 추출한 각 특징 역시 히든 레이어의 뉴런으로 이루어져 있고, 가중치 또한 각각 다르기 때문에 자릿수는 여전히 매우 크다. 또 하나의 방법으로 히든 레이어 중 각 뉴런부터 특징 요소까지의 가중치를 같게 만드는 것이다(해당 위치의 규칙을 무시하는 것과 같다). 이렇게 하면 각 세트의 가중치가 하나의 필터가 된다. 그림 4.33과 같이 여러 피처맵으로 하나의 필터를 설정하는 것을 바로 가중치 공유라고 한다.

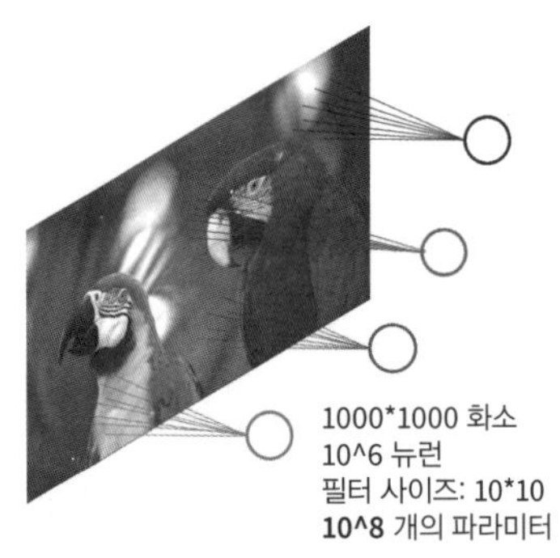

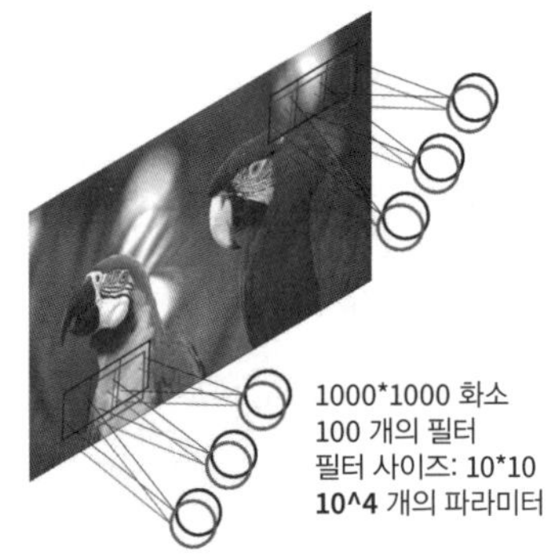

부분 연결 **가중치 공유**

그림 4.33 **가중치 공유**

이 두 가지 작업을 통해 복잡한 뉴럴 네트워크의 계수를 간소화시켜 값을 구하기 쉽게 만들고 정밀한 분류 모델을 훈련시킬 수 있게 만든다. 만약 새로운 의학 영상

이미지가 있다면 프로그램을 사용해 읽어 들이고 뉴럴 네트워크에 필요한 텐서(혹은 행렬) 형식으로 바꿔 주기만 하면 된다. 그리고 앞서 잘 훈련시킨 모델을 사용하면 해당 이미지에서의 종양이 양성인지 악성인지 예측할 수 있게 된다.

4.4 그 외의 분석 방법

4.4.1 차, 술, 펩시콜라

1.3.1절에서 '차를 맛보는 여인'의 예제에 대해 설명했다. 예제에는 재밌는 테스트 요소가 존재한다. 피셔는 당시 총 8잔의 밀크티를 만들었는데, 동일한 찻잔을 사용해 4개 찻잔에는 먼저 차를 부었고 나머지 4개 찻잔에는 먼저 우유를 부어 여성에게 랜덤 순서로 맛보게 하였다. 여기서 피셔는 이 여인에게 차를 건네줄 때 완전히 똑같은 찻잔으로 밀크티를 만들고 랜덤 순서로 건네는 방법을 사용했다. 피셔가 이렇게 처리한 후 여인에게 차를 맛보게 할 때 사실상 그녀는 차에 대한 정보를 완전히 모르게 되는 것이다. 그녀는 찻잔, 순서 등 기타 요소가 아닌 그저 차 본연의 맛과 차에 대한 지식으로 판단할 수밖에 없었다. 이러한 설계를 '블라인드 테스트'라고 한다. 즉, 참가자는 테스트에 대한 그 어떠한 정보도 받지 못하는 것이다. 예제로 예를 들면, 차 안의 내용물은 먼저 우유를 부었는지 아니면 먼저 차를 부었는지 모르는 것이다.

이렇게 실험에서 각종 기타 요소를 통제하고 하나의 요소만 바꾸는 원칙은 사물 간의 인과관계를 판단할 때 많이 사용된다. 앞서 언급한 대로 랜덤 순서로 분배하거나, 참가자에게 테스트에 대한 정보를 알려주지 않거나, 랜덤으로 많은 참가자에게 분배하는 등 행위는 모두 이 원칙에서부터 비롯된 것이다.

재밌는 것은 영국인이 애프터눈 티에서 차와 우유의 첨가 순서에 대해 관심이 있는 것처럼 미국의 많은 소비자가 코카콜라와 펩시콜라 두 가지 콜라 브랜드의 경쟁에 관심이 있다는 것이다. 1975년, 펩시콜라는 '펩시콜라 챌린지'라는 대회를 개최했다.

펩시콜라는 여러 마트, 상가와 시민광장 등에 광고 부스를 만들었고, 판촉직원은 부스를 지나가는 사람에게 똑같아 보이는 두 잔의 음료를 제공했다. 하나는 펩시콜라였고, 나머지 하나는 코카콜라였다. 지나가던 사람은 두 가지 콜라를 맛본 후 자신이 선호하는 콜라에 투표를 하면 됐다.

길거리 투표 후 판촉직원은 그들이 투표한 콜라가 펩시콜라인지 코카콜라인지를 그들에게 알려줬다. 실험 결과에서 50%가 넘는 사람들이 펩시콜라에 투표했다. 이후 펩시콜라 챌린지 이벤트는 지속되었고, 이는 펩시콜라가 시장에서 마켓 지분을 넓히는 데 일조하게 되었다.

펩시콜라뿐만 아니라 '싱글 블라인드 테스트'는 음료계에서 자주 하는 이벤트가 되었다. 와인 분야에서 가장 유명한 이벤트는 바로 '파리의 심판'으로도 알려져 있는 1976년의 파리 와인 품평회다. 품평회에서 주최 측은 11명의 심사원(9명은 파리의 와인 전문가였다)을 초빙해 두 가지 세트의 포도주에 대한 블라인드 테스트를 진행했다. 첫 번째 세트로 6가지 캘리포니아 샤도네이와 4가지 정상급 화이트 버건디를 준비했고, 두 번째 세트로는 6가지 캘리포니아 카베르네 소비뇽과 4가지 보르도산 유명 와이너리의 레드와인을 준비했다. 심사원들은 와인마다 점수를 매겼으며, 만점은 20점이었다. 심사 후 9명의 프랑스 심사원의 점수의 평균값을 구해 와인의 최종 점수를 매겼다.

당시 사람들은 보편적으로 프랑스 와인이 세계에서 가장 유명한 포도주라고 믿고 있었지만, 예상을 뒤집는 결과가 나왔다. 캘리포니아산 샤토 몬텔레나Chateau Montelena 1973과 스텍스립 와이너리Stag's Leap Winery 1973 와인이 프랑스 와인을 꺾고 각각 화이트 와인과 레드 와인의 최고점을 받은 것이다. 이날 이후 미국 캘리포니아산 와인이 유명세를 떨치게 되었고, 단숨에 대세 와인이 되었다. 이 예제를 통해 사람들이 '블라인드 테스트'를 얼마나 믿고 있는지 알 수 있다.

앞서 언급한 블라인드 테스트는 엄밀히 말해 '싱글 블라인드 테스트'다. 즉 참가자만 테스트 정보(예 실험조에 속해 있는지 아니면 비교조에 속해 있는지와 같은 개인 기호를 이끌어내거나 실험 결과에 오차가 발생할 수 있는 정보)를 모르고 실험자는 알고 있는 것이다. 일부 실험은 좀 더 엄격한 정보가 필요하기 때문에 '더블 블라인드 테스트'를 설계하거나 '트리플 블라인드 테스트'를 설계할 필요가 있다. 더블 블라인드 테스트에서는 실험자와 참가자 모두 테스트에 대한 정보를 모른다. 데이터를 모두 기록한 후, 혹은 심지어 분석까지 마친 후에야 실험자는 참가자들이 어떤 조에 속해 있었는지 알 수 있다. 더블 블라인드 테스트는 편견이나 무의식적인 암시 등 실험자의 인위적 요소가 실험 결과에 영향을 미치지 못하게 막을 수 있다.

'펩시콜라 챌린지' 예제에서 판촉직원은 사실 컵에 따른 콜라가 펩시콜라인지 코카콜라인지 알고 있다. 만약 그들이 얼음의 양을 다르게 넣는 등 수단과 방법을 가리지 않고 두 가지 콜라가 다르게 보이게 만든다면 무더운 여름에는 얼음의 양이 많은 콜라가 더욱 맛있게 느껴질 것이다. 이렇게 되면 사람들이 좋아하는 콜라는 펩시콜라나 코카콜라가 아닌 얼음이 많이 들어간 콜라가 되기에 실험 자체의 결과에 영향을 끼치게 된다. 발생 가능한 이러한 오차는 신약 개발에서 더욱 중요하다. 따라서 신약의 각종 테스트에서 더블 블라인드 테스트를 더 많이 활용한다.

피셔는 '차를 맛보는 여인' 테스트 외에도 사실 무작위 원칙, 반복가능 원칙, 블로킹 원칙이라는 **실험 설계의 3대 원칙**[58]도 제시한 것이다.

무작위 원칙

무작위 원칙은 실험을 진행할 때 실험조와 비교조(비교실험 등)의 동질성을 보장한다. 이로써 실험 대상조를 나눌 때 조를 균등하지 않게 나눔으로 인한 오차가 비교실험 결과에 영향을 끼치는 것을 피할 수 있다. 각종 '블라인드 테스트' 외에도 무작위는 다른 토픽에서도 많이 사용된다.

여성들이 직장에서 '성차별'을 당했다는 글은 심심찮게 SNS에서 확인할 수 있다. 이 문제는 구직자만 관심이 있는 게 아니다. 경제학자 역시 이 문제에 대답하려고 수년간 애쓰고 있다. 기타 요소가 주는 영향을 컨트롤하기 위해 경제학자는 '차별' 문제를 다음과 같이 간소화시켰다. 능력이 같고 업무경력도 비슷한 남녀가 있을 때 그들의 환경은 어떻게 다른가?

2002년, 미국 시카고 대학교의 경제학자 세 명은 매우 교묘한 방법으로 차별을 계량화하였다. 그들의 방법은 사실 매우 간단하다. 경력이 비슷한 이력서를 가져와 이름만 바꿔 일부는 여성의 이름처럼 적고 나머지 일부는 남성의 이름처럼 적어 대기업에 제출하고 피드백을 추적했다. 이렇게 하면 원래 대답이 거의 불가능했던 다음 문제에 대답을 할 수 있게 된다. 여성 평균 급여가 남성보다 적은 이유는 성차별 때문인가, 아니면 여성의 능력이 남성보다 안 좋아서인가? 여기서 비슷한 이력서는 구직자가 비슷한 능력을 가지고 있다는 것을 의미하기에 능력 요소는 컨트롤할 수 있게 된다. 따라서 성별의 차이만 탐구하면 된다.

실험 결과에서 일부 회사는 '남성처럼 보이는' 이력서에 답변 전화를 주는 비율이 더 높았다. 재밌는 것은 몇 년이 지난 후에도 계속 추적한 결과 6년 사이에 성차별이 없던 회사는 약 17%가 파산했고, 성차별이 있던 회사는 약 36.4%가 파산했다. 좀 더 복잡한 통계 모델로 기타 관련 요소를 컨트롤해도 파산 비율과 성차별 간의 정비례 관계는 여전했다.

반복가능 원칙

반복가능 원칙은 매우 간단하다. 반복해서 실험할 수 있고, 결론은 반복 실험의 검증을 받아야 한다는 것이다. 이런 요구사항은 물리, 생물, 화학 등 이과 실험에서 자주 볼 수 있다. 예를 들어, 2001년의 신문에서 '유럽 연구원이 설명하기 어려운 중성미자 초광속 현상을 발견했다'라는 뉴스를 살펴보면, '실험에 참여한 스위스 베른 대학교의 안토니오 이레디타토의 말을 빌리자면 그와 동료는 이 결과에 경악을 금치 못했다고 한다. 그들은 이 현상을 1.6만 회나 반복적으로 관측하고, 실험에서 기타 각종 요소의 영향을 충분히 고려한 후 이 관측 결과는 정확하다고 여겨 공개하기로 결정했다'라는 문구가 있다.

1.6만 회의 반복 실험을 통해 충분히 큰 표본에서 각 실험의 일부 확률성과 측정오차를 배제할 수 있기에 실험의 신뢰성에 대해 더욱 충분하고 설득력 있게 증명할 수 있다. 많은 실험에서 우리는 1회 실험의 배경을 완전히 똑같이 반복할 수 없다. 예를 들어, 온도 등의 요소는 환경 등 외부 요인의 영향을 받는다. 따라서 완전히 똑같이 반복할 수 없다면 테스트마다 최대한 비슷하게 진행하는 동시에 각 실험에서 참여자를 최대한 많이 늘려 좀 더 안정적인 결과를 얻을 수 있다.

블로킹 원칙

블로킹 원칙이란, 실험 과정에서의 시스템 오차가 실험 결과에 미치는 영향을 배제하기 위해 지키는 규칙이다. 여기에 관련한 두 가지 개념으로 '확률 오차'와 '시스템 오차'가 있는데, 모두 '불확정성 원리'와 관련 있다.

확률 오차는 대략적으로 우리가 모르는 확률 요소가 각 실험 결과에 영향을 주어 발생하는 객관적인 오차다. 해결 방법은 앞서 말한 '독립적 반복 실험'이다. 시스템 오차는 우리가 실험에서 측정할 때 더욱 많이 발생한다. 예를 들어, 가장 전형적인 길이 측정에서 자 자체의 눈금이 정확하지 않아 발생하는 시스템 오차는 가장 간단한 '측정 도구 오차'다. 당연히 시스템 오차에는 실험 설계 때 필요했던 이론 요구와 실험 조건의 차이도 포함한다. 예를 들어, 열학실험에서 산열로 인한 열량 손실과 전압전류법으로 저항을 측정할 때 테스터의 내부저항을 고려하지 않아 실험 결과에 미치는 영향 등을 '이론 오차'라고 한다. '개인 오차' 역시 객관적으로 존재하는데, 관측자 개인의 감각기관과 운동기관의 반응이나 습관으로 인해 발생하는 오차를 가리킨다. 사람에 따라 다르고, 관측자의 당시 정신 상태에 따라 또 달라진다. 블로킹 원칙은 시스템 오차의 영향을 없애거나 줄이고 실험의 정확도를 높이기 위해 만들어진 원칙이다.

블로킹은 단지 먼저 실험 대상을 어떠한 특징으로 조를 나눈 것에 불과하다. 각 조가 최대한 비슷하게 되도록 만들고, 각 조마다 랜덤 샘플링을 한다. 여기서 '층화 샘플링stratified sampling'과 어느 정도는 비슷한 의미가 있다. 마지막에 실험 결과를 분석할 때 전체의 차이를 비교하는 것 외에도 더 나아가 각 조의 내부 차이 역시 비교하여 전체적으로 차이를 발생시키는 요소를 더욱 세세하게 분해할 수 있다.

4.4.2 몬테카를로와 원자폭탄

1940년대, 미국은 2차 세계대전 때 원자폭탄을 제작하는 '맨해튼 계획'을 실행했다. 이는 인류 역사상 최초로 핵분열을 제어하여 만드는 원자폭탄이었기 때문에 그 위험성이 어땠을지 말하지 않아도 알 수 있다. 특히, 중성자의 운동상태는 매우 복잡하고 확률성이 다분했기 때문에 정확한 계산이 어려웠다. 현대 컴퓨터의 아버지이자 천재 수학자인 폰 노이만은 확률적 시뮬레이션 방법을 제시했다. 모나코의 유명한 도박 도시인 몬테카를로를 이용해 이 방법을 명명하였기에 몬테카를로 방법이라고도 한다.

몬테카를로 방법 Monte-Carlo method의 본질은 확률적 시뮬레이션stochastic simulation이다. 일련의 복잡한 과정을 수학적으로 추리하기란 여간 어려운 일이 아니다. 그러나 그 안에 있는 확률성을 고려하고 난수로 여러 번 시뮬레이션한다면 빅데이터 조건에서 각종 통계량을 연구하더라도 안정적인 결과를 얻을 수 있다. 원자폭탄은 우리에게 있어 머나먼 저세상 얘기이기에 1.2.2절 '6연속 숫자와 14연속 숫자'에서 소개한 생활 예제를 이용해 소개하겠다.

예제에서 우한시의 5,141명의 불우가정 시민은 서민 아파트 단지 공개 추첨에 참여했다. 그 결과, 서명한 124명 시민 중 6명의 아파트 구매 자격 증명 번호가 연속된 숫자였다. 조사를 통해 6명이 신청자료계를 조작한 사실이 드러나며 아파트 구매 자격이 박탈되었다.

간단한 랜덤 샘플링* 방식으로 5,141명의 시민 중에서 124명을 추첨하고 124명의 숫자를 순서대로 나열한 다음, 알고리즘을 통해 6연속 숫자가 존재하는지 판단할 수 있다. 매번 샘플링을 할 때마다 6연속 숫자가 존재하거나 존재하지 않는 두 가지 결

* 2.4.1절 '관중규표와 일엽지추'에서 샘플링에 대해 소개했었다.

과만 존재하게 된다. 이런 샘플링을 1억 번 시뮬레이션하여 6연속 숫자가 나온 횟수를 통계해 보면 이런 상황에서 6연속 숫자가 나올 확률을 계산할 수 있다.

가정용 컴퓨터로 이 방법을 테스트해 봤다. 당시에 1억 번의 시뮬레이션을 하는 데 2시간이 소요되었다. 최후의 결과는 6연속 숫자가 발생할 상황은 80번 정도 발생하였다. 다시 말해, 6연속 숫자가 나올 확률은 백만 분의 0.8밖에 안 된다는 것이다. 이는 매우 작은 수치이기 때문에 이러한 상황이 발생하는 것이 비정상적이라고 생각할 수 있다.

이후 라오허코우에서 14연속 숫자가 나오는 사건이 있었다. 당시에는 1,138명의 아파트 구매 자격을 가지고 있는 신청자 중에서 514명을 추첨했는데, 그중 14명의 자격증 번호가 연속된 숫자였던 것이다. 똑같은 방법으로 1억 번 시뮬레이션을 돌리고 나면 829,546번 정도 14연속 숫자가 발생하였다. 이 확률은 약 백 분의 0.8 정도라 확실히 앞서 진행한 시뮬레이션보다 확률이 높아졌다.

이 예제는 비록 간단하지만 몬테카를로 방법의 편리함을 여실히 보여줬다. 배열 조합 공식을 이용하여도 이 확률을 계산해 낼 수 있지만, 그 과정은 너무 머리가 아프다.* 설령, 순환 공식을 작성해 냈다고 하더라도 계산하려고 하기엔 너무 시간이 걸린다. 그러나 몬테카를로 방법을 사용해 직접적으로 추첨 과정을 시뮬레이션할 수 있다. 이 과정에서 그 어떤 수학적 전환을 진행할 필요가 없다. 한 번 추첨할 확률과 1억 번의 통계를 낼 때의 빈도를 보면 대수의 법칙을 통해 이 두 개의 수치가 비슷하다는 것을 알 수 있다. 그렇다면 복잡한 문제를 간단한 통계 문제로 전환할 수 있다. 이러한 사고방식은 산업계에서 자주 사용되고 있다. 크게는 원자폭탄 폭발, 우주선 발사에 활용되고 있고 작게는 약물 화합물의 체내 작용, 식품의 레시피 조합에 활용되고 있다. 모두 몬테카를로 방법을 통해 중요한 절차를 해결해 나가고 있으며 광범위하게 사용되고 있다.

---

* 자세한 내용은 1.2.2절 '6연속 숫자와 14연속 숫자'를 참고하기 바란다.

4.4.3 의사의 필적

의사의 필적은 분별하기 어렵다. 아마 많은 사람이 어려서부터 겪어봤을 것이다. 데이터화되고 있는 현재까지도 토론이 한창이다. 나중에 되어서야 사람들은 이유를 알게 되었다. 너무 바쁘다 보니 의사들에게는 물 마실 시간조차도 사치다. 당연히 조용히 앉아서 천천히 소견서를 작성할 수 없을 것이다. 현재는 병원에서 데이터화를 진행하기 때문에 의사들의 소견서 역시 전산화할 수 있다. 그러나 꽤 많은 의사는 타자로 치는 것보다 수기로 적는 것이 더 빠르기 때문에 진료기록을 수기로 작성하거나 직원을 시켜 전산화할 때가 많다. 과거에는 의사의 소견을 강제로 전산화시키는 일은 없었다. 가장 중요한 원인으로 이러한 소견 내용은 분석할 수 없기에 전산화하는 의미가 크게 없었기 때문이다. 그러나 문장 분석 방법이 보편화되면서 이러한 기록들의 가치가 점점 높아졌기에 진료기록 작성 역시 점차 엄격해졌다.

2.3.4절 '신체검사 기록표'에서 데이터 분석의 일반 구조에 대해 소개했는데, 열로 변수나 특징을 표시했다. 변수는 수치 변수나 유형 변수일 수 있는데, 유형 변수는 문자로 나타낼 수 있다. 그러나 이러한 문자는 값이 다르다는 것을 나타낼 뿐 명목척도의 수치로 전환할 수 있다. 실제 사용 시에는 진료기록과 같은 많은 문자 정보가 있는데, 그림 4.3처럼 분류를 의미하지는 않는다. 환자마다 의사 소견이 다르고 모두 자연스러운 언어 문장일 뿐 분류의 표기는 아니다. 그렇다면 이러한 데이터는 분석 방법이 없을까?

표 4.3 **신체검사 기록표**

번호	이름	의사의 소견
1	최서준	多吃蔬菜，以蔬菜为主食(채식 위주로 많이 섭취 필요)
2	박민준	多吃蔬菜水果(채소와 과일을 많이 섭취하기 바람)
3	김주원	平时注意多喝水(평소에 물을 많이 섭취하기 바람)
4	최하윤	早睡早起，注意休息(일찍 자고 일찍 일어나야 하며, 휴식을 많이 취해야 함)
5	서지우	要多进行体育锻炼(운동을 많이 해야 함)
6	이지호	注意不要用眼过度(눈을 사용하는 일을 줄이고 눈의 피로를 자주 풀어주길 바람)
7	박수아	要经常锻炼身体(자주 운동을 해야 함)
8	김시우	不要吃太油腻的食物(너무 기름진 음식은 피하는 게 좋음)

텍스트 분석 분야에는 두 가지 단어가 비슷한데, 각각 **텍스트 마이닝**text mining, TM과 **자연어 처리**natural language processing, NLP다. 일반적으로 자연어 처리는 컴퓨터를 활용해 인간이 사용하는 서면 방식이나 구두 방식의 자연어 데이터를 각종 방법으로 처리하고 가공하는 기술을 의미한다. 이는 인공지능과 언어학 분야의 하위 과목이다. 간단하게 말해, 컴퓨터가 사람의 언어를 이해하게 만드는 것이다. 텍스트 마이닝은 문장에서 고품질의 데이터를 추출하는 과정이다. 일반적으로 한 세트의 분석과 마이닝 과정을 가리키며, 주로 자연어 처리 방법으로 분석을 진행한다.

그림 4.34는 자연어 처리와 텍스트 마이닝의 관계와 차이를 나타냈다. 일반적으로 실제 사용 시 주로 자연어 처리 방법을 사용하고 텍스트 마이닝 프로세스를 따라 문장을 분석한다.

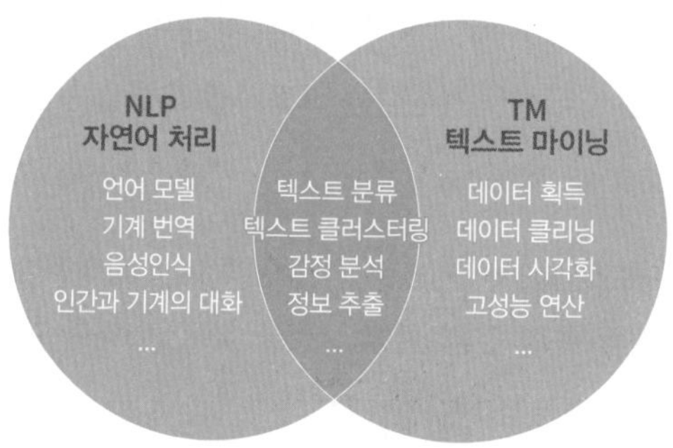

그림 4.34 **NLP와 TM**

텍스트 분석의 역사[5]는 1913년으로 거슬러 올라간다. 마르코프Andrey Andreyevich Marcov는 푸시킨의 장편 시 '예브게니 오네긴Evgenii Onegin'의 모음과 자음의 출현 빈도를 통계하여 마르코프 확률과정 이론을 발표하였다. 1948년, 섀넌Claude Elwood Shannon은 이산 마르코프 과정의 확률 모델을 언어를 나타내는 자동화 기계에 적용하였다. 1956년, 촘스키Avram Noam Chomsky는 자연어의 유한상태 모델을 만들었다. 공리적 방법으로 자연어를 연구하였고, '형식언어 이론'을 만들어 '티칼 언어학'이라고 칭했다. 그는 유한한 규칙을 이용해 무한한 언어 현상을 나타내려 시도했다. 1960년대부터 1980년대까지 이러한 규칙과 연역법을 바탕으로 한 이성주의 방법이 대세가 되었다.

그러나 1960년대 통계 방법은 음성인식에서 성공을 거두었다. 귀납과 데이터를 기반으로 한 방법은 비록 약세이긴 하나 완전히 대세에서 벗어난 것은 아니다. 1990년대에 이르러 데이터화의 완성과 데이터양의 증가에 따라 확률과 데이터 드리븐을 기반으로 한 경험주의 방법이 다시 대세가 되었다. 오늘날 빅데이터 시대에 이르러서는 각종 통계와 머신러닝 방법이 우후죽순으로 생겨났고, 빅데이터를 기반으로 한 귀납 방법이 의심 없이 대세가 되었다. 이러한 방법을 통계 자연어 처리라고도 한다. 가장 자주 사용하는 분석 방법은 다음과 같다.

- **구문 구조 분석**syntactic structure parsing**:** 성분 구조 분석 또는 연어Collocation 구조 분석이라고도 하며, 입력한 구문에 대해 주어진 문법에 어긋나는지 판단하여 문법에 맞는 구문 구조를 분석해 내는 것을 가리킨다. 구문 구조는 일반적으로 트리형 데이터 구조로 나타내며, 구문 분석 트리라고 부르고 줄여서 파싱 트리parsing tree라고 한다. 이러한 분석 과정을 완성하는 프로그램 모듈을 구문 구조 분석기syntactic parser라고 하며, 줄여서 파서parser라고 한다.
- **텍스트 분류**text classification**:** 이미 표기를 달아 둔 트레이닝 텍스트 세트를 이용해 텍스트의 특징과 유형 간의 관계 모델을 찾고, 이러한 학습을 통해 얻은 관계 모델로 새로운 텍스트 유형을 판단한다.
- **텍스트 클러스터링**text clustering**:** 텍스트 대상 집합을 비슷한 텍스트로 구성된 여러 개의 유형으로 조를 나누는 과정이다.
- **정보 검색**information Retrieval**:** 대량의 정보 리소스에서 사용자 정보 요구를 만족시키는 인포모퍼informofer 집합이다. 정보 검색은 도서관의 자료 검색과 간추린 글 색인 작업에서 유래되었다. 컴퓨터가 발명되고 난 후 연구 내용이 전통적인 텍스트 검색에서 이미지, 음성, 동영상 등 멀티미디어 정보를 포함한 검색으로 확장되었다. 인터넷 검색에 자주 사용된다.
- **정보 추출**information extraction**:** 한 문장에서 지정한 사건, 사실 등 정보를 추출하여 구조화된 정보를 만든다.

어떤 종류의 분석을 하든지 간에 먼저 해야 할 일은 텍스트 데이터 구조화다. 구조화를 해야지만 편하게 각종 통계 모델과 머신러닝 방법을 사용할 수 있다. 텍스트를 구성하는 언어 단위는 글자, 단어, 연어, 문장, 단락 등이 있다. 통상적으로 단어로 특징 항목을 만드는 것이 좋다.

한자 단어와 영어 단어의 가장 큰 차이점은 한자 단어는 공란을 구분자로 사용하지 않는 것이다. 따라서 한 문장을 하나하나 단독적인 단어로 분해해야 하는데, 이를 중문 단어 나누기라고 한다. 중문 단어 나누기의 어려운 점은 여러 가지 해석으로 나뉘는 것을 해결해야 하는 것이다. 현재 가장 많이 사용되는 방법으로 은닉 마르코프 모델과 조건부 랜덤 필드 등이 있다. 가장 많이 사용되는 분석 도구는 파이썬과 R이며, Jieba(중문 텍스트 형태소 분석기 중의 하나)와 같은 많은 단어를 나눌 수 있는 도구를 바로 사용할 수도 있다. 표 4.4는 단어 나누기 후의 결과를 나타낸다(공란으로 분리).

표 4.4 **중문 단어 나누기**

번호	의사의 소견	중문 단어 나누기 결과
1	多吃蔬菜，以蔬菜为主食	多 / 吃 / 蔬菜 / 以 / 蔬菜 / 为 / 主食
2	多吃蔬菜水果	多 / 吃 / 蔬菜水果
3	平时注意多喝水	平时 / 注意 / 多喝水
4	早睡早起，注意休息	早睡早起 / 注意 / 休息
5	要多进行体育锻炼	要 / 多 / 进行 / 体育锻炼
6	注意不要用眼过度	注意 / 不要 / 用眼 / 过度
7	要经常锻炼身体	要 / 经常 / 锻炼身体
8	不要吃太油腻的食物	不要 / 吃 / 太 / 油腻 / 的 / 食物

단어 나누기를 완료한 후에 단어를 특징 항목으로 설정한다. 각 문서는 하나의 표본으로 이루어져 있으며, 해당 파일 내에서 특징 단어의 개수를 기초로 텍스트 구조화를 진행한다. 이 방법은 현재 텍스트 분석에서 가장 많이 사용되는 방법이다. 이러한 방법을 벡터 공간 모델이라고도 한다. 각 문서를 특정 공간의 벡터로 전환한 후 벡터의

값을 가중치라고 한다. 가장 자주 사용되는 방법은 단어 t_i가 문서 d_j 내에 출현하는 횟수를 $n_{i,j}$로 나타내는 것이며, 이러한 데이터 구조를 단어 문서 행렬term document matrix, TDM이라고도 한다. 표 4.5는 앞서 말한 언어 자료를 바탕으로 만든 TDM 행렬이다.

표 4.5 단어 문서 행렬

	문서 1	문서 2	문서 3	문서 4	문서 5	문서 6	문서 7	문서 8
不要	0	0	0	0	0	1	0	1
吃	1	1	0	0	0	0	0	1
锻炼身体	0	0	0	0	0	0	1	0
多喝水	0	0	1	0	0	0	0	0
过度	0	0	0	0	0	1	0	0
进行	0	0	0	0	1	0	0	0
经常	0	0	0	0	0	0	1	0
平时	0	0	1	0	0	0	0	0
食物	0	0	0	0	0	0	0	1
蔬菜	2	0	0	0	0	0	0	0
蔬菜水果	0	1	0	0	0	0	0	0
太	0	0	0	0	0	0	0	1
体育锻炼	0	0	0	0	1	0	0	0
休息	0	0	0	1	0	0	0	0
用眼	0	0	0	0	0	1	0	0
油腻	0	0	0	0	0	0	0	1
早睡早起	0	0	0	1	0	0	0	0
主食	1	0	0	0	0	0	0	0
注意	0	0	1	1	0	1	0	0

이 행렬을 장착하고 나면 특징 행렬의 형식에 부합하게 된다. 각 행은 하나의 문서를 의미하고, 각 열은 하나의 특징을 의미한다. 이렇게 하면 구조화가 완성되어 아주 손쉽게 머신러닝을 활용해 분류와 클러스터링을 할 수 있고, 또 데이터 구조를 토대로 정보 검색, 정보 추출 등의 작업을 할 수 있다. 자세히 소개하자면 글이 너무 길어질 듯하여 여기서는 구체적인 분석 방법에 대해 자세히 소개하지 않겠다. 그러나 만약

모든 텍스트 데이터를 이러한 TDM 행렬로 바꿀 수 있다면 후속 분석 작업은 편해질 것이다.

4.4.4 사막의 나비

만약 사람들을 무작위로 사막에 떨어뜨려 놓는다면 각 사람의 위치는 다 다를 것이다. 우리는 사막에서 가장 낮은 곳에 한 무리의 나비가 우리를 기다리고 있다는 것을 알고 있고 찾기만 하면 구조를 받을 수 있다. 그렇다면 어떻게 찾아야 할까? 그림 4.35를 사막의 부분 도형이라고 보면 된다. 만약 우리가 그림의 산의 능선 부분에 위치한다면 많은 부분이 현재 위치보다 낮을 것이다. 만약 무작위로 한 방향을 선택하여 최저점에 다다랐는데 나비가 없다면 이 방향은 틀렸다는 것을 의미한다. 그렇다면 방향을 바꿔 다시 걸어 올라간 후 계속해서 아래로 내려가야 한다. 만약 운이 좋다면 물이 동나기 전에 나비를 찾을 수 있을 것이고, 운이 나쁘다면 목말라 죽을 때까지 여러 번 고생해서 모래 언덕을 넘어도 잘못된 선택이 될 것이다.

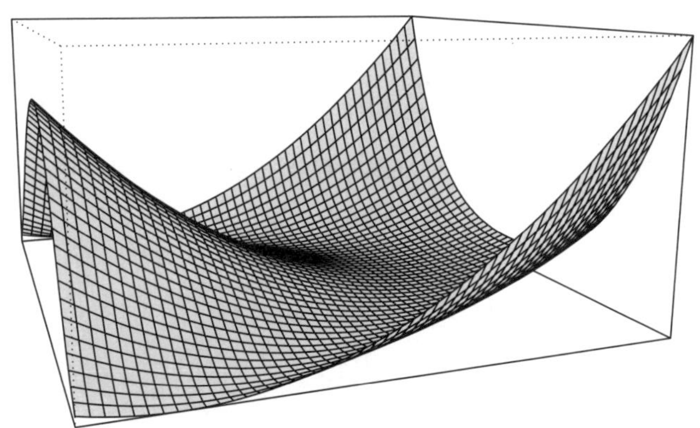

그림 4.35 **로젠브록(Rosenbrock) 바나나 함수**

정상적인 사고방식은 우리가 방향을 선택할 때 좀 더 가파른 방향을 선택하는 것이다. 왜냐하면 경사가 가파르다는 말은 쉽고 빠르게 아래로 내려갈 수 있기 때문이다. 우리는 당연히 방향을 한 군데 정해 계속 갈 수 있고, 완전히 무작위로 방향을 바꿔

운을 시험해 봐도 무방하다. 나비를 찾는 문제는 사실 **최적화 문제**optimization problem다. 우리는 목표함수를 알고 있을 때가 많다. 최댓값과 최솟값을 구해야 한다면 반복하는 방법을 찾으면 된다. 본질적으로 사람이 사막에서 제일 낮은 곳을 찾는 것과 똑같다. 그림 4.35는 사실 유명한 로젠브록 함수Rosenbrock function에서 가져온 것이며, 바나나 함수라고도 불린다. 함수의 형식은 다음과 같다.

$$f(x_1, x_2) = (1 - x_1)^2 + 100(x_2 - x_1^2)^2$$

최적화 후의 형식은 다음과 같다.

$$\min \quad z = (1 - x_1)^2 + 100(x_2 - x_1^2)^2$$

이것은 제한 없는 표준 비선형 계획 문제다. min은 최적화 방향을 최솟값을 잡았다는 것을 의미하고, z는 최적화한 목표함수라고 한다. x_1과 x_2 두 개의 변수를 가지고 있으며, 본 예제에서는 비선형함수다. 해당 문제는 제한조건이 따로 없기 때문에 x_1과 x_2는 임의의 실숫값을 가질 수 있다. 사실, 이런 문제에서 최적화 값을 구할 때의 x_1과 x_2의 값은 우리가 찾고 있는 나비의 좌표다.

만약 이 사막의 범위를 알고 있다면, 다시 말해 사막에 경계가 존재한다면 문제에 목표함수 외에도 다른 제한 조건이 따르게 된다. 표현 방식은 다음과 같다.

$$\begin{aligned} \min \quad & z = (1 - x_1)^2 + 100(x_2 - x_1^2)^2 \\ \text{s.t.} \quad & \begin{cases} -3x_1 - 4x_2 \geqslant -12 \\ -x_1 + 2x_2 \geqslant -2 \\ x_1 \geqslant 0 \\ x_2 \geqslant 0 \end{cases} \end{aligned}$$

수학적으로 성능이 좋은 함수의 극값을 구할 때 종종 도함수가 0인 연립방정식 문제를 푸는 것으로 전환할 때가 있다. 그러나 대부분은 복잡한 함수를 풀 때 분석값을 구하기란 여간 어려운 일이 아니다. 그렇다면 수치 계산 방법으로 극값을 구해야 하는데, 가장 자주 사용하는 방법이 반복이다. 최초의 점에서 출발하여 한 방향을 따라 수색하면 새로운 함숫값을 얻게 된다. 그런 후에 새로운 점에서 새로운 수색 방향을 정해 계속해서 새로운 점을 수색해 나간다. 만약 목표함수의 값이 끊임없이 작아진다면 이런 알고리즘을 경사 하강법이라고 한다. 만약 목표함수의 값이 사라진다면 극값을 구할 수 있다는 의미다. 이는 방금 소개했던 끊임없이 능선을 따라 내려가는 사고방식과 같은 것이다.

수색 방향과 수색 작전은 어떻게 결정해야 하는가? 서로 다른 최적화 방법을 사용하면 된다. 최적화 방법은 데이터 분석에서 매우 중요한 방법 중 하나다. 주로 계획 최적화, 분배 최적화, 결정 최적화, 설계 최적화, 관리 최적화 문제[59]를 해결할 때 사용되며, 오퍼레이션 리서치operations research라고도 한다. 여기서 주의할 점은 최적화 방법과 통계학, 머신러닝 등 빅데이터 분석 방법과는 다르며, 과거의 데이터에서 규칙을 찾고 모델링하는 것이 아니다. 그러나 각종 통계학, 머신러닝 방법의 풀이 과정에서 모두 최적화를 사용하게 된다. 일부 데이터 문제를 풀 때 최적화 방법으로 답을 구할 때가 많다. 예를 들어, 공업 분야에서의 스케줄링 최적화, 배합 비율 최적화와 물리 분야에서의 경로 설계 최적화 등은 모두 최적화 문제다.

최적화를 구하는 도구와 프로그램은 대부분 솔버Solver와 모델링 언어를 포함하고 있다. 솔버는 최적화 알고리즘을 실현한 프로그램이다. 가장 자주 사용되는 상용 솔버로는 CPLEX, Gurobi, MOSEK, Xpress 등이 있다. 가장 자주 사용되는 오픈소스 솔버로는 GLPK, CBC, SCIP, SYMPHONY, Bonmin 등이 있다. 모델링 언어는 사용자를 향한 최적화 모델링 언어를 가리키며, 보통 한 시스템에 내장되어 있다. 자주 사용되는 상용 모델링 언어 또는 환경으로 LINDO/LINGO, AMPL, GAMS 등이 있다. 가장 자주 사용되는 오픈소스 모델링 언어로는 MathProg(GMPL), CMPL 등이 있다.

최적화 소프트웨어는 보통 상용 소프트웨어가 성능이 좋고 오픈소스 모델링 언어는 보통 일부 특정 솔버에만 적용 가능하다. 많은 우수한 오픈소스 솔버는 그와 맞는 모델링 언어가 없기에 제일 아래에 있는 인터페이스를 사용해야지만 적용할 수 있을 것이다. 그러나 자주 사용하는 오픈소스 데이터 사이언스 언어 중 최적화 모델링과 풀이를 가지고 있는 도구가 있다. R 언어*가 바로 방대한 최적화 방법 패키지를 가지고 있고, 파이썬**의 최적화 자원 역시 점차 풍부해지고 있다. 이러한 도구를 사용하면 실제 업무에서 매우 편리하게 최적화 방법을 사용할 수 있다.

* 5.2.4절 '필자가 가장 사랑하는 R'을 참고하기 바란다.

** 5.2.3절 '풀스택 개발자의 최애'를 참고하기 바란다.

제 5 장

빅데이터 시대

The Beauty of Statistics

속설에는 '장인이 일을 잘하려면 먼저 공구를 날카롭게 해야 한다'와 '탁상공론하지 말라'라는 말이 있다. 사람들이 각종 통계 방법과 분석 수단에 대해 들을 때 과장된 것처럼만 들리기 때문에 마음속으로는 테스트해 보고 싶은 충동이 일어난다. 그 어떤 지식과 방법이라도 진짜 기억하거나 실제로 해봐야지만 자신의 것이 된다. 현재와 같은 정보화 시대에 컴퓨터는 믿을 수 있는 동반자다. 컴퓨터는 우리를 도와 각종 난제를 해결하며, 방법의 진리를 이해하고 요구의 의미를 명확히 하기만 하면 알맞은 방법을 찾을 수 있다. 나머지는 컴퓨터가 알아서 완성해 줄 것이다.

컴퓨터의 소프트웨어는 갠지스강의 무수한 모래와 같이 많아서 분석하려는 문제에 유용한 도구 또한 매우 많다. 그러나 데이터의 가치는 분석에 있기에 기술은 하나의 수단일 뿐이다. 분석에 도가 트게 되면 도구에 의존하지 않게 되고 그 어떤 도구를 사용해도 분석할 수 있게 된다. 구체적인 도구에 너무 집착하면 안 되지만, 또 도구를 너무 이해하지 못해서도 안 된다.

■ ■ ■

제1절 '기술의 변천사' 에서는 수백 년 동안 사용해 온 중요한 기술 노드에 대해 돌이켜 본다. 데이터 분석이라는 큰 분야에서 사용한 최초의 방법은 주로 전통적인 통계학이었다. 그러나 컴퓨터가 개발됨에 따라 수십 년 사이에 각종 새로운 방법과 도구가 생겨났고, 통계학에도 역시 놀랄 만큼 큰 변화가 일어났다. 특히, 21세기에 인류는 지식 대폭발 시대에 접어들었고, 학술용어가 우후죽순 생겨나 사람들을 종종 곤혹스럽게 만들었다. 제1절에서는 각종 기술과 자주 사용되는 용어의 유래를 알아보거나 분석하여 독자들이 현재의 빅데이터 시대를 좀 더 잘 이해할 수 있도록 도울 것이다.

제2절 '분석 도구' 에서는 자주 사용하는 몇 가지 분석 도구를 소개한다. 이론상 하나만 잘 사용해도 본 책에서 소개한 모든 방법을 소화할 수 있다. 가장 간단한 엑셀로도 많은 현실 문제를 해결할 수 있다. 과거의 상용 소프트웨어 시대에는 각종 통계 소프트웨어와 BI 시스템의 기능이 매우 좋았다. 그러나 현재 시대가 너무 많이 변했기 때문에 각종 새로운 방법과 새로운 도구가 빠르게 개발되어 프로그래밍 언어로 분석을 하는 것이 오늘날의 대세가 되었다. 이 중 가장 자주 사용하는 도구는 R과 파이썬이다. 본 책에서 소개하는 모든 방법과 예제는 R과 파이썬으로 실현할 수 있다. 독자는 둘 중 하나를 배우기만 하면 매우 쉽게 본 책에서 소개한 방법과 예제를 해볼 수 있다.

제3절 '컴퓨팅 프레임워크' 에서는 오늘날 빅데이터 시대의 근본 기술 프레임워크에 대해 분석하는데, 가장 중요한 변화로 병렬 컴퓨팅을 중요시하는 데 있다. 오늘날 대세인 병렬 컴퓨팅 프레임워크는 사람들이 저렴한 자본으로 각종 빅데이터를 응용하는 방안을 실현하여 대기업에 대한 의존에서 벗어날 수 있도록 도움을 준다. 더욱 중요한 것은 용량 확장이 가능한 데이터 분석을 실현하기 때문에 데이터양이 빠르게 증가해도 두려워할 필요가 없다.

제4절 '빅데이터 업계의 응용' 에서는 인터넷 업계를 예로 빅데이터 기술의 구체적 응용에 대해 소개한다. 빅데이터 시대와 인터넷 시대는 거의 동시에 도래했다고 할 수 있다. 사실, 둘은 서로 보완하고 도와주는 떼려야 뗄 수 없는 관계다. 제4절에서는 인터넷 업계의 발전 과정 및 기술이 생겨난 관점에서 빅데이터 업계의 응용에 대해 소개한다. 현재는 당연히 점점 많은 사람이 인터넷 업계에서 벗어나 빅데이터 응용을 실현하고 있다. 이 또한 앞으로의 추세이기도 하다.

5.1 기술의 변천사

5.1.1 통계학의 기원

통계학은 젊은 과학 분야다. 현대 통계학의 기원부터 오늘날에 이르기까지 100년도 채 안 되는 역사를 가지고 있다. 20세기 초 과학 분야의 중요한 돌파가 이루어질 때부터 통계학은 역사적 무대에서 점점 중요한 역할을 맡기 시작했다. 특히, 응용에서부터 시작하고 많은 실제 문제를 해결하여 인류사회의 발전에 크게 이바지하였다. 데이터 혁명이 시작된 후로는 날개가 돋친 듯 더욱 비상하였다. 오늘날 빅데이터와 인공지능 시대에서 가장 중요한 기초과학이 되었고, 끊임없이 다른 과학과 융합하고 있다.

통계학의 기초는 확률론부터 시작된다. 1.2.1절 '게임 상금의 배분'에서 확률론의 발전사를 소개했었다. 1654년에 파스칼이 정식으로 확률론을 만들었고, 1812년에 라플라스가 출간한 저서 《확률 분석 이론》은 고전 확률론의 완성을 상징한다는 게 정설이다. 1933년 콜모고로프는 확률론의 공리적 시스템을 만들었고, 그의 저서 《확률론 기초 Grundbegriffe der Wahrscheinlichkeitsrechnung》의 출간은 현대 확률론의 탄생을 상징하였다.

확률론에서 통계학으로 발전하는 과정에서 벨기에의 통계학자 케틀레Adolphe Quetelet는 많은 창조적인 작업을 시도했다. 그는 1834년에 설립한 영국 왕실 통계협회의 창립 멤버 중 한 명이며, 확률론을 통계학으로 끌어들인 장본인이다. 케틀레는 '근대 통계학의 아버지'라고 칭송받았으며, '통계학의 시조'라고도 불렸다.

골턴Francis Galton 역시 중요한 인물인데, 그는 1855년에 부자의 유전 키가 평균값으로 회귀하는 현상을 발견했다. 이것이 바로 회귀분석이라는 명칭의 유래다. 1869년, 그는 사촌형 다윈Charles Robert Darwin의 《종의 기원The Origin of Species》에서 영향을 받아 유전의 통계 규칙을 연구하였고, 전문 서적 《유전적 천재Hereditary Genius》를 발표하였다. 1901년 골턴은 그의 학생 칼 피어슨 등을 후원함과 동시에 같이 연합하여 사이언스 잡지 《바이오메트리카Biometrika》를 창간하였다.

현대 통계학의 선구자 중 하나인 칼 피어슨은 1857년 영국 출생으로 '수리통계학의 창시자'로 칭송받았다. 그는 1895년에 피어슨 분포족을 발표했고, 1900년에는 카이제곱 검정을 발표하였다. 피어슨은 경사분포 방식을 통해 혁명적인 사상을 발표했고, 19세기에 주류를 이루었던 결정론 과학 사상에 큰 충격을 안겨주었다. 피어슨은 통계학자뿐만 아니라 사상가이기도 했으며, 20세기 과학의 발전에 막대한 영향을 미쳤다.

현대 통계학의 또 하나의 선구자로 피셔가 있는데, 그는 1890년 영국 출생으로 '추리통계학의 아버지'로 칭송받았다. 그는 1912년에 최대우도추정법을 발표하였다. 1925년에 출간한 《연구자들을 위한 통계 방법Statistical Methods for Research Workers》은 최초의 추리통계학 교과서가 되었다. 이는 통계 방법의 수학화와 통계 이론의 응용화에 걸출한 공헌을 하였으며, 분산 분석, 통계 검증, 실험 설계 등 많은 통계학 분야를 개척해 나갔다. 피셔는 각 업계에서 성공적으로 통계학을 응용하였고 셀 수도 없이 많은 현실 문제를 해결했다. 통계학에 영혼을 부여했으며, 그 역시 통계 분야 사람들로부터 창시자로 여겨졌다.

또 하나의 위대한 인물로 네이만Jerzy Neyman이 있는데, 1894년 러시아 출생으로 폴란드에서 자랐으며 구간추정과 가설검증 이론의 창시자다. 그와 이건 피어슨Egon Pearson(칼 피어슨의 아들)은 함께 많은 위대한 연구를 진행했다. 1928년에는 구간추정 이론을 발표했고, 1933년에는 가설검증 이론을 완성시켰다. 1938년에 네이만은 미국으로 이주했는데, 이는 통계학의 중심이 유럽에서 미국으로 넘어갔음을 의미했고 새로운 시대가 시작되었음을 의미했다.

이런 위인들의 헌신으로 통계학은 갓 생긴 학문에서 저명한 학설로 변모하였다. 그리고 2차 세계대전과 3차 과학혁명에서 아주 중요한 역할을 했고, 더 많은 거물을 배출하였다. 예를 들어, 존 투키John Tukey(1915년 미국 출생), 조지 박스George Box(1919년 영국 출생), 데이비드 콕스David Cox(1924년 영국 출생)와 같은 '20세기 후반기 가장 중요한 3인의 통계학자'가 있다. 디지털 컴퓨터가 발명된 후 통계학은 여전히 융합과 창조를 거듭하며 지금까지 적극적으로 창조하고 우직하게 밀고 나가는 정신을 유지하고 있다.

5.1.2 정보 시대의 도래

컴퓨터의 발명은 인류 역사상 하나의 큰 사건이자 아마 가장 중요한 사건일 것이다. 컴퓨터가 세상에 나오고 나서 수십 년 동안 인류 과학은 무섭게 발전해 나갔다. 수십 년 동안의 성과는 과거 모든 시간 동안 이룬 업적보다도 많다. 인류는 농업 시대와 공업 시대를 거쳐 정보화 시대로 나아갔고, 이제는 미래의 진정한 인공지능 시대를 맞이하고 있다.

컴퓨터의 탄생은 배비지Charles Babbage까지 거슬러 올라간다. 배비지는 1792년 영국 출생으로, 1822년부터 컴퓨터 구조에 대해 구상하고 있었다. 그는 그가 설계한 차분기를 직접 제작하기 시작했는데, 경비 문제로 반만 만들고 그만둬야 했다. 그러나 이후 다른 회사가 완성시켰고, 기계 시대에 오늘날 컴퓨터 원리와 비슷한 차분기를 만들어 냈다. 이런 이유로 배비지는 '컴퓨터의 아버지'라고 불린다.

그 외에도 컴퓨터 사이언스의 중요한 기초도 19세기에 잡혔다. 조지 불George Boole은 1815년 영국 출생으로, 논리의 각종 명제는 수학 기호로 표시할 수 있으며, 규칙을 토대로 논리 문제의 적당한 결론을 도출해 낼 수 있다고 생각했다. 이러한 이론은 디지털 컴퓨터의 이진법과 논리회로의 설계의 기초가 되었다. 1854년에 《불 대수Boolean Algebra》를 출간하였는데, 이를 기초로 다년간 발전시켜 현대 컴퓨터의 이론 기초와 수리적 논리를 구성하였다.

컴퓨터 사이언스와 디지털 컴퓨터는 20세기에 진짜 탄생하였다. 여기서 가장 중요한 인물은 1912년에 영국에서 태어난 앨런 튜링Alan Turing이다. 그는 22세 때 영국 왕실 학원 연구원으로 발탁되었고, 1936년에 쓴 논문 〈계산 가능한 수와 비밀번호의 응용On Computable Numbers, with an Application to the Entscheidungsproblem〉에서 컴퓨터의 논리 구조에 대해 확실하게 묘사하였다. 처음으로 컴퓨터의 통용 모델인 튜링 기계를 제시했고, 이 추상적인 컴퓨터의 가능성을 이론으로 증명했다. 1945년, 튜링은 영국 국가 물리연구소에서 자동 계산기를 설계하기 시작했다. 서브루틴을 이용해 일부 연산을 실행할 수 있고, 프로그래머는 기계 운행에 관한 세부사항을 알 필요 없다는 생각을 설명하였고, 이는 컴퓨터 고급 언어의 탄생을 위해 기초를 다졌다. 1950년, 튜링은 자신의 설계 사상을 구현한 첫 번째 컴퓨터 모델 PIOLOT ACE를 제작하였다. 같은 해 10월, 튜링은 〈컴퓨팅 기계와 지능Computing Machinery and Intelligence〉이라는 논문을 발표하였고, 유명한 튜링 테스트를 설계하였다. 해당 논문은 인공지능 이론의 기초가 되었다. 튜링은 '컴퓨터 사이언스의 아버지'이자 '인공지능의 아버지'로 칭송받게 되었다.

그러나 튜링의 컴퓨터에 대한 헌신은 주로 이론과 사상에 있었고, 또 한 명의 컴퓨터 분야의 선구자로 폰 노이만John von Neumann이 있다. 그는 1903년 헝가리 출신으로, 인류 역사상 위대한 수학자이자 만능 과학자였다. 그는 게임 이론의 창시자이자 최초의 원자폭탄과 최초의 디지털 컴퓨터를 발명한 핵심 인물이다. 컴퓨터 분야에서 그는 폰 노이만 구조를 발표했고 현재까지도 사용되고 있다. 그는 1946년에 참여하여 발명한 에니악ENIAC은 인류 역사상 최초의 통용 컴퓨터다. 폰 노이만의 헌신을 기려 사람들은 그를 '컴퓨터의 아버지' 또는 '현대 컴퓨터의 아버지'라고 부른다.

컴퓨터 사이언스의 탄생과 발전 과정에서 다음 두 명의 위인을 빼놓을 수 없다. 노버트 위너Norbert Wiener는 1894년 미국 출생으로, 1948년에 역사에 한 획을 그은 저서 《사이버네틱스Cybernetics》를 출간하여 생물 유기체와 기계의 컨트롤과 통신에 관련된 문제에 대해 토론하고 기계가 사람의 뇌처럼 작업하는 규칙을 드러냄으로써 '사이버네틱스의 아버지'라고 칭송받았다. 클로드 섀넌Claude Shannon은 1916년 미국 출생으로, 1948년 영향력 있는 논문 〈통신의 수학적 이론The Mathematical Theory of Communication〉을 발표하였고, 1949년에는 〈노이즈 속에서의 통신Communication in The Presence of Noise〉이라는 논문을 발표하여 과거의 난제들을 풀어내고 정보 이론을 창시하였기에 섀넌은 '정보 이론의 아버지'라고 불렸다. 여기서 짚고 넘어가야 할 부분은 섀넌은 〈통신의 수학적 이론〉에서 정보의 기본 단위 '비트bit'를 발표했고, 지금까지도 사용되고 있다. 이는 그가 벨 연구소에서 연구할 당시 동료 존 투키가 제시한 의견이었다.

1946년, 세계 최초의 통용 컴퓨터 에니악이 미국 펜실베이니아 대학교에서 발명되었다. 처음에는 미국 국방성에서 이를 활용해 탄도 계산을 하였는데, 약 170m^{2}의 땅을 차지했고, 무게는 80t에 달했으며, 1초에 5,000번 계산할 수 있었다. 에니악은 진공관을 부품으로 사용하고 있었기에(총 18,000개의 진공관이 사용되었다) 진공관 컴퓨터로 불렸고, 1세대 디지털 컴퓨터로도 불렸다.

1951년, 세계 최초의 상용화 컴퓨터인 유니박 I UNIVAC I이 발명되어 미국 인구 통계청에서 인구조사 때 사용되었다. 해당 컴퓨터는 트랜지스터를 부품으로 사용하였는데, 트랜지스터는 진공관의 기능을 할 뿐만 아니라 크기도 작고 가벼우며, 수명이 길고 효율이 높은 동시에 발열도 적고 공률의 손실이 적다는 장점이 있었다. 이는 2세대 컴퓨터의 전형적인 대표 주자다.

이후 점점 많은 상용화 컴퓨터가 탄생하였는데, 초기 컴퓨터의 운영체제와 하드웨어는 일체형이었기에 확장성이 매우 안 좋았다. 1969년, 미국 AT&T 회사의 벨 연구소에서 유닉스 운영체제를 완성했고, 1971년에 처음으로 발표하였다. 1983년에는 스톨만 Richard Stallman이 GNU 계획을 세웠는데, 해당 계획의 목표는 완전히 자유로운 유닉스 계열 운영체제를 발명하는 것이었다. 1987년, 타넨바움Andrew S. Tanenbaum은 교육을 위해 미닉스MINIX를 설계하였는데, 이는 가볍고 작았으며 마이크로커널 프레임을 적용한 유닉스 계열 운영체제였다. 1991년, 토발즈Linus Torvalds는 대학을 다닐 때 미닉스가 교육에서만 사용되는 것에 불만을 가져 자신만의 운영체제를 만들었는데, 그게 바로 리눅스 커널이다. 현재 리눅스는 빅데이터 서버의 주요 운영체제가 되었다. 그 외에도 마이크로소프트가 1985년에 발표한 윈도우 운영체제는 개인 컴퓨터 영역에서 대부분의 지분을 차지하게 되었다.

인류가 정보화 시대에 진입하고 나서부터 컴퓨터 기술은 엄청난 발전이 이루어졌다. 여기에는 궁극적인 목표가 있는데, 그것은 바로 컴퓨터가 진정한 지능을 생산하길 원하는 것이다. 이 과정에서도 많은 고난을 거쳐 왔다. 1978년, 일본 통산성은 도쿄대학의 컴퓨터 센터 주임인 토루Moto-Oka Tohru에게 미국을 뛰어넘을 수 있는 차세대 컴퓨터 시스템을 연구해 달라고 부탁했다. 1984년, 토루가 리더로 있는 위원회에서 〈제5세대 컴퓨터 시스템Fifth-Generation Computer Systems: A Japanese Project〉이라는 보고서를 제출하였다. 안타깝게도 일본인이 선택한 논리 프로그램 언어는 프롤로그Prolog였다. 1992년 일본 정부는 제5세대 컴퓨터 연구 개발의 실패를 선포하였다. 21세기에 접어들어 사람들은 빅데이터의 귀납과 학습을 기반으로 많은 발전을 이뤄냈기에 아마 정보화 시대의 새로운 페이지를 작성해 나갈 수 있을 것이다.

5.1.3 데이터 마이닝과 비즈니스 인텔리전스

통계학과 컴퓨터 사이언스는 오늘날 빅데이터 시대의 두 주축 학문으로 거듭났다. 백년 동안 장족의 발전을 이룬 것이다. 초기의 응용 분야에서 통계학은 작은 표본의 분석과 추리에 집중했었고, 컴퓨터 사이언스는 규칙과 논리에 집중했었다. 정보 폭발의 시대에 접어들어 이 두 학문은 융합하여 화학 반응을 일으켰다. 데이터로부터 지식을 찾아내는 것이 지능을 손에 쥘 관건이 된 것이다. 업계에는 대량의 데이터와 요구가 있었기에 수십 년 동안 업계에서는 데이터 응용 열기가 대단했다. 특히, 데이터 마이닝과 비즈니스 인텔리전스는 각 분야에 큰 가치를 가져다주었다.

데이터 마이닝data mining은 1990년대부터 유행하기 시작했고, 21세기로 넘어갈 때 사람들의 지식 폭발에 대한 반응은 뜨거웠다. 데이터 마이닝은 보통 대량의 데이터에서 알고리즘을 통해 숨어 있는 정보를 찾아내는 과정을 가리킨다. 처음에는 업계의 대량 데이터 문제를 처리하기 위함이었지만, 이 스타일은 업계에 이미 퍼져 있었다. 특히, 데이터베이스 관리 기술과 결합되어 있었다. 여기서 일부 중요한 마이닝 방법이 있는데, 인터넷 시대에는 **머신러닝**machine learning이라고도 부른다. 머신러닝은 원래 인공지능 연구 분야에 속해 있었지만 후에 많은 통계학 사상과 방법을 접목시켜 컴퓨터 알고리즘 분야에서 큰 발전을 이뤘다. 업계에서는 간단하게 '머신러닝 방법을 사용해 데이터 마이닝 프로세스를 따라' 데이터 분석을 했다고 이해하면 된다. 데이터 마이닝과 머신러닝은 많은 방법에서 함께 사용된다. 현재 굳이 데이터 마이닝과 머신러닝을 구분하는 사람은 거의 없다. 두 단어는 대부분 통용되고 있으며, 특히 데이터 마이닝 혹은 머신러닝을 언급하는 서적의 내용은 거의 비슷하다.

비록 데이터 마이닝의 구체적인 기술은 통계학과 머신러닝이지만, 이 단어는 주로 업계에서 사용되는 개념일 뿐이다. 통계학과 같이 가설과 데이터로부터 시작하는 사고방식과는 다르며, 모델 알고리즘부터 시작하는 방식을 선호한다. 예를 들어, 4.2.1절 '맥주와 기저귀의 전설'에서 맥주와 기저귀의 예제를 소개했었는데, 관련 규칙을 설정한 다음부터는 어떤 데이터를 입력하든지 결과를 얻을 수 있으며, 출력한 결과는 맥주와 기저귀의 연관성이 클 수도 있고 맥주와 땅콩의 연관성이 클 수도 있다. 아니면 맥주와 관련된 그 어떤 규칙도 못 찾았을 가능성이 더 높을 수도 있다. 업계는 알고리즘부터 출발하는 방식을 좀 더 선호하는데, 이유는 제품을 개발한 후 한 번만 고생하면 끝이기 때문이다. 그들이 원하던 결과가 나오지 않더라도 최소한 쓸모 있기라도 할 뿐만 아니라 때로는 심지어 큰 놀라움을 선사하기 때문이다. 데이터 마이닝은 빠르게 업계를 점령해 나갔다.

데이터 마이닝 응용 초기의 가장 큰 문제는 데이터 사일로silo다. 정보화 시대 초기에는 완전한 시스템 프레임이 갖춰져 있지 않았다. 많은 회사의 데이터는 서로 다른 정보화 시스템에 분산되어 있었고, 심지어 일부는 전산화되지 않았었기에 데이터 마이닝을 하기에 큰 어려움이 있었다. 이후 **데이터 웨어하우스**data warehouse 이론이 성숙해지고 시각화 기술 역시 발전하면서 **비즈니스 인텔리전스**business intelligence, BI가 유행하기 시작했다. 21세기 초에 정점을 찍었는데, 주로 당시의 대량 데이터(빅데이터의 전신)를 저장하고 분석하는 일을 맡았다. 통상적으로 데이터 웨어하우스, 다차원 분석, 데이터 마이닝, 데이터 시각화 기술을 활용해 데이터를 분석하고 상업적 가치를 실현하는 것을 가리킨다.

아주 긴 시간 동안 비즈니스 인텔리전스는 기업 데이터 응용의 주류 방안으로 자리 잡았고, 많은 IT 회사들을 키워나갔다. 통상적으로 기업 정보화를 할 때 서로 다른 기초 프레임을 선택한다. 예를 들어, 대형 시스템인 ERP(기업 리소스 계획), 재무 시스템, 정보관리 시스템, 마켓 영업 시스템 등과 업무를 기반으로 한 업무 시스템이 있다. 이런 시스템은 주로 업무가 정상적으로 진행될 수 있게 서포트 역할을 해왔고, 이는 초기 정보화의 주목적이기도 했다. 그러나 데이터 마이닝과 비즈니스 인텔리전스 시대에 이르러서는 기업도 데이터의 가치를 의식하게 되었고, BI 시스템으로 데이터를 취합하고 심도 있는 분석과 발굴을 진행했다. 당연히 업계의 많은 기업은 데이터 응용에 대해 지식이 없었기에 대부분 일상 보고서나 도형 시각화에 그쳤다. 데이터 마이닝 수준까지 도달하지 못한 것이다. 따라서 기업들의 BI 방안에는 데이터 웨어하우스와 시각화 모듈만 존재했고, 깊이 분석하고 해결 방안을 사용하는 방식으로 영업을 해나갔다. 이 역시 현재 업계에서 소위 말하는 BI가 복잡한 모델과 알고리즘을 포함하지 않는 사태를 초래했다.

빅데이터가 유행하고 난 후 더욱 많은 기업에서 데이터 깊은 곳에 있는 가치에 대해 인지하게 되었다. 따라서 습관적으로 깊이 있는 분석을 빅데이터라고 부르기 시작했고, 이로 인해 BI의 범위 역시 더욱 작아지게 되었다. 그렇다 하더라도 전통 기업과 같은 많은 기업의 BI 구축 정도는 여전히 완전하지 않기 때문에 전통적인 BI로 먼저 데이터 취합과 기초적인 분석을 해결한 후에야 비로소 '빅데이터'를 시작할 수 있을 것이다.

5.1.4 빅데이터 시대의 신기원

빅데이터라는 단어는 1990년대부터 사용되기 시작했고, 2012년 《뉴욕타임스》에 '빅데이터 시대는 이미 도래했다'라는 칼럼이 실리고 난 뒤 빅데이터 열풍이 불기 시작했다. 중국 역시 2013년을 '빅데이터 원년'이라고 불렀고, 당시 각종 언론과 사람들은 빅데이터의 미래에 대해 뜨겁게 토론하기 시작했는데, 현재까지도 지속되고 있다. 최근 2년 새 뜨거웠던 '인공지능 시대' 역시 빅데이터 시대의 연장선이다. 왜냐하면 업계 인사들은 모두 오늘날 AI의 성공은 사실 딥러닝과 데이터 증가의 성공이라고 생각하고 있기 때문이다.

빅데이터Big Data의 표면적 의미는 대량의 데이터인데, 이는 그 전의 매스 데이터와 크게 다를 바 없어 보인다. 그러나 사람들은 빅데이터에 더 많은 의미를 부여했고, 오늘날 빅데이터를 논하려면 5개의 V를 기억해야 한다. 큰 볼륨Volume, 다양화Variety, 신속한 분석Velocity, 큰 가치Value, 높은 신뢰도Veracity가 바로 5개의 V다. 매스 데이터 시대는 주로 방대한 데이터를 고성능으로 처리하는 데 집중했었다. 그러나 빅데이터 시대에는 데이터가 '크다'에 데이터 리소스의 다양화도 포함되어 있다. 전통적인 데이터 웨어하우스의 구조화 데이터 외에도 각종 텍스트, 이미지, 음성 등 데이터 역시 분석 대상이 되었다. 신속한 분석 역시 중요한 목표가 되었으며, 특히 인터넷의 발전으로 각종 실시간 계산과 실시간 분석 역시 빅데이터 시대의 기본 옵션이 되었다. 그 외에도 데이터의 크기는 양이 '많다'라는 의미 외에도 주로 '막대한 가치를 창출한다'라는 의미가 내포되어 있어 빅데이터는 중요한 리소스가 되었다. 그리고 또 신뢰도가 매우 높다. 많은 부분의 데이터는 사실대로 기록되기 때문에 과거에 기술 제한으로 인해 완전하지 않았던 데이터를 저장했었던 문제를 해결했다. 이 5가지 빅데이터의 특징을 종합해 보면 빅데이터 시대의 데이터는 완전 다른 지위를 가지게 되었다는 것을 알 수 있다. 서로 다른 시대에서 제공할 수 있는 기록 기술은 다르므로[60] 빅데이터를 논할 때 시대별 특징과 구체적인 기술을 간과해서는 안 된다.

사람들은 빅데이터를 언급할 때 대부분 데이터 외에도 빅데이터 해결 방안을 같이 언급한다. 그러나 이 해결 방안 범위를 확정 지을 때 딱히 명확한 방법이 없는 건 사실이다. 대부분의 사람은 빅데이터를 만병통치약으로 착각하여 무슨 일이든 해결할 수 있어 데이터만 던져 놓으면 자동으로 각종 쓸모 있는 지식을 뱉어낸다고 생각한다. 심지어 어떤 이들은 더 많은 데이터를 수집해서 어느 정도의 데이터양을 초과하면 돈을 크게 벌 수 있다고 생각한다. 많은 이들이 인터넷 분야에서 성공적으로 창업한 이야기를 듣고 감명을 받았을 것이다. 여기에 자본까지 투자하니 각종 데이터만 수집하고 돈을 벌지 않는 비즈니스 모델이 판치고 있다. 이런 현상이 발생하는 이유는 인식의 오류를 범하고 있기 때문이다. 아무리 데이터를 많이 수집해도 무조건 가치를 창출해 낼 수 있는 것은 아니기 때문이다. 현재는 통용되고 있는 빅데이터 솔루션이 존재하지 않기 때문에 자동으로 분석되지 않는다. 업종과 분야를 막론하고 빅데이터를 성공적으로 응용하기 위해서는 구체적인 데이터와 구체적인 환경에 맞는 분석과 모델링을 해야 한다.

어떤 분석 방법을 사용하든지 먼저 한 세트의 소프트웨어와 하드웨어 플랫폼이 필요하다. 데이터의 양이 방대하다면 플랫폼 성능에 대한 요구도 매우 높아진다. 전통적인 방식은 대형 기계나 심지어 슈퍼컴퓨터를 사용하는 것이다. 그러나 2006년부터 **클라우드 컴퓨팅**cloud computing이라는 단어가 점점 사람들의 시야에 들어오기 시작했다. 구글이 맵리듀스MapReduce 프레임워크를 발표하고 아파치 소프트웨어 재단에 의해 하둡Hadoop 시스템이 구축되고 나니 일반 개인 컴퓨터 서버를 활용한 군집 방법이 대세가 되었다. 5.3.3절 '전기 호랑이와 전기 개미'에서 좀 더 자세히 소개할 예정이다. 플랫폼을 사용하면 매우 편리하게 데이터를 저장하고 분석할 수 있다. 그리고 데이터양이 급증해도 간단하게 하드웨어를 추가하기만 하면 된다.

소프트웨어와 하드웨어 시스템 아키텍처가 구성되고 나면 구체적인 분석 능력이 중요해지는데, **데이터 사이언스**data science는 현재 유행하고 있는 단어다. 데이터 사이언스의 어원을 보면 1940년대부터 1960년대 사이로 거슬러 올라가게 된다. 제프 우Chien-Fu Jeff Wu는 1997년에 'Statistics = Data Science?'라는 물음표를 던졌다. 시기는 딱 데이터 사이언스가 사람들에게 알려지기 시작한 때와 맞물렸다. 사람들은 대부분 2008년부터 파틸DJ Patil과 해머바처Jeff Hammerbacher가 자신들의 링크드인과 페이스북의 직책란에 '데이터 사이언티스트'라고 기재했을 때부터 데이터 사이언스가 업계에서 유행하기 시작했다고 생각한다.

구체적인 데이터 사이언스의 의미를 보면 그림 5.1[61]이 아주 정확하게 묘사해 주었다. 데이터 사이언스는 통계학, 컴퓨터 사이언스, 그리고 특정 분야 지식의 융합이다. 만약 통계학과 특정 분야의 지식만 있다면 전통적인 데이터 분석이 된다. 보통은 간단한 도구를 사용해 적은 양의 표본을 처리한다. 만약 컴퓨터 사이언스와 특정 분야의 지식만 있다면 업계에서 자주 사용하는 비즈니스 인텔리전스가 된다. 만약 수학과 통계학 지식이 없다면 직접 도구를 사용할 때 쉽게 오류를 범하게 된다. 빅데이터 오류에 관한 각종 예제는 사실 모두 데이터와 방법에 대한 이해가 부족하여 발생하는 것이다. 만약 통계학과 컴퓨터 사이언스만 있다면 연구 방법 자체가 된다. 현재 가장 핫한 머신러닝이 바로 여기에 속한다. 세 가지를 모두 결합했을 때 비로소 데이터 사이언스가 될 수 있으며, 빅데이터의 진정한 솔루션이 될 수 있다.

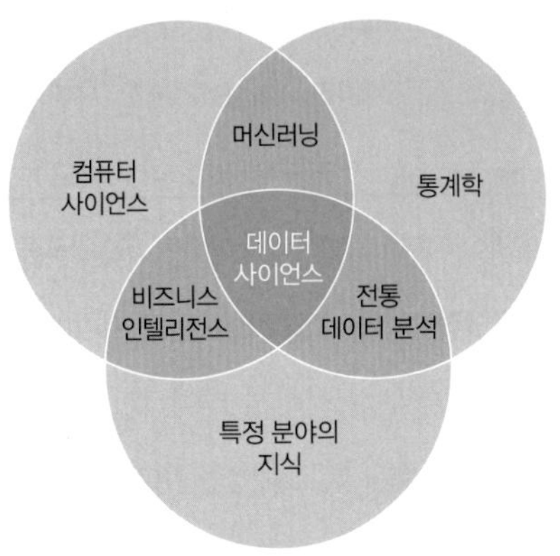

그림 5.1 **데이터 사이언스**

데이터 사이언스는 주로 사람의 관점에서 시작하는데, 데이터 사이언티스트가 관건이다. 다양한 이론과 기술을 결합하여 빅데이터를 토대로 과학 방법을 활용해 데이터에서 지식을 얻을 수 있어야 한다. 데이터 액세스는 컴퓨터 기술이 쌓아 올린 클라우드 컴퓨팅 플랫폼을 이용하면 된다. 데이터 분석 분야에서는 통계와 컴퓨터 기술을 결합하여 다양한 고성능 분석 모델을 구현할 수 있다. 데이터 응용 분야에서는 구체적인 분야의 요구, 규칙, 데이터 특징을 기반으로 적합한 소프트웨어와 하드웨어 아키텍처 및 분석 모델을 설계하여 데이터의 가치를 실현시킬 수 있다. 이는 데이터 사이언티스트의 직무이자 사람들이 빅데이터에 거는 기대다.

클라우드 컴퓨팅 플랫폼을 기초 프레임워크로 사용하고 데이터 사이언스로 분석하고 나서부터 빅데이터의 발전은 활기를 띠기 시작했다. 최근 **인공지능**이 점점 주목받고 있는데, 이는 사실 빅데이터의 연장선이다. 4.3.1절 '인공지능의 2전 3기'에서 오늘날 AI의 성공은 **딥러닝**을 통해 데이터를 증가하는 방법이 주효했다고 소개했다. 4.3.2절 '딥러닝의 전생과 현재'에서 딥러닝은 사실 머신러닝의 일부라고 소개했었다. 이러한 특징학습 방법은 매우 편리하게 모델링하고 일부 빅데이터(특히 이미지) 문제를 해결할 수 있기에 업계에서 매우 환영받고 있다. 빅데이터의 잠재력은 사실 이뿐만이 아니다. 인터넷이 점점 발전하면서 데이터는 점점 많아지고 복잡해지고 있기에 좀 더 깊게 다양한 방법과 각종 응용 환경을 이해해야 한다. 미래의 빅데이터는 분명히 좀 더 큰 가치를 창출하고 사회발전에 더욱 강한 영향력을 미칠 것이다.

5.2 분석 도구

5.2.1 누가 풋내기는 데이터 분석을 할 줄 모른다고 했는가?

과거 데이터의 가치가 드러나지 않았던 시대에 데이터 분석은 매우 신비롭게 느껴졌고 수학을 하는 사람만 할 수 있다고 여겨졌다. 오늘날과 같은 빅데이터 시대에서의 데이터 분석은 또 한 번 주목받게 되었지만, 복잡한 기술을 많이 터득해야지만 할 수 있는 것처럼 느껴진다. 하지만 데이터의 가치는 주로 문제와 데이터에서 발현되며, 방법과 도구는 그저 수단에 불과하다. 좀 더 어려운 방법이나 좀 더 복잡한 도구를 사용한다고 해서 엄청난 분석을 할 수 있는 것이 아니다. 데이터의 배경과 실제 요구에 대해 깊이 이해했다면 가장 일반적인 도구를 사용해도 아름다운 결과물을 만들 수 있다. 예를 들어, 엑셀과 같이 어디에서나 볼 수 있는 오피스 프로그램도 잘만 사용하면 풋내기조차 데이터 분석을 할 수 있다[62].

엑셀의 시작은 1970년대로 거슬러 올라간다. 당시 상용화 컴퓨터의 가격은 매우 비쌌으며, 운영체제는 주로 유닉스였다. 시장에는 DEC와 같이 소형 컴퓨터를 제작하는 회사가 많이 생겨났다. 특히, 인텔에서 저렴한 마이크로프로세서 칩을 출시한 후 개인 컴퓨터의 보급이 점차 이루어졌다. 1974년에 DEC의 기계에서 CP/M 운영체제가 탄생하였고, 빠르게 소형 컴퓨터의 대세 운영체제로 자리매김하였다. 1980년대가 되어서야 마이크로소프트의 DOS 시스템으로 대체되었다.

마이크로소프트는 1982년에 CP/M 시스템에 디지털 도표 프로그램인 멀티플랜MultiPlan을 출시했는데, 이게 바로 엑셀의 전신이다. 그러나 마이크로소프트의 DOS 시스템에서도 멀티플랜의 판매량은 경쟁상대인 로터스 1-2-3와 비교도 되지 않았다. 1985년에 마이크로소프트는 애플의 매킨토시 운영체제에 처음으로 엑셀을 출시했고, 1987년에 처음으로 자사 운영체제인 윈도우 버전 엑셀을 만들었다. 개인 사용자에게 엑셀 프로그램은 오피스 프로그램에 포함되어 발표되는 것으로 인식되고 있다. 마이크로소프트가 1990년에 출시한 오피스 1.0은 워드 1.1, 엑셀 2.0과 파워포인트가 포함되어 있었다. 오피스 프로그램은 보통 워드, 엑셀, 파워포인트, 그리고 아웃룩을 포함하고 있는데, 프로페셔널 버전에서는 액세스 등의 도구도 포함하고 있다.

빅데이터 분석의 관점에서 봤을 때 엑셀 자체는 디지털 도표이기에 아주 편리하게 데이터를 저장할 수 있다. 비록 저장할 수 있는 데이터의 양은 한정되어 있지만, 액셀 2003 및 이전 버전에서는 65,536행, 256열만 저장할 수 있었다. 현재 버전은 최대 1,048,576행, 16,384열까지 저장할 수 있는데, 가끔 컴퓨터 성능의 영향을 받아 이렇게 많은 데이터를 처리하지 못할 때도 있다. 그러나 일상적인 분석만 놓고 보면 이 정도 데이터양이면 충분하다. 가장 좋은 점은 엑셀은 어디에서나 구할 수 있다는 것이다. 게다가, 기타 대부분 분석 프로그램은 엑셀 문서를 지원하기 때문에 엑셀을 활용해 데이터를 저장하는 것이 실로 표준이 되었다.

데이터를 저장할 수 있을 뿐만 아니라 데이터를 처리하고 분석할 수 있어야 하는데, 엑셀에 내장되어 있는 공식의 기능은 매우 강력하기 때문에 셀에 공식을 설정하는 방식으로 데이터 연산을 할 수 있다. 동시에 공식은 드래그 방식으로 복제가 가능해서 한 번에 한 행 혹은 한 열의 데이터를 처리하는 것과 마찬가지다. 사실상 벡터화 연산이다. 그림 5.2는 공식을 설정하는 화면이다. 매우 편리하게 내장 함수를 선택할 수 있을 뿐만 아니라 시각화 방식으로 사용하고 있는 셀을 보여주기 때문에 각종 복잡한 데이터 작업을 할 수 있다.

E2 =mean(E2:E10)

	A	B	C	D	E	F
1	y	x1	x2	x3	x4	
2	0.313917	0.857177	0.778357	0.674768	0.403761	=mean(E2:E10)
3	0.550688	0.311748	0.895441	0.02857	0.938303	
4	0.42405	0.211411	0.080629	0.693265	0.226398	
5	0.734704	0.397017	0.218436	0.145758	0.487393	
6	0.797506	0.163182	0.439735	0.650822	0.019143	
7	0.965901	0.882167	0.023749	0.606969	0.379546	
8	0.426413	0.747358	0.645341	0.706996	0.624584	
9	0.006623	0.669291	0.02611	0.013478	0.752675	
10	0.689925	0.885002	0.291705	0.61275	0.675342	

그림 5.2 **엑셀 공식 작업**

만약 통계 모델이나 사이버네틱스를 실행해야 하는 것처럼 좀 더 복잡한 분석이 필요하다면 엑셀에 있는 '분석 도구'와 '해 찾기 추가 기능'을 로드하면 된다. 이 두 가지 도구 박스는 엑셀의 공식 버전에 포함되어 있지만, 디폴트로 활성화되어 있지 않아 수동으로 설정해야 한다. 그림 5.3과 같이 'Excel 옵션'에서 '추가 기능' 탭의 '이동(G)'을 클릭하여 두 가지 도구를 선택한다. 선택 완료 후 상단 메뉴를 보면 '데이터' 항목에 '데이터 분석'과 '해 찾기'가 추가된 것을 확인할 수 있다.

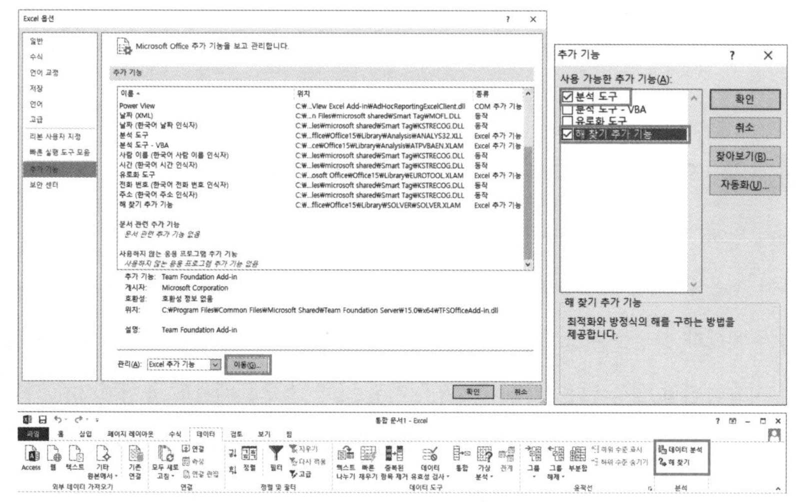

그림 5.3 **엑셀의 분석 도구 열기**

'데이터 분석' 모듈에는 자주 사용하는 분석 모델이 포함되어 있어 그림 5.4와 같이 소형 통계분석 소프트웨어로 사용할 수 있다. 기술통계, 회귀분석, 상관계수, 분산분석, 가설검증 등 방법도 매우 손쉽게 이 화면에서 설정할 수 있다. 분석 결과는 자동으로 엑셀 표에 저장되며, 사용자는 쉽게 복사하여 보고서에 붙여넣을 수 있다.

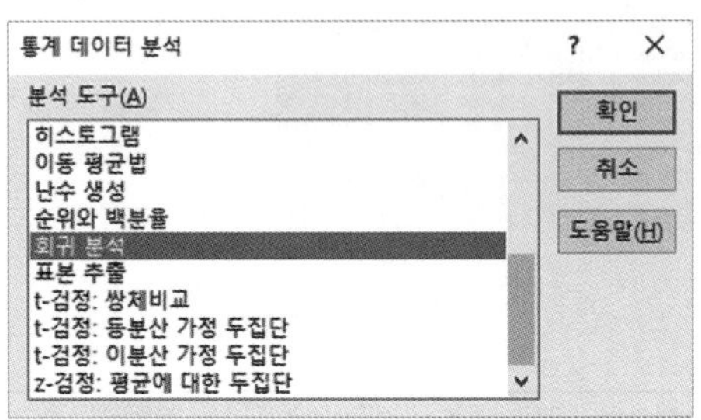

그림 5.4 **엑셀의 '데이터 분석' 화면**

이런 통계 모델 외에도 메뉴에서 '삽입'하는 방법으로 통계 도표를 추가할 수 있는데, '피벗 테이블'을 활용하면 다차원 분석이 가능하다. 기술통계, 다차원 분석, 통계 모델, 사이버네틱스 할 것 없이 기본적으로 자주 사용하는 분석 기능은 모두 액셀로 실현시킬 수 있다. 따라서 데이터 분석은 신비로운 일이 아니며, 엑셀과 같이 익숙한 도구로도 대부분 분석 요구를 만족시킬 수 있다. 기술과 도구가 병목이 되어 발목을 잡아서는 안 된다. 요구사항의 이해와 방법 터득이 키포인트가 되어야 한다.

5.2.2 자웅을 겨루는 분석 소프트웨어

20세기 말과 21세기 초에 데이터 분석을 언급하면 사람들은 가장 먼저 통계 소프트웨어부터 떠올린다. 장단점이 확실했던 통계 소프트웨어가 한꺼번에 쏟아져 나오던 시기여서 통계학과 학생들은 소프트웨어를 선택하기 힘들어했다. 이후 매스 데이터가 유행하기 시작하면서 점점 많은 비즈니스 인텔리전스(BI) 소프트웨어도 유행해지기 시작했다. 거대 IT 공룡들은 각자 자신만의 BI 솔루션을 시장에 내놓았다. '빅데이터 시대'가 도래하기도 전에 이러한 상용 소프트웨어가 데이터 분석 도구 시장을 완전히 장악하였다.

SPSS는 세계 최초의 통계분석 소프트웨어다. 미국 스탠퍼드대학의 연구원 노먼 나이Norman H. Nie 등이 1968년에 개발했으며, 그들은 동시에 SPSS라는 회사도 설립하여 1975년 시카고에 SPSS 본사를 건립하였다. SPSS는 'Statistical Package for the Social Sciences'의 약자다. 1992년부터 윈도우 버전을 출시했으며 SPSS의 약자에 'Statistical Product and the Service Solutions'라는 의미를 부여했다. 긴 시간동안 SPSS는 인터페이스가 친숙하고 조작이 간단하며 기능은 강력하여 가장 환영받는 통계 소프트웨어 중 하나로 자리매김했다. 2009년 7월에 SPSS는 12억 달러에 IBM에게 인수되었다. 창립자 노먼 나이는 SPSS가 인수된 뒤 Revolution Analytics*의 CEO를 역임하였다.

SAS는 '통계분석 시스템Statistical Analysis System'의 약자인데, 아마 세계에서 가장 유명한 통계 소프트웨어일 것이다. SAS는 노스캐롤라이나 주립대학에서 시작되었으며, 초기에는 그저 농업연구 프로젝트를 분석하는 데 사용되었다. 이 소프트웨어에 대한 수요가 늘어나게 되면서 SAS는 1976년에 정식으로 설립되었다. 그들은 모든 유형의 고객에게 서비스를 제공하기 위하여 의약 기업, 은행업, 학술, 정부기관까지 서비스 범위를 넓혔고, 현재 SAS의 고객은 전 세계 146개 국에 분포되어 있으며, 약 83,000개의 기업, 정부, 대학이 SAS의 고객이 되었다. SAS는 현재 14,000여 명의 직원이 근무하고 있는 세계 최대 소프트웨어 회사 중 하나이자 최대 개인회사 중 하나다. SAS는 통계 소프트웨어 시대에 빅데이터를 처리할 수 있어 유명해졌다. 인메모리 컴퓨팅 기술의 연산 성능이 당시 BI 소프트웨어들과 견주어도 손색이 없었고, 심지어 분석 모델과 프로그래밍 확장성 부분에서는 더 강력했기에 첨단 분석 도구의 대명사가 되었다. 그러나 빅데이터 시대에 접어들어 좀 더 자유롭고 배우기 쉬우며 리소스가 풍부한 R과 파이썬 같은 신세대 프로그래밍 언어들이 점차 대세가 되었다.

* R 언어를 기반으로 한 통계 소프트웨어를 개발하는 회사다.

S-PLUS는 또 하나의 유명한 통계 소프트웨어다. 매스소프트MathSoft가 1993년에 S 언어* 특허권을 받아 S-PLUS를 출시하였다. 전통 통계 소프트웨어에 포함되어 있는 도형 인터페이스뿐만 아니라, S-PLUS는 전문적이고 유연한 통계 계산 프로그래밍 언어인 S 언어를 내장하여 확장 가능하다는 독보적인 장점 덕에 삽시간에 큰 사랑을 받게 되었다. 2001년, 매스소스트 본사는 시애틀로 이전하였고 사명을 인사이트풀Insightful로 변경하였다. 2004년, 인사이트풀은 200만 달러에 루슨트 테크놀로지로부터 S 언어의 모든 권리를 인수하였다. 2008년, 인사이트풀은 2,500만 달러에 TIBCO에게 인수되었고, S-PLUS는 TIBCO의 제품인 Spotfire와 통합되었다.

통계 소프트웨어 시대에 여러 유명 소프트웨어가 유행했다. 수학자들이 너무나 좋아하고 행렬 언어를 사용해 유명해진 가우스GAUSS, 리소스가 풍부하고 언어가 강력하며 의료제약 분야에서 널리 사용되고 있는 스타타Stata, 시계열 분석과 계량경제의 무기 이뷰즈Eviews, 간단하고 도표가 너무나도 예쁜 미니탭Minitab 등이 대표적이다. 이런 통계 소프트웨어는 모두 한동안 유행을 탔는데, 지식 폭발 시대에 접어들고 나서 대부분 데이터 분석이 대량의 데이터 처리를 요구했기에 이를 '매스 데이터'라고 불렀다. 이러한 데이터는 보통 생산 시스템의 데이터베이스에 저장하는데, 업무에서 발생하는 주요 문제는 복잡한 추리통계 모델이 아니라 데이터 사일로다. 이런 상황을 타개하기 위해 사람들은 '데이터 웨어하우스'라는 개념을 제시했고, 데이터를 추출, 전환, 로드(ETL) 등의 작업을 통해 데이터 사일로에 퍼져 있는 각각의 데이터를 하나의 '웨어하우스'에 취합하면 이게 바로 데이터 웨어하우스가 된다. 물리에서 데이터 웨어하우스는 하나의 관계형 데이터베이스이지만, 보통 대량의 행과 열이 포함되어 있어 전통적인 통계 프로그램으로 한 번에 메모리에 입력해 분석하기란 쉽지 않다. 이러한 요구사항에 맞춰 '비즈니스 인텔리전스(BI)'가 생겨났다. 데이터 웨어하우스를 활용해 다차원 분석(보통 '온라인 분석 추리'라고 한다, OLAP)과 데이터 시각화를 진행하고 데이터 마이닝 기술로 더 깊게 파헤친다.

* 벨 연구소에서 개발되었으며, R 언어의 전신이다. 자세한 내용은 5.2.4절 '필자가 가장 사랑하는 R'을 참고하기 바란다.

BI 시대에도 소프트웨어 거물들이 여럿 생겨났다. 비즈니스 오브젝트Business Objects, BO는 1990년에 설립되었고 21세기 최대 BI 회사 중 하나였지만, 2007년 10월에 68억 달러에 SAP에게 인수되었다. 1998년에 설립된 하이페리온Hyperion 소프트웨어 회사는 BI 시대에 빠르게 소프트웨어 거물이 되었고, 2007년 3월에는 33억 달러에 오라클Oracle에게 인수되어 오라클의 BI 제품인 BIEE에 합쳐졌다. 코그너스Cognos는 1969년에 설립된 오래된 소프트웨어 회사다. 전성기 때 약 3,500명의 직원과 20,000여 고객이 있었고, 2007년 11월에 50억 달러에 IBM에 인수되었다. 그 외 독립적인 BI 회사로 마이크로스트레티지Microstrategy와 클릭뷰QlikView가 있는데, 이들 역시 괜찮게 발전해 나갔고 전 세계적으로 많은 고객을 보유하였다.

SPSS 등 여러 BI 거물들이 인수합병되면서 클라우드 컴퓨팅 시대가 도래했다. 소프트웨어 업계의 비즈니스 모델도 확 바뀌었으며, 점점 많은 오픈소스 소프트웨어와 무료 소프트웨어들이 대세가 되었다. 성능과 안정성 역시 상용 소프트웨어에 뒤처지지 않는다. 예를 들어, 데이터 마이닝 시스템인 래피드마이너RapidMiner는 2001년에 독일 도르트문트 공업대학교에서 개발되었는데, 2013년에 본사를 미국으로 이전시켜 AGPL-3.0 협의를 준수하는 오픈소스 버전으로 개발되었다. 이와 동시에 비즈니스 협의도 지원하고 풍부한 데이터 마이닝과 머신러닝 알고리즘도 내장되어 있기 때문에 편리한 도형 화면과 풀링 작업으로 복잡한 모델링을 할 수 있다. BI 시스템인 펜타호Pentaho는 오픈소스의 커뮤니티 버전도 제공한다. ETL 도구인 케틀Kettle, OLAP 엔진인 몬드리안Mondrian 등 전형적인 오픈소스 소프트웨어를 집성하였고, 하둡을 기반으로 배치도 가능하게 하였다. 모델 분석과 알고리즘 개발에서는 R과 파이썬이 가장 핫한 도구가 되었다. 사람들이 도형 인터페이스를 통해 분석하는 습관을 바꿨고 빅데이터 시대에서 점점 중요한 역할을 하게 되었다.

5.2.3 풀스택 개발자의 최애

폴란드인 귀도 반 로섬Guido van Rossum은 1989년에 파이썬 언어를 개발하였다. 초기의 파이썬은 하나의 유연한 글루glue 언어로서 프로그램 설계와 시스템 개발 분야에서 비교적 유행했었다. 빅데이터 시대에 접어든 후 파이썬을 기반으로 한 여러 머신러닝과 딥러닝 툴킷이 폭발적 성장이 이뤄졌고, 파이썬은 삽시간에 데이터 사이언스의 대세 언어가 되었다. 파이썬의 설계 철학은 '우아함', '명확성', '간편함'이며, 개발자의 철학은 '하나의 방법, 더 나아가서는 유일한 방법으로 일을 처리한다'였다. 따라서 파이썬은 빅데이터를 분석할 수 있고 플랫폼 유지보수도 할 수 있기에 만능 도구로 불리기에 손색이 없다. 파이썬은 빅데이터 시대에서 점점 중요한 역할을 하고 있다.

파이썬을 얘기할 때는 ABC 언어를 먼저 얘기해야 한다. ABC 언어는 폴란드인 귀도가 설계에 참여한 교육용 언어다. 그는 ABC가 매우 아름답고 강력하다고 생각했으며, 비전문 개발자를 위해 설계했다고 했다. 그러나 ABC 언어는 성공을 거두지 못했는데, 귀도는 오픈소스로 언어를 개발하지 않았기 때문이라고 생각했다. 1989년 크리스마스 기간에 귀도는 암스테르담에서 무료함을 달래기 위해 ABC 언어를 계승하는 새로운 스크립트 언어를 만들기로 결심했다. 오픈소스 버전으로 개발하고, 그가 생각은 하고 있었지만 미처 실현시키지 못했던 기능들을 넣기로 했다. 이렇게 파이썬이 탄생하였다. 프로그램 언어의 명칭을 파이썬(큰 구렁이)으로 지은 이유는 귀도가 'Monty Python'이라는 코미디 집단의 열혈 팬이었기 때문이다.

간결하고 읽기 쉬우며 확장성이 좋다는 파이썬의 장점 덕에 해외에서는 파이썬으로 과학 기술 계산을 하는 연구기관이 점점 많아졌다. 일부 유명한 대학교에서는 이미 교수들이 파이썬으로 프로그램 설계 수업을 진행하고 있었다. 예를 들어, 카네기멜론 대학교의 프로그래밍 기초, 매사추세츠 공과대학의 컴퓨터 사이언스와 프로그래밍 개론에서는 파이썬 언어로 수업을 진행한다. 유명한 컴퓨터 시각 라이브러리인 OpenCV, 3D 시각화 라이브러리인 VTK, 의학 이미지 처리 라이브러리 ITK 등 많은 오픈소스 과학 기술 계산 프로그램 라이브러리는 파이썬의 호출 인터페이스를 제공하였다. 그리고 파이썬 전용 과학 기술 계산 확장 패키지는 더욱 많다. 예를 들어 넘파이NumPy, 사이파이SciPy, 맷플롭립Matplotlib처럼 파이썬을 위해 빠른 배열 처리, 수치 연산, 차트 그리기 기능을 제공한다. 따라서 파이썬 언어와 많은 확장 패키지들은 공학 기술, 과학 연구원의 데이터 처리, 개발 시스템, 빅데이터 분석에 적합한 것이다.

설계자가 개발할 때의 가이드라인은 특정 문제에 대해 가장 좋은 하나의 방법으로 해결할 수 있으면 된다는 생각이다. 이미 팀 피터스Tim Peters가 쓴 '파이썬 격언The Zen of Python'의 내용에 '하나의 방법, 더 나아가서는 유일한 방법으로 일을 처리한다'라고 표현되어 있다. 마침 Perl 언어(비슷한 기능인 또 하나의 고급 프로그래밍 언어)의 중심 사상인 TMTOWTDI(언제나 여러 방법으로 같은 일을 처리한다)와 정반대다. 사실, 파이썬이 탄생하고 나서 아주 긴 시간 동안 파이썬은 Perl 언어와 계속 비교되었다. 특히, 텍스트 처리와 다 같은 유연한 글루 언어라는 방면에서 두 가지 언어 모두 매우 강력했고 사용자 또한 많았다. 빅데이터 시대에 접어들고 나서는 파이썬이 머신러닝 방면에서 독보적인 우세를 가져갔다. 그리고 강력한 기능을 가지고 있는 확장 패키지들이 생기면서 데이터 사이언스 분야에서 파이썬은 점점 R 언어와 비교되었다.

파이썬의 제작자는 일부러 제한성이 매우 강한 문법을 설계하여 안 좋은 프로그래밍 습관은 모두 컴파일되지 않게 만들었다. 여기서 가장 중요한 항목이 바로 파이썬의 들여쓰기 규칙이다. 중괄호나 특정 키워드를 사용하지 않고 들여쓰기로 명령어 묶음의 시작과 끝을 나타냈다. 들여쓰기는 문법의 일부분이 되었다.

파이썬은 오픈소스 프로그래밍 언어인데, 커뮤니티가 매우 개방되어 있다. 현재 데이터 사이언스의 대세 언어가 될 수 있었던 이유는 파이썬이 유연한 프로그래밍 언어이기 때문만이 아니라 리소스가 풍부하기 때문이다. 각종 최신 머신러닝, 인공지능 알고리즘은 거의 파이썬에서 확장 패키지를 찾을 수 있으며, 각종 오픈소스 프로젝트나 새로운 컴퓨팅 프레임워크 역시 대부분 파이썬의 인터페이스를 가지고 있다. 파이썬의 사용자도 모두 공유 정신이 투철하기 때문에 배우는 사람의 입장에서는 많은 예제와 파일을 매우 쉽게 찾을 수 있고, 심지어 직접 가르칠 때 사용했던 예제도 찾을 수 있다.

프로그래밍 기초가 없는 사람이 처음 파이썬을 접할 때는 버전, 설치, 형식 등의 문제로 곤욕을 치를 수 있다. 그러나 파이썬의 사고방식에 익숙해지기만 하면 하나만 봐도 열을 알게 되어 매우 쉽다고 느끼게 된다. 연역적 사고방식에 매우 적합하다. 파이썬의 사용자들 사이에는 '인생은 매우 짧다. 고로 나는 파이썬을 사용한다Life is short, you need Python'라는 말이 전해진다. 이 구절의 뜻은 아주 명확하다. 한 번만 고생해서 파이썬을 배워 두면 어떤 일이든 파이썬으로 도전할 수 있다는 것이다.

5.2.4 필자가 가장 사랑하는 R

뉴질랜드인 로스 이하카Ross Ihaka와 로버트 젠틀맨Robert Gentleman은 R을 개발했는데, 명칭을 R로 정한 이유는 두 제작자 이름 첫 글자가 모두 R이기 때문이다. R 언어는 통계 모델, 데이터 분석, 시각화에 초점을 두고 개발되었다. 프로그래밍하기 쉽고, 리소스가 풍부하며, 입문하기에도 좋다. R 언어의 설계 이념은 '인류의 시간은 영원히 기계의 시간보다 귀중하다'이다. 데이터 사이언스 분야에서 R은 비록 연산 성능이 조금 약해 자주 원망의 대상이 되기도 하지만, 언제나 데이터 사이언스 분야에서 프로그래밍하기 가장 쉬운 언어로서 가장 적은 명령어로 복잡한 분석 문제를 해결할 수 있었다.

R을 논할 때 S 언어를 빼고 얘기할 수는 없다. S 언어는 챔버스John Chambers가 이끌던 벨 연구실의 통계연구팀에 의해 개발되었다. 1998년에는 미국컴퓨터협회(ACM)으로부터 소프트웨어 시스템상을 받았는데, 현재까지 많고 많은 통계 소프트웨어와 언어 중 이 상을 받은 건 S 언어가 유일하다.

1976년 5월, 챔버스와 그의 동료는 처음으로 S 언어 아이디어에 대해 얘기를 나누었다. 그리고 매우 빠르게 포트란을 사용해 실현시켰다. 이때의 S 언어를 1세대(S1)라 불렀다. 비록 많은 알고리즘 인터페이스를 제공했으나 제작자의 운영체제만 지원하는 단점도 있었다. 1978년부터 수많은 업데이트를 진행했고 유닉스 시스템을 지원하기 시작했으며, 이때의 S 언어를 2세대(S2)로 불렀다. 1983년부터 1992년은 S 언어의 성숙기였으며, 이때를 3세대(S3)로 불렀다. 오늘날 S 언어와 R 언어는 차이가 별로 없으며, 그 사이에 '만물은 모두 객체다'라는 개념이 생겼다.

R은 S 언어의 '방언'이라고도 볼 수 있는데, 동시에 스킴scheme 언어의 특성까지 흡수했다. R 언어의 제작자 중 한 명인 이하카가 회상하길, 아주 오래전 그는 《컴퓨터 프로그램의 구조와 해석Structure and Interpretation of Computer Programs》[63]이라는 책을 읽고 아주 큰 영감을 받았다고 한다. 당시 그는 때마침 S 언어의 최신 버전을 사용할 수 있었기에 S 언어를 개선하고자 하는 아이디어가 떠올랐다. 1992년, 이하카와 젠틀맨은 오클랜드 대학교에서 동료가 되었고, 두 사람은 교육 목적을 위해 S 언어를 기반으로 협력하였다. 그리고 또 하나의 프로그래밍 언어인 스킴을 참고하여 새로운 언어를 개발하였고, 두 사람의 이름 첫 글자를 따서 R이라고 명명하였다.

완벽한 데이터 처리, 컴퓨팅, 도표 제작 시스템, 운영 환경 세트로서의 R 언어는 데이터 사이언스 업무의 거의 모든 태스크를 독립적으로 처리할 수 있고, 완벽하게 기타 도구와 어우러져 데이터 연계를 할 수도 있다. R 언어의 대부분 함수는 확장 패키지 형식으로 존재하여 관리하거나 확장하기가 쉬웠다. 코드의 오픈성은 전 세계의 우수한 프로그래머, 통계학자, 생물정보학자들를 R 커뮤니티에 합류하게 하였고, 대량의 R 패키지를 만들어 기능을 확장하였다. 이런 R 패키지들은 각 업계 최전방의 데이터 분석 방법이 담겨 있다.

R 언어는 설명적인 고급 언어로서 프로그램의 코딩은 매우 간단하다. 일부 함수의 매개변수와 사용법만 이해하면 되고, 굳이 더 많은 프로그램의 디테일을 실현하는 부분을 이해할 필요가 없다. 게다가, R 언어는 입력한 프로그램과 명령을 바로 해석할 수 있으며, 사용자가 본 그대로 얻을 수 있기에 프로그래밍 기초가 부족한 사용자에게 매우 적합하다.

R 언어는 통계학자가 발명한 언어다. 컴퓨터 전문가들이 발명한 언어와 다르게 R 언어는 프로그래밍 경험이 전무한 사용자에게 적합하다. R 언어의 학습 과정에서 입문은 매우 쉽지만, 문지방을 넘은 후의 기간은 매우 고통스럽다. 사실, 이는 R 언어가 기타 언어들과 다른 특별한 무언가가 있기 때문인데, 바로 R 언어의 사용자는 '사용자'와 '개발자' 두 가지 신분을 가질 수 있기 때문이다. 다른 프로그래밍 언어들은 단순한 '사용자'의 개념은 가지고 있지 않다. 예를 들어, C 언어에서 언어를 학습한다는 것은 프로그래밍을 위한 것이며, 배우는 것 역시 프로그래밍 기술이다. 그러나 R 언어는 동시에 통계 소프트웨어이기도 하다. SPSS 등 도형화 통계 소프트웨어와 비슷하다. SPSS의 보통 사용자(R의 '사용자'와 비슷하다)는 마우스 조작만 하면 된다. 새로운 기능을 추가하려 한다면 SPSS 회사의 프로그래머(R의 '개발자'와 비슷하다)가 해야 한다. R 언어의 사용자 역시 아주 간단하게 여러 분석 방법을 사용할 수 있으며, 그 외 무수한 고급 기능은 전혀 사용할 필요가 없다. 그저 명령식 조작을 많이 사용하기에 프로그래밍을 하고 있다는 느낌을 받을 뿐이다.

R이 사람들을 곤혹스럽게 만드는 부분이 바로 여기에 있다. R을 막 접한 사람들이 가장 불가사의하게 느끼는 부분은 아마 R 언어에서 비슷한 기능을 여러 방식으로 실현시키는 상황이 자주 연출되는 부분일 것이다. 그렇다면 사용자는 서로 다른 함수의 차이에 대해 의문이 들 것이고, 어떤 함수를 사용해야 할지 고민될 것이다. 사실, R에서 새로운 함수를 추가하는 것은 상대적으로 자유롭다. 아마 많은 부분은 그저 핵심 팀의 습관에 의해 변화되기 때문일 것이다. 보통의 R 사용자라면 이런 괴상한 부분에 대해 따지고 들지 않는 것이 정신건강에 좋다. R 프로그래밍을 배우려 한다면 통계 소프트웨어를 사용한다는 마음가짐도 있어야 하며, 귀납적 사고방식을 많이 사용하고 문제를 해결하는 것을 학습의 가장 중요한 태스크로 여겨야 한다.

R은 함수식 프로그래밍 언어임과 동시에 객체지향 메커니즘을 많이 사용한다. 많은 함수와 명령 스타일에 큰 차이가 있다. 즉, R의 서드파티 패키지는 제작자의 프로그래밍 습관과 개발 목적에 의해 스타일이 천차만별이라는 문제점이 있다는 것이다.

이런 상황에 대해 우리는 R에서 사용자와 개발자 두 가지 신분을 특별히 주의해야 한다. 일반적으로 사용자를 위해 개발된 함수는 모두 구체적인 분석 방법 혹은 그래픽 함수다. 사용자는 매개변수의 용도만 배우면 분석할 수 있다. 이러한 함수는 도움과 예제가 매우 풍부하다. 개발자를 위해 개발된 함수는 일부 시스템의 고급 조작이나 복잡한 데이터 처리를 포함하고 있다. 파일 내용이 상세하지 않을 때가 많다는 것을 의미한다. 일반 사용자는 R을 사용할 때 꼭 이 구분을 유의해야 한다.

몇 년 동안 R과 파이썬은 데이터 과학 분야에서 자주 함께 비교되곤 했다. 많은 사람이 주목하고 있는 부분은 아마 구체적인 기능과 서드파티 리소스일 것이다. 사실, 두 가지 언어의 가장 큰 차이점은 설계 철학이다. 파이썬은 '하나의 방법, 더 나아가서는 유일한 방법으로 일을 처리한다'를 추구하기에 기본적으로 하나의 도구가 거의 모든 문제를 해결할 수 있으며, 모든 분야에서 나쁘지 않은 성능을 보여준다. R의 핵심 부분인 S 언어는 초기 설계 당시 '인간의 시간은 영원히 기계의 시간보다 귀중하다'라는 이념이 있었다. 초반에는 통계 계산에 중점을 두었지만, 프로그래밍 스타일 부분에서 통계학자와 일반인의 습관에 더 근접하여 잘못을 용인하는 능력은 강했지만 꼼꼼하지는 않았다. 일반적으로 같은 분석 기능을 실현하기에는 R 언어로 코딩한 프로그램이 기타 언어를 사용한 것보다 좀 더 간결하다[64].

그 외에도 R팀은 초기에 대량의 Perl 언어를 코딩 도구로 사용했으며, 공정화 응용에서 역시 Perl의 '언제나 여러 방법으로 같은 일을 처리한다'라는 사상을 승계한다. 간단하게 말해, R은 데이터 모델링과 분석 시각화에 초점을 두고 공정 분야와 같은 기타 분야에서는 모두 기타 주류 언어와 융합한다. 어떤 기능이든지 가장 좋은 기능을 사용하는 것과 마찬가지다. 예를 들어, 고성능 컴퓨팅에서는 C/C++과 포트란의 프레임을 자주 사용하고, 공정 개발에서는 자바 프레임을 많이 사용하며, 동적 시각화에서는 HTML5와 자바스크립트 프레임을 자주 사용한다. 따라서 사용자에게 있어 R은 경험이 부족한 사람의 가장 친화적이며, 분석 모델링 부분에서 우위를 점하고 있다. 그러나 통용적인 기능을 실현하려면 다른 도구의 도움을 자주 받아야 해서 사용

난이도가 높아진다. 사용자는 자신의 요구사항과 세상을 살아가는 데 필요한 철학을 충분히 이해해야지만 자신에게 꼭 맞는 데이터 사이언스류 언어를 선택할 수 있다.

5.3 컴퓨팅 프레임워크

5.3.1 냉장고 속 코끼리

넌센스 퀴즈가 하나 있다. 어떻게 하면 코끼리를 냉장고에 넣을 수 있는가? 정답은 세 가지 절차가 필요하다. 첫째, 냉장고 문을 연다. 둘째, 코끼리를 넣는다. 셋째, 냉장고 문을 잘 닫는다. 이 문제는 가끔 긍정적인 예제로 사용되는데, 종합적 사고와 관리 방식에 대해 설명한다. 특히, 결정자가 포커스를 구조에 두고 디테일에 두지 않을 때 많이 사용된다. 가끔은 부정적인 예제로도 사용되는데, 구상과 실행에 대해 설명한다. 현실에 부합되지 않는 것만 생각하면 안 되고 진짜로 실행할 수 있도록 생각해야 한다.

이론상 냉장고는 6면이 막혀 있는 상자다. 냉장고를 코끼리보다 크게 제작한다면 코끼리를 바로 냉장고 안에 넣을 수 있다. 그러나 공룡을 냉장고에 넣고자 한다면 아마 안 될 것이다. 당연히 공룡 크기보다 크게 냉장고를 제작하면 되지만, 만약 다음에 대왕고래를 넣고자 한다면 또 크기가 부족할 것이다. 그리고 만약 처음부터 공룡 크기만큼 냉장고를 만들었다면 만일에 하나 그만큼 많은 물건을 담지 못한다면 큰 낭비를 초래하게 된다. 현재 $1m^2$ 크기의 강판을 여러 개 가지고 있다면 담으려고 하는 동물이 얼마나 크든 간에, 빠르게 6면체로 만들 수 있다면 가장 작은 상자부터 만들고 수요가 있을 때만 용량을 확장할 것이다. 그러나 이렇게 만들어 낸 상자는 냉장고가 아니기에 냉각 기능이 없다. 만약 이런 강판이 독립적으로 전기를 공급하고 냉각 기능이 있다면 어떨까? 그렇다면 언제든지 큰 냉장고를 만들 수 있게 되어 우리의 요구를 만족시킬 수 있을 것이다. 안타까운 것은 이런 방법은 이론상 가능하지만 현재는 진정한 솔루션이 나와 있지 않은 상태다.

빅데이터 분야에서 사람들은 '빅데이터'는 모두 이러한 냉장고에 넣을 수 있는 줄 안다. 그리고 데이터를 넣기만 하면 되고 그 외 다른 것들은 신경 쓰지 않아도 된다고 생각한다. 사실, 이런 생각은 옳다고 할 수도 있고 틀리다고 할 수도 있다. 맞다고 말한 이유는 만약 데이터를 '넣기'만 한다면 데이터라는 코끼리가 얼마나 크든 간에 **확장할 수 있는**scalable 아키텍처가 존재할 수 있기 때문이다. 그렇다면 적은 자본으로 더 큰 코끼리를 담을 수 있는데, 이는 여러 강판으로 냉각 기능이 없는 냉장고를 만드는 것과 똑같다. 틀리다고 말한 이유는 데이터부터 결론까지는 하나의 복잡한 과정이기 때문이다. 특정 분석 요구에 대해 마치 '냉각' 기능처럼 블록을 쌓는 방식으로 실현하려고 한다면, 직접 여러 강판으로 냉장고를 만드는 것보다 많이 복잡하기 때문이다. 독립적으로 냉각할 수 있는 기초 모듈을 만들었다고 하더라도 냉각을 가열로 바꾸는 등 기능 요구사항이 변한다면 이 강판들은 쓸모가 없어지게 된다. 이는 데이터 분석 분야에서 서로 다른 데이터, 요구, 응용 배경, 사용 방법에 따라 완전히 다른 결론을 얻게 되는 것과 같다. 데이터 자체의 규칙은 끊임없이 변화하기 때문에 모든 요구사항을 만족시키는 통용되는 '모델'이나 '알고리즘'은 없다. 만약 고생해서 냉장고(혹은 오븐)를 만들어 편해지고 싶다면 모두 헛수고가 될 것이다.

빅데이터에 관하여 사람들이 주목하고 있는 것은 '저장'뿐만 아니라 '사용'도 있다. 전자는 주로 데이터 저장과 기본 검색을 가리키며, 후자는 주로 빅데이터 분석과 딥마이닝을 가리킨다. 초기의 데이터 응용에서 사람들은 데이터 가치에 대한 이해도가 부족했었고, 대부분의 사용 배경은 그저 데이터 전산화와 저장 후 검색에 그쳤다. 많아 봤자 분류 취합, 기술 통계 등 간단한 분석에 사용되었다. 빅데이터 시대에서 '빅데이터 분석'이란 주로 각종 통계 모델과 머신러닝 방법으로 심도 있는 분석을 의미한다. 이러한 분석 방법과 기술은 '데이터 사이언스'로도 불린다.* 만약 빅데이터 응용에 대한 각기 다른 요구에 대해 '확장할 수 있게' 만들려 한다면 각기 다른 차원의 솔루션이 존재한다.

* 5.1.4절 '빅데이터 시대의 신기원'을 참고하기 바란다.

그저 데이터 저장만 한다면 전통적인 방식으로 대형 파일서버나 관계형 데이터베이스를 기반으로 하는 방법이 있다. 이러한 방식은 쉽게 확장할 수 없는데, 만약 데이터양이 증가한다면 하드웨어나 소프트웨어를 업그레이드해야 해서 기존 시스템은 완전히 쓸모가 없어지게 된다. 그러나 클라우드 컴퓨팅 시대에 접어들고 나서 일반적인 개인용 컴퓨터를 서버로 사용하여 클러스터를 만드는 것이 대세가 되었으며, 사람들은 하둡과 같은 프레임워크를 사용하여 데이터를 저장할 수 있게 되었다. 확장하고자 한다면 간단하게 컴퓨터를 추가하기만 하면 되어 기존의 설비를 사용할 수 있을뿐더러 시스템 차원에서 그 어떤 수정도 필요하지 않아 매우 간편해졌다.*

만약 합 구하기, 평균값, 분류 취합 등의 계산과 같이 표준화된 간단한 데이터 분석을 하고자 한다면 직접 하둡의 맵리듀스MapReduce 프레임워크를 사용하여 손쉽게 확장할 수 있다. 만약 비즈니스 인텔리전스의 다차원 분석**을 하고자 한다면 아파치 기린Kylin을 사용하면 된다. 마찬가지로, 하둡의 클러스터에 배치와 빠른 확장도 가능하다. 분석 방법이 이렇게 표준화되어 있지 않은 경우가 많아서 모델과 알고리즘을 병렬 방식으로 어떻게 고칠 수 있는가가 관건이 될 수 있다. 다행히 현재 스파크Spark와 같은 우수한 프레임워크가 있어서 비교적 쉽게 병렬 알고리즘***을 개발할 수 있다. 이런 차원에서의 개발은 한 번에 완성되는 법이 없는데, 그 이유는 알고리즘마다 병렬 알고리즘으로 수정하는 데 필요한 에너지가 다 다르기 때문이다. 즉, 각 문제마다 그에 맞게 개발을 따로 진행해야 한다. 그러나 구체적인 문제의 병렬 알고리즘을 하둡이나 스파크 등의 클러스터에 개발, 배치하고 나면 나중에 더 많은 데이터를 접하게 되었을 때 간단하게 서버만 추가하면 되고, 알고리즘 수정이나 시스템 업데이트는 할 필요가 없다. 이런 의미에서 봤을 때 확장 가능을 실현한 것이다.

종합해 보자면, 오늘날 대세인 빅데이터의 프레임워크에서 확장이 가능한 데이터 분석을 할 수 있다. 만약 데이터가 적은 편이거나 서버의 수량이 적은 편이라면, 분

* 5.3.3절 '전기 호랑이와 전기 개미'에서 대형 독립 서버와 분산 클라우드 컴퓨팅의 배경에 대해 자세하게 다룰 것이다.
** 5.1.3절 '데이터 마이닝과 비즈니스 인텔리전스'를 참고하기 바란다.
*** 5.3.2절 '병사 지휘와 장수 지휘'에서 상세히 다룰 것이다.

산식 저장과 분석 프레임워크를 개발하고 배치하여 나중에 데이터양이 폭발적으로 증가했을 때 간단하게 하드웨어를 추가하는 방식으로 확장을 할 수 있다. 전통적인 방식처럼 지루한 백업, 이동, 업그레이드를 할 필요가 없는 것이다. 현재 유행하고 있는 하둡, 스파크 등의 빅데이터 프레임워크는 많은 병렬 처리 업무를 쉽게 처리할 수 있게 만들어 주긴 하지만 만능은 아니다. 많은 구체적인 문제에 대해, 특히 병렬 알고리즘의 실현에 대해 아직 상세한 설계와 개발이 필요하다. 빅데이터 프레임워크의 사용 능력과 데이터 사이언스의 이론과 공정 능력을 동시에 준비해야지만 빅데이터 시대에서 진정으로 확장 가능한 데이터 분석을 할 수 있다고 말할 수 있다.

5.3.2 병사 지휘와 장수 지휘

《사기》[43]의 '회음후열전'에는 다음과 같은 이야기가 수록되어 있다. 유방이 한신에게 병사를 얼마나 지휘할 수 있는지를 물었더니 한신은 10만을 지휘할 수 있다고 답하였다. 유방은 한신에게 또 한 번 얼마나 지휘할 수 있냐고 묻자 한신은 많으면 많을수록 좋다고 했다. 유방이 웃으며 너는 이렇게 강한데 왜 나에게 잡혔냐고 묻자, 한신이 답하길 '주공은 병사 지휘를 잘하지 못하나 장수 지휘는 잘 합니다'라고 대답하였다. 이 이야기는 사람들 마음속에 깊이 파고들며 '다다익선'이라는 사자성어의 유래가 되었다. 유방은 이 관점에 매우 동의하였고, 나중에 그는 장량보다 전술 전략을 잘 짜지 못하고, 소하보다 백성을 보듬지 못하며, 한신보다 전쟁을 잘하지 못하지만, 그저 사람 쓰기를 잘하는 것뿐이라고 말했다.

유방의 이런 재능은 매우 뛰어나다. 또 하나의 유명 인물인 제갈량과 비교해 보면 알 수 있다. 《삼국지연의三國志演義》에서 제갈량은 신처럼 느껴질 정도로 똑똑했다. 전쟁 시에 사람들에게 자주 매복, 방화, 깃발 들기, 퇴각, 살해를 명령했고, 명령을 들은 사람들은 마지막에 무슨 일이 발생할지 예상할 수 없었다. 끝끝내 적군이 단숨에 전멸되고 나서 승리하고 돌아온 장군들은 모두 제갈량의 책략에 대단히 탄복하였다. 제갈량의 이런 지휘 방식은 기본적으로 개인 단위로 세밀했다. 빈틈이 없었으며, 어떤 일이라도 반드시 직접 실행했다. 매우 대단한 사람이었지만, 마지막엔 과로 때문에 출사도 하지 못하고 유명을 달리하였다. 오늘날의 말로 하자면, 지속 가능한 발전을 하지 못한 것이다.

만약 촉한의 군대 수가 10배 더 많았다면 제갈량에게 좋은 소식은 아니었을 것이다. 왜냐하면 그는 더욱 숨 돌릴 새 없이 바빴을 것이고, 명을 더 재촉했을 것이기 때문이다. 그러나 유방의 업무 처리는 한결 수월했을 것이다. 그는 직접 사병이나 초보 군관을 지휘하지 않았다. 만약 사병의 수가 증가하면 한신과 비슷한 장군을 더 찾으면 그만이었다. 장군들은 각자 맡은 바 임무를 다하고 그는 여유롭게 지내면 됐다. 유방과 제갈량의 서로 다른 관리 모드를 알고리즘 분야에 빗대어 보자면, 단일 컴퓨팅과 병렬 컴퓨팅 문제와 같다.

병렬 컴퓨팅parallel computing은 많은 명령을 동시에 진행하는 연산 모드를 가리킨다. 고성능 연산에서는 보통 하나의 복잡한 태스크를 여러 서브 태스크로 쪼개어 컴퓨터의 멀티코어나 여러 컴퓨터가 처리하게끔 만들고, 마지막에 자동으로 결과를 취합하는 과정을 가리킨다. 아주 간단한 예를 들자면, 1부터 100까지의 숫자를 더하면 99번의 더하기 연산을 해야 한다고 가정해 보겠다. 이 데이터를 두 부분으로 나눌 수 있는데, 첫 번째 부분은 1부터 50까지이고, 두 번째 부분은 51부터 100까지다. 두 부분의 데이터를 두 대의 컴퓨터가 계산하게 하면, 각 컴퓨터는 49번의 더하기만 하면 된다. 두 대의 컴퓨터는 동시에 계산할 수 있으며, 마지막에 컴퓨터 두 대의 결과를 합하면 된다.

두 대의 컴퓨터가 있는데 만약 그중 한 대가 꼭 직접 일 처리를 진행해야 한다면, 이 컴퓨터는 99번의 연산을 해야 하고 나머지 한 대는 그냥 방치하게 되어 낭비가 된다. 만약 태스크를 두 부분으로 쪼갠다면 두 대의 컴퓨터는 각자 49번의 연산만 하면 되고, 한 대를 사용하여 결과를 취합하면 효율적으로 리소스를 사용하여 시간을 절약할 수 있다. 이게 바로 병렬 컴퓨팅의 직접적인 장점이다. 만약 행과 열이 모두 100만인 행렬의 곱을 계산해야 하는 것처럼 더욱 복잡한 환경에 처한다면, 각 컴퓨터의 메모리는 부족할 것이고 한 대의 컴퓨터로는 절대 작업할 수 없다. 딱 이만큼의 데이터양을 처리할 수 있는 컴퓨터가 있다고 하더라도 나중에 데이터가 행과 열이 1,000만인 행렬로 바뀌어 처리할 수 없게 된다면 컴퓨터를 업그레이드할 수밖에 없다. 만약 처음부터 병렬 컴퓨팅으로 행렬의 곱셈을 처리한다면, 데이터를 100개의 행과 열이 10만인 행렬로 쪼개고 분할행렬의 곱셈 알고리즘을 사용하면 매번 차원이 10만인 행렬 곱셈만 계산하면 된다. 이 정도 미션은 여러 대의 컴퓨터에 분배하여 완성하면 된다. 나중에 데이터가 얼마나 크게 변하더라도 모두 차원이 10만 이하인 행렬로 나누면 되기에 메모리가 부족할 상황은 발생하지 않을 것이며, 컴퓨터를 추가하는 방법으로 계산 속도를 증가시킬 수 있다.

행렬 곱셈의 분할과 병렬은 당연히 1부터 100까지의 덧셈처럼 간단하지 않기에 병렬 알고리즘을 이용해야 한다. 행렬 A와 B는 2개의 곱셈이 가능한 행렬인데, 이 둘을 $s \times t$와 $t \times r$개의 행렬로 분할한다고 가정해 보겠다.

$$\boldsymbol{A} = \begin{bmatrix} A_{11} & A_{12} & \dots & A_{1t} \\ A_{21} & A_{22} & \dots & A_{2t} \\ \vdots & \vdots & \ddots & \vdots \\ A_{s1} & A_{s2} & \dots & A_{st} \end{bmatrix}, \boldsymbol{B} = \begin{bmatrix} B_{11} & B_{12} & \dots & B_{1r} \\ B_{21} & B_{22} & \dots & B_{2r} \\ \vdots & \vdots & \ddots & \vdots \\ B_{t1} & B_{t2} & \dots & B_{tr} \end{bmatrix}$$

여기에서 $\boldsymbol{A}_{ik}$ $(k = 1, 2, \cdots, t)$의 열은 각각 $\boldsymbol{B}_{kj}$ $(k = 1, 2, \cdots, t)$의 열과 같다.

$$\boldsymbol{AB} = \begin{bmatrix} C_{11} & C_{12} & \dots & C_{1r} \\ C_{21} & C_{22} & \dots & C_{2r} \\ \vdots & \vdots & \ddots & \vdots \\ C_{s1} & C_{s2} & \dots & C_{sr} \end{bmatrix}$$

여기에서 $\boldsymbol{C}_{ij} = \sum_{k=1}^{t} \boldsymbol{A}_{ik}\boldsymbol{B}_{kj}$ $(i = 1, \cdots, s; j = 1, \cdots, r)$이다. 각 기본 연산이 모두 서브 블록의 연산을 기반으로 진행된다는 것을 알 수 있다. 따라서 메모리가 부족

한 상황은 해결할 수 있지만, 그 대가로 연산이 더욱 복잡해진다. 이 공식을 통해 병렬 알고리즘을 구현할 수 있지만, 이 알고리즘의 난이도는 직접 행렬 연산하는 것보다 어렵기에 추가로 프로그래밍을 해야 비로소 병렬 알고리즘을 각기 다른 기계에서 실행시킬 수 있다. 그 외에도 각 노드 기계의 연산 결과를 취합하여 연산을 최종적으로 마무리해야 한다.

병렬 알고리즘에 있어 앞선 행렬 곱셈은 비록 1부터 100까지의 덧셈보다 복잡하지만 여전히 **처치 곤란 병렬**embarrassing[64] 문제에 속한다. 실제로 마주하게 되는 병렬 문제는 거의 더 많이 복잡하기에 병렬 알고리즘의 구현은 하나의 큰 도전이기도 하다. 그러나 기본 원리는 같아 수학 공식(혹은 컴퓨터 프로그램)으로 큰 계산 문제를 수많은 작은 태스크로 분해한 뒤, 서브 태스크를 각기 다른 컴퓨터(혹은 한 대의 컴퓨터의 각기 다른 CPU 코어)에 분배하여 연산한 다음 최종적으로 취합하고 결과를 출력하면 된다. 이 과정은 프로그래밍으로 직접 구현할 수도 있고 다음 절에서 소개할 분산 프레임워크로 구현할 수도 있다. 병렬 컴퓨팅의 개발이 완료되고 배치도 성공적으로 끝나기만 하면, 나중에 데이터양이 증가하거나 컴퓨터 클러스터의 성능이 좋지 않을 때 간단하게 전체 클러스터의 노드 개수만 추가하면 된다. 알고리즘 수정이나 시스템 업그레이드도 할 필요가 없다. 이는 마치 유방이 군대를 관리하는 것과 같아 데이터가 아무리 많아져도 두렵지 않게 된다.

5.3.3 전기 호랑이와 전기 개미

예전의 대형 기관은 모두 메인 프레임 서버로 사용했다. 이 기계는 매우 거대하여 보통 큰 방 전체를 차지하곤 했고, 사용할 때는 전기 계량기가 미친 듯이 회전했다. 그래서 농담으로 이러한 대형 기계를 전기 호랑이라고 불렀다. 오늘날에 이르러서는 PC 서버로 구성된 거대 클러스터가 대세를 이루게 되었는데, 클러스터의 각 노드 컴퓨터는 개미처럼 매우 작았다. 그러나 합쳤을 때의 에너지는 방대하여 이런 개미의 식욕은 절대 작지 않다. 운행할 시의 정상적인 전기 소모 외에도 대량의 전력을 에어컨으로 온도를 낮추는 데 사용해야 한다. 전기 호랑이인 메인 프레임보다 더하면 더했지 절대로 적게 전기를 사용하지 않는다. 정말 영락없는 전기 개미다.

반세기 동안 **메인 프레임**main frame은 업계에서 광범위하게 사용됐다. 이 분야의 거물은 IBM인데, 전 세계에서 순위가 높은 대기업은 거의 모두 메인 프레임의 고객이었다. 메인 프레임은 높은 보안성(현재 공격할 수 있는 해커 없음), 높은 신뢰성(1년에 컴퓨터가 다운되는 시간은 5분 남짓, 재부팅하지 않은 상태에서 10년 동안 연속 운행 가능), 강력한 사무 처리 능력(하루에 100억 회의 사무 처리 가능) 덕분에 처음부터 데이터 처리를 위해 하이테크를 필요로 하는 회사의 기본 패키지가 되었다. 은행, 통신과 같이 안전성과 안정성에 대한 요구가 높은 업계에서는 아직까지 메인 프레임을 사용하고 있다.

메인 프레임의 단점 역시 명확하다. 하나는 메인 프레임에서 운행되는 시스템이 비교적 오래되었다는 것이고, 또 하나는 이동과 확장에 자본이 많이 필요하다는 것이다. 메인 프레임을 사용하는 목적은 당연히 안정성과 이전을 하지 않는 것이지만, 오늘날과 같이 쉴 새 없이 변화하는 정보 시대에 이렇게 유연하지 못하다면 회사 전략에 영향을 미칠 수도 있다. 따라서 근 몇 년 사이에 메인 프레임을 대체하자는 목소리가 나오고 있다. 2012년에 미국 항공우주국(NASA)은 마지막 메인 프레임의 셧다운을 선포했는데, 이는 한 시대의 끝을 상징한다. 그러나 메인 프레임이 역사에서 완전히 도태되었음을 의미하는 것은 아니다. 최소한 아직까지 메인 프레임이 필요한 환경이 있어서 메인 프레임의 판매량은 꽤 괜찮다.

메인 프레임과 자주 혼동되는 기계가 또 하나 있는데, 이를 '**슈퍼컴퓨터**supercomputer' 혹은 초대형 컴퓨터라고도 한다. 이 두 기계의 차이점은 크기의 차이가 아니다. 간단하게 말해, 메인 프레임은 안정성과 많은 사무의 처리 능력이 장점이다. 각 사무를 쉽게 처리할 수 있어서 영리기업에서 많이 사용되고 있다. 슈퍼컴퓨터는 아주 복잡한 대규모 연산이 가능하여 주로 과학 연구나 군사 프로젝트에 많이 사용된다.

메인 프레임이든 슈퍼컴퓨터든 모두 매우 거대한 본체를 가지고 있다. 구매하거나 대여하기에는 매우 비싸기에 일반 기업은 꿈도 꾸지 못한다. 기업이 일상생활에서 사용하려면, 특히 변화무쌍한 인터넷 업계에서 사용하려면 시스템에서 확장이 가능해야 한다.* 많은 양의 사무를 처리할 수 있어야 하며 복잡한 연산도 할 수 있어야 한다. 아주 자연스러운 아이디어는 저렴한 PC 서버를 대량으로 사용하여 병렬 컴퓨팅을 하는 것이다.** 이러한 아키텍처는 1980년대부터 광범위하게 사용되어 왔다. 2006년 아마존은 탄력성이 있는elastic 컴퓨팅 클라우드 서비스를 '클라우드 컴퓨팅'으로 명명하였다. 후에 클라우드 컴퓨팅이라는 단어는 원격 병렬 프레임워크의 대명사가 되었다.

클라우드 컴퓨팅cloud computing이 뜨거워지기 시작한 핵심 원인은 아마 구글의 공헌일 것이다. 2004년에 구글은 내부에서 사용하는 대규모 데이터 처리 모델 프레임워크인 맵리듀스를 공개하였다. 이는 아주 편리한 프로그래밍 모드를 제공했으며, 표준에 따라 각 노드의 맵map과 전체 감소reduce 함수를 프로그래밍하여 전체 컴퓨팅 프레임워크에 담기만 하면 자동으로 태스크 분배와 병렬 컴퓨팅이 가능했다. 이 문장은 공정에 있어 엄청난 의미가 있다. 왜냐하면 태스크 병렬화, 클라우드 컴퓨팅에서 가장 귀찮은 부분이 태스크를 병렬로 바꾸는 데 사용하는 개발 공수이기 때문이다. 이렇게 편리한 프레임워크가 존재함으로써 일반인과 일반 회사는 병렬 프레임워크를 사용할 수 있게 되었다.

맵리듀스 프레임워크만 있고 그와 맞는 소프트웨어 시스템이 없다면 그것 또한 불편할 것이다. 이때 아파치 소프트웨어 재단에서는 사람들을 위해 오픈소스인 하둡을 개발하였다.*** 하둡의 전신은 아파치 루씬Lucene 프로젝트의 Nutch 시스템으

---

* 5.3.1절 '냉장고 속 코끼리'를 참고하기 바란다.

** 5.3.2절 '병사 지휘와 장수 지휘'를 참고하기 바란다.

*** apache software foundation(ASF)는 전문적으로 오픈소스 소프트웨어 프로젝트를 후원하기 위해 설립된 비영리 조직이다. 재단이 후원하는 아파치 프로젝트와 서브 프로젝트 중 발행한 소프트웨어 제품은 모두 아파치 라이선스(Apache license)를 준수해야 한다. 하둡 프로젝트는 재단의 정상급 프로젝트다.

로 거슬러 올라간다. 이 프로젝트는 2002년에 시작되었고, 업계에서는 하둡을 광범위하게 사용하여 인터넷 웜write once read many, WORM을 구현하였다. 해당 프로젝트는 NDFSnutch distributed file system 분산 파일 시스템을 구축했다. 2004년에 구글이 시스템에 대해 발표한 후 해당 프로젝트는 맵리듀스 메커니즘을 구현하기 시작했고, 구글의 GFSgoogle file system에 상응하는 HDFS 분산 파일 시스템을 발전시켰다. 2006년이 됐을 때 아파치는 하둡 프로젝트에 대해 단독으로 후원하기 시작했고, 정식으로 Nutch에서 분리하였다. 2008년에 하둡은 아파치의 정상급 프로젝트로 발돋움하였다.

하둡의 핵심은 맵리듀스 프레임워크와 HDFS 분산 파일 시스템이다. 그 외에도 HDFS에 만들어진 분산 저장 시스템이자 구글의 BigTable에 상응하는 HBase 시스템이 있다. 하둡은 자바를 기반으로 프로그래밍되었다. 스트리밍 방식을 지원하여 파일 스크립트 방법으로 mapper와 reducer 함수를 입력할 수 있고, 파이썬과 R 언어 스크립트를 지원하여 데이터 사이언스에서 통용되는 두 가지 언어로 하둡 플랫폼에서 병렬 컴퓨팅을 구현할 수 있다.

하둡의 맵리듀스는 비록 편리하지만 각 노드의 연산에 모두 HDFS 파일을 읽고 써야 한다. 만약 알고리즘이 빈번하게 데이터에 액세스해야 한다면 효율이 엄청 떨어질 것이다. 이런 문제를 해결하기 위해 캘리포니아 대학교 버클리 캠퍼스의 AMP 실험실에서 2012년부터 스파크Spark를 개발하기 시작했다. 스파크는 맵리듀스와 비슷한 프레임워크이며, 맵리듀스가 가지고 있는 장점을 모두 가지고 있다. 그러나 중간 출력 결과를 메모리에 저장하기 때문에 HDFS를 읽고 쓸 필요가 없어졌다. 따라서 스파크는 데이터 마이닝과 머신러닝에서 반복하거나 빈번하게 파일을 읽어야 하는 여러 알고리즘 환경에 더욱 적합하다. 스파크는 하둡에 대한 보충이기에 하둡 파일 시스템에서 실행할 수 있다. 따라서 실제로 사용할 때 하둡과 스파크를 자주 같은 클러스터에 배치하여 하둡으로 데이터 관리와 기초 작업을 진행하고 스파크로 복잡한 알고리즘을 실행한다.

하둡과 스파크의 끊임없는 발전과 함께 하둡 플랫폼을 중심으로 생태계가 조성되었다. 그리고 X86 기반의 PC 서버 클러스터가 하드웨어 서버로서 현재 대세인 클라우드 컴퓨팅의 플랫폼 솔루션이 형성되었다. 이 솔루션은 빠르게 배치할 수 있고 손쉽게 확장할 수 있다. 메인 프레임과 슈퍼컴퓨터와 비교해서 가격도 저렴하고, 특히 노드를 추가하는 방식으로 탄력 있게 컴퓨팅 능력을 증가할 수 있어서 인터넷 업계의 빠른 변화에 매우 적합하다. 이는 스타트업 회사에도 잘 맞는데, 규모가 작을 때 적은 기계들로 클러스터를 구성하면 업무량이 급증하더라도 새로운 하드웨어를 클러스터에 추가하면 된다. 자본의 증가는 거의 선형적이기 때문에 큰 시스템 업체에 발목 잡힐 일이 없다. 또한, 많은 기업이 이런 프레임워크로 클라우드 컴퓨팅 서비스를 제공하기 때문에 일반 사용자는 자신의 요구에 따라 언제든 컴퓨팅 능력을 더하거나 빼기만 하면 되어 매우 편하고 저렴하다. 빅데이터 시대가 도래하고 나서 클라우드 컴퓨팅 플랫폼은 대세 시스템 솔루션이 되었고, 현재 빅데이터와 인공지능이 이렇게 빠르게 발전할 수 있었던 데에는 클라우드 컴퓨팅 플랫폼의 공이 컸다고 할 수 있다.

5.3.4 무어의 법칙의 미래

인텔의 창시자 중 한 명인 무어Gordon Moore는 1965년에 무어의 법칙을 발표했다. '가격이 변하지 않을 때 집적회로에서 수용할 수 있는 부품의 수량은 약 18~24개월마다 두 배가 되며, 성능 또한 두 배가 된다'는 것이다. 이 법칙은 업계의 선두주자인 인텔이 발표하고 책임지는 것이다. 실제 공업 생산에서는 세대를 거듭할 때마다 제조 공정은 칩의 트랜지스터 수를 두 배로 늘려야 한다는 것을 가리키며, 이는 칩의 처리 능력이 배가 된다는 것을 의미한다. 인텔 입장에서 각 세대 제조 공정 변화 주기는 2년으로 보고 있다.

업계의 관점으로 봤을 때 업계는 계속 **무어의 법칙**Moore's law을 따르고 있으며, 전 세대 제조 공정의 10분의 7(면적이 절반에 가깝다)을 따라 새 제조 공정 노드에 명명하고 있다. 이러한 선형 업그레이드를 통해 트랜지스터의 집적 밀도는 딱 두 배가 된다. 따라서 90nm, 65nm, 45nm, 32nm와 같은 말이 생기는 것이다. 각 세대 제조 공정의 노드는 모두 지정된 면적에서 전 세대보다 한 배 더 많은 트랜지스터를 담을 수 있다. 그러나 기술의 발전에 따라 똑같이 작은 공간에 점점 많은 실리콘 회로를 집적할 수 있게 되면서 발생하는 열량 또한 점점 많아졌다. 원래 2년에 한 번씩 처리 능력을 두 배로 증가시켰었는데, 점점 주기가 길어지고 있어 무어의 법칙에 의문을 제기하게 되는 가장 중요한 원인이 되었다.

그러나 인텔은 계속 무어의 법칙이 유효하다는 입장이다. 2017년에 10nm 웨이퍼를 전시하면서 무어의 법칙이 시대에 뒤떨어지지 않을 뿐만 아니라 아직 발전 중이라고 하였다. 인텔은 또 그들은 이미 5nm 제조 공정을 바라보고 있다고 밝히며, 미래를 어느 정도 예측할 수 있는 한 무어의 법칙이 깨질 일이 없다고 못 박았다. 그러나 그래픽 카드의 거물 엔비디아NVIDIA의 CEO인 젠슨 황Jensen Huang은 무어의 법칙이 이미 깨졌다고 인정하며 설계 인원은 더이상 더 높은 명령 레벨의 병렬성 CPU 아키텍처를 개발해 낼 수 없다고 생각했다. 그 외에도 트랜지스터 수는 매 해마다 50% 증가하지만 CPU의 성능은 해마다 10%밖에 성장하지 못하기 때문에, 만약 성능이나 더 나아가 지능 수준을 본다면 미래에는 그래픽 카드만이 이러한 능력에 도달할 수 있다고 했다.

엔비디아는 1993년 1월에 설립된 그래픽 처리 장치 설계를 주로 하는 반도체 회사다. 집적회로IC 반도체 설계 회사로서 엔비디아는 자체 실험실에서 칩을 연구하고 개발하지만, TSMC, IBM, ST마이크로일렉트로닉스, 유나이티드 마이크로일렉트로닉스와 같은 회사에 칩의 제조 공정을 나누어 맡긴다. 엔비디아의 가장 유명한 제품 라인으로 개인과 게임 사용자를 위해 설계한 GeForce 시리즈, 전문 워크스테이션을 위해 설계한 Quadro 시리즈, 서버와 고효율 연산을 위해 설계한 Tesla 시리즈가 있다.

2007년 엔비디아는 GPU(그래픽 처리 장치)의 프로그래밍 인터페이스인 CUDAcompute unified device architecture(통합 컴퓨팅 아키텍처)를 출시했다. CUDA 기술을 사용하면 그래픽 카드의 모든 메모리 처리 장치를 연결하여 스레드 처리 장치가 되어 밀집되어 있는 데이터 연산을 할 수 있게 된다. 2009년, 스탠퍼드 대학교의 라잣 레이나와 앤드류 응 교수는 함께 〈GPU를 활용한 대규모 비지도 딥러닝Large-Scale Deep Unsupervised Learning Using Graphics Processors〉[56]이라는 논문을 발표하였다. 논문 결과에 따르면, 모델 내 매개변수의 양이 1억이 되면 GPU와 전통적인 듀얼 코어 CPU의 처리 속도를 비교했을 때 GPU가 70배나 빠르다고 한다. 4레이어, 1억 개 매개변수의 딥 빌리프 네트워크(DBN)에서 GPU를 사용하면 프로그램 실행 시간을 몇 주에서 하루로 줄일 수 있다. GPU의 이런 능력과 딥러닝은 시너지 효과를 발휘하여 인공지능의 수준이 매우 빠르게 새로운 방점을 찍을 수 있게 하였다.* 특히, 구글이 GPU 클러스터로 딥러닝 바둑 소프트웨어인 알파고를 구현하고 2016년 3월에 한국 최고의 바둑기사 이세돌 9단을 꺾으면서 인공지능의 열기는 현재까지도 이어지고 있다.

AI가 바둑 고수를 이겼든, 아니면 AI 시대가 도래했든 간에 많은 사람은 최소 10년은 앞당겼다고 생각한다. 여기서 가장 중요한 요인이 바로 GPU의 굴기다. GPU와 딥러닝을 결합하여 새로운 세대의 인공지능을 만들어 놀라운 성과를 얻어 냈다. 2005년 4월, 인텔이 먼저 듀얼 코어 PC CPU인 Pentium D를 출시하였다. 이때 그래픽 카드의 거물 엔비디아는 이 사고방식을 따라 듀얼 코어 그래픽 카드를 개발하기 시작했다. 10여 년이 지나 PC의 대세 CPU는 쿼드 코어밖에 안 되며, 그래픽 카드의 GPU 칩의 아키텍처는 이미 많은 세대를 업데이트했다. 엔비디아가 2016년에 출시한 Tesla K80 그래픽 카드에는 4,992개의 컴퓨팅 코어가 있으며, 컴퓨팅 능력은 아주 큰 변화가 있었다. 비록 코어 개수와 연산 성능이 완전히 같지는 않지만, GPU를 기반으로 딥러닝 프레임워크를 실행하면 깜짝 놀랄 만한 효율을 얻을 수 있다.

코어만 많은 GPU로는 아직 부족하다. 관건은 GPU에 있는 코어에서 병렬 컴퓨팅이 가능하도록 알고리즘을 수정하는 것이다. 엔비디아가 제공한 CUDA는 시대를 초월한 의미를 가지고 있다. 왜냐하면 이는 알고리즘의 병렬을 좀 더 간단하게 만들었고,

---

* 4.3.2절 '딥러닝의 전생과 현재'를 참고하기 바란다.

이로 인해 하나의 생태계를 구축했기 때문이다. 당연히 일반 사용자에게 있어 CUDA를 기반으로 병렬 알고리즘을 코딩하는 것은 매우 어려운 일이다. 딥러닝이 GPU를 이 정도로 의존하고 있어서 GPU 기반의 딥러닝 프레임워크가 생겨나기 시작했다.

현재 가장 유행하는 딥러닝 프레임워크는 바로 구글이 발표한 텐서플로TensorFlow다. 2011년에 제프 딘Jeff Dean, 그렉 코라도Greg Corrado, 앤드류 응Andrew Ng은 여가시간을 이용해 구글에서 '구글 두뇌'라는 연구 프로젝트를 시작하였다. 그들은 구글의 컴퓨터 클라우딩 플랫폼을 기반으로 1세대 대규모 딥러닝 시스템인 DistBelief를 개발했다. 해당 시스템은 구글 내부 업무에서 광범위하게 사용되고 있다. 구글 두뇌 역시 매우 성공한 Google X(구글 내부 핵심 하이테크를 연구하는 비밀 기관) 프로젝트가 되었다. 2015년 11월 9일, 구글 딥러닝의 2세대 제품인 텐서플로가 정식으로 발표되었고, Apache2.0을 기반으로 한 이 오픈소스 라이선스는 딥러닝 응용 분야를 휩쓸었다.

또 하나의 강력한 딥러닝 프레임워크로 믹스넷MXNet이 있다. 2015년 9월, DMLC는 믹스넷을 발표했다. 이 프레임워크는 연산 성능이 매우 뛰어나기에 명성만 놓고 봐도 텐서플로에 뒤처지지 않는다. 모델링 방식이 매우 유연하여 자유롭게 CPU와 GPU 사이의 전환이 가능하다.

그 외에도 역사가 더 깊은 카페Caffe가 있다. UC 버클리의 지아양칭贾扬清 팀이 개발했으며, 2013년 12월에 오프소스로 정식 전환했다. 현재는 페이스북이 사용하고 후원하는 딥러닝 프레임워크다. 이렇게 우수한 딥러닝 프레임워크들은 모두 오픈소스라는 공통점이 있다. AI 시대에 인터넷 거물들이 후원하는 딥러닝 프레임워크는 이미 과거 대형 상용 소프트웨어 시대를 뒤집어 버렸다. 이때부터 가장 좋은 도구는 오픈소스 도구가 되었으며, 이 또한 기술의 발전과 사용자 수 증가를 가속시켰다. 새로운 시대에서 칩 제조 분야의 무어의 법칙은 효력을 잃었지만, 지능화의 발전은 더욱 빨라졌다. 이는 잘하면 인류에게 또 다른 시대를 열어줄 수도 있을 것이다.

5.4 빅데이터 업계의 응용

5.4.1 인터넷의 부흥

'빅데이터'라는 단어가 정식으로 사람들 시야에 들어오는 것은 주로 인터넷 업계를 통해 시작되었다. 사람들은 심지어 빅데이터와 인터넷은 같은 것으로 생각한다. 이러한 관점은 일리가 있다. 왜냐하면 인터넷 업계의 데이터양은 매우 많고 대다수는 사람의 행위로부터 생겨났기 때문이다. 변화무쌍하고, 만지기 어려우며, 없는 것이 없다. 이 모든 것이 '빅'에 어울린다. 특히, 텍스트, 오디오, 비디오 등과 같은 구조화되지 않은 여러 데이터가 만연하면서 전통 데이터 형식의 울타리를 벗어나 빅데이터 분석의 물결을 일으켰다.

1960년대, 미국 연방정부는 하나의 연구를 시작했다. 그들은 안정적이고 내고장성이 뛰어난 컴퓨터 인터넷의 통신 메커니즘을 구축하길 희망하며 이 연구를 아르파넷ARPANET으로 명명하였다. 1969년부터 실행에 돌입하여 초반에는 4개의 노드를 연결했지만, 1983년에 이르러서는 300여 개의 노드를 연결하여 정부와 연구기관에 제공하였다.

1981년, 미국 국가과학재단(NSF)은 CSNET 인터넷 프로그램에 후원하였고, 1982년에 TCP/IP 표준통신협의를 개발하였다. 1986년에는 TCP/IP 협의를 확장하여 NSFNet 네트워크가 탄생하였다. 이 인터넷은 미국을 강타하고 대세가 되며, 점차 아르파넷의 자리를 대체하였다. 1990년, 아르파넷은 공식 종료를 발표했다.

NSFNet의 구축과 개방에 따라 점점 많은 기타 국가 사용자가 가입을 했고, 미국을 중심으로 한 인터넷 체계가 형성되었다. 후에 사람들은 이 네트워크를 **인터넷**internet이라고 불렀다. 1992년에 인터넷의 노드는 이미 100만 개를 넘겼다. 오늘날 인터넷의 노드 개수는 이미 너무 많아져 개수 통계에 관심을 가지고 있는 사람이 없다.

인터넷만 놓고 봤을 때 TCP/IP 협의로 모든 설비가 연결되어 통신만 되면 그만이다. 그러나 사람들은 인터넷에서 정보 공유, 파일 전송 등 아주 많은 구체적인 작업을 해야 한다. 이러한 태스크를 위해 TCP/IP에 FTP, SMTP, HTTP 등 각기 다른 응용 계층 협의를 개발할 수 있다. 이 중 HTTP 협의는 1990년 **월드 와이드 웹**world wide web, www 프로젝트에서 비롯되었다. 영국의 컴퓨터 과학자인 팀 버너스-리Tim Berners-Lee는 1990년에 유럽입자물리연구소(CERN)에서 인터넷을 기반으로 월드 와이드 웹을 발명하였고, HTTP 협의로 하이퍼텍스트 형식의 내용을 전송하였다. 사용자는 인터넷 식별자(URL)로 월드 와이드 웹의 주소를 지정하고, 브라우저 도구로 하이퍼텍스트 내용을 방문하고 해석하면 간단하고 풍부한 정보 고유가 가능하다. 팀 버너스-리 역시 월드 와이드 웹의 아버지라고 불렸고, 심지어 인터넷의 아버지로도 불리고 있다.

팀 버너스-리가 월드 와이드 웹을 발명하고 나서부터 30년 동안 인터넷은 엄청난 발전을 이루면서 3차 공업 혁명에서 가장 중요한 혁신 분야가 되었다. 데이터의 대규모 보편화로 인해 빅데이터 기술도 인터넷의 발전을 따라 끊임없이 발전하였다. 그림 5.5의 세계은행 데이터를 보면 1990년부터 인구 대비 인터넷 사용자 비율은 1%도 안 됐다가 2016년이 되어서는 전 세계 인구의 45%(32억 명)를 차지하게 되었다.

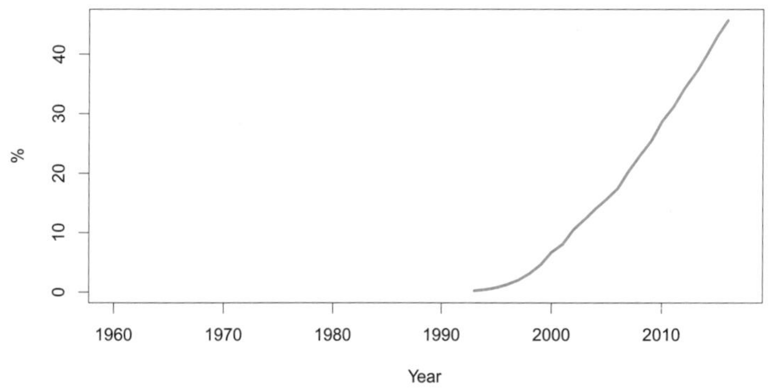

그림 5.5 **1990년 ~ 2016년 인터넷 인구의 변화**

현재 빅데이터라는 단어는 이미 금융보험, 의료건강, 공업제조, 도소매 등 각 분야에 포진되어 있으며, 인터넷에 있는 많은 빅데이터 분석 방법은 다양하게 응용되고 있다. 금융 분야에서는 인터넷의 언론 동향을 통해 양적 투자를 진행하고 있다. 보험 분야에서는 날씨 빅데이터를 이용해 새로운 보험제품을 개발하고 있다. 의료 분야에서는 AI 기술을 도입해 자동진단을 하고 있다. 공업 분야와 융합해서는 사물 인터넷을 구축하고 있다. 도소매 분야에서는 머신러닝 방법을 사용해 더욱 정밀한 고객 세분화를 하고 있다. 일부 전통 분야에서는 빅데이터의 도움을 받아 더 큰 가치를 생산해 내고 인터넷을 포함한 더욱 넓은 응용 분야로 전파하는 경우가 많다. 예를 들어 금융 분야의 시계열 방법, 보험 분야의 비모수 생명표, 의료 분야의 혼합효과 모델과 몬테카를로 방법, 공업 분야의 최적화 방법, 도소매 분야의 공간통계와 지리정보시스템 등이 있다.

지면 제한이 있어 이 책에서는 모든 업계의 빅데이터 응용에 대해 깊이 분석할 수 없다. 따라서 빅데이터 시대에 전형적인 인터넷 응용에 대해서만 간략히 소개하겠다. 이 중 가장 특색 있고 가장 자주 사용되는 분석 방법으로는 검색 엔진, 타기팅 광고, 추천 시스템이 있다. 이는 현재 인터넷 관련 기업에서 자주 사용하는 분석 방법이며, 인터넷 회사의 가장 중요한 소득원이다. 이후 내용에서 전문적으로 소개할 예정이다.

5.4.2 트래픽의 시작점

구글이 대세가 되기 시작하면서 검색이 전통적인 포털 사이트(미국의 야후, 중국의 시나 등)를 대체하고 인터넷 트래픽의 시작점이 되었다. 검색 역시 각종 빅데이터 알고리즘과 모델 응용이 가장 성숙한 분야다. 구글이 페이지랭크PageRank 알고리즘을 발표한 후 더 복잡하고 정교한 여러 검색 모델이 우후죽순 생겨났고, 여러 전자상거래, 온라인 여행, 소셜 등 각종 수직 분야를 점령하였다.

검색의 본질은 사용자가 하나 혹은 일련의 키워드를 입력하면 시스템이 가장 가까운 결과를 돌려주는 것이다. 구글의 초기 버전인 페이지랭크 알고리즘으로 예를 들겠다. 페이지랭크 알고리즘은 구글의 인터넷 웜을 이용해 인터넷 캐시로 저장되어 있는 각종 웹페이지 정보에서 사용자가 좋아할 만한 정보를 찾아낸다. 간단하게 말해, 만약 한 명의 사용자가 입력한 키워드가 수백 개의 웹페이지와 관련되어 있다면 어떻게 해야 할까? 이때 페이지랭크 알고리즘이 바로 순서를 정해 준다.

페이지랭크 알고리즘은 다음과 같은 인터넷의 중요한 특성을 이용했다. 인터넷은 하이퍼링크를 클릭하여 독립된 웹사이트들을 서로 연결했다. 그래서 서로 간 보이지 않는 연결이 가상 의미의 투표 시스템이 되었다. 만약 100개의 사이트가 〈뉴욕타임즈〉의 보도를 인용했다면, 100개의 사이트가 〈뉴욕타임즈〉에 1표씩 투표를 한 것과 마찬가지다. 〈뉴욕타임즈〉가 만약 매사추세츠 공과대학 교수의 최신 과학 연구를 참조했다면, 이 사이트는 매사추세츠 공과대학 사이트에 투표하게 된다. 웹페이지 간 투표 방향과 개수를 근거로 구글은 각 사이트나 웹페이지의 가중치를 계산할 수 있다.

이런 정렬 가중치의 결과는 구글 서버의 캐시로 저장되며, 매번 사용자가 검색할 때 구글은 순위가 높은 몇 개의 관련 결과를 사용자의 검색 결과 페이지에 출력하기만 하면 된다. 당연히 이는 그저 페이지랭크 알고리즘을 대략적으로 설명한 것이며, 현재는 알고리즘이 점점 똑똑해졌고 페이지랭크는 각종 정렬의 고려요소 중 하나가 되었다.

수직적으로 세분화된 각 분야에서 검색 알고리즘의 발전은 점점 다원화되고 있다. 예를 들어, 타오바오에서 물건을 살 때 보통은 타오바오 검색창에 사고 싶은 상품의 명칭을 입력한다. 겨울을 대비하여 패딩을 구매하려고 검색창에 '패딩'을 입력하면 타오바오는 모든 패딩 정보를 출력한다. 그 외에도 남자, 여자, 아이, 사이즈, 색상, 브랜드 등을 선택할 수 있는 필터 기능을 제공한다. 이런 상황에서 타오바오는 사용자가 검색한 단어에 부합하는 각종 상품 리스트 중에서 사용자가 좋아할 만한 것을 찾아야 한다. 전자상거래에서 가격은 매우 중요한 요소이기에 타오바오는 가장 저렴한 상품을 맨 위에 출력할지, 아니면 가장 싸지는 않지만 가격 대비 질이 좋은 상품을 맨 위에 출력할지 선택해야 한다.

더 생각해 보면, 우리는 사용자들도 각자 다르다는 것을 안다. 따듯한 지역의 사용자는 들고 다니기 좋은 가볍고 얇은 패딩을 원할 것이고, 추운 지역의 사용자는 좀 더 두껍고 -20℃의 극한 상황을 버틸 수 있는 패딩을 원할 것이다. 이런 상황에서 검색엔진은 한 번 더 개인화 작업을 할 수 있다. 상품 자체 간 정렬 관계뿐만 아니라 상품과 사용자 간 적합 정도를 고려해야 한다. 이때 검색은 상품과 사용자의 매칭 과정이 된다.

인터넷 여행은 또 하나의 새로운 예제다. 예를 들어, 온라인으로 비행기 티켓을 구매하려 한다면 출발지, 도착지, 비행 날짜 등 검색의 매개변수는 더 많아진다. 그리고 검색 엔진이 반환해야 하는 정보는 직항과 경유의 티켓값과 시간 선택이다. 그 외에도 이 검색은 실시간 정보를 매우 중요시하는 과정이다. 만약 단 한 장 남은 특가 표가 팔렸다면, 그 다음에 구매하는 사람은 이런 특가 표의 가격을 보지 못하게 된다. 이러한 요구사항들 때문에 검색 알고리즘의 설계는 앞서 소개했던 웹페이지나 상품 검색과는 다르다.

알고리즘은 먼저 사용자의 비행 수요에 따라 선별을 진행한다. 사용자의 일정에 부합하지 않다면 아무리 항공편과 가격이 좋다 하더라도 소용없다. 온라인 여행 사이트 간 경쟁이 점점 격해지면서 사용자의 검색 요구를 만족시키는 새로운 제품들이 계속 생겨나고 있다. 예를 들어, '구글 플라이트'는 사용자가 출발지와 도착지 구역을 입력할 수 있게 한다. 그리고 각종 구체적인 항로의 티켓값을 나열하여 유연한 여행을 위한 사용자의 요구를 만족시킨다. 이런 기능의 구현은 구체적인 알고리즘이 필요하다.

5.4.3 소득의 출처

빅데이터 시대에서 주목할 만한 업계 특성은 많은 인터넷 거물이 흥하기 시작했다는 것이다. 사람들은 묻는다. 인터넷은 어떻게 돈을 버나요? 만약 상장한 대형 인터넷 회사의 재무제표를 본다면 우리가 원래는 인터넷 회사라고 알고 있던 회사가 실제로는 인터넷이라는 가면을 쓴 광고매체 회사라는 것을 알게 된다. 미국을 예로 들자면, 여러 대형 회사의 2017년 수익 출처는 그림 5.6과 같다. 여기서 알 수 있듯이 애플은 하드웨어를 팔고, 아마존은 상품을 팔며, 구글과 페이스북은 대부분 광고를 통해 수익을 창출한다는 것을 알 수 있다. 마이크로소프트만 조금 복잡한데, 운영체제, 소프트웨어, 게임기, 서버 등에서 수익 창출을 하고 있다.

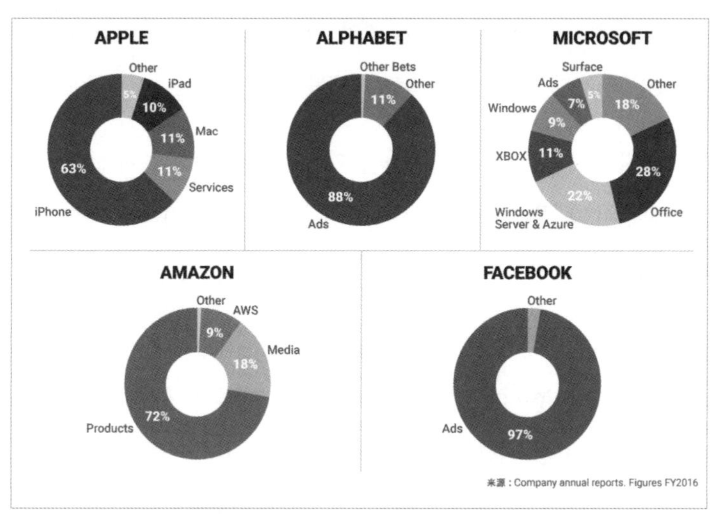

그림 5.6 여러 대형 인터넷 회사 수익 구성(이미지 출처: Business Insider)

인터넷 거물들의 소득 출처가 광고란 것을 알았으니 다음은 그들은 어떻게 빅데이터 기술로 광고 수익을 극대화시키는지 알아보자. 구체적인 통계 방법에 대해 토론하기에 앞서 온라인 광고 발전사에 대해 간단하게 설명하겠다. 온라인 광고가 생기고 나서 대략 3대째 광고 게재 시스템이 가동되고 있다. 세대를 거듭하면서 통계 방법도 계속 발전하였고, 심지어 전문적인 '컴퓨터 광고학'이 생겨났다.

1세대 광고 게재 시스템은 게재량을 기반으로 한 시스템(cost per mille: CPA, 노출량에 따라 비용 지불)이었다. 이런 시스템은 전통 미디어와 비슷하다. 예를 들어, 신문의 한 면이나 TV의 시간대를 구매하는 것과 마찬가지로 광고주의 게재 요구에 따라 광고를 예약한 수량대로 먼저 게재하지만, 광고에 대한 사용자의 피드백 상황은 고려하지 않는다. 이러한 형태는 전혀 최적화가 되지 않은 게재 방식이다. 완전히 트래픽 기준으로만 랜덤하게 게재하는 것이다.

2세대 광고 게재 시스템은 단체 행동을 기반으로 한 최적화 게재 방식(cost per click: CPC, 클릭 수에 따라 비용 지불 / cost per action: CPA, 사용자 액션량에 따라 비용 지불)이었다. 이런 시스템은 사용자의 피드백 데이터(예 광고를 클릭했는지, 광고의 상품을 구매했는지 등)를 추적하고 행동 데이터를 게재 알고리즘에 반영하여 전문적으로 피드백 효과가 좋은 사용자들에게 효과적인 게재를 한다.

3세대 광고 게재 시스템은 개인 사용자를 기반으로 한 최적화 게재 방식이다. 이런 시스템은 2세대 시스템을 토대로 각 사용자의 클릭과 행동 이력에 대한 고려를 추가하여 더욱 개인화된 게재 최적화를 진행한다.

1세대 광고 게재 시스템은 인터넷의 장점을 살리지 못하고 그저 빅데이터로 광고 게재의 결과를 판단했을 뿐이다. 2세대 광고 게재 시스템부터 게재 과정에서 얻은 사용자 피드백을 기반으로 한 최적화 시스템을 도입했다. 가장 전형적인 예로, 클릭 수로 비용을 지불하는 구글 검색 광고가 있다. 검색 광고는 클릭 수로 비용을 지불하기 때문에 구글이 먼저 해야 할 일은 클릭 수를 극대화시키는 것이지 광고를 마구잡이로 많이 게재하는 것이 아니다. 그렇다면 클릭 수를 어떻게 극대화시킬 수 있을까? 이게 바로 구글이 끊임없이 연구하고 세밀하게 조정하는 클릭률 예측 시스템이다.

클릭률 예측 시스템은 사실 통계의 예측 모델이다. 매번 검색 광고 결과가 게재될 때 사용자가 클릭할 가능성을 예측한다. 광고 게재만 놓고 보면 사용자가 클릭할지는 이원분류행동('그렇다'와 '아니다')이다. 이런 이원 행위 예측에 가장 많이 사용되는 것이 바로 분류 모델이며, 가장 널리 사용되는 분류 모델은 논리회귀 모델이다. 클릭률 예측 시스템에서 종속변수는 매번 사용자의 클릭 행동이며, 독립변수는 각종 광고 자체의 속성과 사용자의 속성이다. 간단하게 말해, 한 사용자가 검색한 키워드가 '화장품'일 때 해당 사용자가 대도시의 사무직 여성이라면 그녀가 '랑콤', '샤넬' 등 유명 화장품 브랜드를 클릭할 확률은 아마 듣도 보도 못한 브랜드를 클릭할 확률보다 높을 것이다. 그렇다면 검색 결과를 나타낼 때 클릭 가능성에 따라 정렬한다면 해당 모델이 예측한 클릭률이 높은 웹페이지가 앞에 정렬되어야 한다.

당연히 앞서 소개한 내용은 이미 엄청 간소화한 것이다. 광고 시스템이 계속 발전함에 따라 키워드로만 비용을 지불했던 검색 광고부터 일부 비디오 사이트에서 사용자가 클릭할 만한 비디오 광고를 보여주거나, 소셜 사이트에서 각종 개인화된 상품 광고를 보여주거나, 온오프라인 데이터의 조합 등 온라인 광고 시스템은 변화를 거듭해 왔다. 광고 시스템은 간단한 게재 시스템에서 점점 거래 플랫폼으로 발전했다. 이 플랫폼에서 구매자(광고주)가 입찰 경매가를 제시하고 판매자(각종 대형 사이트)가 광고 자리를 제공한다. 거래가 발생하면서 이 플랫폼은 점점 경제 시스템으로 바뀌어 갔고 '경매' 시스템을 도입하게 되었다. 예를 들어, 앞선 예제에서 '랑콤'과 '샤넬'의 가격이 같다면 구글은 자연스럽게 클릭률이 더 높은 검색 광고를 게재하여 최대 클릭률을 보장할 것이다. 그러나 '랑콤'이 클릭당 200원을 제시하고 '샤넬'이 신제품 홍보에 클릭당 1,000원을 제시한다고 가정했을 때, 구글 입장에서는 두 브랜드의 클릭률이 얼마 차이가 나지 않는다면 예상 수익(클릭률 × 가격)을 극대화하는 방법은 당연히 두 브랜드의 예상 수익에 따라 정렬하는 것이다. 여기서 바로 온라인 광고 경매 메커니즘의 설계인 차次고가 경매가 나온다.

차고가 경매는 사실 인터넷 회사가 발명한 것은 아니다. 오히려 경매 시장에서 계속 존재해 왔다. 예를 들어, 골동품 경매를 할 때 다들 팻말을 들고 가격을 제시하다가 가장 높은 가격을 제시한 사람이 최종적으로 상품을 획득하게 된다. 이는 경제학의 '최고가 경매'에 속한다. 차고가 경매는 경매를 기초로 하나의 메커니즘을 도입한다. 가장 높은 가격을 제시한 사람은 상품을 획득하게 되지만, 두 번째로 높은 가격을 지불하면 된다는 것이다. 이 메커니즘은 얼핏 보기에는 어리석어 보인다. 그렇다면 판매자는 최고가와 차고가 간의 차익을 포기한 것인가? 정반대다. 차고가는 사실상 입찰자의 입찰 가격은 자신의 실제 구매 의향을 보증한 것이기에 자신의 실제 입찰 의향을 숨겨야 하는지에 대해 고려할 필요가 없다는 것을 게임 이론을 통해 추리해 낼 수 있다. 경매 참여자들은 자신의 실제 가격 경쟁 의향을 나타낼 뿐만 아니라, 차고가 경매는 사실상 판매자와 구매자 간의 공동 이익의 극대화를 보장한다. 이 역시 구글이 자신의 경매 시스템에 광의적인 차고가 경매를 도입한 이유다.

구글에 대한 설명은 여기서 끝내고 페이스북Facebook이라는 또 하나의 인터넷 광고 거물에 대해 알아보자. 페이스북은 소셜 사이트를 주로 운영하는데, 정보를 보여주는 방식이 구글 검색과 같은 키워드를 입력받아 보여주는 방식과는 완전히 다르다. 페이스북은 '정보 흐름', 즉 하나하나의 액티브 정보를 토대로 위에서 아래로 움직이는 페이지에 나타낸다. 정보 흐름을 보여주는 방식 때문에 광고 역시 자연스럽게 정보 흐름의 일부분이 되어 '오리지널 체험 '에 좀 더 가까워진다. 페이스북의 광고 모델은 비록 구글과 많은 부분에서 비슷하지만, 키워드의 제약을 받지 않기에 사용자와 광고 간의 매칭 문제를 좀 더 많이 고려한다. 더 나아가, 시간과 장소 단위까지도 고려할 수 있기 때문에 예측 모델이 추구하는 방향은 '천시天時, 지리地利, 인화人和'에 좀 더 가깝다. 페이스북의 광고 역시 시각화 내용 게재에 대해 더욱 엄격한 요구를 하고 있는데, 특히 지금처럼 멀티미디어가 크게 발전한 시대에는 더욱 그렇다. 따라서 페이스북 광고 시스템은 매칭 정도뿐만 아니라 사용자와 광고 간의 크로스 체험 효과까지 고려하고, 저질 광고는 즉시 강등시키고 처벌한다. 이 배후에는 클릭 예측 모델뿐만 아니라 다양한 사용자 경험 관련 알고리즘 모델과 저질 광고 선별 모델도 있다.

지면 제한이 있어서 여기서는 두 인터넷 거물의 광고 시스템에 대해 대략적으로만 소개하였다. 하지만 가상현실과 각종 새로운 사이트, 인터넷 응용 서비스들이 나타나면서 온라인 광고 시스템이 점점 다원화되는 사람들의 체험 요구를 만족시키기 위해 계속해서 발전하고 있다고 믿게 되었다.

5.4.4 좋아할 만한 상품과 비위 맞추기

앞에서 검색 엔진과 소셜 네트워크에 대해 소개했었다. 그렇다면 인터넷의 한 축을 차지하고 있는 전자상거래에서는 빅데이터와 통계를 어떻게 활용하고 있을까? 미국의 아마존이든 중국의 타오바오든 검색은 당연히 매우 중요하다. 검색 이외에도 사실 사람들이 쇼핑을 하면서 즐기는 것은 찾는 과정이며, '오늘은 무조건 나이키의 신상 농구화를 살 거야'와 같이 명확한 목표를 가지고 쇼핑하는 것이 아닐 수도 있다. 소비자가 구매 경험과 발견 과정을 중요시하는 시대이기에 전자상거래 사이트 역시 고객들을 끌어들일 여러 '발견' 시스템을 개발하여 소비자들이 원하는 물건을 찾을 수 있도록 도왔다. 여기에서 가장 중요한 것이 바로 추천 시스템이다. 추천 시스템은 개인화라는 재밌는 특징이 있다. 사용자마다 다 다르기 때문에 좋은 추천 시스템은 변화무쌍한 사용자에 자동으로 적응할 수 있어야 한다.

추천 시스템recommendation systems의 기원은 그림 5.7에서 보는 것처럼 아마존의 'Customers who viewed this item also viewed(이 제품을 본 고객들이 본 다른 품목들)' 시스템을 게재하기 시작한 때로 거슬러 올라간다. 해당 추천란을 통해 고객은 한 권의 책을 훑어보는 동시에 이 책을 본 다른 고객이 또 어떤 책들을 살펴봤는지 알 수 있다. 이 기능은 특히 학생들이 참고서를 구매할 때 큰 도움이 된다. 왜냐하면 각 학과의 책 구매 목록은 대동소이하기 때문에 한 권만 구매하면 다른 책도 구매할 가능성이 높기 때문이다. 이 데이터는 소설을 읽는 사람이나 여유롭게 책을 읽으려는 독자들이 좋아할 만한 비슷한 작가나 비슷한 스타일의 작품을 찾는 것도 도와준다. 그리고 음악 마니아들이 수집할 만한 앨범을 찾을 수도 있다.

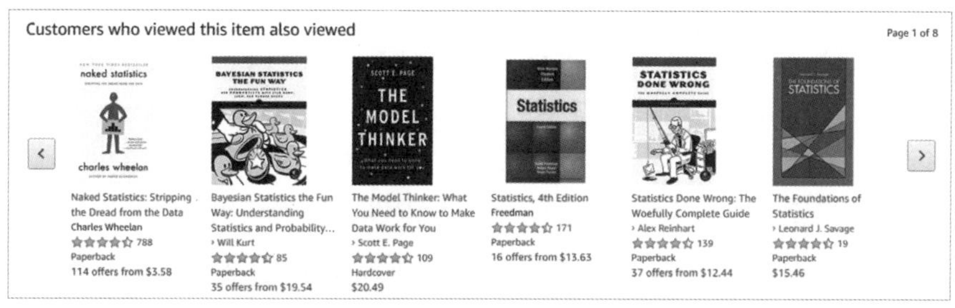

그림 5.7 **아마존 추천 화면 예시(이미지 출처: 아마존)**

아마존의 이러한 추천 시스템은 매우 직관적이다. 사용자들의 입맛과 기호는 매우 강한 연관성이 있기 때문이다. 이 알고리즘을 우리는 '연관성 분석에 따른 추천'이라고 부른다. **연관성 분석**association analysis 알고리즘이 계산하는 것은 사실 상품들 간의 상관관계다. 예를 들어, 표 5.1은 체육용품 관련 예제다.

표 5.1 **연관성 분석 예제**

소비 기록순	테니스 라켓	테니스공	운동화	배드민턴
1	1	1	1	0
2	1	1	0	0
3	1	0	0	0
4	1	0	1	0
5	0	1	1	1
6	1	1	0	0

여기서 보여주는 것은 일부 사람들의 소비 기록이다. 첫 번째 고객은 테니스 라켓, 테니스공, 운동화를 구매했고, 두 번째 고객은 테니스 라켓과 테니스공을 구매했다. 이런 구매 데이터를 토대로 우리는 6가지 소비 기록에서 테니스 라켓과 테니스공이 동시에 구매된 소비 기록이 3개 있다는 것을 계산할 수 있다. 따라서 그들이 한 번에 구매될 확률은 50%보다 높으며, 기타 임의의 1세트 상품이 구매되는 확률보다 훨씬 높다. 더 나아가, 이 데이터를 통해 한 소비 기록에 이미 테니스 라켓이 포함되어 있다면 테니스공이 함께 구매될 확률은 60% 정도라는 것을 계산할 수 있다. 그래서 테니스 라켓과 테니스공은 밀접한 상관관계를 가진 상품으로 정의할 수 있다. 특히, 테니스 라켓이 이미 열람되었거나 장바구니에 담겼다면 테니스공 추천이 성공할 확률은 대폭 늘어난다.

연관성 분석은 여러 상품을 기반으로 만들어졌으며, 함축하고 있는 내용은 사용자의 구매 행동에 따라 상품 간의 상관관계를 토대로 게재하는 것이다. 추천 시스템의 발전에 따라 우리는 상품 자체의 연관 특성뿐만 아니라 사용자의 속성과 사용자들의 연관 특성도 함께 고려해야 한다. 이렇게 좀 더 정교한 **협업 필터링 알고리즘** collaborative filtering algorithm이 탄생하게 된다. 협업 필터링의 사상은 '현인은 현인을 벗삼고, 우인은 우인을 벗삼는다'라는 옛말을 반영한다. 이 알고리즘 역시 사용자의 구매 기록을 분석하는데, 분석 대상은 '물건'을 넘어 사람에게까지 이른다. 만약 새로운 남성 사용자가 한 충성 고객과 매우 같은 구매 이력을 가지고 있다면, 예를 들어 앞서 소개한 예제처럼 테니스 라켓과 테니스공을 구매하고 점차적으로 운동화와 배드민턴공을 구매했다면, 새로운 남성 고객에게 충성 고객이 샀었던 상품을 추천해 주어 성공적인 전환률을 기대해 볼 수 있다. 당연히 협업 필터링 알고리즘은 다년간 발전을 통해 점점 진화했다. '물건 – 사람 – 물건'과 같이 대략 세 부분으로 구성된 인터넷 관계까지 고려하여 보다 더 정교한 추천을 할 수 있게 되었다.

추천 시스템은 아마존의 열람 기록을 통한 추천부터 시작하여 지금까지 발전해 왔다. 이미 상품과 고객 간의 연관성뿐만 아니라 사람들의 쇼핑 행동에 영향을 줄 만한 요소들까지 점차 확대하고 있다. 예를 들어, 현재 타오바오의 추천 시스템은 내용, 사용자, 위치, 경로, 시기와 같은 5대 요소를 고려한다.

추천 시스템이 보완됨에 따라 온라인 쇼핑 경험 또한 전통 오프라인 구매 모드의 특징을 넘어서는 행보를 보여주고 있다. 갖가지 훌륭한 상품들을 지역, 시간, 재고, 상품 유형의 열람과 추천을 넘어 사용자의 다원화된 쇼핑 요구를 만족시키고 있다. 온라인 추첨 시스템은 '인터넷의 데이터는 서로 연결되어 있다'는 장점을 집중적으로 이용하여 사용자의 잠재적 니즈를 찾아낼 수 있다. 이와 동시에 추천 시스템은 사용자가 물건을 찾을 수 있게 도와줄 뿐만 아니라, 광고 시스템에도 녹아 있어서 전통적인 광고 경로의 사용자 연구 조사 비용을 대폭 줄일 수 있으며, 발견부터 전환까지의 주기 또한 대폭 줄여줄뿐더러 한 번에 트래킹이 가능해져 판매업자들이 자신의 제품을 효과적으로 홍보할 수 있게 도와준다.

제 6 장

데이터의 함정

The Beauty of Statistics

물은 배를 띄울 수도 침몰시킬 수도 있다. 칼은 눈썹을 다듬을 수도 살인을 할 수도 있다. 데이터 분석은 금광을 캘 수도 범인의 공범이 될 수도 있다. 통계 방법은 양날의 칼이다. 잘 사용하면 데이터에서 진정한 법칙을 찾을 수 있고, 잘못 사용하면 반대로 진실과 다른 방향으로 흘러갈 수 있다. 모든 통계분석 방법은 두터운 이론 기초를 필요로 하지만, 모든 이론 방법에는 엄격한 가설이 존재한다. 마치 이 랜덤 세계에서 데이터와 가설이 매치되지 않고 방법과 모델이 매치되지 않는다면, 도출한 결과 역시 아무런 의미가 없는 것과 같다.

이 광활한 세계에서 사람들은 진작에 데이터 분석의 신비한 효능에 매료되었다. 상식이든 인생 경험이든 모두 데이터를 토대로 한다. 그러나 보기에 충분한 이유가 있을 법한 이치가 실제로는 전혀 고려할 가치가 없을 때도 있다. 오랜 세월 사회적으로 약속된 사실 역시 깊이 연구할 필요가 없을 때도 많다. 이 장에서는 귀에 익어 자세히 알고 있는 예제들에 대해 통계학 방법을 분석하고 통계의 오도에 대해 소개할 것이다.

■■■

제1절 '나뭇잎에 가려 숲을 보지 못하다' 에서는 표면적인 현상이 가져온 많은 오도에 대해 분석하고 예를 든다. 비록 많은 통계 사상이 비교적 인간의 직감에 부합하지만, 직감만 믿는다면 사물의 본질을 볼 수 없다. 많은 문제에 대해 데이터를 찾아 분석하고 진실된 상황을 똑바로 보는 것이 데이터 분석을 하는 사람으로서 갖추어야 할 습관이다.

제2절 '상관과 인과' 에서는 상관과 인과의 구체적인 예제를 소개한다. 사람들은 상관성과 인과성을 혼동하면 안 된다고 한다. 게다가, 많은 사람이 통계학을 잘 알고 있고, 심지어 데이터를 기반으로 한 사이언스 연구는 모두 상관성을 연구하는 것으로 알고 있다. 그러나 방법에서 상관과 인과의 경계를 나누는 것은 문제의

근원이 아니다. 사람들이 이 이치를 깨닫고 있지만, 문제와 맞닥뜨렸을 때 여전히 실수한다. 관건은 역시 방법에 대한 이해와 구체적인 문제 본질에 대한 탐구다.

제3절 '표본과 조사' 에서는 샘플링 조사의 잘못된 영역에 대해 소개한다. 통계학의 중요한 역할은 표본으로 전체를 판단하는 것이다. 이미 알고 있는 정보를 바탕으로 정리하는 것 역시 인간의 가장 중요한 추리 모드 중 하나다. 만약 방법이 틀렸거나 이해에 편견이 존재한다면 각종 문제가 쉽게 발생한다. 표면적인 현상을 뚫고 사물의 본질에 어떻게 다다를 수 있는지가 매우 중요한 능력이다.

제4절 '도형의 오도' 에서는 통계 그래프의 오용에 대해 전문적으로 소개한다. 그래프 시각화 방법을 사용하는 것이 가장 직관적이며 매우 쉽게 법칙을 나타낼 수 있다는 것은 누구나 다 아는 사실이다. 그러나 또 한 편으로는 잘못된 정보를 나타내게 되면 매우 쉽게 사람을 잘못된 방향으로 인도할 수도 있다. 이 점에서 봤을 때 그래프의 오도 위험성은 매우 크다. 따라서 그래프를 사용할 때 반드시 신중해야 하며, 남용해서도 안 되고, 고의로 사람을 잘못된 방향으로 인도해서는 더더욱 안 된다.

6.1 나뭇잎에 가려 숲을 보지 못하다

6.1.1 신기한 전갈자리

언제부터인가 인터넷에는 전갈자리에 대한 전설이 퍼지고 있었다. 전갈자리가 IT 업계를 장악하고 있다는 것이다. 리옌훙(바이두), 마화텅(텐센트), 마윈(알리바바), 저우홍웨이(360), 양위엔칭(레노보), 딩레이(넷이즈), 장차오양(소호), 천톈차오(샨다게임즈), 레이쥔(킹소프트), 양쯔위엔(야후), 차오궈웨이(시나)가 모두 전갈자리다.

삽시간에 전갈자리와 관련된 유언비어들이 무수히 쏟아져 나왔다. 어떤 별자리 도감을 펼쳐봐도 전갈자리에 대한 묘사에 '지속, 의뭉, 승부욕'이라는 단어가 빠지지 않는다. 이 전설을 보고 나서 문득 호기심이 들었다. 과연 IT 업계의 리스크 투자자들이 스타트업 회사에 투자 여부를 결정할 때 창립자나 관리팀에 전갈자리가 있는지 확인할까?

이런 전설에 대해 의구심을 가지고 데이터가 진실인지 아닌지부터 체크해 보자. '바이두Baidu'에서 이 사람들을 검색해 보면 앞의 몇 명 '학생'은 불행히도 '전갈자리'로 잘못 알려졌다는 것을 알 수 있다. 예를 들어, 마윈은 '처녀자리'이고 레이쥔은 '사수자리'다. 그래, 이 몇 명을 제외한다고 해도 '전갈자리'는 여전히 많지 않은가?

다음으로, 전갈자리가 중국 전체 인구 중에서 얼마나 차지하고 있는지 데이터를 가지고 얘기해 보자. 정부가 발표한 인구통계 데이터에는 별자리에 대한 정보는 없기 때문에 추측할 방법을 찾아야 한다. 합리적인 데이터 소스는 제6차 전국인구 전면조사 취합 데이터이며, 2009년 11월 1일부터 2010년 10월 31일까지의 월별 출생 데이터가 포함되어 있다. 표 6.1과 같이 중국 국가통계국 공식 사이트에서 다운로드할 수 있다.

표 6.1 2009.11.1~2010.10.31 출생 인구 월별 통계

월	출생 인구	월	출생 인구
2009년 11월	1,677,481	2010년 05월	1,501,278
2009년 12월	1,632,655	2010년 06월	1,022,913
2010년 01월	1,235,740	2010년 07월	1,011,475
2010년 02월	1,167,333	2010년 08월	1,041,377
2010년 03월	1,223,099	2010년 09월	899,943
2010년 04월	1,035,880	2010년 10월	837,013

매월 매일 출생한 인구수가 균등하다고 가정했을 때 월별 데이터를 일별 데이터로 분해하고 별자리 시간으로 취합하겠다. 그 외에도 2011년의 통계연감을 검색해 보면 2010년의 인구의 자연증가율이 0.479%라는 것을 알 수 있다. 따라서 자연증가율의 영향을 배제하고 매일 증가율이 균등하다고 가정하고 숫자 데이터를 수정해야 한다. 계산을 통해 추측한 별자리별 인구 상황은 표 6.2와 같다.

표 6.2 별자리별로 취합한 출생 인구 추측

별자리	출생 인구	별자리	출생 인구
양자리	1,122,290	천칭자리	827,261
황소자리	1,021,028	전갈자리	1,444,944
쌍둥이자리	1,085,028	사수자리	1,552,568
게자리	1,021,343	염소자리	1,322,773
사자자리	1,028,895	물병자리	1,187,413
처녀자리	988,236	물고기자리	1,204,013

여기서 알 수 있듯이 사수자리 인구가 가장 많았으며, 전갈자리가 그다음으로 많다. 두 별자리의 시간은 연속적이며 연말에 포진되어 있다. 중국의 특수한 문화를 생각해 보면, 예전에는 많은 부부가 설날이 되어서야 한자리에 모일 수 있었다. 임신 기간을 10개월이라고 보면, 아기는 거의 전갈자리 때 출생하게 된다. 그림 6.1은 별자리별 인구 비율을 나타낸다. 연말에 확실히 출생 비율이 높음을 알 수 있다.

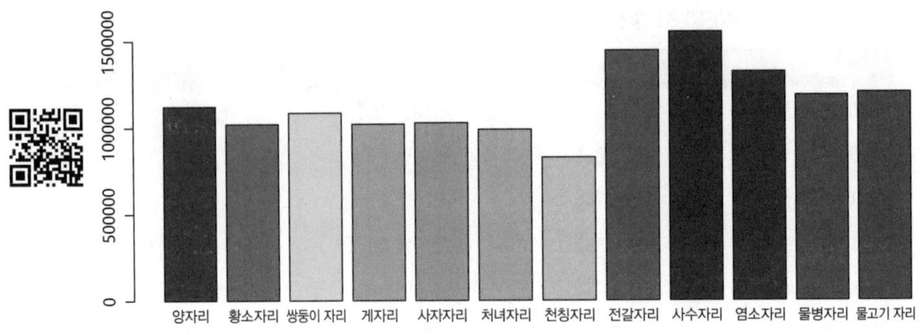

그림 6.1 **별자리별 인구 분포**

그렇다면 전갈자리에 대한 신화는 데이터로 해석할 수 있게 된다. 전갈자리 사람이 많기에 평균적으로 보면 어느 직종이든 다른 별자리보다 많을 것이다. IT 거물의 예제로 돌아와서, 만약 구체적으로 IT 거물 리스트를 정의할 수 있고 정확하게 전갈자리의 비율을 통계해 낼 수 있다면 실제로 분포되어 있는 비율보다 높을 수도 있다. 그러나 이 리스트는 아주 길지는 않을 것이다. 즉, 표본의 수량이 적다는 얘기다. 이렇게 되면 어떤 상황이 발생하더라도 이상한 일이 아니다. 각 업계로 눈을 돌리면 몇몇 별자리가 압도적인 우세를 가지고 있는 예제를 분명히 찾을 수 있을 것이다. 그 안에 포함된 법칙은 별자리의 특징이라기보다는 데이터의 우연이라고 보는 게 맞다.

6.1.2 승자의 저주

1970년대에 석유회사 엔지니어들은 경매에서 석유 부지를 얻은 회사일수록 손해를 본다는 것을 발견했다. 이 사건은 하늘이 승자에게 저주를 내리는 것을 은연중에 암시하는 것처럼 승자는 그저 한순간만 운이 좋은 것 같다.

이 사건의 배경은 이렇다. 당시에 석유 회사들은 공개 경매에 참가하여 특정 부지의 채굴권을 따냈다. 채굴 전에 각 회사는 자연스럽게 각종 경로를 통해 부지의 정보를 얻어 석유 채굴량에 대해 예측한다. 당연히도 채굴 전에 채굴량을 예측하는 것은 매우 어려운 일이다. 따라서 각 회사의 예측팀도 완전히 일치한 예측 결과를 내놓지 못했다. 그러나 경매 과정에서는 석유회사들 간에 서로 경쟁하기에 최종 제시 가격이 가장 높은 쪽이 해당 부지의 소유자가 되었다.

모두가 알듯이 경매는 여러 종류가 있다. 예를 들어, 경매에는 최고가 경매(돌아가며 가격을 제시하고 최고가를 제시한 사람이 획득하며 해당 금액을 지불한다. 예 법원 경매), 차고가 경매(돌아가며 가격을 제시하고 최고가를 제시한 사람이 획득하며 차고가를 지불한다), 밀봉 경매(동시에 가격을 제시하고 경매 측에서만 각자 경매가를 확인할 수 있다. 역시 최고가와 차고가 구분이 있다)가 있다. 당시의 유전 부지 경매는 밀봉 경매로 진행되었기 때문에 석유회사들은 규정 시간 내에 정부에게 경매 가격을 제출하고 가장 높은 가격을 제시한 회사가 부지를 얻고 비용을 지불했다. 그렇다면 이런 상황에서 어떤 일이 발생할까? 여기서 주목할 만한 점은 회사에게 유전의 실제 가격은 다 같다는 것이다. 따라서 이런 종류의 경매를 동일 가격 경매라고 한다.

10개의 석유회사가 같은 유전에 대해 경매를 진행한다고 가정해 보겠다. 해당 유전의 실제 채굴 가격은 100만 달러(동일 가격)다. 그러나 입찰할 때 각 회사가 얻은 정보는 각기 다르기에 그들이 예측한 가격은 10만 달러에서 1,000만 달러까지 천차만별이다. 그들이 예측한 가격이 0달러부터 100만 달러 사이에 균일하게 분포되어 있다고 가정해 보자.

각종 채굴 자본을 고려해야 하기에 각 회사의 입찰 상한이 채굴 가격의 80%라고 가정하겠다. 이때 만약 각 회사가 80%의 상한을 가지고 입찰한다면 정부가 받은 입찰 가격은 29, 55, 62, 71, 74, 106, 109, 137, 152, 155(만 달러)일 것이다. 이렇게 되면 155만 달러의 가격을 제시한 회사가 부지를 얻게 된다. 그러나 실제 채굴 가격은 100만 달러밖에 안 되기에 이 승자는 당연히 돈을 벌지 못할 뿐만 아니라 채굴과 탐사를 위한 초기비용 또한 지출하게 된다.

그렇다면 가정했던 균등 분포는 당시 실제 상황에 부합할까? 당시 데이터 통계에 따르면 최고 가격과 최저 가격의 비율이 너무 높았다고 한다. 예를 들어, 1969년

알래스카 북부 원유 경매에서 승자가 제시한 금액은 9억 달러였고, 차고가는 고작 3.7억 달러였다. 전체적으로 봤을 때 77%의 사례에서 입찰가와 차고가의 비율은 두 배였다. 이 점으로 봤을 때 실제 상황은 균등분포보다 더욱 처참할 것이다. 즉, 채굴 가격에 대한 회사들의 예측은 천차만별이며, 심지어 균등분포보다 지수분포에 더 가깝다는 것이다. 만약 지수분포라면 어떤 상황이 발생할까?

똑같이 10개의 회사가 있고 똑같이 평균 가격이 100만 달러(잠시 예측 가격이 실제 가격과 같다고 하겠다)라면 1등과 2등의 예측 가격 차이가 균등분포 때보다도 크다는 것을 알 수 있다. 컴퓨터로 시뮬레이션을 돌려보면 최고가와 차고가 간 비율의 분포를 계산할 수 있다.

컴퓨터로 시뮬레이션을 1,000번 돌려보면 두 가격의 차이가 두 배 이상 나는 횟수가 201번 있고, 심지어 어떤 때는 6배까지(800만 달러 이상) 차이가 나는 것을 볼 수 있다. 여기서 알 수 있듯이, 20% 비율이 실제 역사 데이터인 77% 비율보다 적기에 실제 상황에서 각 회사가 예측한 가치의 분포는 더욱 극단적이었을 것이다.

경매가가 높을수록 승자가 '저주'로 인해 받게 되는 손실은 더욱 커진다. 예측 가격 분포가 좀 더 극단적일수록 최고 경매가는 실제 가격보다 높을 것이다. 이때 최고가 경매이든 차고가 경매이든 밀봉 경매라면 승자는 더 심한 '저주'에 걸릴 것이다.

당연히 여기에서는 경제학의 경매 이론에 대한 많은 해석을 간략하게 소개한 것이다. 예를 들어, 최고 경매가를 최고의 지불 의사로 보장하는 차고가 경매 형식에서는 경매가 진행될수록 경매 참여 측은 다른 사람의 정보를 점점 많이 받게 된다. 예를 들어, 경매가 중반을 넘어갈 때 5명의 입찰자가 10, 20, 30, 40, 50만 달러에서 입찰을 멈춘다면, 다른 사람은 모든 사람의 예측 가격의 평균값이 대략 어느 범위에 있는지 추리할 수 있다. 그리고 자신의 예측 가격이 평균 예측 가격보다 높은지도 판단할 수 있다. 만약 평균 예측 가격보다 높다면 계속 가격을 높일 경우 실제로 큰 손실을 가져올 수 있기에 경매를 멈춰야 한다. 이 역시도 간소화시킨 시뮬레이션 과정이다.

실제 생활에서의 경매는 좀 더 복잡하며 사람들의 심리적 요인 등도 고려해야 한다.

2017년 노벨 경제학상 수상자인 미국 시카고 대학교의 리처드 탈러Richard Thaler는 《승자의 저주The Winner's Curse》[65]라는 책을 집필하여 각종 직감에 위배되는 경제생활의 패러독스에 대해 전문적으로 해석했다. 승자의 저주는 유전과 같은 자연자원 경매에서뿐만 아니라 선거, 스타시장, 주식, 금융시장 등에 광범위하게 존재한다. 여기서 비정상적인 현상은 간단한 통계 분포만으로는 부분만 볼 수 있고 전체를 볼 수 없다. 리처드 탈러는 경제학과 행동금융학의 관점에서 인간 이성의 한계가 금융시장에 얼마나 큰 영향을 미치는지 알아냈다. 예를 들어, 1월 효과는 1월 주식시장의 수익이 다른 달보다 높다는 것을 나타내는데, 이는 시장에서 일부 사람들이 연말 전에 주식을 팔아 세금을 피하기 때문이다. 그러나 리처드는 이게 그저 황당무계한 논리라는 것을 알았다. 왜냐하면 만약 사람들이 1월에 수익이 높다는 것을 안다면 파는 사람이 있을 때 사는 사람도 있을 것이며, 다른 거래자들 역시 그냥 강 건너 불 보듯 하지 않을 것이기 때문이다.

6.1.3 비행기를 격추하는 유가

유가가 요동치던 어느 날, 중국 국가발전개혁위원회는 한순간 모든 사람의 비난의 대상이 되었다. 어떤 호사가가 다년에 걸쳐 발품을 팔아 조사를 했더니 국가발전개혁위원회가 유가를 인상시킬 때마다 한 대의 비행기를 격추한다는, 세상을 발칵 뒤집을 만한 결과를 알아냈기 때문이다. 즉, 국가발전개혁위원회는 사실 국방 안전과 전략적 배치를 위해 국민의 미움을 사는 치욕을 참고 국토 안전 임무를 맡은 것이다.

구체적인 뉴스 내용도 찾을 수 있다. 2009년 3월 25일, 국가발전개혁위원회는 휘발유, 디젤 가격을 각각 톤당 290위안과 180위안으로 인상한다고 하였다. 이날 미국 공군은 테스트 비행을 하고 있던 F-22 '랩터' 전투기가 캘리포니아주 애드워즈 공군기지에서 6마일 떨어진 지점에 추락했다고 발표했다. 2009년 6월 1일, 국가발전개혁위원회는 유가를 인상한다고 발표했다. 당일 14시에 228명의 승객을 태운 에어프랑스 여객기 A330은 이륙 후 얼마 지나지 않아 연락이 두절되었다. 기내에 있던 228명의 사람들은 모두 조난을 당했는데, 이 중 9명이 중국인이었다. 2009년 6월 30일, 국가발전개혁위원회는 다시 한번 유가 인상을 발표했고, 154명의 승객을 태운 여객기 역시 예멘에서 코모로로 비행하던 도중 추락하였고, 이는 6월에 발생한 두 번째 여객기 항공 사고였다. 2009년 7월 15일, 국가발전개혁위원회는 완제품 기름 가격 문제에 대해 성명을 발표하여 가격이 아직 제대로 조정되지 않았다고 밝혔다. 이날 이란의 카스피안 항공의 여객기가 서북부 도시 카즈빈 부근 마을로 추락하여 153명의 승객과 15명의 스태프 모두 생을 마감하였다.

이런 뉴스는 경악을 금치 못하게 하지만 생각해 보면 터무니없다. 이걸 이렇게 연관 짓는다고? 비록 항공 사고가 매일 발생하는 것은 아니라지만, 크고 작은 사고들을 다 합치면 적지 않지 않은가? 다행히 빅데이터 시대에 살고 있기에 언제 어디서든 온라인으로 필요한 증거를 찾을 수 있다. 여기서 가장 중요한 것은 세계 항공 조난과 사고 데이터다. NTSB 데이터베이스*에서 2016년 1월 1일부터 2018년 7월 31일 사이에 발생한 모든 항공 사고 데이터를 다운로드받으면 총 4,084건의 기록이 나온다. 사고 유형이 'Fatal'인 치명적인 사고들만 선별하고 헬리콥터 등 기타 비행 장치의 데이터를 제외하면 총 711건의 보통 비행기의 데이터만 남는다. 그런 다음, 국가발전개혁위원회의 유가 데이터가 필요하다. 국가발전개혁위원회의 역대 유가 조정 공고를 취합하면 총 46건의 기록을 얻을 수 있다. 그리고 시간순으로 그림 6.2처럼 나열하였다.

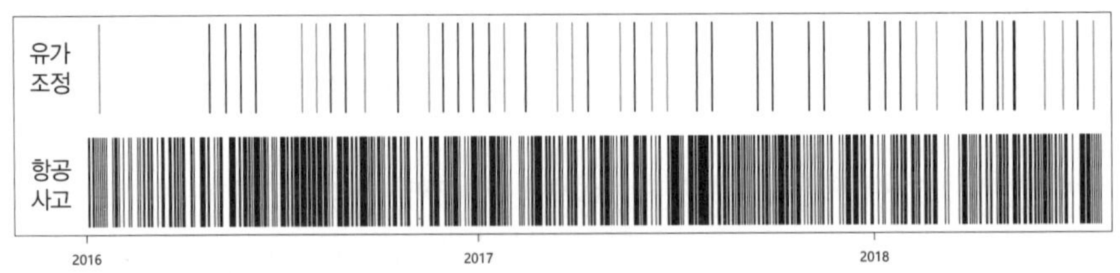

그림 6.2 **항공 사고와 유가**

* NTSB는 미국 연방교통안전위원회(National Transportation Safety Board)의 약자다.

유가를 조정하는 시점 부근에는 모두 항공 사고가 있었음을 한눈에 확인할 수 있다. 그러나 유가 조정 밀도와 항공 사고 밀도 또한 완전히 같지 않다. 사실상 2년여의 시간 동안 거의 매일 항공 사고가 있었다. 항공 사고 데이터를 유심히 살펴보면 민항 여객기의 항공 사고는 손에 꼽힐 정도이며, 대부분 항공 사고는 소형 비행기나 군용 비행기에서 발생했다. 국가 간 크고 작은 전쟁이 끊임없이 발생하는 이 시대에 소형 비행기의 사고는 확실히 소확률의 사건은 아니다. 만약 이 데이터로 국가발전개혁위원회를 책망하려 한다면 유가를 조정하는 시점마다 걸맞은 항공 사고가 있어야 한다. 국가발전개혁위원회가 비행기를 격추했다기보다 유가를 조정할 때 사람들이 항공 사고를 찾아냈다고 하는 편이 맞다. 만약 국가발전개혁위원회가 비행기 사고가 없는 평안한 시간대를 고르려 한다면 이는 결코 쉬운 일이 아닐 것이다.

6.1.4 여신과의 인연

우리는 해마다 무수히 많은 발렌타인 데이를 보낸다. 2월 14일 발렌타인 데이, 3월 14일 화이트 데이, 음력 7월 7일 칠석 때마다 사람들로 하여금 한 소절 뽑게 만든다. '7월 7일 장생전, 깊은 밤 사람들 모르게 한 약속. 하늘에서는 비익조가 되기를 원하고, 땅에서는 연리지가 되기를 원하네.'

그리고 사람들은 청명절을 제외한 나머지 기념일을 발렌타인 데이처럼 지내는 재능이 있다. 크리스마스와 설날 할 것 없이 모두 달달한 커플의 연휴가 된다. 어떻게 데이터로 증명하냐고? 윽, 사실 발렌타인 데이에 장미가, 그리고 촛불이 가득한 저녁식사 티켓이 얼마나 팔렸는지는 모른다. 다만, 이맘때쯤이면 호텔 업계의 주가가 매우 빠르게 오른다.

사람들은 대게 좋은 날에 여럿이 함께 있을 때 써먹을 개인기 하나씩은 가지고 있다. 하지만 IT 업계의 괴짜들은 이마저도 이상한 길로 빠진다. 무슨 통계 함수로 하트를 그린다든가, 아니면 다른 도구로 3차원 입체 하트를 그려 보여준다든가... 에효, 이걸 받은 여자는 진정 마음에 들어 웃어주는 건지, 아니면 촛불이 가득한 낭만적인 저녁이 없어서 묵묵히 슬퍼하는 건지 그저 모를 뿐이다. 평범한 사람들이라도 감정은 있다. 예를 들어, 다음과 같은 퍼온 글을 여신의 웨이보에서 봤다고 하자.

> 5월 20일이 곧 다가오네요. 만약 신경 쓰이는 사람의 이름에 W, H, Y, L, X, M, T, C, S, Z가 들어 있다면 조용히 퍼가세요.

적지 않은 남자 팬들은 "나는 성이 이(李, lǐ)씨이고 이름이 일(一, yī)이니 여신이 나에게 관심 있는 거 맞지? 가서 고백할까?", "오늘 고백하면 무조건 성공한다. 그렇지?" 등등 순간 기뻐서 어쩔 줄 모를 것이다. 모두 흥분하지 말기 바란다. 그렇지 않으면 이번 생에서 가장 용기 있게 감정을 드러내고 가장 빼어난 문장으로 글을 써가며 김칫국을 들이마셨는데, "왜 그래, 하하. 발 닦고 잠이나 자"와 같은 말을 여신에게서 들을지 모르겠다.

만약 불행히도 내가 맞췄다 하더라도 흥분하지 말기 바란다. 여신의 마음을 어떻게 당신 같은 쫄보가 마음대로 예측할 수 있는가? 사전만 열어봐도 알 수 있다. 그림 6.3과 같이 아무 사전이나 찾아봐라. 과연 서로 다른 성모로 시작하는 문자가 차지하고 있는 페이지 수(두께)가 다 같을까? 예를 들어, C만 봐도 많은 페이지가 있지 않은가? H는 또 어떻고? 그렇다. 그 어느 누구도 중문에서 병음 첫 글자가 균일하게 26개 영문 글자에 분포되어 있다고 얘기해 주지 않았다. 예를 들어, 성씨는 표 6.3의 백가성의 초반 32개만 보도록 하자.

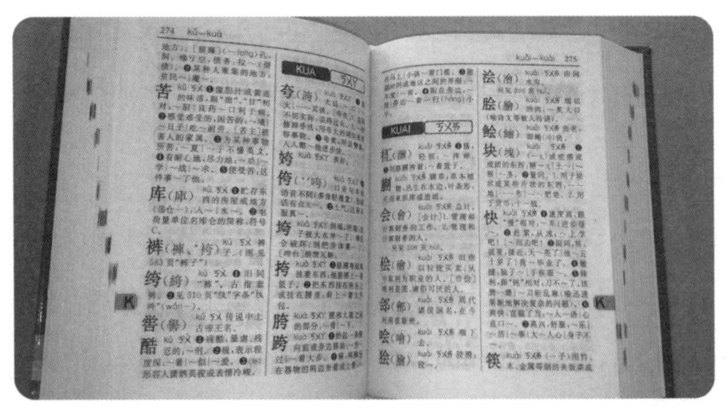

그림 6.3 《신화사전》(현대 중국어 사전)의 각 성모의 첫 번째 글자 개수는 다 다르다

표 6.3 백가성 초반 32개 성씨

조(赵) Z	전(钱) Q	손(孙) S	이(李) L	주(周) Z	오(吴) W	정(郑) Z	왕(王) W
풍(冯) F	진(陈) C	저(褚)Z	위(卫) W	장(蒋) J	심(沈) S	한(韩) H	양(杨) Y
주(朱) Z	진(秦) Q	우(尤) Y	허(许) X	하(何) H	여(吕) L	시(施) S	장(张) Z
공(孔) K	조(曹) C	엄(严) Y	화(华) H	김(金) J	위(魏) W	요(陶) T	강(姜) J

이 안에는 거의 각 행마다 여신이 말한 성모가 약 3개씩 포함되어 있다. 이름까지 포함하면 더욱 다양할 것이다. 아주 간단한 추산을 해 보자. 만약 성과 이름이 3/4의 확률로 W, H, Y, L, X, M, T, C, Z에 포함되어 있다면 다음과 같이 계산할 수 있다. 한 사람의 성과 이름(3개 글자라고 가정)이 이 10개 성모에 포함되지 않을 확률은 1/4 × 1/4 × 1/4 = 1/64이다. 다시 말해, 당신이 아는 64명의 사람 중 1명만이 앞서 말한 이름 규칙에 부합하지 않을 수도 있다는 것이다. 이 말은 곧 그 여신이 마음속으로 간직하고 있는 이름의 종류는 다양하다는 것이다.

현실에서 약 300명 정도의 회의 참가자 명단을 본 적 있을 것이다. 오직 Y, L, Z, H, X, C, W 7개 성모만 봐도 약 현장 인원의 90%를 차지한다는 것을 데이터로 알 수 있다. 여기서 Y와 L의 출현 빈도는 제일 높으며, 통계적으로 빈도는 약 30% 내외다. 다음에 다음과 같은 소식을 또 접하게 될 수도 있다.

> 이름에 L이나 Y 성모를 가진 사람은 평생 순조로울 것이다. 왜냐하면 이 2개 성모의 양 끝에서부터 만난 다음 다시 분리되지 않았기 때문이다. 만약 당신의 인생에서 이름에 L이나 Y를 가진 사람이 있다면 피가길 바란다.

그때가 되면 또다시 여신 때처럼 해맑게 '헤헤' 거리고 웃을 수 있을까? 사실 사람들이 우연이라고 생각한 사건이 일정량의 데이터를 분석하고 나면 상상처럼 우연이 아니라는 것을 발견하게 될 것이다.

6.2 상관과 인과

6.2.1 방화와 뜨거운 음료

웨이보에는 다음과 같은 문장이 전해진 적이 있었다. 한 영화사가 빅데이터 마이닝으로 관람객들의 연관상품 선호도를 발견했다는 것이다. 예를 들어, 〈방화〉의 관람객은 〈전랑2〉를 본 관람객보다 뜨거운 음료를 더 많이 마셨다고 했다. 이에 영화사는 여론의 뭇매를 맞았다. 왜냐하면 〈전랑2〉는 7월 말 여름에 상영되었고, 〈방화〉는 12월 겨울에 상영되었기 때문이다.

몇 년 새 인터넷 빅데이터는 인기가 높아졌다. 회사들은 기다렸다는 듯이 많은 인력과 자원을 투자해 빅데이터 분석팀을 구성했으며, 다행히도 점점 많은 전통업계가 각종 업무 기록을 전산화하여 대규모 분석을 할 수 있었다.

엔터테인먼트 업계가 어떻게 빅데이터화할지는 끝나지 않는 주제다. 2013년에 미국 인터넷 기업 넷플릭스는 빅데이터를 이용하기 시작해 감독, 배우, 현재 유행하는 각본 등을 분석한 후 〈하우스 오브 카드House of Cards〉 시리즈를 만들어 단번에 흥행에 성공했다. 흥행 성공의 비밀은 사실 그렇게 복잡하지 않다. 2017년 1분기까지 넷플릭스는 미국에서 이미 5,085만 명의 구독자를 보유하고 있었고, 이 수치는 전통 유선 TV 구독자의 합보다 많은 것이었다. 넷플릭스가 유선 TV를 초월한 것은 사용자 수뿐만이 아니다. 이 사이트는 기존의 유선 TV와는 비교조차 할 수 없는 사용자 데이터 수집 방식을 가지고 있다. 넷플릭스는 사용자의 시청 행동을 정확하게 추적하고 그들의 취미와 습관을 분석하여 전체 데이터 통계를 통해 현재 유행과 이슈를 판단한다. 이렇게 인기 있는 요소들을 한데 섞은 주제 프레임에 각본, 감독, 배우의 '귀재'들을 최대한 섭외하면 인기 시리즈가 하나씩 생겨나게 된다.

온라인의 넷플릭스 외에도 오프라인 영화관 역시 빅데이터에 관심을 가지기 시작했다. 그렇다면 영화관의 수익은 티켓 판매나 멤버십 구매에서 그치지 않을 것이다. 이미 완다에 인수된 미국 영화관인 AMC로 예를 들겠다. 그들의 최근 재무제표를 보면 식음료의 매출 비중은 이미 30%를 초과하고 전통 티켓 판매의 수익은 60% 내외인 것을 알 수 있다. 어떻게 식음료 서비스 수익을 극대화하느냐에 따라 수익 능력은 크게 영향을 받는다. 현재 프랜차이즈 영화관이 점점 늘어나고 각종 영화 관람 세트들이 홍보되면서 고객 식음료 구매 행동을 추적하는 것은 매우 쉬운 일이 되었다.

〈방화〉와 〈전랑2〉의 예제로 돌아가 보자. 두 영화의 주제는 다르다. 〈전랑2〉는 중국 현대식 군대를 주제로 다룬 액션 영화이며, 〈방화〉는 1970년대부터 80년대까지 군대 문화선전공작단에 있는 정직한 청춘 남녀의 이야기를 다뤘다. 두 영화가 끌어들인 관중은 과연 진짜 다를까? 어떤 데이터는 18~35세 젊은 사람들이 영화관의 주 소비자라고 하지 않았었나? 과연 〈전랑2〉를 본 남자가 〈방화〉보다 월등히 많고 여성이 밀크티와 같은 따뜻한 음료를 좀 더 좋아하는 건가? 이런 결론은 일리가 있어 보이지만, 영화관람객 분석을 통해 얼마나 큰 차이가 있는지 확인해야 한다.

앞선 문장이 진짜이건 가짜이건 간에 전문적으로 분석을 하는 사람이라면 아주 중요한 요소를 잊어버리면 안 된다. 〈전랑2〉의 상영은 여름에 있었고, 〈방화〉의 상영은 크리스마스와 새해가 있는 겨울방학 기간이었다. 설마 관람객이 겨울에 뜨거운 음료를 마시지 않고 차가운 음료를 마시겠는가? 아니면 영화관의 히터가 너무 빵빵해서 사람들이 차가운 음료로 열을 식히려고 했을까? 이렇게 계절과 같이 빠뜨릴 수 있는 제3의 변수와 관련된 예제는 적지 않게 볼 수 있다. 예전에 어떤 한 사람이 아이스크림의 판매량과 상어가 사람을 공격하는 것과 관련된 보고서에서 이 둘의 증가 추세가 놀랍게도 일치한다는 것을 발견했었다. 설마 아이스크림이 어떤 신비한 마력을 가지고 있어 상어가 수영하고 있는 사람들을 공격했다는 것인가?

그림 6.4의 x축의 시간 좌표를 보면 두 사건이 모두 여름에 발생했음을 알 수 있다. 기온이 상승하면서 한편으로는 점점 많은 사람이 아이스크림을 찾게 되었고, 또 한편으로는 점점 많은 사람이 수영하러 가서 상어에게 습격받는 횟수가 증가한 것이 분명하다. 두 사건 사이에 딱히 직접적인 관계는 없으며 그저 우연히 모두 여름에 발생했을 뿐이다.

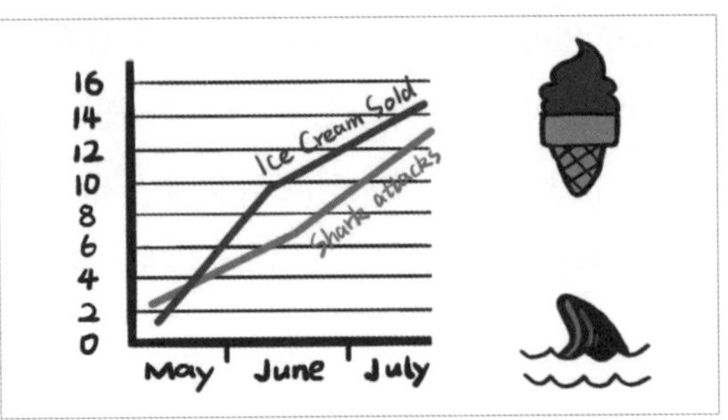

그림 6.4 **아이스크림과 상어 습격**

6.2.2 인기 게시물의 비밀

언제부터인지 모르겠지만 주요 포럼에서 제목이 '제목은 길어야 해', '온라인에서 기다려요, 급해요' 등과 같은 게시물을 심심찮게 볼 수 있게 되었다. 이렇게 하면 호기심을 자극하여 더 많은 팔로우와 리플을 진짜 받을 수 있는 건가?

이런 문제는 다음과 같이 바꿀 수 있다. 제목의 길이 L과 리플의 개수 R 사이에 명확한 관계가 있을까? 통계학에서 이런 관계를 (선형)상관성이라고 한다. 만약 L이 클수록 R도 크고 L이 작을수록 R도 작다면, L과 R 사이의 상관성은 매우 크다(정적 상관). 만약 이러한 현상을 발견하지 못했다면 L과 R의 상관성은 작다고 할 수 있다. 이런 관점을 실증(반증)하기 위해 랜덤으로 한 포럼의 게시물을 선택하여 제목 길이와 리플의 개수를 살펴봤다. 해당 포럼의 통계 결과는 그림 6.5와 같다.

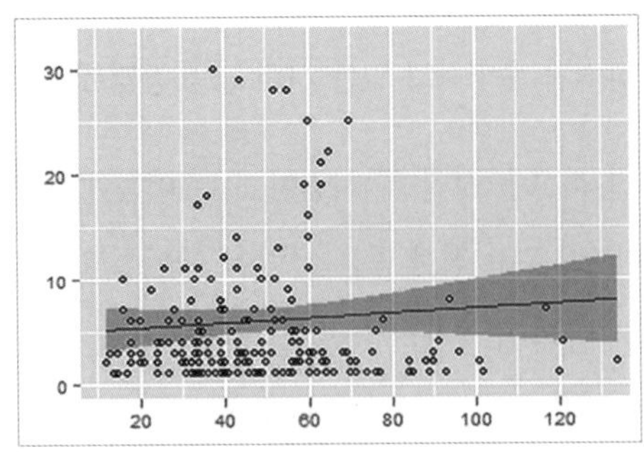

그림 6.5 **제목 길이와 리플 개수**

계산을 해 보니 *L*과 *R*의 상관계수는 0.06이며, 통계적으로 양자 간의 관계가 뚜렷하지 않았다. 따라서 결론은 게시물 제목의 길이를 늘려도 리플 개수가 증가하지는 않는다. 이와 비슷하게 '온라인에서 기다릴게요', '살려주세요' 등과 같은 키워드가 있는, 불쌍한 척하는 제목이 리플 증가에 도움이 되었을까? 결론만 말하자면, 이 포럼의 사용자들은 약간 '냉혈인'이라 불쌍한 척이나 귀여운 척하는 제목 또한 전혀 도움이 되지 않았다.

설마 자신의 사람들에게만 관심을 두는 건가? 과연 아니나 다를까 게시판 관리자나 포럼 원로가 게시물을 쓰면 리플 개수가 현저히 증가하는 것을 통계를 통해 알 수 있었다(다른 게시물의 평균 리플 개수보다 36개나 많았다). 냉정하게 생각해 보면 원로가 이 분야에 대해 이해하고 있는 부분이 더 많고 그들이 물어본 문제가 좀 더 퀄리티가 높아 서로 공감하는 부분이 더 많기 때문일 것이다.

앞서 진행한 분석에서 *L*과 *R*의 상관관계를 계산했다. 만약 동시에 귀여운 척하는 단어의 개수 *M*과 같은 또 다른 요소와 *R*의 관계에 대해 보고 싶다면 간단하게 4.1.1절 '천양과 사조'에서 소개한 회귀분석으로 처리할 수 있다. 당연히 문자에 대해 깊이 파고들어 4.4.3절 '의사의 필적'에서 소개한 자연어 처리 방법을 사용하여 여러 머신러닝 모델과 결합하면 리플 개수와 관한 더욱 정확한 분석 결과를 얻을 수도 있다. '제목이 길수록 리플이 많아진다'와 같은 규칙은 대부분 간단하게 통계 방법으로 검증할 수 있다. 이러한 검증은 좀 더 규칙에 대해 깊이 이해할 수 있도록 도와준다.

6.2.3 눈과 불의 도시

중국에서 태어난 사람들은 일반적으로 중국의 지명에 대해 흥미진진하게 얘기한다. 한편으로는 중국어의 신비에 대해 감동하고, 또 한편으로는 여러 재밌는 역사 이야기를 돌이켜 보길 좋아한다. 게임을 좋아하는 독자는 더욱이 각종 신기하고 기괴한 도시의 명명 방식을 봐도 놀라지 않을 것이다. 특히, 오행이 하늘을 받치고 있는 세계 구조에서 금, 목, 수, 화, 토는 가장 자주 볼 수 있는 명명 요소가 되었다.

공식 데이터인 중국 국가통계국의 '2016년 9월 중화인민공화국 현 이상 행정구획 코드'를 가져와 분석을 진행하겠다. 명명을 위해 사용된 글자는 1,228자이며, 《신화사전》에 보편적으로 수록된 8천에서 1만 자보다 매우 적은 편이다.

글자가 적다는 것을 따지지 않는다면 사람들이 가장 좋아하는 글자는 '산', '성', '양', '강', '안', '주'다. 4개의 방향의 글자 순서는 '남' > '동' > '서' > '북'이다. '산', '강', '하', '해', '천', '호', '계', '림' 등 지형에 대해 묘사하는 글자가 명명에 많이 사용되는 글자다. 오행의 순서는 다음과 같다. '수' > '금' > '토' > '목'이며, '화'는 없다! 중국 사람들은 화재를 진짜 미워하나 보다. 예전에 웨이보에서 사람들이 도시 명칭에 '설'자가 없는 것에 뜨겁게 토론한 적이 있는데, '화'를 싫어하는 것과 같은 이치다. 그림 6.6은 50위 안에 든 글자의 개수를 나타낸다.

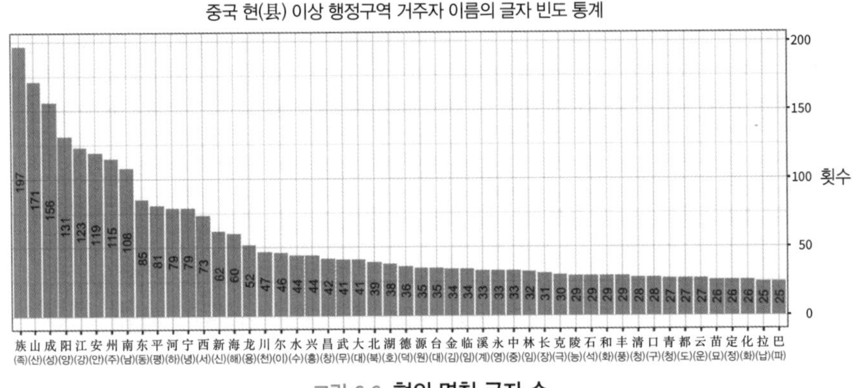

그림 6.6 **현의 명칭 글자 수**

이제 구역을 나누어 각 구역의 특징을 살펴보려 한다. 여기서는 화북, 동북, 화동, 중남, 서남, 서북 이렇게 전통적인 6개 구역만 분석하겠다. 지형과 관련해서는 서북지역 외에 기타 5개 지역은 '산'을 특별히 좋아한다. 이 외에도 동북은 '강'과 '하'와 '령'을, 화북과 서북은 '하'를, 중남은 '강'을, 화동은 '강'과 '호'를, 서남은 '강'과 '천'을 많이 사용한다. 방향과 관련해서는 동북지역은 '동'과 '서'를, 화북지역은 '서'를, 화동지역은 '동'과 '남'을, 중남지역은 '남'을, 서북지역은 '서'를, 서남지역은 '서'와 '남'을 자주 사용한다. 동북지역, 서북지역, 화남지역 모두 소수민족이 있어 지명에 민족 명칭이 포함되어 있기도 하다.

지리 결정론은 각종 문제를 해석하는 데 자주 사용되는, 호랑이 연고와 같은 존재다. 앞에서 지명에 대해 해석한 사고방식을 토대로 데이터 분석 결과에 따라 여러 가지 해석이 가능한 이유를 찾을 수 있다. 그러나 이러한 이유들이 얼마나 신뢰할 수 있는지는 좀 더 진지한 연구가 필요하다. 만약 앞서 도출한 결과를 뒤집어 본다고 해도 아주 그럴싸한 이유를 찾을 수 있을 것이다. 왜냐하면 도출한 결론에 딱히 필연적인 법칙이 없기 때문이다. 데이터에서 규칙을 찾아내어 인과관계를 추정하는 방법은 실행 가능한 방법이다. 그러나 위험한 방법이기도 하기에 사용할 때 좀 더 조심해야 한다는 것을 명심해야 한다.

6.2.4 이름이 그렇게 중요한가?

임신했을 때부터 많은 예비 엄마, 아빠는 두꺼운 사전을 꺼내곤 한다. 그리고 아이를 위해 가장 좋은 이름을 지어주려 한다. 어떤 사람은 심지어 각종 전통적이거나 현대적인 이론을 내세우며 오행, 풍수, 주역, 별자리 등을 사용해 어떤 이름이 평생 좋은 운을 가져다주는지 계산한다. 부모의 이런 아름다운 바람은 이해할 수 있지만, 이게 아이에게 어느 정도의 도움이 될까?

먼저, 다음과 같은 데이터를 한번 보겠다. 통계에 따르면 중국에서 가장 많이 겹치는 이름이 '장웨이'다. 30만에 가까운 득표수로 1위를 차지했다. '왕웨이'는 이보다 살짝 모자라 2위를 차지했고, 여성 이름인 '왕팡'이 3위를 차지했다. 그렇다. 자신의 주위 사람을 생각해 보면 나이가 다른 여러 '장웨이'가 존재하지 않았는가? 연예계에서조차 여러 '장웨이'가 존재하며, 이름이 중복되지 않기 위해 고의적으로 '대'자를 붙여 '따장웨이'라는 예명을 쓴다. 최근 몇 년 동안 트렌드가 끊임없이 바뀌며 '지우링허우' 부모들은 더 좋은 생각을 해냈다. 인터넷에 떠도는 2010년 이후 유행하는 신생아 이름 리스트를 한번 살펴보자.

핫한 여자 이름 30선: 즈한(子涵), 신이(欣怡), 즈한(梓涵), 천시(晨曦), 즈한(紫函), 쓰한(诗涵), 멍치(梦琪), 지아이(嘉怡), 즈쉬엔(子萱), 위한(雨涵), 커신(可馨), 즈쉬엔(梓萱), 스한(思涵), 스통(思彤), 신이(心怡), 위쉬엔(雨萱), 커신(可欣), 위신(雨欣), 한(涵), 위통(雨彤), 위쉬엔(雨轩), 지아이(佳怡), 멍야오(梦瑶), 쓰치(诗琪), 즈쉬엔(紫萱), 위신(雨馨), 스치(思琦), 찡이(静怡), 지아치(佳琪), 이눠(一诺)

핫한 남자 이름 30선: 즈쉬엔(子轩), 하오위(浩宇), 하오란(浩然), 보어원(博文), 위쉬엔(宇轩), 즈한(子涵), 위저(雨泽), 하오쉬엔(皓轩), 하오쉬엔(浩轩), 즈쉬엔(梓轩), 쮠지에(俊杰), 원보어(文博), 하오(浩), 쮠시(峻熙), 즈하오(子豪), 톈요우(天佑), 쮠시(俊熙), 밍쉬엔(明轩), 쯔위엔(致远), 루이(睿), 위항(宇航), 보어(博), 저위(泽宇), 신(鑫), 이밍(一鸣), 쮠위(俊宇), 쑤어(硕), 원쉬엔(文轩), 쮠하오(俊豪), 즈모어(子墨)

통계에 따르면, 2010년 이후 출생하고 세 글자 이름으로 지어진 남자아이 중 5.93%가 두 번째 글자가 '즈(子)'다. 세 번째 글자 역시 상당히 집중되어 있는데, '쉬엔(轩)'자가 무려 6.04%를 차지한다. 그렇다. '이링허우'가 자랄 때쯤이면 '큰즈쉬엔(子轩)'과 '작은쉬엔(子轩)'으로 나눠야 할 판이다.

중국 글자의 심오함과 비교했을 때 서양 국가의 사람들의 선택은 확실히 더 적다. 영문은 각종 배열 조합이 가능하지만, 사람들은 아무렇게나 조합하여 의미 없는 단어로 이름을 짓지는 않는다. 미국으로 예를 들자면, 다문화 이민 국가로서 부모의 선택은 대부분 《성경》이나 전통적인 영국과 프랑스와 독일과 이탈리아의 이름, 고향의 지명 등에서 비롯된다. 그렇다면 이런 이름들은 진짜 아이의 일생에 영향을 줄까?

2004년, 경제학자 마리안 버틀랜드Marianne Bertrand와 센드힐 물라이나탄Sendhil Mullainathan은 한 사회실험을 진행했다. 그들은 시카고와 보스턴 신문광고 중 일자리 구인공고를 분류하여 5,000개의 이력서 만들었다. 그들은 경력이 똑같은 여러 개의 이력서를 만들었고, 랜덤으로 이력서 이름을 바꿔 일부는 흑인처럼 보이게 하고 또 일부는 백인처럼 보이게 하였다. 그 결과, '이름이 백인 같은 사람'이 회신을 받은 확률이 '이름이 흑인 같은 사람'이 회신을 받은 확률보다 50%나 높았다. 이 데이터를 보고 나서 사람들의 첫 번째 반응은 '설마 직장에서 적나라하게 인종차별을 하는 건 아니겠지?'였다. 듣고 보면 이름이 확실히 중요하긴 하다. 그러나 만약 이렇다면 왜 흑인 부모들은 자신의 아이에게 백인 같은 이름을 지어주지 않는 걸까?

《괴짜경제학Freakonomics》[66]이라는 책에는 미국 경제학자인 롤랜드 프라이어Roland Fryer의 연구를 소개하고 있다. 롤랜드 프라이어는 미국 흑인문화 연구에 힘썼으며, '왜 흑인의 성과는 백인보다 못한가'를 중점으로 관심을 가졌다. 그는 캘리포니아주의 통계 데이터로 환영받는 이름을 나열했고, 캘리포니아주에서 출생한 여아 중 40% 이상의 흑인 여아는 백인 여아가 사용하지 않는 이름을 사용한다는 것을 발견했다. 그는 더 나아가 아이들에게 전형적인 흑인 이름을 지어 주길 좋아하는 부모는 미혼모이거나 받은 교육 수준이 비교적 낮은 미성년자인 것을 발견했다. 그녀들은 전형적인 흑인사회에서 생활하고 있었으며, 항상 흑인 이름을 보고 들어 왔기에 습관이 되어 있었다. 그리고 자신의 아이에게 흑인 이름을 지어 줌으로써 자신이 사회와 문화의 인정을 받으려 했다. 사실, 미국 흑인 이름의 배후에는 종종 소득계층의 차이가 강하게 반영된다.

프라이어는 사회계급뿐만 아니라 사실 더 중요한 것은 부모가 교육을 받은 정도라는 것을 발견했다. 흑인이건 백인이건 교육을 받은 정도가 다른 부모는 아이에게 지어주는 이름도 다르며, 이는 아이가 향후 다르게 자라는 가장 근본적인 원인이 될 수 있다. 더 재밌는 점은 백인사회에서 저소득 가정마저도 이름의 중요성에 대해 인지하고 있어서 고소득 가정의 명명 트렌드를 따라간다는 것이다. 딱 들었을 때 성공한 사람일 것 같은 이름은 고소득 가정에서 사용되고 아주 빠르게 사회경제 계층을 따라 아래로 전해진다.

따라서 이름과 성공은 인과관계가 존재하는 것처럼 보이지만, 사실 부모의 아름다운 염원이 더 많이 반영된 것이다. 이름은 직접적으로 아이의 운명을 바꿀 수 없다.

그러나 이름과 아이를 위해 끊임없이 투자하고 노력하는 부모야말로 아이가 자라서 성공할 수 있는 가장 큰 이유다.

딴말이긴 하지만, 2015년에 클라크상(젊은 경제학자상)을 수상한 롤랜드 프라이어 역시 전설이었다. 그는 마약 판매를 하는 한부모 가정에서 태어났고, 마약 판매에도 가담했었다. 그러나 이후 럭비와 농구에서 출중한 모습을 보였고, 텍사스 대학교 알링턴 캠퍼스의 체육장학금을 받게 되었다. 이 기회를 통해 그는 자신의 학술적 천부성을 발견했다. 그는 본과부터 경제학 박사학위를 받을 때까지 6년 반이라는 시간밖에 걸리지 않았다. 하버드 대학교에서 일한 지 7년 만에 정교수가 되었고, 하버드 대학교 역사상 평생 교직을 받은 가장 젊은 미국 흑인이 되었다.

6.3 표본과 조사

6.3.1 예측할 수 없는 미국 대선

미국 대선은 늘 흥미진진하게 얘기할 수 있는 주제다. 미국인에게는 누가 그들의 다음 대통령이 될지가 정해지는 자리이며, 미국인이 아닌 사람들에게는 조용히 앉아 역사의 거대한 바퀴가 어느 방향으로 흘러갈지 지켜보는 자리다. 과거 대선을 보면 사람들은 아마 각종 예상치 못한 결과에 경악을 금치 못할 것이다. 그리고 이 모든 상황은 여러 큰 기관의 여론조사 데이터와 떼래야 뗄 수 없어 보인다. 미국의 여론조사 기관은 매우 많은데, 모두 나름대로 방법을 가지고 자신의 능력을 뽐낸다. 최근 100년 동안 통계학, 특히 샘플링 조사 방법의 발전이 바로 가장 좋은 증거 중 하나다.

미국 대선에서 여론조사는 한 번 또 한 번이 과거 재현이다. 괜찮다면 한번 되돌아보도록 하겠다. 대공황 시대로 거슬러 올라가, 1916년부터 1932년까지 여론조사의 최고봉은 《리터러리 다이제스트The Literary Digest》였다. 이 잡지는 다섯 번이나 연속으로 미국 대선 결과를 정확하게 예측했기에 사람들의 신임과 찬사를 받았다. 1932년 10월,

《리터러리 다이제스트》는 성공적으로 대통령 대선의 결과를 예측했고, '뉴딜 정책'의 시대가 시작되었다. 그렇게 4년 후 1936년 중간선거 때 《리터러리 다이제스트》는 공화당 후보자인 알프레드 랜던이 루스벨트를 꺾을 것으로 예상했다. 그들의 데이터는 지금 봐도 매우 방대했었다. 《리터러리 다이제스트》는 1,000만 장의 설문조사 엽서를 부치고, 230만 통의 전화 조사를 했었다. 그러나 이후의 결과는 다들 알다시피 루스벨트가 큰 승리를 거두었고 대통령직을 연임하게 되었다. 이후 사람들은 《리터러리 다이제스트》가 예측에 실패하게 된 원인을 분석하기 시작했다. 《리터러리 다이제스트》의 구독자 대부분이 사회 중상층 사람들이었고, 공화당 사람이 차지하고 있는 비율이 미국 총 인구에서 공화당 지지자의 비율보다 높다는 것을 분석을 통해 알게 되었다. 이게 바로 대표성을 잃게 만드는 조사 설계에서의 '선택적 표본추출' 문제다.

몇 년 후인 1976년에 《미국 통계학자The American Statistician》에서 이 문제를 좀 더 깊게 다루었다. 《리터러리 다이제스트》의 여론조사는 완전히 자발적 참여를 통해 이루어졌으며, '무응답 오차'를 범했다는 것이다. 여기서 중요한 점은 전화가 있고 자발적으로 조사에 응한 사람들은 대부분 경제 조건이 좋은 사람들이었으며, 그들은 공화당을 대표하는 랜던을 보다 더 지지한다는 것이다. 자발적으로 피드백을 주는 사람들은 또한 선명한 동기가 있는데, 해당 문장에서 다음과 같이 언급한 적이 있다. '사실은 매우 명확하다. 루스벨트를 반대하는 소수의 사람들은 그들이 루스벨트를 지지하는 사람들보다 좀 더 적극적으로 여론조사에 참여해야 한다고 생각했다.'

두 가지 원인이 뒤섞이면서 《리터러리 다이제스트》의 예측이 대선의 실제 결과와 전혀 다를 것이 이미 정해졌었다. 《리터러리 다이제스트》의 신뢰도는 크게 하락했고, 잡지는 선거가 끝나고 몇 개월 후에 발행을 멈추었다.

그렇지만 현재는 빅데이터 시대다. 정보화로 인해 각종 정보의 수집이 쉬워졌다. 또 한편으로는 통계학이 오랜 발전을 거듭하여 각종 예측 모델이 좀 더 완벽해졌을 수 있다. 여론조사 기관은 시대의 흐름에 따라 끊임없이 발전했고 적극적으로 새로운 시대의 변화를 받아들여 데이터의 신이라 불리는 네이트 실버Nate Silver를 만들어 냈다.

실버는 원래 스포츠 예측에 집중했었고, 많은 야구 시합의 결과 예측에 성공했었다. 그는 이후 정치 분야로도 도전했는데, 2009년과 2012년 두 번의 미국 대선 예측을 통해 이름을 떨치기 시작했다. 2008년 대통령 대선에서 그는 오바마의 승리 예측은 물론 미국 50개 주의 투표 결과 중 49개 주의 예측에 성공했다. 2012년에는 정확도를 높여 50개 주 모두 성공했다. 이때부터 사람들은 대선 예측은 이미 '간파' 당했으며, 더이상 '블랙스완black swan'이 발생할 일은 없다고 생각했다. 설령, 실버가 자칭 베이즈의 신봉자라고 하더라도 우리가 봤을 때 실버가 보여준 방법은 당시 유행했던 머신러닝의 '앙상블 학습'과 매우 유사하다. 즉, 많은 여론조사의 결과를 취합하여 자신의 경험과 판단으로 평균값을 내는 것이다. 실버가 수집한 각종 여론조사 데이터에는 미국 전역 및 각 주의 여러 조사기관이 주관하는 서로 다른 규모의 데이터가 포함되어 있다. 실버가 보기에 이러한 '신호'는 각자 잡음으로 가득 차 있었다. 여러 여론조사 기관의 배경, 입장 차이, 조사 인구, 조사 시간 등 차이가 너무 컸기에 참고 의미가 다 달랐다. 그는 거인의 어깨에 앉아 그들의 독보적인 기술을 이용하면서 잡음을 제거하고 진짜 유효한 정보를 얻었다.

그러나 사람은 실수를 하고 역사는 되풀이된다고 하지 않던가! 실버는 2016년 대선이 끝나자마자 '신단'에서 떨어지게 되었고, 그가 예측한 힐러리의 승리는 없었다. 그림 6.7처럼 실버는 대선 전에 계속 힐러리가 더 큰 확률로 승리를 차지하리라 예측했었다. 트럼프의 당선이 한때 '브렉시트brexit'를 이은 또 하나의 '블랙스완'(브렉시트 전에는 브렉시트가 통과되지 않을 것이라는 예측이 대다수였다)이라는 의견이 많았지만, 돌이켜 보면 이 복잡한 사회는 계속 자유의 메커니즘에 따라 끊임없이 진화했다. 설사, 각종 모델 알고리즘이 한때 풍미했을지언정 조금의 구멍이라도 대두된다면 아무리 완벽했던 모델이라도 효과를 상실하게 된다.

실버가 실수한 이후 통계학자들은 그가 예측에 실패한 원인을 분석하기 시작했다. 그중 콜롬비아 대학교의 저명한 통계학자인 앤드류 젤먼Andrew Gelman은 대선에서 발생한 여러 '소확률사건小概率事件'은 사실 배후에 심각한 원인이 있었을 수 있다고 봤다. 그저 간단하게 앙상블 학습으로 이런 소확률사건을 간과하고 그들이 드러내는 독보적인 신호와 배후의 심각한 원인을 파고들지 않은 것이 실버가 실패한 가장 큰 원인일 것이라고 언급했다. 그러나 《리터러리 다이제스트》가 실패할 때처럼 더 확실한 분석 결과를 보려면 아마 십몇 년이나 심지어 수십 년을 기다려야 할지도 모른다. 제1장에서 언급한 것처럼 완전히 정확한 모델은 없다. 그러나 일부 모델은 유용하다. 여러 모델을 배우고 최적화하는 과정이 바로 복잡한 세계에서 더 많은 규칙을 찾는 과정이다.

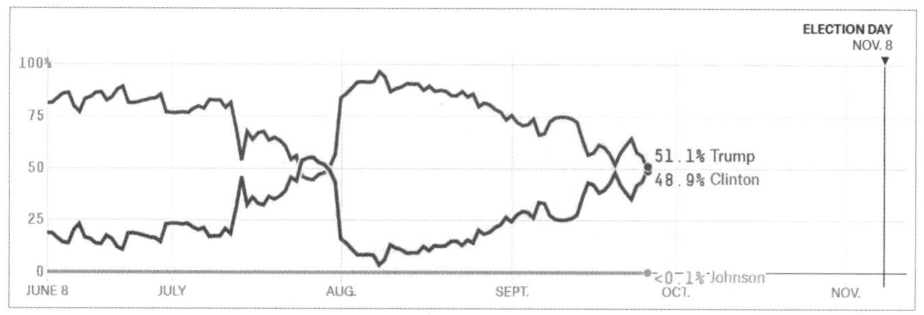

그림 6.7 **2016년 미국 대선 예측**

6.3.2 비대칭 듀렉스 데이터

2007년에 듀렉스Durex가 영국 《썬》지에 한 세트의 데이터를 발표하여 독자들을 놀라게 했다. 듀렉스의 대변인은 그들이 26개 국가와 지역에서 2.6만 명이 넘는 사람들을 조사했더니 남성과 여성의 성 파트너 수가 다르다고 밝혔다. 데이터를 통해 전 세계적으로 여성은 평균 7.3명의 남성 파트너가 있고, 남성은 평균 13.2명의 여성 파트너가 있는 것으로 밝혀졌다.

듀렉스는 꽤 재밌는 회사다. 그들은 해마다 각종 사회 매체에 재밌는 광고를 게재하는 것 외에도 고객의 '성적 행복지수'에 대해 궁금해하여 사회조사를 그들의 부업으로 만들어 버렸다.

사람들이 다시 한번 '평균화되었다'고 생각하는 것 외에도 뭔가 좀 이상하다고 느껴

지지 않는가? 전 세계 인구의 성 비율을 한번 보자. UN이 발표한 2015년 데이터에 따르면, 전 세계 남녀 비율은 101.8:100으로 전반적으로 평형 상태라고 한다. 만약 각 나라에서 발표한 인구분포 피라미드를 보면 그림 6.8처럼 성 활동이 활발한 연령대의 남녀 비율 역시 대략적으로 일치하며, 아주 적은 국가만이 남녀 비율이 평형 상태를 유지하지 못하고 있음을 알 수 있다.

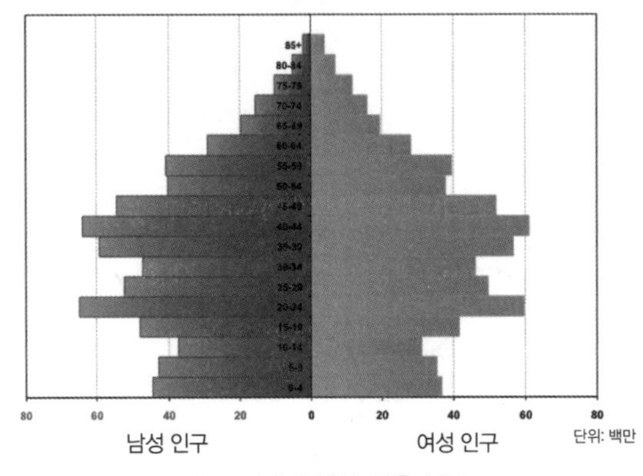

그림 6.8 **남녀 인구 비율 분포**

간단하게 수학 공식만 나열하는 것으로는 정확한 원인을 알기 어렵다. 설마 남성인구 × 평균 여성 파트너 = 여성인구 × 평균 남성 파트너가 틀리다는 건가? 그렇다면 듀렉스의 데이터가 보여준 남성에게 6명이나 더 많은 성 파트너가 있다는 얘기는 도대체 어디서 나왔다는 말인가? 듀렉스는 그해에 조사한 데이터에는 이성 파트너 수만 나타내고 있으며 동성 파트너 수는 포함되지 않았다고 밝혔다.

통계조사의 관점에서 보면 사실 많은 의문이 뒤따른다. 미국 대선을 본 독자는 각종 샘플링 조사의 함정에 대해 잘 알 것이라 믿는다. 예를 들어, 표본추출을 하는 집합체가 대표적인지 아닌지, 설문조사에 응한 사람들이 또 '무응답 편향 오류' 문제를 야기하는 특수한 사람들인지 아닌지를 판단해야 한다. 또 어떤 사람은 이런 민감한 주제에 대해 사람들은 거짓말을 쉽게 한다고 한다. 예를 들어, 남성은 성 파트너 수를 부풀려서 얘기하거나 여성은 성 파트너 수를 고의로 줄여 얘기한다는 것이다.

또한, 각종 평균값에 자주 나타나는 함정을 의심해 볼 필요가 있다. 예를 들어, 듀렉스는 전 세계 200여 개 국가와 지역을 전부 조사하지는 않았기에 전 세계 평균은 도대체 어떻게 평균값을 구한 건지 알아볼 필요가 있다. 그 외에도 이런 극단값은 통계적으로 잡음을 얼마나 발생시키는지 아직 모른다. 통계학의 관점에서, 만약 분포가 꼬리가 두꺼운 분포heavy-tailed distribution를 이룬다면 단계 간격이 무한할 수도 있어 평균값(첫 번째 단계 간격)에 대한 샘플링 판단이 매우 부정확할 것이다.

6.3.3 행운아의 전설

1940년을 전후로 영국과 독일은 공중전을 치르고 있었고, 양측 모두 적지 않은 폭격기와 파일럿을 잃었다. 따라서 당시 영국군의 가장 큰 연구 과제는 폭격기의 어느 위치에 두꺼운 장갑판을 장착해야 방어 능력을 높이고 손실을 줄일 수 있느냐였다. 장갑판이 매우 두꺼워서 비행기의 무게가 엄청나게 늘어나기 때문에 머리부터 발끝까지 장갑으로 포장할 수 없었다. 따라서 연구원들은 비행기에서 공격에 가장 취약한 부분을 선택하여 장갑판을 장착해야 했다.

당시 영국군은 유럽 전역에서 공중전을 펼치고 돌아온 폭격기를 연구하여 그림 6.9처럼 총알구멍의 분포 데이터를 분석했다.

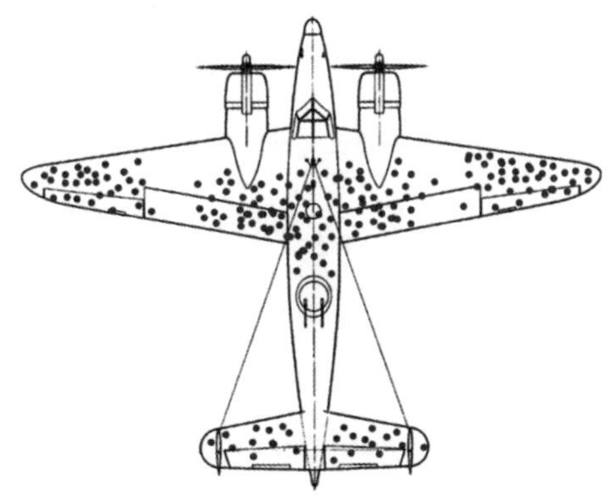

그림 6.9 **비행기의 총알구멍**

만약 당신이 당시 영국의 연구진이라면 수집한 데이터를 이용해 이 문제에 대한 어떤 답을 내놓을 것인가? 비행기가 탄에 맞은 위치는 확실히 기체의 중앙, 양측 날개, 후미 부분에 집중되어 있었다. 따라서 당시 연구진들은 일제히 총알구멍이 가장 밀집해 있는 부분에 장갑판을 장착하여 비행기의 방어 능력을 높이자고 제안했다.

재밌는 것은 당시 영국군의 동맹군인 미국군의 연구부에는 왈드Abraham Wald라는 통계학자가 있었는데, 그는 정반대의 의견을 내놓았다. 왈드는 연속해서 8편의 연구 리포트를 작성했고, 구멍이 숭숭 뚫린 폭격기는 전장에서 성공적으로 돌아온 '생존자'이기 때문에 기체의 총알구멍은 비행기에 치명상을 입힌 것이 아니라고 했다. 만약 치명적인 부분을 공격당했다면 그 어떤 '생존자'도 볼 수 없을 것이기에 이런 데이터를 통계할 필요가 없을 것이다. 총알구멍이 전혀 없는 부분이 바로 비행기의 제일 취약한 부분이며, 이것이 바로 '생존자 편향 오류'다. 왈드가 건의한 후 영국군은 바로 수용했고, 수천수만의 파일럿의 목숨을 구할 수 있게 되었다. 여기서 말하는 왈드가 바로 왈드 검정Wald test으로 유명한 아브라함 왈드다. 그는 이 외에도 오늘날의 머신러닝 모델이 널리 사용하고 있는 손실함수와 리스크함수 등의 개념을 발표했다.

과학 연구 분야만 해도 생존자 편향 오류는 계속 존재해 왔다. 예를 들어, 최근 '발표자 편향 오류'가 사람들의 주목을 받고 있다. 미국과 캐나다의 두 학자 마시캄포E. J. Masicampo와 대니얼 랄랑드Daniel Lalande는 통계를 통해 이미 발표한 3,627편의 논문 중 *P*값(통계학에서 유의성을 판단하는 지표)의 분포가 0.05일 때 그림 6.10처럼 큰 하락이 발생한다는 것을 발견했다. 여기서 0.05는 자주 사용되는 유의성을 판단하는 역치다.

이는 아마도 잡지가 *P*값이 0.05보다 작은 글을 발표하는 취미가 있다는 것을 나타낼 수도 있다. 이 문제는 더 나아가 *P*값에 대한 통계학계의 열띤 토론을 일으켰다. *P*값은 완벽하지 않을 수도 있다. 그러나 만약 더 좋은 지표를 찾게 된다면 어떻게 될까? 잡지가 고의로 사물 간의 관계를 발견한 글만 발표하고 사물 간 관계가 없는 연구를 무시한다면 이런 '발표자 편향 오류'는 계속 발생할 것이다.

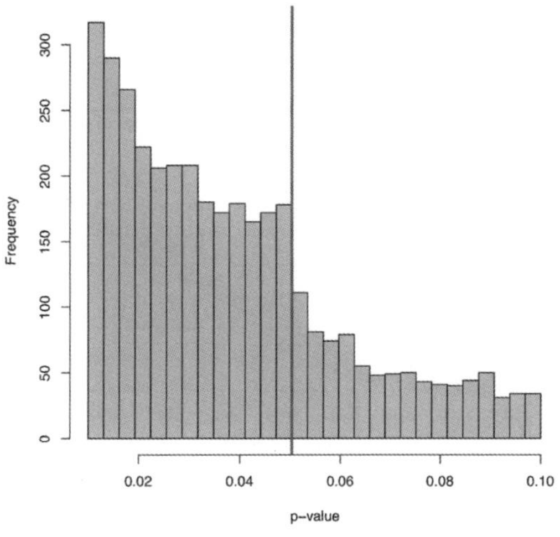

그림 6.10 *P*값의 분포

오늘날 생활 속에서 '생존자 편향 오류'의 예는 어디에서나 찾아볼 수 있다. 뉴스 미디어는 각종 복권 상금이 이미 어마어마한 금액이 되었다고 자주 보도하여 복권에 관심이 없는 사람들조차 솔깃하게 만든다. 이는 바로 복권 회사가 발견한 비밀인데, 많은 사람에게 작은 상을 주는 것보다 큰 상금을 주는 게 좋다는 것이다. 큰 상금으로 인한 홍보 효과는 작은 상을 주며 누적된 효과보다 훨씬 좋다. 뉴스에서 본 각종 복권 행운아들의 신기할 수도 평범할 수도 있는 이야기는 일정 기간 자주 사람들에게 회자된다. 사람들은 복권 당첨자의 행운에서 그들의 미스터리한 면을 배우려 하지만 헛수고가 되기 일쑤다. 그럼에도 사람들이 따라해 보고자 하는 심리를 막을 수는 없다. 예를 들어, 미국의 유명한 복권인 파워볼power ball은 2016년에 16억 달러 당첨자가 나온 적이 있었다. 그림 6.11처럼 판매 데이터를 통계해 보면 복권의 수량과 누적 상금은 큰 관계가 있었음을 알 수 있다.

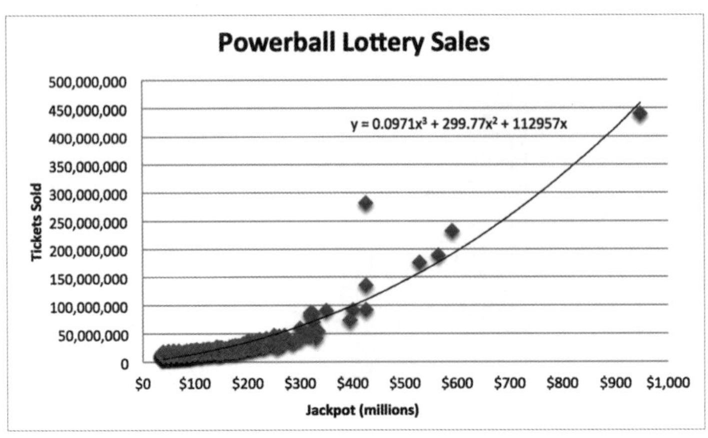

그림 6.11 **파워볼의 판매량**

이와 마찬가지로 보험사 역시 이에 능통하다. 사람들은 보험사가 소확률 보험 종류에 보험금을 지급할 때 기분이 좋지 않을 것이라고 생각한다. 하지만 정반대로, 많은 보험사는 '성공적으로' 보험금을 지급한 사례를 홍보할 수 있어 기분이 좋을 것이다. 왜냐하면 그들은 단번에 많은 보험 고객을 끌어들일 수 있게 되기 때문이다. 이는 모두 '생존자 편향 오류'의 더 극단적인 예제다. 그 배후에는 통계학의 법칙뿐만 아니라 소확률사건에 대한 사람들의 판단이나 과장 혹은 부족한 심리 효과에 대한 반영이 포함되어 있다.

6.3.4 하버드 총장의 해고

예전에 한 하버드 총장은 '남성과 여성의 지능에는 차이가 있다'라는 말을 했었다. 이날 이후 그에게는 다음이 없었다. 그렇다. 그는 그날 이후 언론에 의해 부당 '해고'된 것이다(정치를 잘못했기 때문이다).

그런데 여러분은 설마 아무런 의문점도 느끼지 못한 것인가? 하버드 총장씩이나 되는 그렇게 똑똑한 사람이 왜 그런 말은 한 것일까? 그가 발표한 원문을 한번 보도록 하자.

'There is relatively clear evidence that whatever the difference in means ⋯ (중략)⋯ there is a difference in the standard deviation, and variability of a male and female population.'

번역하자면, '남성과 여성의 지적 수준의 평균값은 같지만 지능 분포는 다르다'가 된다. 그가 하고 싶었던 얘기는 전반적으로 남성이 여성보다 똑똑하지 못하며, 여성 또한 남성보다 똑똑하지 못하다는 것이다. 그러나 여성의 지능이 상대적으로 평균값에 가까우며, 남성의 저점과 고점은 비교적 넓게 퍼져 있다. 만약 정규분포의 곡선으로 그려 본다면 대략적인 의미는 그림 6.12와 같을 것이다.

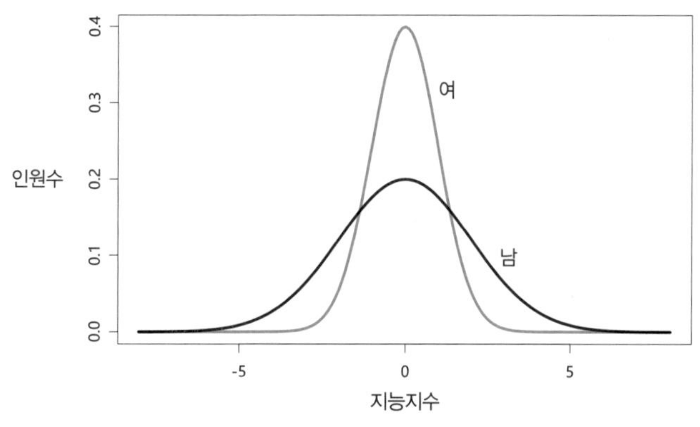

그림 6.12 **가상 남녀 지능 분포도**

만약 하늘이 당신의 아이에 대해 다음 두 가지 선택사항을 주었다고 가정한다면 당신은 어떤 선택을 하겠는가?

- 천재이거나 바보다(분산이 크다)
- 천재도 아니고 바보도 아니다(분산이 작다)

만약 첫 번째를 선택한다면 앞서 말한 이론처럼 남자아이가 당신의 기대에 더 부합할 것이다.

따라서 여기서 말하는 분산은 사실 한 집합체가 평균값에서 벗어난 정도를 가늠한 것이다. 분산이 클수록 해당 집합체의 개체 간의 차이는 더 클 것이며, 평균값의 대표성은 상대적으로 떨어진다. 분산이 작을수록 해당 집합체의 개체가 중심(평균값)에 가깝다는 것을 의미하기에 평균값의 대표성은 상대적으로 좋다.

6.4 도형의 오도

6.4.1 소득의 변화

2.4.3절 '평균화된 급여'에서 소득은 전형적인 '평균화된' 예제라고 소개했었다. 사실, 이런 '평준화'는 한 시간대의 상황을 반영한 것일 수도 있고, 시간에 따라 갈수록 일이 틀어지는 것일 수도 있다. 더욱 더 무서운 점은 우리가 본 것이 분포이며, 평균값이 아니더라도 여전히 중요한 정보가 '대표되고' 무시될 수 있다는 것이다.

미국 〈파이낸셜타임스〉는 1971년부터 소득 분포의 변화를 그림 6.13처럼 게재하였다.

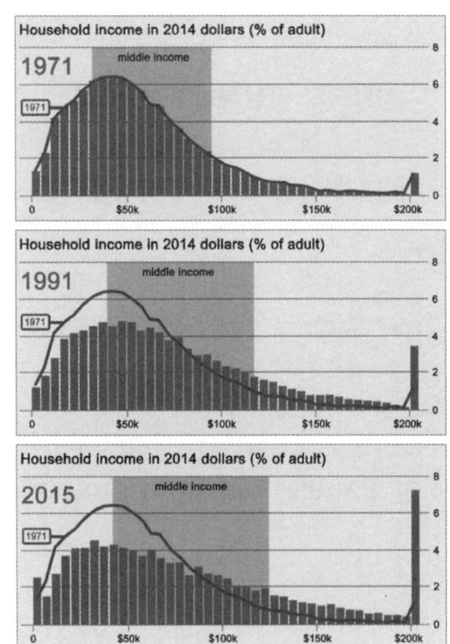

그림 6.13 **소득 분포의 변화**

이 세 장의 그래프를 보면 미국 중산층 소득은 계속 증가했어야 한다. 파란색 곡선은 1971년의 분포를 나타내며, 회색의 그림자 부분은 중산층의 소득을 나타낸다. 파란색 곡선과 비교했을 때 회색 그림자는 계속 오른쪽으로 이동하고 있다. 미국 중산층 가정의 소득이 증가하고 있음을 나타낸다. 중산층뿐만 아니라 모든 그래프가 오른쪽으로 이동하고 있는데, 이는 빈곤 인구가 감소하고 저소득층이 중산층으로 전환되고 있어 전체 사회의 소득이 점점 평준화되는 것처럼 보인다. 과연 이게 미국의 소득 수준이 시간에 따라 개선되고 있다는 뜻일까?

그러나 마지막 그래프의 가장 오른쪽 막대를 보면 200k+라는 수치를 볼 수 있다. 여기에는 연 소득이 20만 달러 이상인 가정을 모두 취합해 놓았다. 20만 달러 이상이라면 20만 달러에 근접한 것일 수도 있고, 200만 달러, 심지어 2,000만 달러일 수도 있다. 다른 관점에서 또 하나의 그래프를 살펴보겠다. 가장 위에 있는 선은 상위 1% 부자들이 보유하고 있는 재산이며, 아래로 갈수록 소득 계층에 따라 분리된다. 이 그래프를 통해 앞서 소개한 〈파이낸셜타임스〉의 데이터가 보여준 증가세는 그저 상위 1%의 부자들에게만 해당될 수도 있다는 것을 알 수 있다. 2007년 미국의 통계 데이터에 따르면 1%의 사람들이 전체 국민 재산의 35%를 차지하고 있다고 한다. 또한, 2014년의 통계 데이터에 따르면 서브프라임 모기지론 위기 후 이 비율은 40%까지 증가했다고 한다. 이는 앞서 본 데이터와는 사뭇 다른 느낌이다. 실제로는 미국 가정의 소득은 더욱 불평등해지고 있었던 것이다. 미국이 최근 40년간 경제적으로는 발전했지만, 사실 가장 부유한 20%의 가정에만 해당하는 것이었고 부유한 가정일수록 혜택을 더 많이 받았다. 사실, 경제성장은 부의 증가를 가져오는 한편 부의 편중도 같이 가져온다. 서로 다른 그래프로 똑같은 사실을 나타냈을 때 그 결과는 차이가 클 수도 있어 통계 그래프를 사용할 때 꼭 신중해야 한다.

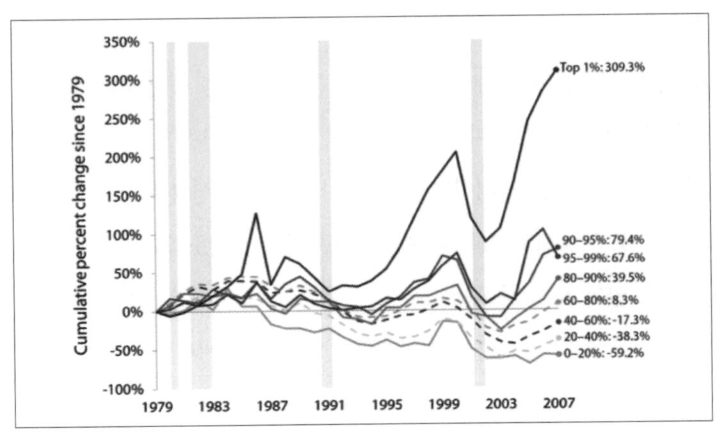

그림 6.14 **1979년을 기준으로 한 소득 변화**

6.4.2 톨게이트와 정류장

예전에 웨이보에 이런 인기 주제가 있었다. 어떤 사람이 바이두 지도에 '톨게이트'를 검색해 보니 너무 많이 나왔다는 것이다. 이는 열띤 토론을 불러일으켰고, 대체로 정부가 톨게이트를 많이 설치해 인민들의 돈을 갈취한다는 내용이 많았다. 그림 6.15는 검색 결과이며, 한눈에 봐도 톨게이트가 너무 많아 화가 치밀게 만든다.

그림 6.15 **톨게이트 지도**

이미지의 가장 큰 장점은 직관적이라는 것이다. 꽤 많은 일은 말로만 해서는 잘 모르지만, 이미지로 나타내면 쉽게 강한 비주얼 임팩트를 줄 수 있다. 이 톨게이트 주제가 바로 전형적인 예제다. 중국 지도를 보면 서부고원 외에 거의 모든 곳이 톨게이트로 가득 찼는데, 이는 사람들이 쉽게 흥분을 가라앉히지 못하게 만든다. 그런데 실제로 톨게이트가 '과도하게' 많은 걸까? 현재 전체 데이터도 없고 합리적인 개수를 계산할 만한 기준도 없기에 톨게이트가 과도하게 많은지에 대해서는 여기에서 평가하지 않겠다. 그러나 이런 지도 방식으로는 톨게이트가 과도하게 설치되었는지를 판단할 수 없다는 것만은 확실하다.

지도에서 '정류장'을 검색해 보면 그림 6.16처럼 거의 톨게이트와 같은 결과가 나온다. 똑같이 빽빽하고 심지어 서남부 지역은 톨게이트보다 더 많다. 이 관점에서 본다면 정부가 매우 착해서 이렇게 많은 기반 시설을 건설했다고 할 수 있다. 정류장은 많을수록 사람들이 이동하기 편리하기 때문에 많을수록 좋다. 그러나 사람들은 이에 대해 뜨겁게 토론하지 않는다. 이건 당연히 받아야 하는 것이라고 생각하기 때문이다.

그림 6.16 **정류장 지도**

사실, 톨게이트든 정류장이든 각 도시와 고속도로에 어느 정도 있는 것은 정상적이다. 톨게이트와 정류장의 개수가 얼마나 되어야 가장 합리적인지는 또 다른 문제다.

중국에는 300여 개의 도시와 3,000여 개의 현이 존재한다. 14억 인구가 버스로 이동해야 한다면 한 도시당 1개의 점만 그리더라도 분명히 빽빽하게 보일 것이다. 무엇을 검색하든지 이 작은 지도에 집중적으로 표시하면 당연히 강력한 비주얼 임팩트를 겪게 될 것이다.

데이터 시각화의 관점에서 봤을 때 작은 면적의 이미지에 너무 많은 점을 표시하는 것은 큰 의미가 없다. 이미지의 목적은 데이터의 규칙을 좀 더 보기 편하게 만드는 것이지 혼선을 주는 것이 아니다. 만약 이 점을 제대로 해내지 못했다면 기술적인 문제다. 그러나 만약 고의적으로 이렇게 하고 오해를 살 수 있는 설명까지 곁들인다면 이건 도덕적 문제가 된다. 데이터 시각화는 만화가 아니고 주관적인 창작도 아니기에 사실과 데이터를 근거로 만들어져야 한다. 이미지를 그리든 판독을 하든 꼭 데이터와 결론을 밀접하게 연결해야 함을 잊지 말자.

6.4.3 동관의 도주

2014년 2월 9일, CCTV에서는 동관시의 실태에 대해 폭로하고 대대적인 퇴폐업소 퇴치에 나서 큰 파장을 일으켰다. 그날 저녁 '바이두 이주'로부터 얻은 빅데이터 분석 인터넷 이미지가 빠르게 퍼져 나갔다. 해당 이미지는 간단하고 직접적으로 2월 9일 저녁 10시부터 8시간 동안 동관시에서 나가거나 들어온 인구수가 가장 많은 10개 지역을 보여줬다. 비록 본문은 명확하게 설명하지 않았지만, 당시의 네티즌들은 그 뉴스를 서로 전달하면서 이게 바로 '고객과 업소 사람들의 도주로'라고 여겼다. 당시 인터넷에서 사람들은 이게 바로 전형적인 빅데이터를 응용한 사례라고 생각했다. 왜냐하면 결론이 데이터로부터 비롯되었고 데이터양 역시 충분히 많았기 때문이다. 그리고 빅데이터 분석 방법을 활용하였는데, 당연히 구체적인 모델과 알고리즘은 바이두가 대신 진행하였다. 그리고 가장 세련되고 쿨한 시각화 방식으로 나타냈으며, 마지막으로 데이터의 결과에서 실제로 얻고자 하는 결론을 냈다. 모든 게 그렇게 완벽했다.

이 데이터 분석과 시각화 예제는 매우 대표적이다. 분석 방법에서 봤을 때 논리에 빈틈이 없었고, 연구하려는 방향은 CCTV 폭로 후의 영향이었는데, 좀 더 전문적인 표현을 빌리자면 이를 '개입 분석'이라고 한다. 영향과 관련된 가능한 결과는 사람마다 달랐는데, 이 연구는 사람들이 흥미를 가질 만한 결론인 '도망간 인원'의 행방을 선택했다. 해당 연구가 선택한 방향 역시 아주 제대로였다. 바이두 이주의 시각화 도구를 직접적으로 사용했던 것이다. 데이터에서 결론까지의 모든 절차가 완벽했다. 그림 6.17은 바이두 이주의 예시이며, 당시 전해졌던 버전보다 좀 더 보기 좋게 다듬어졌지만 표시 방식은 그대로다.

그림 6.17 **바이두 이주 이미지 예시**

그렇다면 빅데이터 시대에 빈틈없고 완벽한 분석 프로세스는 과연 무조건 정확한 것일까? 이 문제에 답은 빅데이터 분석의 가장 중요한 본질과 오류와 관련되어 있으며, 빅데이터를 사용한다고 해서 무조건 결과를 얻을 수 있는 것은 아니다. 사실, 빅데이터이든 적은 데이터이든 데이터 분석은 방법과 가설이 꼭 매칭되어야 하며, 모델과 데이터 또한 매치되어야 한다. 듣기에 심오해 보일 수 있다. 따라서 이 예제를 사용해 정상 데이터 분석 프로세스를 그려보겠다.

먼저 이 이주 지도의 데이터는 도대체 무엇인지 독자와 '분석가'들은 진짜 이해했는가? 바이두에서 제공한 자료에 따르면, 데이터는 LBS(위치 기반 서비스) 오픈 플랫폼에서 가져왔다고 한다. 당시에는 주로 모바일 클라이언트였다. 바이두 오픈 플랫폼은 안드로이드, 심비안, IP 위치 인터페이스가 잘 되어 있다. 다시 말해, 사람들이 모바일 단말기로 바이두 지도나 기타 바이두 지도와 관련한 서비스를 이용할 때 바이두에 기록이 남아 이 데이터로 분석한다는 것이다.

그러나 진짜 이주 지도를 구성하는 세부 데이터는 무엇일까? 일반인은 사실 잘 모른다. 합리적으로 추측해 본다면, 감시 제어 장치의 궤적이나 GPS의 시작점과 종점을 이용했을 수도 있다. 어떤 방식이든 간에 사용자의 실제 시작점, 종점, 중간점을 정확하게 구분할 수 없다. 예를 들어, 우한에서 동관까지 보통은 센닝을 거치는데, 그렇다면 우한과 센닝 두 군데에서 동관으로 유입된 인원수는 어떻게 계산할 것인지는 명확한 정의가 필요하다. 바이두는 당연히 일정 규칙을 가지고 있지만 일반인은 모른다. 널리 퍼졌던 그 이미지를 보면 우한과 센닝은 모두 동관으로 유입된 인원이 가장 많은 10개 도시 중 하나다.

이 데이터들을 통해 얼마나 대단한 결론을 얻을 수 있을지 모르겠지만, 바이두가 모든 세부사항을 공개하기 전까지 대중은 확실하게 이해하기 어렵다. 세부적인 부분의 다른 처리 방식은 결론에 큰 영향을 줄 수 있기 때문이다. 간단한 예를 들자면, 바이두의 이주 지도는 사용자가 좀 더 깊이 분석할 수 있도록 충분한 정보를 제공하지 않는다. 그저 대략적인 추세만 보여줄 뿐이다. 만약 자신이 빅데이터를 사용하기만 하면 무조건 정확한 결론을 얻을 수 있다고 한다면, 이는 확실히 잘못된 것이다.

이 문제는 이미지의 오도 문제이자 선택적 표본 문제다. 앞서 진행한 데이터 소스에 대한 토론으로 응용한 데이터는 그저 일부 표본일 뿐이라는 것을 알고 있다. 간단하게 말해, 모바일 단말기를 사용하고 바이두 LBS 서비스를 시작한 사용자만 나타낸다는 것이다. 복잡하게 말하자면, 바이두가 정한 규격과 관련이 있다. 어떤 상황에서도 통계 방법으로 결론을 얻고자 하는 것은 전체에 해당하는 것이지 표본을 사용하는 것은 추리를 하는 것뿐이며, 표본의 대표성에 따라 결론의 퀄리티가 좌지우지 된다. '동관 이주' 사건 이전에 바이두의 이 프로그램은 설날 여객과 화물의 이전 덕분에 이미 유명해져 있었다. 설날의 이전에 대해 또 하나 재밌는 일화가 있다. '어떤 방송국 기자가 기차에서 승객에게 표를 구매했는지 물었고, 모든 사람이 다 표를 구매했다는 결론을 내렸다'는 것이다. 이 예제를 보고 사람들은 그저 우스갯소리라는 것을 알고 있지만, 사실 이건 선택적 표본 편향 오류 문제다. 다시 '동관 이주' 예제로 돌아와서 보면 똑같은 문제가 존재한다는 것을 알고 있다. 그저 모두 우스갯소리로만 끝내지 않았을 뿐이다.

동관은 GDP가 전국 상위권인 작은 도시로서 원래부터 평범하지 않았다. 매해 유입되는 외지 인력 또한 적지 않았다. 특수 업계와 관련된 인구수는 사실 아주 작은 비율일 뿐이다. 양적으로 봤을 때 CCTV가 폭로한 사이 인구 이동에 미친 영향은 랜덤 오류와 비교조차 되지 않을 수도 있다. 데이터 자체로 돌아와 보면 독자들은 상위 10개의 도시 순위를 알 수 있다. 그러나 비율 관련 수치를 자세히 보지 않았을 것이다. 전출만 놓고 보면 상위 3개 도시인 홍콩, 간저우, 천저우의 비율은 10분의 1 이상이며, 기타 도시의 비율은 매우 작다. 10위에 랭크된 장저우는 1,000분의 19밖에 되지 않는다. 그렇기에 기타 도시에 얽매여 있는 것은 의미가 없다.

3위 안에 랭크된 도시는 2014년 2월 10일 23시까지도 3위 안에 들었다. 그날의 데이터 순위는 CCTV의 폭로가 시계열에 준 영향을 증명할 수 없다는 것을 의미한다. 그리고 상위 3개 도시인 홍콩, 간저우, 천저우의 유입 데이터를 살펴보면 상위 10개 도시에 동관이 포함되어 있지 않았다. 따라서 이 3개 도시의 유입 수에 이상한 점이 있다면 절대 동관 때문은 아니라는 것이다.

어찌 됐든 '동관 이주'의 예제는 데이터 시각화 또는 통계 이미지의 아주 좋은 예제다. 이 예제의 가치는 인터넷에 전해진 결론이 아닌, 진정한 데이터 분석 프로세스를 명확하게 해석했다는 점과 평소에 사람들이 이미지를 오용하고 있다는 것을 나타냈다는 점이다. 이미지는 매우 강한 직관성을 가지고 있기 때문에 사람들이 그 안의 규칙을 쉽게 이해하고 분석 결론을 얻을 수 있게 한다. 따라서 그 안에 오도의 가능성이 있다는 것을 각별히 주의해야 하는데, 가장 좋은 방법은 데이터에 내포된 의미와 숨겨진 가설을 충분히 이해하는 것이다.

6.4.4 독이 있는 피팅

신약 개발의 임상실험 단계에서는 대량의 모델링과 시뮬레이션 작업을 해야 한다. 여기서 가장 중요한 데이터는 혈장 농도에서 얻을 수 있는데, 일정 방식으로(정맥주사, 정맥점적, 근육주사, 복용 등) 체내에 약물이 투여된 후 농도는 시간에 따라 변화한다. 보통 상한선에 다다른 후에는 대사 과정을 통해 끊임없이 줄어든다. 다른 약물, 다른 투여 방식에 따라 농도의 변화 곡선은 달라지는데, 이 과정은 모델을 통해 연구할 수 있다.

그림 6.18에는 100개의 데이터를 포함하고 있고, 스무 명의 피실험자 임상실험 데이터를 나타낸다. 일정 시간마다 피실험자의 혈액을 채취하며 약물의 농도 Y를 기록한다. 만약 약물 농도와 시간의 관계에 대해 연구하고 싶다면 가장 직관적인 방법은 회귀분석을 하는 것이다. *Y*가 종속변수가 되고 시간은 고립변수가 된다. 4.1.1절 '천양과 사조'에서 **회귀 모델**에 대해 소개했었다. 선형회귀를 통해 하나의 직선을 매핑하면 그림 6.18과 같아진다.

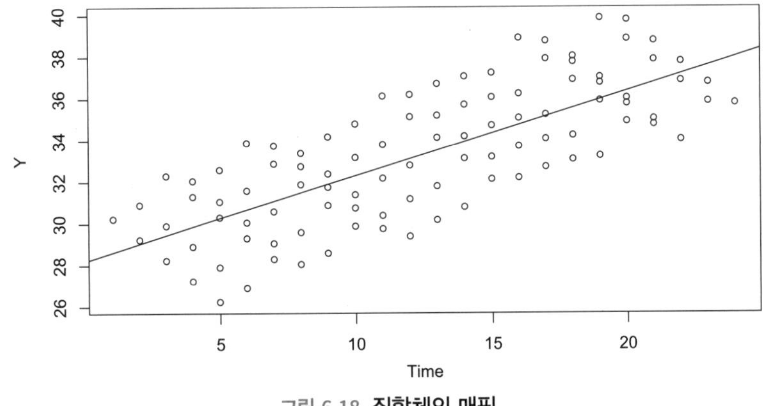

그림 6.18 **집합체의 매핑**

그림 6.18이 나타내는 매핑 효과를 보면 모든 점이 확실히 직선에 가깝기 때문에 모델이 잘 매핑되었다고 생각할 수 있다. 만약 철저하게 회귀분석을 진행하면 고립변수는 시간이며 자기상관의 문제가 존재할 수도 있다는 것을 알 수 있다. 그러나 과연 문제가 이것뿐일까? 데이터를 좀 더 깊이 연구해 보자. 앞서 100개 데이터에 20명의 피실험자가 관여되어 있다고 했었다. 다시 말해, 피실험자는 각각 평균 5개의 데이터(실제로 이 예제에서 각 피실험자는 5번씩 혈액검사를 진행했다)를 제공했다는 것이다. 만약 데이터를 섞어 회귀분석을 한다면 각 실험자는 개체 차이가 존재하지 않는다고 묵인하는 것이다. 하지만 실제로는 그럴 수가 없다. 의료 임상 분야에서 서로 다른 환자 개체 간의 차이는 매우 크다.

데이터에서 각 피실험자의 혈장 농도 데이터를 선으로 연결한다면 그림 6.19와 같은 결과를 얻게 된다. 그림 6.18에서의 직선과 비교했을 때 각 개체의 직선 방향은 아래로 향해 있다는 것을 알 수 있다. 선을 그리는 두 가지 방식으로 인해 결과 방향이 완전히 반대가 되었다.

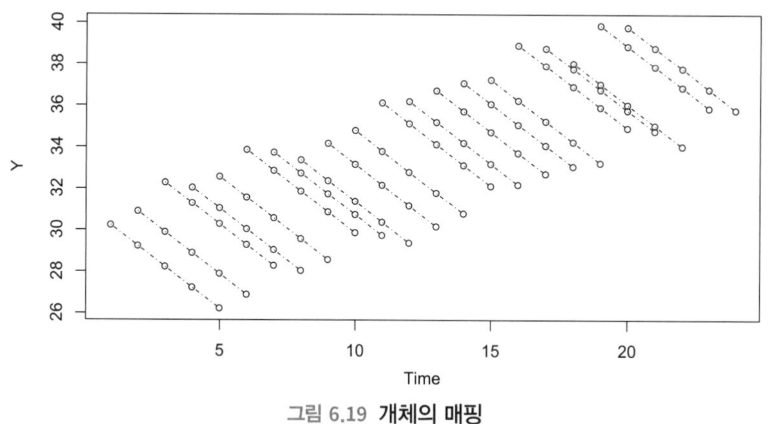

그림 6.19 **개체의 매핑**

다시 말해, 이 예제에서 개체의 혈장농도 방향과 집합체의 방향은 완전히 반대라는 것이다. 만약 모델까지 파고든다면 이 예제에서의 데이터는 각기 다른 피실험자로 층이 나뉘는데, 각 피실험자가 시계열 데이터를 포함하고 있다면 이런 데이터를

종단 데이터longitudinal data라고 한다. 만약 시간점을 고정시켰을 때 각 피실험자의 데이터가 하나의 표본을 대표한다면 이런 데이터를 **횡단면 데이터**cross-sectional data라고 하는데, 이는 회귀분석 연구의 데이터 형식이다. 만약 피실험자를 고정시켰을 때 각 시간점의 데이터가 하나의 표본점을 대표한다면 이런 데이터를 **시계열**time series이라고 하는데, 이는 시계열 분석 연구의 데이터 형식이다. 당연히 모든 데이터를 정리하여 일반 회귀분석을 통해(그림 6.18의 모델과 매치된다) 답을 구하든, 아니면 각 개체마다 모델링을 진행하든(그림 6.19의 모델과 매치된다) 모두 좋은 방법은 아니다. 사실, 종단 데이터를 처리할 수 있는 혼합효과 모델과 같은 분석 모델은 존재한다. 임상실험의 인구 약동학과 약효학 분야에는 전문적인 비선형 혼합효과 모델NONMEM이 있는데, 여기서는 상세하게 설명하지 않겠다.

이 예제를 통해 이미지 시각화는 사실 모델링을 하는 것이며, 데이터에 대해 깊이 이해하고 합리적인 가설을 세워야 한다는 것을 알 수 있다. 만약 그림 6.18의 방식대로 간단한 회귀로 모든 데이터를 매핑시키는 것처럼 뇌를 거치지 않고 일부 모델을 그냥 사용하면, 회귀의 결과가 맞더라도 실제 농도와 시간의 관계와는 전혀 다를 것이다. 이런 방법을 잘못 사용한다면 약물중독이나 그와 유사한 심각한 결과를 초래할 수 있다. 만약 각 개체에 대해 독립적으로 모델링을 진행하면 데이터양에 대한 요구가 높아질 것이며, 임상실험에서 각 표본마다 채혈을 한 번씩 해야 한다. 만약 많은 데이터가 필요하다면 사람마다 많은 채혈을 진행해야 하며, 피실험자는 아마도 무서워서 진작에 꽁무니를 내뺐을 수도 있다. 따라서 정확한 이미지는 정확한 모델을 의미하기도 하며, 사용할 때는 각별히 신중해야 한다.

이런 예제는 통계학에서 심심치 않게 볼 수 있다. 본질적으로 모두 데이터 내부 구조의 문제다. 다음과 같은 유명한 예제를 한번 보자. 표 6.4는 2명의 편집자 Lisa와 Bart의 2주간 업무 진행 상황을 나타낸다. 첫째 주에 Lisa는 1편의 글을 편집했는데 완료하지 못했고, Bart는 4편의 글을 편집했는데 1편을 완료했다. 당연히 Bart의 완료율은 25%이며, Lisa보다 우세하다. 둘째 주에 Lisa는 5편의 글을 편집했는데 3편을 완료했고, Bart는 1편의 글을 편집했는데 순조롭게 완료했다. 그렇다면 Bart의 완료율은 100%이며, 역시 Lisa보다 우세하다. 다시 말해, 2주 연속 Bart의 완성률은 Lisa보다 높다는 것이다. 그러나 취합을 하고 나서 보면 Lisa의 전체 완료율은 60%이며, Bart는 고작 40%였다. 다시 말해, Lisa는 2주 연속 졌지만 최종 성적은 Bart보다 좋다는 것이다.

표 6.4 편집 작업 진행 상황

편집자	첫째 주	둘째 주	최종 결과
Lisa	0/1 = 0%	3/4 = 75%	3/5 = 60%
Bart	1/4 = 25%	1/1 = 100%	2/5 = 40%

이 패러독스가 바로 유명한 **심슨의 패러독스**Simpson's paradox다. 심슨Edward H. Simpson이 1951년에 발표했지만, 1972년이 돼서야 비로소 블리스Colin R. Blyth에 의해 명명되고 대중에게 알려졌다. 사실, 일찍이 1899년에 칼 피어슨이 비슷한 문제를 제기했는데, 이는 통계학에서 가장 보편적이지만 비교적 찾기 힘든 오류다. 발생의 원리는 그림 6.20을 통해 알려주겠다.

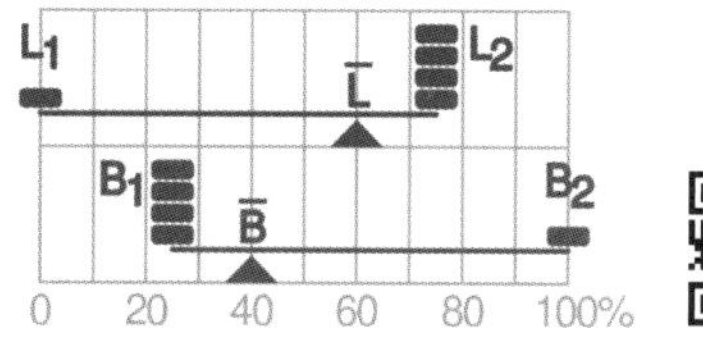

그림 6.20 **심슨의 패러독스**

2개로 분리한 조에서(첫째 주와 둘째 주) Bart의 완료율은 Lisa의 완료율보다 높았다. 그러나 전체적인 성공률은 가중평균과 같으며 각 조의 표본 양의 영향을 받는다. 그림 6.20에서 가중 후의 $\bar{B}$(Bart의 전체 완료율)는 $\bar{L}$보다 작다. 문제의 근원은 개체(혹은 내부적으로 나눈 조)의 규칙과 전체의 규칙의 차이이며, 세부사항에 대해 깊게 파고들어야지만 명확하게 이해할 수 있다.

심슨의 패러독스이든 약물 매핑의 오류이든 모두 이미 완전히 이미지 시각화의 범위를 벗어났다. 그러나 오류를 범하는 본질은 모두 같다. 통계 방법이나 이미지로 데이터 해석을 하고 데이터 분석을 하려면 모두 트렌드를 따라가야 한다. 다시 말해, 계층구조와 분포 상황 등 데이터의 내부 규칙을 깊게 이해해야지만 적합한 분석 방법이나 이미지를 찾아 매핑할 수 있다. 분석 과정은 규칙을 탐색하고 발견하는 과정이지 강제로 규칙을 만드는 것이 아니다. 데이터 시각화, 더 나아가서 분석 모델링 과정에서 꼭 주의를 기울여야 하며 표면 현상에 매혹되어서는 절대 안 된다.

참고문헌

[1] 조지프 니덤(Joseph Terence Montgomery Needham). *Science and Civilization in China Volume 1: Introductory Orientations*

중국어 번역본 *李约瑟中国科学技术史第一卷:导论*. 위안한칭(袁翰青) 옮김. 베이징: 과학출판사, 2018

[2] 류이린(刘义林), 뤄칭펑(罗庆丰). *张君劢评传*. 난창: 백화주문예출판사, 2015

[3] 민국문림(民国文林). *细说民国大文人: 那些国学大师们*. 베이징: 현대출판사, 2014

[4] 칼 포퍼(Karl Raimund Popper), *The Logic of Scientific Discovery*

중국어 번역본 *科学发现的逻辑*. 챠루치앙(查汝强), 치우런중(邱仁宗), 완무춘(万木春) 옮김. 항저우: 중국미술학원출판사, 2008

한국어 번역본 과학적 *발견의* 논리. 박우석 옮김. 고려원, 1994

[5] 중청칭(宗成庆). *统计自然语言处理*. 베이징: 칭화대학교출판사, 2013.

[6] 토머스 쿤(Thomas Kuhn). *The Structure of Scientific Revolutions*

중국어 번역본 *科学革命的结构*. 진우룬(金吾伦), 후신허(胡新和) 옮김. 베이징: 베이징대학교출판사, 2012

한국어 번역본 *과학혁명의 구조*. 홍성욱 옮김. 까치, 2013

[7] 칼 피어슨(Karl Pearson). *The Grammar of Science*

중국어 번역본 *科学的规范*. 리싱민(李醒民) 옮김. 베이징: 상무인서관, 2012

[8] 구진용(顾今用). *中国古代数学对世界文化的伟大贡献*. 수학학보, 1975. 18(1): 18-23

[9] 우원쥔(吴文俊). *走自己的路: 吴文俊口述自传*. 창사: 후난교육출판사, 2015

[10] 존 투키(John Tukey). *The future of data analysis*. The annals of mathematical statistics, 1962, 33(1): 1-67

[11] 천시루(陈希孺). *数理统计学简史*. 창사: 후난교육출판사, 2002

[12] 장보쥐(姜伯驹), 리방허(李邦河), 가오샤오샨(高小山) 등. *吴文俊与中国数学*. 상하이: 상하이교통대학교출판사, 2016

[13] 고트프리트 빌헬름 라이프니츠(Gottfried Wilhelm von Leibniz). *Explication de l'arithmétique binaire, qui se sert des seuls caractères O et I avec des remarques sur son utilité et sur ce qu'elle donne le sens des anciennes figures chinoises de Fohy*

중국어 번역본 *论单纯使用0与1的二进制算数兼论二进制用途以及伏羲所使用的古代中国符号的意义*. 리원후(李文湖) 옮김. 중국과기사잡지, 2002, 23(1): 54-58. https://hal.archives-ouvertes.fr/ads-00104781/document

[14] 고트프리트 빌헬름 라이프니츠(Gottfried Wilhelm von Leibniz). *Novissima Sinica Historiam nostri temporis illustrata*

중국어 번역본 *中国近事: 为了照亮我们这个时代的历史*. 쩡저우: 대상출판사, 2005

[15] 류츠신(刘慈欣). *三体*. 충칭: 충칭출판사, 2008

[16] 미첼 왈드롭(Mitchell Waldrop). *Complexity: the emerging science at the edge of order and chaos*

중국어 번역본 *复杂*. 탕루(唐璐) 옮김. 창사: 후난과기출판사, 2011

[17] 차오톈위안(曹天元). *上帝掷骰子吗?: 量子物理史话*. 베이징: 베이징연합출판공사, 2013

[18] 아이작 뉴턴(Isaac Newton). *Philosophiæ Naturalis Principia Mathematica*

중국어 번역본 *自然哲学的数学原理*. 런하이양(任海洋) 옮김. 충칭: 충칭출판그룹, 2015

[19] 칼리암푸디 라다크리슈나 라오(Calyampudi Radhakrishna Rao). *Statistics and Truth: Putting Chance to Work*

중국어 번역본 *统计与真理: 怎样运用偶然性*. 리주위(李竹渝) 옮김. 베이징: 과학출판사, 2004

한국어 번역본 *혼돈과 질서의 만남: 확률법칙의 다리를 넘어*. 이재창, 송일성 옮김. 나남출판, 2003

[20] 이와사와 히로카즈(岩澤 宏和). *改变世界的134个概率统计故事*. 따이화징(戴华晶) 옮김. 창샤: 후난과학기술출판사, 2016

[21] 피터 올로프손(Peter Olofsson). *Probabilities: The Little Numbers That Rule Our Lives*

중국어 번역본 *生活中的概率趣事*. 쨔오잉(赵莹) 옮김. 베이징: 기계공업출판사, 2017

[22] 데이비드 살스버그(David Salsburg). *The Lady Tasting Tea*

중국어 번역본 *女士品茶*. 류칭산(刘清山) 옮김. 난창: 강서인민출판사, 2016

한국어 번역본 *차를 맛보는 여인*. 강푸름, 김지형 옮김. 북앤에듀, 2019

[23] 데이비드 레이(David Lay), 스티븐 레이(Steven Lay). *Linear Algebra and Its Applications*

중국어 번역본 *线性代数及其应用*. 류션취엔(刘深泉) 옮김. 베이징: 기계공업출판사, 2018

[24] 류민요우(刘民友). *概率论与数理统计*. 베이징: 고등교육출판사, 2012

[25] 우시즈(吴喜之). *统计学: 从数据到结论*. 베이징: 중국통계출판사, 2013

[26] 장창(张苍). *九章算术*. 조우용(邹涌) 해석. 충칭: 충칭출판그룹, 2016

[27] *北京大学数学系几何与代数教研室代数小组*. 고등대수(高等代数). 베이징: 고등교육출판사, 1978

[28] 장보(张波). *应用随机过程*. 베이징: 중국인민대학교출판사, 2001

[29] 류안(刘安). *淮南子*. 쉬썬(许慎) 해석. 상하이: 상하이고적출판사, 2016

[30] 류이칭(刘义庆). *世说新语*. 마오더푸(毛德富) 해석. 쩡저우: 중저우고적출판사, 2008

[31] 구룽(古龙). *绝代双骄*. 상하이: 문휘출판사, 2017

[32] 구룽(古龙). *多情剑客无情剑*. 주하이: 주하이출판사, 2009

[33] 구룽(古龙). *七种武器*. 상하이: 문휘출판사, 2017

[34] 쎼이후이(谢益辉). *现代统计图形*. 2010

[35] 에드워드 터프티(Edward Tufte). *The Visual Display of Quantitative Information*. Cheshire: Graphics Press, 1983

[36] UXPA China(UXPA中国). *用户体验百家谈*. 베이징: 전자공업출판사, 2014

[37] 리랜드 윌킨슨(Leland Wilkinson). *The Grammar of Graphics*. Berlin: Springer, 2011

[38] 해들리 위컴(Hadley Wickham). *ggplot2: Elegant Graphics for Data Analysis(Use R!)*
중국어 번역본 *ggplot2:数据分析与图形艺术*. 통계의 도시(统计之都) 옮김. 시안: 시안교통대학교출판사, 2013
한국어 번역본 *ggplot2: R로 분석한 데이터를 멋진 그래픽으로*. 박진수 옮김. 프리렉, 2017

[39] 우시즈(吴喜之). *非参数统计*. 베이징: 중국통계출판사, 1999

[40] 존 투키(John Tukey). *Exploratory Data Analysis*. Addison-Wesley Publishing Company, 1977

[41] J. A. Hartigan, Beat Kleiner. *A Mosaic of Television Ratings*. American Statistician, 1984, 38(1): 32-35

[42] 규드문 아이버슨(Gudmund Iverson), 메리 거겐(Mary Gergen). *Statistics: The Conceptual Approach*
중국어 번역본 *统计学:基本概念和方法*. 우시즈(吴喜之) 옮김. 베이징: 고등교육출판사, 2000

[43] 스마치엔(司马迁, 사마천). *史记*. 베이징: 중화서국, 2014

[44] 샘프릿 차터지(Samprit Chatterjee), 알리 하디(Ali S. Hadi). *Regression Analysis by Example*
중국어 번역본 *例解回归分析*. 정중궈(郑忠国), 쉬징(许静) 옮김. 베이징: 기계공업출판사, 2013
한국어 번역본 *예제를 통한 회귀분석(제5판)*: 김기영, 강현철, 전명식, 이성건 옮김. 자유아카데미, 2015

[45] 우시즈(吴喜之). *复杂数据统计方法:基于R的应用*. 베이징: 중국인민대학교출판사, 2015

[46] 우시즈(吴喜之), 류먀오(刘苗). *应用时间序列分析:R软件陪同*. 베이징: 기계공업출판사, 2014.

[47] 이안 위튼(Ian Witten), 아이브 프랭크(Eibe Frank), 마크 홀(Mark Hall), 크리스토퍼 팔(Christopher Pal). *Data Mining: Practical machine learning tools and techniques*
중국어 번역본 *数据挖掘:实用机器学习工具与技术*. 리촨(李川), 장융후이(张永辉) 옮김. 베이징: 기계공업출판사, 2014

[48] 브렌트 란츠(Brett Lantz). *Machine Learning with R*
중국어 번역본 *机器学习与R语言*. 리훙청(李洪成), 쉬진웨이(许金炜), 리찌엔(李舰) 옮김. 베이징: 기계공업출판사, 2017
한국어 번역본 *R을 활용한 기계 학습*. 전철욱 옮김. 에이콘출판, 2014

[49] 톰 미첼(Tom Mitchell). *Machine Learning*. New York: McGraw Hill Education, 1997

[50] 조우쯔화(周志华). *机器学习*. 베이징: 칭화대학교출판사, 2016
한국어 번역본 *단단한 머신러닝*. 김태헌 옮김. 제이펍, 2020

[51] 이안 굿펠로(Ian Goodfellow), 요슈아 벤지오(Yoshua Bengio), 에런 쿠빌(Aaron Courville). *Deep Learning*. Massachusetts: MIT Press, 2016
한국어 번역본 *심층 학습*. 류광 옮김. 제이펍, 2018

[52] 마빈 민스키(Marvin Minsky), 시모어 페퍼트(Seymour Papert). *Perceptrons: an introduction to computational geometry*. Massachusetts: The MIT Press, 1969: 3356-62

[53] 데이비드 루멜하트(David Rumelhart), 제프리 힌턴(Geoffrey Hinton), 로널드 윌리엄스(Ronald Williams). *Learning representations by back-propagating errors*. 1986, 323(6088): 399-421

[54] 얀 르쿤(Yann LeCun), 번하드 보서(Bernhard Boser), 존 덴커(John Denker) et al. *Backpropagation applied to handwritten zip code recognition*. Neural Computation, 1989, 1(4): 541-551

[55] 제프리 힌턴(Geoffrey Hinton), 사이먼 오신데로(Simon Osindero), 테이웨이(Yee Whye The). *A Fast Learning Algorithm for Deep Belief Nets* . Neural Computation, 2006, 18(7): 1527-1554

[56] 라자트 라이나(Rajat Raina), 아난드 마드하반(Anand Madhavan), 앤드류 응(Andrew Ng). *Large-scale deep unsupervised learning using graphics processors*. International Conference on Machine Learning. [S.l.]: [s.n.], 2009: 873-880

[57] 우안청(吴岸城). *神经网络与深度学习*. 베이징: 전자공업출판사, 2016

[58] 로널드 피셔(Ronald Fisher). *The Design of Experiments*. New York: Macmillan, 1935.

[59] 허지엔용(何坚勇). *最优化方法*. 베이징: 칭화대학교출판사, 2007

[60] 왕한생(王汉生). *数据思维: 从数据分析到商业价值*. 베이징: 중국인민대학교출판사, 2017

[61] 리찌엔(李舰), 샤오카이(肖凯). *数据科学中的R语言*. 시안: 시안교통대학교출판사, 2015

[62] 장원린(张文霖), 류시아루(刘夏璐), 디송(狄松). *谁说菜鸟不会数据分析*. 베이징: 전자공업출판사, 2011

[63] 해럴드 애빌슨(Harold Abelson), 제럴드 제이 서스먼 (Gerald Jay Sussman), 줄리 서스먼 (Julie Sussman). *Structure and Interpretation of Computer Programs*

중국어 번역본 *计算机程序的构造和解释*. 치우중옌(裘宗燕) 옮김. 베이징: 기계공업출판사, 2004

한국어 번역본 *컴퓨터 프로그램의 구조와 해석*. 김재우, 김정민, 안윤호, 김수정 옮김. 인사이트, 2016

[64] 노만 매트로프(Norman Matloff). *Parallel Computing for Data Science: With Examples in R, C++ and CUDA*

중국어 번역본 *数据科学中的并行计算: 以R, C++和CUDA为例*. 왕레이(汪磊), 커우치앙(寇强) 옮김. 시안: 시안교통대학교출판사, 2017

[65] 리처드 탈러(Richard Thaler). *The Winner's Curse*

중국어 번역본 *赢家的诅咒*. 가오추이상(高翠霜) 옮김. 베이징: 중신출판사, 2018

한국어 번역본 *승자의 저주*. 최정규, 하승아 옮김. 이음, 2007

[66] 스티븐 레빗(Steven Levitt), 스티븐 더브너 Stephen Dubner). *Freakonomics*

중국어 번역본 *魔鬼经济学*. 왕샤오리(王晓鹂), 탕롱(汤珑), 청시엔밍(曾贤明) 옮김. 베이징: 중신출판사, 2016

한국어 번역본 *괴짜경제학(개정증보판)*. 안진환 옮김, 웅진지식하우스, 2007

진솔한 서평을 올려 주세요!

이 책 또는 이미 읽은 제이펍의 책이 있다면, 장단점을 잘 보여 주는 솔직한 서평을 올려 주세요.
매월 최대 5건의 우수 서평을 선별하여 원하는 제이펍 도서를 1권씩 드립니다!

- **서평 이벤트 참여 방법**

  ❶ 제이펍 책을 읽고 자신의 블로그나 SNS, 각 인터넷 서점 리뷰란에 서평을 올린다.

  ❷ 서평이 작성된 URL과 함께 review@jpub.kr로 메일을 보내 응모한다.

- **서평 당선자 발표**

  매월 첫째 주 제이펍 홈페이지(www.jpub.kr) 및 페이스북(www.facebook.com/jeipub)에 공지하고,
  해당 당선자에게는 메일로 개별 연락을 드립니다.

독자 여러분의 응원과 채찍질을 받아 더 나은 책을 만들 수 있도록 도와주시기 바랍니다.

찾아보기

2중맹검법 실험 54, 55

A

Abraham de Moivre 86
Abraham Wald 314
accuracy 192, 194
Achilles 97
Adolphe Quetelet 236
A Fast Learning Algorithm for Deep Belief Nets 206
afferent neuron 207
age 196
Alan Turing 202, 238
Albert Einstein 7
alternative hypothesis 35
AMOS 175
A Mosaic of Television Ratings 156
Andrei Kolmogorov 17
Andrew Gelman 310
Andrew Ng 206, 273
Andrew S. Tanenbaum 240
Andrey Andreyevich Marcov 225
Andrey Nikolaevich Kolmogorov 21
Antoine Arnauld 15
Apriori 알고리즘 182
ARPANET 274
Ars Conjectandi 16, 79
artemisinin 51
artificial intelligence 201, 202
association analysis 283
association rule 182
asymptotic unbiased estimator 113
attribute 101
augmented matrix 73
Augustus De Morgan 15
autocorrelation 168
autoregressive integrated moving average, ARIMA 181
Avram Noam Chomsky 225
axon 207

B

Backpropagation Applied To Handwritten Zip Code Recognition 206
back-propagation, BP 211
bar chart 143
base 75
Bayesian method 32
Bayesian statistics 30
Bayes theorem 30
Bernoulli distribution 82, 112
Bernoulli's law of large numbers 17
Bernoulli's theorem 17
Bernoulli trial 16, 79
Big Data 244
binomial distribution 82
Biometrika 236
bitmap 132
156
black swan 310
Blaise Pascal 15
Boolean Algebra 238
box-and-whisker plot 153
box plot 153, 154
Bradley Efron 47
brexit 310
Broad 121
Brownian motion 90
business intelligence, BI 242
Business Objects, BO 253

C

Caffe 273
Camillo Golgi 207
candidate itemset 182
CART 197
Cartesian coordinate system 62
case 101
categorical variable 98, 99
cell body 207
certainty 7
chance 15
chaotic system 6
Charles Babbage 238
Charles Joseph Minard 126
Charles Robert Darwin 236
Charlie 11
Chateau Montelena 218
Chebyshev's theroem 17

Chernoff face 159
Chien-Fu Jeff Wu 245
circle graph 143
classification 189
classification and regression tree 197
Claude Elwood Shannon 225
Claude Shannon 239
cloud computing 245, 268
clustering analysis 159, 186
Cognos 253
collaborative filtering algorithm 284
Collocation 226
column 71
Commercial and Political Atlas 143
Communication in The Presence of Noise 239
compartment model 53
compart model 53
compute unified device architecture 271
Computing Machinery and Intelligence 239
conditional probability 27, 29
confidence 182
confidence interval 115
confusion matrix 191
Conseil Solvay 7
consistent estimator 114
contingency table 157
continuous random variable 89
continuous variable 98, 99, 152, 154
convolution 213
convolution neural network, CNN 214, 215
Copenhagen interpretation 9
Copenhagen school 9
correlation analysis 152
Crimean War 123
cross-sectional data 328
cross validation 193
C. R. Rao 10
CUDA 271
curdled milk 183
Cybernetics 239

D

Daniel Bernoulli 79
Daniel Lalande 314
Dartmouth Conference 202
data fitting 177
data frame 101
data mining 241
data science 50, 245
data visualization 121, 129
data warehouse 242
David Cox 55, 237
David Hilbert 21
David Rumelhart 205
DBSCAN 알고리즘 187
decision tree 196
deduction 51
deductive inference 50
deductive method 49
Deep Blue 49
deep learning 203, 204
dendrite 207
dependent variable 167
design matrix 100, 102
determinant 69
determinism 11
deterministic fucntion 180
deviation analysis 155
diagonal matrix 68
difference 178
dimension 67
directed segment 64
discrete random variable 83, 86
discrete variable 98, 99, 154, 157
distribution function 83
DJ Patil 245
Don 11
dot product 65
double blind test 54, 55
Durex 311

E

Edward H. Simpson 329
Edward Tufte 122
efferent neuron 207
Egon Pearson 237
eigen decomposition 78, 171
eigenvalue 78
eigenvector 78
E. J. Masicampo 314
elementary event 81
elementary transformation 72
Elizabeth II 129
embarrassing 266
endogenous variable 174
ENIAC 239
ensemble learning 198
Ernest Rutherford 10
error rate 192
error term 166
Erwin Schrödinger 8
Esperanto 136
estimate 167
estimating function 39
estimator 39
Euclidean space 62
event 81
Evgenii Onegin 225
Eviews 252
exclusive events 29
exogenous variable 174
expectation 108
expected value 106, 108
experiment 80
explanatory variable 167
Exploratory Data Analysis 153
extremum value 39

F

Facebook 282
false negative, FN 191
false positive, FP 191
Fan Hui 49
feature 101
feature map 215
feedback 211
feedforward 211
feedforward neural network, FNN 211
field 101
Fifth-Generation Computer Systems: A Japanese Project 241
filter 213
finite population 104

Firehole River 140
fitting 44
Florence Nightingale 123
forecasting 47
Francis Galton 236
Frank Rosenblatt 205
Freakonomics 307
frequent itemset 184

G

Garry Kasparov 48
Gauss 86
GAUSS 252
Gaussian distribution 86
Geoffrey Hinton 203
George Boole 238
George Box 55, 237
Georges-Louis Leclerc, Comte de Buffon 14
GFS 269
Girolamo Cardano 19
google file system 269
Gordon Moore 270
GPU를 활용한 대규모 비지도 딥러닝 206, 272
gradient 166
granularity 98
Greg Corrado 273
Grundbegriffe der Wahrscheinlichkeitsrechnung 21, 236
Guido van Rossum 254
Guillaume de l'Hôpital 80

H

Hadley Wickham 136
Hadoop 245
Hans Rosling 148
heavy-tailed distribution 313
Henry Cavendish 44
Hereditary Genius 236
Herman Chernoff 158
heteroskedasticity 168
histogram 140
Hyperion 253

I

ID3 197
identity matrix 68
incident rate 84
included angle 65
independent variable 167
induction 51
inductive inference 50
inductive method 50
inferential statistics 32
infinite population 104
information extraction 226
information Retrieval 226
informofer 226
inner product 65
Insightful 252
instance 101
intercept 166
internet 274
interval estimation 115
interval scale 95, 96
inverse 70
inversion 69
items 182
iterative dichotomiser 3 197

J

Jack Welch 40
J. A. Hartigan 156
Jakob Bernoulli 16, 79
James Joseph Sylvester 66
Jarrett 210
J. B. S. Haldane 12
Jeff Dean 273
Jeff Hammerbacher 245
Jensen Huang 271
Jerzy Neyman 115, 237
Johann Bernoulli 79
John Chambers 256
John Conduit 43
John Edensor Littlewood 42
John Herschel 150
John Macmurray 57
John P. Craven 29
John Snow 121
John Tukey 55, 237
John von Neumann 239
John Wilder Tukey 153
Joseph L. Doob 90

K

K-평균 클러스터링 186
Karl Pearson 15, 114
Karl Raimund Popper 56
Kendall tau rank correlation coefficient 153
Kepler Cascades 140
kernel function 200
Kettle 253
K-means clustering 186
Kolmogorov-Smirnov 142

L

Large-Scale Deep Unsupervised Learning Using Graphics Processors 206, 272
latent Dirichlet allocation, LDA 189
latent variable 174
law of large numbers 17, 18
Learning Representations By Back-Propagating Errors 205
least square method 167
Leland Wilkinson 136
Leo Breiman 197
Leonhard Euler 80
lift 182
limit 98
line chart 150
linearly dependent 69
linearly independent 70
linear space 79
linear transformation 77, 79
link function 195
Linus Torvalds 240
LISREL 175
Liú Huī 71
locally connectivity 215
Logique de Port-Royal 15

logistic regression 195
longitudinal data 328
Louis Daguerre 150
Louis de Broglie 8
Luca Pacioli 18
Lucius Mestrius Plutarchus 91

M

machine learning 241
Machine Learning 194
main frame 267
manifest variable 174
map 268
MapReduce 245, 262
marginal probability 31
Marianne Bertrand 306
Marilyn vos Savant 26
market basket analysis 182
Marvin Minsky 203
MathSoft 252
Matplotlib 255
matrix 66, 71
Matrix 66
matrix of leadership 66
Max Born 8
maximum likelihood 38
maximum likelihood estimator, MLE 114
maximum likelihood method, MLM 175
mean value 42
measure 93
measure theory 21
median 110
Memoirs of Sir Isaac Newton's Life 43
meridian model 53
Michael James Lighthill 9
Microstrategy 253
Minitab 252
MINIX 240
moment 114
moment estimation 114
Mondrian 253
Monte-Carlo method 222
Monty Hall problem 25
Moore's law 270
Mosaic Plot 156
motion chart 148
Moto-Oka Tohru 240
multi-class classification 190
multicollinearity 168
MultiPlan 248
multiple linear regression 167
Muriel Bristol 33
MXNet 273

N

Napoléon 126
Nate Silver 309
Nathaniel P. Langford 140
natural language processing, NLP 225
Nature 205
N. Bohr 7
NDFS 269
negative 191
Neman 126
neural network 203, 207
Newton's law of universal gravitation 43
Nicholas II Bernoulli 80
nominal scale 94, 96
NONMEM 328
nonsingular 70
Norbert Wiener 202, 239
normal distribution 12
Norman H. Nie 251
null hypothesis 35
Numb3rs 11
number field 79
NumPy 255
nutch distributed file system 269
NVIDIA 271

O

object 103
observed 180
odds ratio 196
Old Faithful Geyser 140
On Computable Numbers, with an Application to the Entscheidungsproblem 238
one-class classification, OCC 162
operations research 231
optimal stopping theory 85
optimization problem 230
Oracle 253
order statistic 110
ordinal scale 94, 96
orthogonal matrix 70
orthogonal vector 70
overfit 193

P

PageRank 276
parallel computing 264
parameter estimation 38, 39, 113, 116, 167
parser 226
parsing tree 226
partial least square, PLS 175
Pascual Jordan 8
path coefficient 175
path model 174
Paul Erdős 26
pclass 196
Pearson's correlation coefficient 152
penalty function 200
Pentaho 253
perceptron 203, 208
Perceptrons: An Introduction to Computational Geometry 205
permutation 69
Pharmacokinetics 51, 55
Philosophiæ Naturalis Principia Mathematica 9, 43
philosophy 58
Pierre de Fermat 15
Pierre Simon Laplace 16, 87
point estimation 114
Poisson distribution 84
Pole.vault 172
population 38, 103
population parameter 38
positive 191
posterior probability 30

power ball 315
precision 192
prediction 47
principal components analysis, PCA 170
prior probability 31
probability 15, 18
probability event 81
probability theory 21
projection 65
prophecy 47

Q

QlikView 253
quantum mechanics 11

R

radar plot 159
Rajat Raina 206
random 180
random forest 198
random variable 82, 83, 93
rank 70
RapidMiner 253
ratio scale 95, 96
raw data 154
real valued function 82
recall 192
recommendation systems 283
record 101
rectified linear unit 210
reduce 268
regression coefficient 196
regressive model 166
Representation Learning 205
response variable 167
resultant force 64
Richard Phillips Feynman 137
Richard Stallman 240
Richard Thaler 295
RMS Titanic 156
Robert Brown 90
Robert Gentleman 256
Roland Fryer 307
Ronald Aylmer Fisher 32
rose graph 123
Rosenbrock 229
Rosenbrock function 230
Ross Ihaka 256
Ross Quinlan 197
row 71

S

sample 38, 101, 104
sample mean 111
sample point 101
sample space 80
sample value 104
sampling 38, 104
Santiago Ramón y Cajal 207
saturate 210
scalable 261
scalar multiplication 64
scatterplot 151
scheme 257
science 58
SciPy 255
seasonal 180
seed 15
Sendhil Mullainathan 306
sensitivity 192, 193
series 98
sex 196
Seymour Papert 205
shallow learning 204
shared weights 215
ship of Theseus 91
significance level 35
silo 242
Simeon-Denis Poisson 84
simple linear regression 167
simple random sampling 22
Simpson's paradox 329
singular 70
six sigma 40
small probability 40
softplus 210
Solver 231
Spark 262, 269
Spearman's rank correlation coefficient 153
specificity 192, 193
spectral decomposition 78
spider plot 159
square matrix 68
stacked bar graph 147
Stag's Leap Winery 218
standard deviation 42
standard normal distribution 89
Stanford-Binet intelligence scale 26
star plot 159
Stata 252
statistic 110, 111
Statistical Analysis System 251
Statistical Breviary 143
statistical inference 36
statistical learning 195
Statistical Methods for Research Workers 237
Statistic and Truth 13
Stephen Stigler 86
stochastic 6
stochasticity 7
stochastic process 89, 90
Stochastic Processes 90
stochastic simulation 222
stratified sampling 221
strong law of large numbers 17
structural equation model, SEM 174
Structure and Interpretation of Computer Programs 257
Summa de arithmetica, geometria, Proportioni et proportionalita 18
supercomputer 267
supervised 194
supervised learning 189
support 182
support vector machine, SVM 199
symmetric matrix 67
syntactic parser 226
syntactic structure parsing 226
system of linear equations 74

T

tensor 212

TensorFlow 273
term document matrix, TDM 228
testing hypothesis 35
text classification 226
text clustering 226
text mining, TM 225
The American Statistician 309
The Design of Experiments 33
The Grammar of Graphics 136
The Lady Tasting Tea 33
The Literary Digest 308
The Mathematical Theory of Communication 239
Théorie Analytique des Probabilités 21
The Origin of Species 236
The Visual Display of Quantitative Information 126
The Winner's Curse 295
The Zen of Python 255
Thorvald N. Thiele 90
three-class classification 190
threshold value 182
Tim Berners-Lee 275
time series 90, 178, 328
Tim Peters 255
Tom M. Mitchell 194
trace 70
transactions 182
transpose 63
trend 180
Trendalyzer 148
true negative, TN 191
true positive, TP 191
two-class classification 190

U

unbiased estimator 113
uncertainty 7
uncertainty principle 9
uniform distribution 12
UNIVAC I 240
unknown population parameter 112
unsupervised 194
unsupervised learning 188
Upper Geyser Basin 140

V

Value 244
variable 93, 101
variance 108
Variety 244
Vcevolod Evanovich Romanovsky 15
vector 63, 66, 132
vector addition 64
Velocity 244
Veracity 244
volume 69
Volume 244

W

Wald test 314
Walter Pitts 205
Warren McCulloch 205
weak law of large numbers 17
whisker 154
White Star Line 156
Wiener-Khinchin theorem 17
William B. Smith 40
William Playfair 142
William Stukeley 43
Wolfgang Pauli 8
world wide web, WWW 275
write once read many, WORM 269

Y

Yann Lecun 206
Yellowstone National Park 140

Z

Zamenhof 136
Zeno fo Elea 97

ㄱ

가로선 154
가설검증 35, 36
가우스 86, 252
가우스 분포 86
가중치 공유 215
가치 244
갈홍 53
감소 268
강 대수의 법칙 17
개체 103
거미줄 그래프 159
결정론 11
결정적 함수 180
경략 모델 53
경로계수 175
경로 모델 174
경사도 166
경제와 정치의 지도 143
계산 가능한 수와 비밀번호의 응용 238
계절성 180
고룡 105
고문상서 120
고유벡터 78
고유분해 78, 171
고윳값 78
고전 확률론 21
골지 207
골턴 236
과적합 193
과학 58
관자 120
관측변수 174
괴짜경제학 307
교차검증 193
구간추정 115
구문 구조 분석 226
구심성 뉴런 207
구조방정식 모델 174
구조 분석기 226
구획 모델 53
군사 45
귀납 51
귀납법 50
귀납 추리 50
귀도 반 로섬 254
귀무가설 35
균등분포 12
그래픽스 문법 136
그렉 코라도 273

극값 39
극한 98
급수 98
기대 108
기대치 106, 108
기본변환 72
기본사건 81
기저 75
기회 15
꼬리가 두꺼운 분포 313

ㄴ

나다니엘 140
나이 196
나이팅게일 123
나폴레옹 126
낙서 120
내생변수 174
내적 65
넘버스 11
넘파이 255
네만 126
네이만 115, 237

네이처 205
네이트 실버 309
노먼 나이 251
노버트 위너 239
노이즈 속에서의 통신 239
논어 120
뉴럴 네트워크 203, 207
니콜라스 2세 베르누이 80

ㄷ

다게르 150
다니엘 베르누이 79
다양화 244
다윈 236
다중공선성 168
다중 분류 190
다중선형회귀 167
다트머스 회의 202
단순무작위추출 22
단순선형회귀 167
단위행렬 68
단일 클래스 분류 방법 162
대각합 70
대각행렬 68
대니얼 랄랑드 314
대립가설 35
대립적 사건 29
대수, 기하, 비 및 비례 총람 18
대수의 법칙 17, 18
대안가설 35
대칭행렬 67
데이비드 콕스 55, 237
데이터 마이닝 241
데이터 사이언스 50, 245
데이터 시각화 121, 129
데이터 웨어하우스 242
데이터 프레임 101
데이터 피팅 177
도요요 51
독립변수 167
돈 11
듐 90
듀렉스 311
드무아브르 86
드브로이 8
등간척도 95, 96
딥러닝 203, 204, 205, 247
딥블루 49

ㄹ

라오 10
라이트힐 9
라잣 레이나 206
라플라스 16, 87
래피드마이너 253
랜덤 포레스트 198
랭크 70
러더퍼드 10
레온하르트 80
레이더 그래프 159
로마노프스키 15
로버트 젠틀맨 256
로슬링 148
로젠브록 229
로젠브록 함수 230
로젠블랫 205
로지스틱 회귀 195
로피탈 80
롤랜드 프라이어 307
루씬 268
루카 파치올리 18
류츠신 4
류후이 71
르쿤 206
리즈렐 175
리처드 탈러 295
리콜 192
리터러리 다이제스트 308
리틀우드 42

ㅁ

마르코프 225
마리안 버틀랜드 306
마시캄포 314
마오타이 178
마이크로스트레티지 253
막대그래프 143
만유인력의 법칙 43
만족도 모델 173
매스소프트 252
맥머레이 57
맥컬록 205
맵 268
맵리듀스 245, 262
맷플롯립 255
머신러닝 194, 205, 241
멀티플랜 248
메릴린 26
메인 프레임 267
명목척도 94, 96
모르간 15
모션 차트 148
모수 38
모수추정 38, 39, 113, 116, 167
모자이크 그래프 156
모집단 38, 103
모체 66
몬드리안 253
몬테카를로 방법 222

몬티 홀 문제 25
무어 270
무어의 법칙 270
무한모집단 104
문서 행렬 228
미국 통계학자 309
미나드 126
미나미 하루오 173
미닉스 240
미지 모수 112
미첼 194
믹스넷 273
민감도 192, 193
민스키 203
민스키와 페퍼트 205

ㅂ

바이오메트리카 236
발생률 84
배반사건 29
배비지 238
배열 조합 22
백보천양 164
백주 180
벌점함수 200
범주변수 98, 99
베레지나 128
베르누이 분포 82, 112
베르누이 시행 16, 79
베르누이의 대수법칙 17
베르누이의 정리 17
베이즈 방법 32
베이즈 정리 30
베이즈 통계론 30
벡터 63, 66, 132
벡터의 덧셈 64
변수 93, 101
별 그래프 159
병렬 컴퓨팅 264
보른 8
보어 7
복희씨 120
볼륨 244
부분 연결 215
부분최소제곱 175
북사 164
분류 189
분산 108
분석 244
분포함수 83
분할표 157
불규칙성 180
불 대수 238
불편추정량 113
불확실성 원리 9
불확정성 7
뷔퐁 14
브라운 90
브라운 운동 90
브라이만 197
브렉시트 310
브로드 121
브리스톨 33
블랙스완 310
비율척도 95, 96
비즈니스 오브젝트 253
비즈니스 인텔리전스 242
비지도학습 188, 194
비트맵 132
빅데이터 244
빈발항목집합 184
빌 스미스 40

ㅅ

사건 81
사기 164
사이버네틱스 239
사이파이 255
사인 145
사일로 242
사전확률 31
사조 164
사패 145
사후확률 30
산포도 151
삼국지연의 263
삼중 분류 190
삼체 4, 134, 168
상관계수 152
상관분석 152
상서 120
상자 그림 153, 154
상자 수염 그림 153
샤토 몬텔레나 218
섀넌 225
서열척도 94, 96
서포트 벡터 머신 199
선그래프 150
선실등급 196
선형공간 79
선형변환 77, 79
설계행렬 100, 102
설명변수 167
성별 196
세설신어 102
세포체 207
센드힐 물라이나탄 306
소프트플러스 210
소확률 40
소확률사건 310
속성 101
솔버 231
솔베이 회의 7
수기로 우편번호 작성 시 오차역전파법의 응용 206
수량 정보의 시각화 126
수상돌기 207
수정 선형 단위 210
수체 79
순열 69
쉘로우 러닝 204
슈뢰딩거 8
슈퍼컴퓨터 267
스노우 121
스칼라 곱 64
스킴 257
스탠퍼드-비넷 검사 26
스텍스립 와이너리 218
스토캐스틱 방법 6
스톨만 240
스티글러 86
스파크 262, 269
스펙트럼 분해 78
스피어만 상관계수 153
승산비 196
승자의 저주 295
시간 순서 47

시계열 90, 178, 328
시드 15
시운 145
시행 80
식스시그마 40
신농 53
신뢰구간 115
신뢰도 182, 244
실가 함수 82
실베스터 66
실험 설계 33
실험 설계의 3대 원칙 219
심슨 329
심슨의 패러독스 329
심층 신뢰망을 위한 빠른 학습 알고리즘 206

ㅇ

아르테미시닌 51
아르파넷 274
아모스 175
아이작 뉴턴 경의 삶에 대한 회고록 43
아인슈타인 7
아킬레우스 97
앙상블 학습 198
앙투안 아르노 15
앤드류 응 206, 273
앤드류 젤먼 310
앨런 튜링 238
약 대수의 법칙 17
약동학 51
약물대사동력학 55
양성 191
양약 51
양유기 164
양자역학 11
양춘백설 2
어퍼 간헐천 분지 140
에너지원 66
에니악 239
에러율 192
에스페란토 136
에프런 47
엔비디아 271
엘리자베스 2세 129
역경 15, 120
역변환 69
역치 182
역행렬 70
연결함수 195
연관법칙 182
연관성 분석 283
연구자들을 위한 통계 방법 237
연립일차방정식 74
연속변수 98, 99, 152, 154
연속성 180
연속형 확률변수 89
연어 226
연역 51
연역법 49
연역 추리 50
열 71
영가설 35
예보 47
예브게니 오네긴 225
예언 47
예측 47
옐로우스톤 국립공원 140
오라클 253
오즈비 196
오차역전파법 211
오차역전파법을 통한 표현 학습 205
오차항 166
오퍼레이션 리서치 231
올드 페이스풀 간헐천 140
왈드 314
왈드 검정 314
왕먀오 4
외생변수 174
요르단 8
요한 베르누이 79
용마부도 120
원그래프 143
원근투시 134
원심성 뉴런 207
원천 데이터 154
월드 와이드 웹 275
웹 269
위너 202
위너-킨친 정리 17
윌리엄 스터클리 43
윌킨슨 136
유니박 I 240
유의수준 35
유전적 천재 236
유클리드 공간 62
유한모집단 104
유향선분 64
음성 191
응답변수 167
응유 183
의사결정 나무 196
이건 피어슨 237
이분산 168
이뷰즈 252
이산변수 98, 99, 154, 157
이산형 확률변수 83, 86
이십팔수 74
이중 분류 190
이하카 256
이항분포 82, 84
인공 뉴럴 네트워크 211
인공지능 201, 202, 205, 246
인사이트풀 252
인터넷 274
인포모퍼 226
일전쌍조 164
일차종속 69
일치추정량 114
입상성 98

ㅈ

자기상관 168
자기회귀 누적 이동평균 181
자렛 210
자멘호프 136
자연어 처리 225
자연철학의 수학적 원리 9, 43
자코브 베르누이 16, 79
잠재 디리클레 할당 189
잠재변수 174
잡가 102
장대높이뛰기 172
장미 그래프 123
장바구니 분석 182
장손성 164
잭 웰치 40

적률 114
적률추정 114
적합 44
전송사 145
전치 63
절대쌍교 105
절편 166
점근적 불편추정량 113
점적 65
점 추정 114
정규분포 12, 87
정밀도 192
정보 검색 226
정보 추출 226
정사각행렬 68
정칙행렬 70
정확도 192, 194
제5세대 컴퓨터 시스템 241
제노 97
제프 딘 273
제프 우 245
젠슨 황 271
조건부확률 27, 29, 30
조지 박스 55, 237
조지 불 238
존 콘두이트 43
존 크레이븐 29
존 투키 55, 153, 237
종단 데이터 328
종속변수 167
종의 기원 236
주변확률 31
주성분분석 170
중약 51
중위수 110
중첩막대그래프 147
지괴성 신기군사 주무 45
지도학습 189, 194
지아양칭 273
지지도 182
직교벡터 70
직교행렬 70

ㅊ

차를 맛보는 여인 33
차분 178
차수 67
찰리 11
참 양성 191
참 음성 191
챔버스 256
처리과정 182
처치 곤란 병렬 266
천기성 지다성 오용 45
천양 164
철학 58
체르노프 158
체르노프의 얼굴 159
체비셰프 정리 17
체적 69
촘스키 225
최대가능도 38
최대우도 38
최대우도법 175
최대우도추정법 114
최소제곱법 167
최적 정지 이론 85
최적화 문제 230
추론 통계 32
추세 180
추정값 167
추정량 39
추정 함수 39
추천 시스템 283
추측술 16, 79
축삭 207
측정 93
층화 샘플링 221

ㅋ

카르다노 19
카스파로프 48
카오스 시스템 6
카테시안 좌표계 62
카페 273
카할 207
칼 피어슨 15, 114
캐번디시 44
커널함수 200
컴퓨터 프로그램의 구조와 해석 257
컴퓨팅 기계와 지능 239
케틀 253
케틀레 236
케플러 폭포 140
켄달 τ 상관계수 153
코그너스 253
코펜하겐 학파 9
코펜하겐 해석 9
콘볼루션 213
콘볼루션 뉴럴 네트워크 214, 215
콜모고로프 17, 21
콜모고로프-스미르노프 142
퀸란 197
크리미안 전쟁 123
클라우드 컴퓨팅 245, 268
클러스터링 분석 159, 186
클레이너 156
클로드 섀넌 239
클릭뷰 253

ㅌ

타넨바움 240
타이타닉호 156
탐색적 데이터 분석 153
터프티 122
테세우스의 배 91
텍스트 마이닝 225
텍스트 분류 226
텍스트 클러스터링 226
텐서 212
텐서플로 273
텔레비전 시청률 모자이크 156
토루 240
토르발 90
토발즈 240
통계량 110, 111
통계분석 시스템 251
통계적 추론 36
통계학 개요 143
통계학습 195
통신의 수학적 이론 239
투영 65
튜링 202
트렌달라이저 148
특이성 192, 193

특이행렬 70
특징 101
팀 버너스-리 275
팀 피터스 255

ㅍ

파서 226
파스칼 15
파싱 트리 226
파울리 8
파워볼 315
파이썬 격언 255
파이어홀강 140
파인만 137
파틸 245
파해법 107
판후이 49
퍼셉트론 203, 208
퍼셉트론: 컴퓨터 기하학에 대한 소개 205
페르마 15
페이스북 282
페이지랭크 276
펜타호 253
편차 분석 155
평균값 42
포르 루아얄의 논리 15
포리마 150
포아송 84
포아송 분포 84
포퍼 56
포화현상 210
폰 노이만 239
폴 에르되시 26
표본 38, 101, 104
표본값 104
표본공간 80
표본점 101
표본추출 38, 104
표본평균 111
표준정규분포 41, 89
표준편차 42
표현학습 205
플레이페어 142
플루타르코스 91
피드백 211
피드포워드 211
피드포워드 뉴럴 네트워크 211
피셔 32
피처맵 215
피츠 205
필드 101
필터 213

ㅎ

하도 120
하둡 245
하이페리온 253
하티간 156
합력 64
항목 182
해들리 136
해머바처 245
행 71
행렬 66, 71
행렬식 69
향상도 182
허셜 150
허위 양성 191
허위 음성 191
헌원삼광 105
현대 측도론 21
협각 65
협업 필터링 알고리즘 284
혼돈과 질서의 만남 13
혼동 행렬 191
홀데인 12
화이트 스타 해운회사 156
확대행렬 73
확률 15, 18
확률과정 89, 90, 178
확률과정론 90
확률론 20, 21
확률론 기초 236
확률론의 기초 개념 21
확률변수 82, 83, 93
확률 분석 이론 21
확률분포 12
확률사건 81
확률사건의 더하기 법칙 29
확률성 7
확률적 시뮬레이션 222
확장할 수 있는 261
확정성 7
황도십이궁 74
회귀계수 196
회귀 모델 166, 326
회남자 102
횡단면 데이터 328
후보항목집합 182
히스토그램 140
힌턴 203
힌턴과 루멜하트 205
힐베르트 21